Personalität und strafrechtliche Zurechnung
Die Konstitution des strafrechtlichen Handlungsbegriffs
auf der Grundlage der Hegelschen Rechtsphilosophie

Europäische Hochschulschriften

Publications Universitaires Européennes
European University Studies

Reihe II

Rechtswissenschaft

Série II Series II
Droit
Law

Bd./Vol. 1461

PETER LANG
Frankfurt am Main · Berlin · Bern · New York · Paris · Wien

Ralf Hohmann

Personalität und strafrechtliche Zurechnung

Die Konstitution des strafrechtlichen Handlungsbegriffs auf der Grundlage der Hegelschen Rechtsphilosophie

PETER LANG
Europäischer Verlag der Wissenschaften

Die Deutsche Bibliothek- CIP-Einheitsaufnahme

Hohmann, Ralf:

Personalität und strafrechtliche Zurechnung : die Konstitution des strafrechtlichen Handlungsbegriffs auf der Grundlage der Hegelschen Rechtsphilosophie / Ralf Hohmann. - Frankfurt am Main ; Berlin ; Bern ; New York ; Paris ; Wien : Lang, 1993
(Europäische Hochschulschriften : Reihe 2, Rechtswissenschaft ; Bd. 1461)
Zugl.: Saarbrücken, Univ., Diss., 1993
ISBN 3-631-46632-3

NE: Europäische Hochschulschriften / 02

D 291
ISSN 0531-7312
ISBN 3-631-46632-3

Für Anette:

Wir werden sein. Wir werden wissen.

In den Gebieten, mit denen wir es tun haben, gibt es Erkenntnis nur blitzhaft.
Der Text ist der langnachrollende Donner.
(*Walter Benjamin*)

Vorwort

Die Arbeit lag im Sommersemester 1993 der Rechts- und Wirtschaftswissenschaftlichen Fakultät der Universität des Saarlandes als Dissertation vor. Das Manuskript wurde im Herbst 1992 seinem wesentlichen Inhalt nach abgeschlossen, später erschienene Literatur ist nur sporadisch berücksichtigt.

Herrn Prof. Dr. *Ulfrid Neumann* habe ich herzlich für die Mühen der Erstbegutachtung zu danken.

Prof. Dr. *Alessandro Baratta*, der die vorliegende Arbeit in der entscheidenden Phase ihrer Fertigstellung als Zweitgutachter betreut hat, gebührt mein ganz besonderer Dank.

Herzlichen Dank schulde ich meinem Kollegen und Mitstreiter, Herrn Dr. *Holger Matt*, der in den vergangenen Jahren durch seine unermüdliche Diskussionsbereitschaft und kritische Stellungnahme meine Auseinandersetzung mit dem Thema begleitet hat.

Herrn Prof. Dr. *Ernst Amadeus Wolff* und Herrn Prof. Dr. *Rainer Zaczyk* danke ich als Teilnehmer ihrer rechtsphilosophischen Seminare in den Jahren 1985 - 1987 an der *J. W. Goethe* - Universität, Frankfurt/Main für Inspiration und "philosophische Grundsteinlegung".

Zu danken habe ich schließlich den Kolleginnen und Kollegen am *Institut für Rechts- und Sozialphilosophie* der Universität des Saarlandes; ohne die gleichermaßen freundschaftliche wie kritisch-konstruktive Atmosphäre am Institut wäre die Arbeit nicht möglich gewesen.

Ralf Hohmann Saarbrücken, im Juli 1993.

Inhalt

Dritter Teil

Vierter Teil

Einleitung

Zu Thema und Methode

I. Das Anliegen der Arbeit

Handlung und Zurechnung sind allgegenwärtige Strukturbegriffe der Strafrechtsdogmatik. Der allenthalben zu verzeichnende Trend zur Spezialisierung und Differenzierung der Rechtsinstitute ist auch an ihnen nicht spurlos vorübergegangen. Vorallem die wechselvolle Dogmengeschichte des strafrechtlichen Handlungsbegriffs belegt, welche deskriptive und normative Bandbreite einem Zurechnungskriterium beigemessen werden kann. Galt die Handlung einst als "*das feste Knochengerüst, welches die Gliederung der Lehre vom Verbrechen bestimmt*"[1], wird ihre praktische Bedeutung im Rahmen des Straftatsystems heutzutage gemeinhin für "*denkbar klein*" gehalten[2]. Gleichzeitig entsteht nach Etablierung des neoklassischen Verbrechensbegriffs der Eindruck, die Grundlagen strafrechtlicher Zurechnung seien durch das System von Tatbestandsmäßigkeit, Rechtswidrigkeit und Schuld weitgehend festgeschrieben: Die Würfel der strafrechtlichen Dogmatik fallen nicht mehr beim Handlungsbegriff[3]. Dies führt zwingend auch zur Verlagerung der eigentlichen Grundlagenprobleme in dogmatische Feinstrukturen: Einzelbegriffe (wie z.B. die "objektive Zurechnung") werden normativ aufgeladen, um den anstehenden Zurechnungsfragen gerecht zu werden, verlieren aber gleichzeitig ihren materiellen Gehalt, kurz: ihre Anwendung vermittelt Beliebigkeit.

Durch eine solche Vorgehensweise geraten Legitimationszusammenhänge zwischen Strafrechtsbegründung und Strafrechtsanwendung tendenziell aus dem Blick.

An diesem Befund setzt die vorliegende Arbeit an. Die hier verfolgte Absicht ist es, ausgehend von der als konsensfähig vorausgesetzen These, nicht nur die strafrechtliche Sanktion, sondern auch die strafrechtliche Zurechnung als solche bedürfe der Legitimation, materielle Grundkonstanten strafrechtlicher Verantwortlichkeit sichtbar zu machen.

---

1 Berner, Strafrecht (1), S. 108.

2 Haft, Strafrecht, S. 29.

3 Gallas, ZStW 67 (1955), 1 (15).

In der Zielsetzung der Arbeit soll dabei einerseits aufgrund eines bestimmten rechtsphilosophischen Ansatzes ein Beitrag zur zurechnungstheoretischen Grundlagendiskussion aufgehoben sein.

Darüber hinaus aber gilt das besondere Augenmerk des Verfassers einer Deduktion des systematischen Zusammenhangs von Rechtsbegründung und Rechtsanwendung im Bereich der strafrechtlichen Zurechnung. Die Strafrechtsdogmatik erscheint somit als Vermittlungsinstanz von materialem Rechtsprinzip und personaler Wirklichkeit. Die Differenzierung von Recht und Unrecht, der Straftatbegriff sowie die Zurechnung werden in einen breiteren Legitimationszusammenhang eingestellt.

Es versteht sich nahezu von selbst, daß eine Arbeit, in deren Mittelpunkt die Rekonstruktion des materiellen Begriffs der Zurechnung steht, die praktische Relevanz des deduzierten Zurechnungsbegriffs nur unzureichend wird unter Beweis stellen können. Dennoch soll an einigen Brennpunkten der Zurechnungsdiskussion ein solcher Versuch nicht unterbleiben.

II. Der philosophische Ausgangspunkt der Untersuchung

Der Rückgriff des Verfassers auf die Rechtsphilosophie *Hegel*s liegt aus mehrerlei Gründen nah:
Charakteristisch für die *Hegel*sche Philosophie ist ihr erklärtes systematisches Ziel, Vernunft im individuellen Handeln praktisch werden zu lassen. Der objektive Idealismus verharrt daher nicht in einer bloß theoretisierenden, metaphysisch überhöhten Denkungsart, sondern er mißt der Philosophie und damit auch sich selbst nur dann einen Anspruch auf Richtigkeit zu, wenn sich die *Möglichkeit* des Sollens zur *Realität* des Handelns bestimmen kann.

Ein solcher Ansatz verspricht angesichts der in jedem Zurechnungsakt aufscheinenden Spannung zwischen rechtlich Gesolltem und faktisch Vollzogenem interessante und weiterführende Erkenntnisse im Hinblick auf die Grundbedingungen strafrechtlicher Verantwortlichkeit.

Hegel erhebt überdies den Anspruch, eine systematisch vollständige Deduktion des abstrakten Rechtsbegriffs und auch des abstrakten Zurechnungsbegriffs geleistet zu haben. Der Rechtsphilosophie und auch der Rechtswissenschaft kommen mithin innerhalb des geistesphilosophischen Gerüsts bestimmte, klar umrissene Positionen und Aufgaben zu. Dies läßt - bei aller kritischen Durchsicht dieses Systembaus - auch konkrete bzw. konkretisierbare Aussagen zu einzelnen rechtlichen Binnenstrukturen erwarten.

Schließlich gilt *Hegel* nicht nur für Radbruch als "der Vater des strafrechtlichen Handlungsbegriffs"[4], wodurch seine - im historischen Sinne allerdings zu hinterfragende - zentrale Rolle in der strafrechtlichen Grundlagendiskussion zumindest des ausgehenden 19. Jahrhunderts gekennzeichnet ist.

Die vorliegende Arbeit geht in ihrer Rekonstruktion eines abstraktmateriellen Zurechnungsbegriffs zwar im Ansatz vom *Hegel*schen Text aus, gleichzeitig aber auch über ihn hinaus.

Der Verfasser folgt in der Darstellung der systematischen Idee der *Hegel*schen Philosophie, zum Ausbau und zur Verdichtung der Interpretation wird unter Einbezug der aktuell verfügbaren Sekundärliteratur der begründungspraktische Hintergrund der Deduktion allerdings verbreitert. Soweit dies zum Fortgang der Argumentation und zur kontextualen Erfassung der Argumentationsstränge notwendig und geboten erscheint, wird verstärkt auf Originaltexte außerhalb der "Grundlinien der Philosophie des Rechts" eingegangen. Die Interpretation läßt sich damit durchaus als eine werkimmanente bezeichnen.

III. Die Vorgehensweise

Den begründungstheoretischen Schwerpunkt bildet die Ableitung eines personalen Zurechnungs- und Handlungsbegriffs. Die Arbeit verweist von ihrer Zielsetzung her indes ebenso auf die praktisch-dogmatische Wirksamkeit des ausgearbeiteten Verantwortlichkeitsmodells. Das materielle Band zwischen Rechtsprinzip und dogmatisch umsetzbarem Zurechnungsbegriff soll dem Leser auch durch den Aufbau der Arbeit deutlich werden:

Teil 1 beschäftigt sich mit den notwendigen Voraussetzungen zum Verständnis der sich anschließenden Ableitung des Rechtsprinzips und des Zurechnungsbegriffs. Zunächst führt der Verfasser in die Grundlagen der *Hegel*schen Methodik ein. Dies erscheint vor dem Hintergrund der besonderen inhaltlichen und nicht nur formellen Relevanz der dialektischen Begriffsentwicklung unerläßlich, einerseits um die im Fortgang der Arbeit eingesetzten Termini aus der *Hegel*schen "Wissenschaft der Logik" vorab zu klären und andererseits um den stets ähnlichen, sich aber stetig qualifizierenden selbstreflexiven Rhythmus der Rechtsdeduktion offenzulegen.

Da die Rechtsphilosophie als sedes materiae der Zurechnungslehre ihre materiellen Grundlagen qua Einbindung in das gesamtphilosophische System *Hegels*

4 Radbruch, Handlungsbegriff, S. 101.

bezieht, wird im folgenden der Standort der "Grundlinien der Philosophie des Rechts" innerhalb der Geistphilosophie erläutert und - soweit erforderlich - auf begriffliche Vorgegebenheiten hingewiesen. Die Erörterung konzentriert sich hier insbesondere auf die für den materiellen Ausgangspunkt der Zurechnungslehre zentrale Frage, welcher Begriff von Freiheit und individueller Vernunft der Rechtsphilosophie zugrundeliegt.

Der einführende Teil der vorliegenden Arbeit schließt ab mit einer kurzen Problematisierung der "Lesart" der Rechtsphilosophie. Der Verfasser zeigt den Zusammenhang und die Gewichtung von deskriptiven und normativen Anteilen; er verweist auf die strenge Anwendungsorientierung des *Hegel*schen Ansatzes und die daraus resultierenden Vorteile einer Rechtsphilosophie als praktische Philosophie, ganz im Sinne des aristotelischen Gebots, Vernunft im Handeln zu lokalisieren.

In **Teil 2** wird sodann die eigentliche Begründungsarbeit einer personalen Zurechnungslehre geleistet. Entsprechend dem systematischen Grundkonzept der Untersuchung beleuchtet die Arbeit wesentliche Begründungskonstanten strafrechtlicher Verantwortlichkeit, die indes nicht zufällig neben- oder nacheinander stehen, sondern untereinander materielle Vernetzungen aufbauen und schließlich in den zusammenfassend-konstituierenden Aufweis der Basisstrukturen eines abstrakt-materiellen Handlungsbegriffs einmünden:

Ausgehend von einer theoretischen Fundierung der Möglichkeitsbedingungen von Recht und Unrecht überhaupt, gelangt die vorliegende Arbeit zu der konzeptionellen Aussage, das sich die Rechtsperson als Abstraktum erst in ihrem *Handeln* zum freien Subjekt bestimmen kann. Der Handelnde allein konstituiert (straf-)rechtliche Verantwortung. Da Handlung nach dem hier zugrundegelegten Personbegriff gleichzeitig auch immer Interessenverfolgung ist, widmet sich der Verfasser anschließend den strukturellen Kollisionen von Rechten und Interessen, die für die Bewährung des Rechts als Ordnung mit Richtigkeitsanspruch besondere Wichtigkeit entfalten. Am Beispiel der Notwehrrechts werden die praktischen Auswirkungen des dargelegten rechtsphilosophischen Ansatzes operationalisiert.

Ging es bislang sozusagen um das Verhältnis des Subjekts zu seiner Außenwelt, thematisiert das Kapitel "Substanz und Subjekt" die individuelle Erkenntnis der Pflicht, die subjektive Erfahrbarkeit richtigen Handelns. Die hier nochmals deutlich werdende Subjektorientierung der *Zurechnung*slehre wird in einem abschließenden Exkurs gegenüber dem Versuch, strafrechtliche Verantwortlichkeit in ihren Grundlagen *extern* zu definieren (*Zuschreibung*) verteidigt.

Die folgenden Kapitel beschäftigen sich mit der rechtspraktischen Geltung und Durchsetzung positiv- oder gewohnheitsrechtlich gebundener Pflichten. Gezeigt wird dabei auch, wie sich materiellrechtlich definierte Pflichten prozessual umsetzen lassen: Wie schon im Hinblick auf die Legitimation der strafrechtlichen Sanktion, so gilt auch in Bezug auf die gerichtliche Zurechnung im Einzelfall der Grundsatz, daß der Schuldvorwurf nur dann die Wiederherstellung des Rechts nach sich ziehen kann, wenn der Verurteilte in seiner Tat als *Vernünftiger* anerkannt wird.

Im Unterschied zu monologischen Ansätzen der Rechtsbegründung lebt die *Hegel*sche Begriffssystematik von der interpersonalen bzw. intersubjektiven Einbindung individuell je zurechenbarer Verhaltensweisen. Strafrechtliche Verantwortlichkeit indiziert nur jene Handlung, die konkrete intersubjektive und abstrakte interpersonale Bindungen schwerwiegend verletzt. Der Verfasser erhellt insofern den interpersonalen Status der Zurechnungslehre.

Bevor am Ende des zweiten Teils die gewonnenen materiellen Grundkonstanten strafrechtlicher Verantwortlichkeit in einen strafrechtsdogmatisch aufgeschlossenen, personalen Begriff der Handlung ausbuchstabiert werden, klärt die vorliegende Arbeit die Verwirklichungsbedingungen des (positiven) Strafrechts in Hinsicht auf die in jedem Einzelfall zu gewahrende Historizität der Handlung und die Historizität der Rechtsanwendung.

Teil 3 zeigt einen Wechsel in der Perspektive an: Vor dem Hintergrund der in Teil 2 der Arbeit vorgenommenen Rekonstruktion des materiellen Zurechnungsbegriffs werden zunächst in einer historischen Skizze einige gleichermaßen prägnante - wie philosophiegeschichtlich typische - Zurechnungsmodelle angerissen und auf ihre Grundaussagen hin untersucht. Dadurch wird der materiale Gehalt der *Hegel*schen Rechtsphilosophie als Grundlage eines an individueller Vernunft und interpersonal konstituierter Freiheit orientierten Verantwortlichkeitsmodells auch in bezug auf die konkrete geschichtliche Erscheinungsweise der Philosophie *Hegel*s deutlich. Die historische Rezeption des vielversprechenden Ansatzes *Hegel*s verlief indes anders als vielleicht zu erwarten gewesen wäre: Schon mit dem Aufkommen der kausalen Handlungslehre Ende des 19. Jahrhunderts beginnt der strafrechtliche Handlungsbegriff als materieller

Ausgangspunkt der Zurechnung seine Bedeutung zu verlieren. Finale und soziale Handlungslehre sind nicht geeignet, diese Entwicklung aufzuhalten. Der lange Abschied vom Handlungsbegriff mündet schließlich in die marginalisierte, entnormativierte Erscheinung der *tatbestandsmäßigen Handlung* bei gleichzeitig phänomenalgrundlagenabstinenter Aufladung der *objektiven Zurechnung*.

In **Teil 4** versucht der Verfasser in einem Ausblick, die Grundzüge und Chancen eines dogmatisch leistungsfähigen personalen Handlungsbegriffs zu skizzieren.

Die vorliegende Arbeit stellt insofern ein Plädoyer für eine Wiederbelebung der Grundlagendiskussion im Bereich der strafrechtlichen Handlungslehre dar.

Erster Teil

I. Zwischen der Scylla logischer Besserwisserei und der alles verschlingenden Charybdis der unkontrollierten Hingabe an das dialektische Spiel[1] - einige unerläßliche Vorbemerkungen zur Hegelschen Methodik

Am Anfang steht die Irritation.
Was den einen als Königsweg zur letzten Sicht der Dinge erscheint[2], wird von anderen als Begriffsmystik abgetan, die sich schon im Besitz der Wahrheit dünkt, wenn sie vorgibt erst zu dieser aufzubrechen[3]. Es ist die Rede von der *Dialektik.*

Längst hat sie sich aus ihrer werkimmanenten Rolle als spekulative Grundstruktur des *Hegelsch*en Systems emanzipiert und ist zum eigenständigen Gegenstand philosophischer Interpretation geworden[4]. Man könnte vermuten, diese Entwicklung sei ihrem Grunde nach auf das Bestreben der Interpretatoren zurückzuführen, über die Klärung ihrer Methode auch dem Aussagegehalt der *Hegelsch*en Philosophie - zumindest ein wenig - näherzukommen. Ein Eindruck, der sich allerdings ebenso schnell wieder verflüchtigt, denn die *Wissenschaft der Logik* als sedes materiae der dialektischen Methode, gilt vielen wegen ihres Abstraktionsniveaus als eines der *schwierigsten Werke der Philosophiegeschichte*[5]. Jeder Versuch einer Rekonstruktion auch nur *einer einzigen Seite Hegelschen Textes*[6] steht angesichts dieser Ausgangslage vor einem Dilemma:

Entweder die Dialektik als das nehmen, was sie eigentlich ist, nämlich das Generalthema philosophischer Erkenntnis, und ihr in der Interpretation einen

1 Gadamer, Hegels Dialektik, S. 5.

2 Vgl. nur das Konzept Apels, in: Kant oder Hegel? (Hrsg. Henrich), S. 597 ff., der die Transzendentalphilosophie durch den Einbau dialektischer Vermittlungsstrukturen erneuern möchte; Kroner, Von Kant bis Hegel, S. IX.

3 Exemplarisch: Hochkeppel, in: Hegel und die Folgen, S. 69 (89).

4 Eine gelungene Problemübersicht geben: Horstmann u.a., Dialektik in der Philosophie Hegels, passim.

5 Vgl. nur Hösle, Hegels System I, S. 155 f.; Rademaker, Hegels "Wissenschaft der Logik", S. 2 ff., Anm. 14.

6 Henrich, in: FS für W. Marx, 1976, S. 208 (209).

dementsprechenden Stellenwert einzuräumen[7] oder sie gänzlich beiseite zu lassen und sich *frei assozierend* dem Fluß des Textes zu überlassen[8].

Kann also bei der Durchdringung der Rechtsphilosophie *Hegels* auf die dialektische Methode verzichtet werden? Vor dem Hintergrund der Bedeutung, die *Hegel* selbst der Methode zugewiesen hat, müßte ein solcher Verzicht schwerfallen. Für ihn ist die dialektische Logik das Prinzip wissenschaftlich betriebener Philosophie überhaupt, aber gleichzeitig nicht nur Methode zur Erhellung der Bewegung der Begriffe, sondern auch der Ursprung allen Werdens selbst[9]. Die dabei auftretenden Verständnisschwierigkeiten sind *Hegel* durchaus bewußt.

> Die Logik ist insofern die schwerste Wissenschaft, als sie es nicht mit Anschauungen, nicht einmal wie die Geometrie mit abstrakten sinnlichen Vorstellungen, sondern mit reinen Abstraktionen zu tun hat und eine Kraft und Geübtheit erfordert, sich in den reinen Gedanken zurückzuziehen, ihn festzuhalten und in solchem sich zu bewegen[10].

Da die Logik gleichzeitig im Denken die Begriffe sprechen läßt und sowohl die rationale Erkenntnis wie auch das rationale Agieren der Individuen transzendiert, ist sie nicht nur abtrakte Formalie, sondern repräsentiert das Nachvollziehbare, Einsehbare, Übliche und insoweit auch Einfache.

> Ein leises geistiges Band, die Tätigkeit des Denkens, verknüpft allen diesen Inhalt[11].

Auch die Rekonstruktion der *Hegelschen* Rechts und Zurechnungslehre darf daher die Beschäftigung mit der Logik nicht vernachlässigen[12]: § 31 der *Grundlinien* weist ausdrücklich auf die Dialektik als jenem *bewegenden Prinzip des Begriffs von Recht* überhaupt hin[13]. In diesem Kontext erhebt sich die Frage nach den Anforderungen einer angemessenen Darstellungsweise der Logik in der vorliegenden Arbeit. Da die Systematik der Rechtsphilosophie nahezu unweigerlich auch für das Zustandekommen von Inhalten verantwortlich ist und damit

---

7 Vgl. zum Beispiel den kritischen Versuch einer Interpretation Hegelscher Logik und Systematik von Fulda, in: Dialektik in der Philosophie Hegels, S. 124 ff.

8 Herzog, Prävention des Unrechts, S. 62.

9 Vgl. Baum, in: Wissenschaft der Logik, S. 65 f.; Pleines, HJB 26 (1991), S. 243; Hösle, Hegels System I, S. 3 ff.

10 Hegel, Enzyklopädie I, § 19 A (S. 8.67).

11 Hegel, Enzyklopädie I, § 19 Z (S. 8.75).

12 Vgl. de Vos, HS 16 (1981), 99 passim.

13 Hegel, Grundlinien, § 31 A (S. 7.84).

auch dem Recht selbst inhärent ist[14], brächte ein Verzicht auf sie die Gefahr *konzeptioneller Inkonsistenz* mit sich. Andererseits soll die Logik nicht - um mit *Hegel* zu sprechen - in ihrer Unmittelbarkeit und damit an ihr selbst thematisiert werden.

Geht man einmal von dem zu entwickelnden Begriff selbst aus, so wird er, ausgehend vom gesetzten *An sich* zum hieraus entgegengesetzten *Für sich* und in der Aufhebung beider Seiten schließlich zum *An und für sich* vorangebracht. Als immanentes Gerüst dient der hiermit in seinen Grundzügen beschriebene Weg zwar *auch* der *Darstellung* und Strukturierung des Systembaus philosophischer Sätze und erweist sich damit im Grunde als eine Methode der "*Überstandpunktlichkeit*"[15]; ihre eigentliche Aufgabe reicht indes weit darüber hinaus: Dialektik ist selbst Verkörperung des prozeduralen Fortschreitens zur Erkenntnis des *Wahren*, des *Wesens* der Begriffe:

> In ihrer eigentümlichen Bestimmtheit ist die Dialektik vielmehr die eigene wahrhafte Natur der Verstandesbestimmungen, der Dinge und des Endlichen überhaupt. Die Reflexion ist zunächst das Hinausgehen über die isolierte Bestimmtheit und ein Beziehen derselben, wodurch diese in Verhältnis gesetzt, übrigens in ihrem isolierten Gelten erhalten wird. Die Dialektik dagegen ist das *immanente* Hinausgehen, worin die Einseitigkeit und Beschränktheit der Verstandesbestimmungen sich als das, was sie ist, nämlich als ihre Negation darstellt. Alles Endliche ist dies, sich selbst aufzuheben. Das Dialektische macht daher die bewegende Seele des wissenschaftlichen Fortgehens aus und ist das Prinzip, wodurch allein *immanenter Zusammenhang und Notwendigkeit* in den Inhalt der Wissenschaft kommt, so wie in ihm überhaupt die wahrhafte, nicht äußerliche Erhebung über das Endliche liegt[16].

Aus dieser starken Prämisse, die Begriffsbewegung diene nicht eigentlich der Erkenntnis*vermittlung*, sondern sei in nuce Erkenntnis*konstitution*[17], folgt für *Hegel* der hohe Anspruch, den die Dialektik im Prozeß philosophischen Erkennens einzulösen habe. Dem genannten Anspruch sitzt die These auf, die Dialektik verweise auch auf einen philosophie-methodischen *Alleinvertretungsanspruch*, denn sie allein werde dem spekulativen, wissenschaftlichen Denken ge-

---

14 Vgl. den interessanten Ansatz bei Bogdandy, Hegels Theorie des Gesetzes, S. 21 ff., der das Gesetz in den Zusammenhang der Wesens- und Begrifflogik Hegels einstellt und von dort aus Vorausgesetztheiten für den Gesetzesbegriff der Sittlichkeit ableitet.

15 Vgl. Nicolai Hartmann, Philosophie des deutschen Idealismus II, S. 259.

16 Hegel, Enzyklopädie I, § 81 Z (S. 8.173).

Vgl. auch: Fulda, in: Dialektik in der Philosophie Hegels, S. 124 (134 ff.); Gadamer, Hegels Dialektik, S. 74 f.

17 Hegel, Enzyklopädie I, §§ 2 f.(S. 8.41 ff.).

Vgl. Redlich, Selbsterfassung der Persönlichkeit, S. 40 ff.

recht[18]; - eine Behauptung, die ob ihrer andere Modelle disqualifizierenden Inhaltsbestimmung in der philosophischen Diskussion nicht unbestritten bleiben konnte[19].

Die Scheidelinie zwischen Akzeptanz und Ablehnung der Dialektik war daher lange Zeit zugleich die Scheidelinie zwischen Anerkennung und Verwerfung der *Hegelsch*en Philosophie überhaupt.

Sofern sich die Kritik an der vermeintlichen *Inhaltsleere* der methodischen Schritte und Operationen selbst ausrichtet[20], mag auf den oftmals verkannten dualen theoretischen Status der Dialektik verwiesen werden: Einmal bestimmt sie sich notwendigerweise in ihrer Abstraktheit und Allgemeinheit als Methode überhaupt, desweiteren erscheint sie spezifiziert im Anwendungsprozeß der Erkenntnis eines konkret betrachteten Gegenstandes. Auf der Stufe allgemeiner Begrifflichkeit läßt die Dialektik keine Aussage hinsichtlich eines wie auch immer gearteten konkret vorgestellten Gegenstandes (als Begriff) zu (hier allein ist sie *neutral*[21]), denn Erkenntnis im Sinne der wesenslogischen Reflexion ist unmittelbar mit der Sache selbst verknüpft[22]. In diesem Sinne ist es zu verstehen, wenn *Hegel* über den allgemeinen Status der vernunftgemäßen dialektischen Betrachtungsweise ausführt:

> Seinem Inhalt nach ist das Vernünftige so wenig bloß Eigentum der Philosophie, daß vielmehr gesagt werden muß, dasselbe sei für alle Menschen vorhanden, auf welcher Stufe der Bildung und der geistigen Entwicklung sie sich auch befinden mögen (...)[23].

Die *Philosophie* selbst ist damit als *Anwendungsfall* der praktischen Vernunft bestimmt - sie ist im besten Sinne eine Wissenschaft des Alltags und betreibt nur ein Geschäft, nämlich:

> das, was rücksichtlich des Denkens den Menschen von alters her gegolten (hat), ausdrücklich zum Bewußtsein zu bringen[24].

---

18 Eine kritisch-punktuelle Betrachtungsweise dieser Art von spekulativer Philosophie wird dadurch praktisch unmöglich gemacht: entweder man lehnt das Hegelsche System pauschal ab oder man gerät in die unmittelbare Gefahr "intellektueller Selbstaufgabe". Somit bliebe nur ein Ausweg: derjenige einer immanten Kritik; vgl. Hösle, Hegels System I, S. 3.

19 Zum Streitstand: Horstmann, in: Dialektik in der Philosophie Hegels, S. 9 ff.; Gethmann-Siefert, HS 18 (1983), 245 ff.

20 Vgl. nur: Schopenhauer, Welt als Wille und Vorstellung I, S. 17 f.

21 Rademaker, Hegels "Wissenschaft der Logik", S. 6.

22 Baratta, in: Radbruch-GedS, S. 172 (173 f.).

23 Hegel, Enzyklopädie I, § 82 A. (S. 8.177).

24 Hegel, Enzyklopädie I, § 22 Z. (S. 8.79)

Man könnte es sich daraufhin leicht machen, indem man die Methode Methode sein läßt und sich stattdessen sodann den vermeintlich freiliegenden Inhalten zuwendet. Wenn die dialektische Denkweise doch ohnehin intersubjektives Gemeingut ist, würde das Aufgenommene sich schon in irgendeiner Weise ordnen lassen - was sich dennoch nicht ordnet, ist höchstenfalls schmückendes Beiwerk und kann getrost beiseite gelassen werden. Das Unternehmen, der Verwobenheit *Hegelsch*er Denkfiguren mit *assoziativem Lesen*[25] zu begegnen, liefert den Rezepienten aber dem *mainstream* des Textes aus. Die kritische Spannung der Nichtidentität, die sich auf dem Wege zum (tendenziell) erreichbaren Ziel wähnt, geht sehr schnell verloren, wenn aus der Spekulation Imagination wird:

> Viele, die sich heute mit *Hegel* beschäftigen, tun dies wegen der zahlreichen substantiellen Gedanken, die sich bei *Hegel* finden. Wenn man Gründe erwägt, aus denen gerade *Hegel* - mehr als seine Zeitgenossen - solchen Reichtum an konkreten, uns heute noch interessierenden Ideen anhäufen konnte, so spricht einiges dafür, daß ihm dies nicht trotz seiner verbissenen Bemühungen um eine methodisch organisierte Systematik gelang, sondern gerade dank derselben[26].

Man wird also nicht umhin kommen, sich der Dialektik zu bedienen, um *Hegel* buchstabieren zu lernen - ohne sich allerdings von ihr den kritischen Blick verstellen zu lassen. Daraus ergibt sich zweierlei: Zunächst sind die Grobstrukturen der dialektischen Bewegung des Begriffs zu skizzieren. Eine Konkretisierung spezifischer logischer Figuren kann sodann an entsprechend problematischen Textstellen vermittels konkreter Ableitungschritte selbst vorgenommen werden.

Wie schon angedeutet, hat sich nach *Hegel* die Methode am Gegenstand zu orientieren und nicht umgekehrt. *Hegel* geht es hinsichtlich der Offenlegung der kategorialen Erkenntnisstrukturen vorallem um die Emanzipation des Verhältnisses von erkennendem Subjekt und erkanntem Objekt aus deren Entgegensetzung[27]. Um den Gegenstand zu erkennen, um sich zunächst einen *Begriff* von ihm machen zu können, bedarf es einer Betrachtung desselben, die nicht durch eine Betonung des externen Standpunktes des Subjekts charakterisiert ist[28]. Die Dissoziation zwischen Erkennendem und Erkanntem ist der begriffsselbständi-

---

25 Adorno, Metakritik, S. 370.

26 Fulda, in: Dialektik in der Philosophie Hegels, S. 124 (126).

Die Philosophie Hegels mit der Dialektik zu konfrontieren, öffnet den Blick für die Spannungen zwischen empirischem Befund und Substantialität, verleiht ihr Entwicklungspotential.

27 Dazu: Redlich, Selbsterfassung der Persönlichkeit, S. XVI f.

28 Hegel, Grundlinien, § 31 A (S. 7.84).

gen Erfassung des letzteren abträglich[29]. Vielmehr muß sich das Subjekt auf die Sache einlassen, um ihr Wesen zu erkennen. Wenn also die wahre Erkenntnis der Sache nicht schon durch vorgefertigte Maßstäbe und Erfahrungen verbogen und in ihrem Wesensgehalt verdunkelt werden soll, kann dies nur heißen, im Prozeß des Erkennens habe sich das Subjekt jeglichen *sachfremden Räsonierens* zu enthalten:

> Das Räsonieren hingegen ist die Freiheit von dem Inhalt und die Eitelkeit über ihn; ihr wird die Anstrengung zugemutet, diese Freiheit aufzugeben und, statt das willkürlich bewegende Prinzip des Inhalts zu sein, diese Freiheit in ihn zu versenken, ihn durch seine eigene Natur, d. h. durch das Selbst als das seinige, sich bewegen zu lassen und diese Bewegung zu betrachten[30].

Der *Grund* der Erkenntnis abstrahiert von jeglichem Erfahrungswissen. Für die Invollzugsetzung des Verständnisprozesses scheidet es als in der Zufälligkeit konkret-individueller Lebenswelt verhaftet aus. Das Tor zur Erkenntnis des Wesens der Sache öffnet sich also erst, wenn die *Reflexionsdifferenz*[31] zwischen Subjekt und Objekt in sich aufgehoben wird. Das Aufgehobensein der Reflexionsdifferenz darf dabei nicht als schier zwanghafte und zugleich *blinde*, weil den Subjektcharakter negierende, Unterordnung der Kategorie der Reflexion des Subjekts unter die Kategorie des *reinen Seins* an sich, verstanden werden. Auch wenn stellenweise die Ausführungen *Hegels* eine solche Interpretation selbst nahezulegen scheinen:

> Das wissenschaftliche Erkennen erfordert (...), sich dem Leben des Gegenstandes zu übergeben oder, was das selbe ist, die innere Notwendigkeit desselben vor sich zu haben und auszusprechen[32].

Die Autonomie des Subjekts gegenüber dem Objekt seiner Anschauung ist freilich hierdurch nicht etwa kategorial in Frage gestellt. Daß man sich den Anfang der dialektischen Bewegung nicht im statischen "Entweder-Oder" einer Entzweiung des Subjekts vom Objekt oder eben in einer strikten Aufhebung des *einen im anderen*, im Sinne einer vollständigen Negation, vorzustellen hat, erweist sich, wenn die für das Anheben der Erkenntnis und mithin auch für den

---

29 Vgl. Baratta, in: Radbruch-GedS, S. 173 (177), der den damit gewonnen Vorteil gegenüber den axiologischen Theorien, die das Erkenntnisobjekt unabhängig vom Erkenntnissubjekt positionieren, betont.

30 Hegel, Phänomenologie des Geistes, S. 3.56 (Vorrede).

31 Bubner, Dialektik, S. 45 f.

32 Hegel, Phänomenologie des Geistes, S. 3.52 (Vorrede).

Beginn des dialektischen Prozesses zur Idee hin zentrale Frage nach dem *Bewegungsprinzip* und vorallem der *Bewegungsrichtung* desselben, aufgeworfen wird.

Reflexion, die sich im Wege ihres Tätigseins sowohl auf die außerindividuelle Welt, als auch auf sich selbst insofern bezieht, wie sie sich als Tätigkeit und Phänomen erkennt, bereitet in der prozeßhaften Entgegensetzung des Objektiven auch und gerade die Anfänge zur Vermittlung dieses Gegensatzes vor. Auf der Grundlage dieser Vorleistung nimmt die Bewegung der Erkenntnis ihren Lauf. In der Erkenntnisarbeit wechseln die Inhalte der Reflexion, die *Vorausgesetztheit* der Reflexion findet sich auch dann, wenn *jegliches Räsonieren* sich verflüchtigt.

Das Herausstellen der Sache aus dem ihr zunächst eigenen Status des reinen Seins, das Fassen ihrer Unmittelbarkeit, vermittelt sich im Zusammentreffen, in der Ineinslegung von Erkenntnisvermögen und der Sache an sich. Das Erfassen der Sache verläuft im Prozeß ihrer *kritischen Aneignung*[33]. Die Passivität, das Einerlei des interesselosen Geltenlassens, ist nicht das Signum der dialektischen Methode[34]. Der Beginn der Selbstbewegung, die der Begriff bis zu seiner als ideal gesetzten Realisierung vollführt, ist indes auch der Anfang der je möglichen Erkenntnis vom Gegenstand. Die Sache, die mit sich selbst identisch ist, ruht, ist daher nicht zugänglich, eben nicht existent. Erkennbar wird sie erst dann, wenn sie mit dem Reflexions*potential* konfrontiert ist[35]. Der Prozeß der Begriffsrealisierung orientiert sich im Fortgang an der (idealen) Identität mit sich selbst. Es ist dies eine qualitativ sehr hochstehende Art der Identität, die am Ende einer langen Reihe von Aufhebungen steht, die *Idee*:

> Die so strukturierte Totalität und Einheit ist nicht nur das Schauen von Etwas, sondern das ungetrübte Durchschauen seiner selbst, die reine Durchsicht[36].

Nun gilt es nachzuzeichnen, welchen Weg die in der Sache liegende Notwendigkeit im Zuge ihrer Verwirklichung, ihrer Ideewerdung, nimmt. Es ist dies die Frage nach der Vermittlung der Systemstufen, nach dem Grundgesetz der Triplizität. Die Dialektik beinhaltet und beschreibt gleichzeitig die Selbstverwirklichung des Begriffs oder mit anderen Worten:

---

33 Aus schlechthin Abstraktem (Form) wird Konkretes (Inhalt).

34 Hegel, Wissenschaft der Logik II, S. 6.557; vgl. Platon, Staat, S. 224 (Z. 511).

35 Vgl. Hegel, Enzyklopädie I, § 82 (S. 8.176 f.).

36 Harlander, Kategoriale Anschauung, S. 27.

> Dialektik ist das Sichbestimmen eines Begriffs, der Idee ist; genauer des Begriffs, insofern er die absolute Idee als adäquater Begriff und letztes Subjekt der Begriffsentwicklung ist[37].

Festzuhalten bleibt insoweit, daß eine Bewegung stattfindet, die als *in sich selbst fließend* betrachtet werden muß und nicht in der bloßen Aneinanderreihung von, miteinander unter einem bloßen Oberbegriff gebrachten, Einzelaspekten besteht. Das bedeutet nun gerade nicht, daß sich die Realisierung des Begriffs einem ungerichteten, mannigfach gebrochenen Schlingern gleich vollziehen würde. Sie kann mit zwei spannungsgebogenen Linien verglichen werden, die sich, beide vom "*An sich*" ausgehend, in einem Endpunkt treffen.

Die eine Linie verdeutlicht in ihrem Verlauf die zunehmende Differenzierung und Konkretisierung des Begriffs (er bleibt nicht irreales Abstraktum, sondern beweist sich in der Wirklichkeit als Existierendes), die zweite Linie zeigt die zunehmende Übereinstimmung des Begriffs mit seiner Substanz an. Die Hinentwicklung zur substantiellen Anreicherung ist kein Rückfall auf jene zu Anfang der Begriffsbewegung vorhandene abstrakte Abbildung des Begriffs auf sich selbst. Der Substanzbegriff gewinnt zusehends Subjektbezug und arbeitet damit die Kategorie der *lebendigen Substanz* heraus.

> Die lebendige Substanz ist ferner das Sein, welches in Wahrheit Subjekt oder, was dasselbe heißt, welches in Wahrheit wirklich ist, nur insofern sie die Bewegung des Sichselbstsetzens oder die Vermittlung des Sichanderswerdens mit sich selbst ist[38].

An jedem Punkt der Entwicklung des Begriffs, von seinem *An sich* über das *Für sich* bis zum *An und für sich*, der Idee, besteht ein Netz normativer Bestimmungen sowohl der Stufen untereinander, als auch aller Stufen selbst hin auf ein Übergeordnetes. Diese Bestimmungen herauszuarbeiten, ist in der Vorstellung *Hegels* das eigentlich Verdienstvolle der Philosophie[39]. Wie es um diese Bestimmungen im einzelnen bestellt ist, welchen Aussagewert und Begründungstatus sie konkret beinhalten, soll im Rahmen der Entwicklung der Zurechnungslehre aufgewiesen werden[40]. Jetzt mag man sich auf ein Verständnis der

---

37 Fulda, in: Dialektik, S. 124 (132 f.).

38 Hegel, Phänomenologie des Geistes, S. 3.23 (Vorrede); vgl. Harlander, Kategoriale Anschauung, S.17 f; Brockard, Subjekt, S. 64 f.

39 Vgl. Gadamer, Hegels Dialektik, S. 66 ff.

40 Hegel, Grundlinien, §§ 31-32 (S. 7.84 ff.), betont, daß der Bereich des Rechts nicht von der dialektischen Begriffsbewegung ausgenommen sein kann. Im Unterschied zu den empirischen Wissenschaften geht es ihm nicht um die Ermittlung der in der Gesellschaft faktisch vorhandenen Vorstellungsinhalte hinsichtlich "Recht", sondern es tut sich "die Gewalt an, nichts von unserem Meinen und Denken hinzuzugeben. Was wir auf diese Weise erhalten, ist aber eine Reihe von Gedanken und eine andere Reihe da-

groben Entwicklungslinien dieser Architektonik beschränken. Die Eingangsstufe, das *An sich* des Begriffs, ist durch das Moment der abstrakten Einheit charakterisiert. Der Begriff verliert sich nicht in Besonderheiten seiner selbst, seine konkrete Beschaffenheit ist noch nicht aufgewiesen. Abstrakte Einheit bedeutet dabei zweierlei:

Zum einen ist der Begriff nicht etwa ein *nebulöses Allgemeines*, denn sonst wäre er nicht schon in seiner Form als Reflexionspunkt des *An sich* erkennbar[41] (der Struktur eignet Reflexionspotential). Nur insofern kann überhaupt von seiner Erfassbarkeit durch den dialektischen Prozeß des Setzens und Bestimmens gesprochen werden. Zum andern ist der Begriff auf dieser Stufe noch durch keinerlei Maß beschränkt, durch nichts in seiner an sich vorhandenen Allgemeinheit begrenzt. Der Gegenstand tritt dem Betrachtenden noch in seiner Unmittelbarkeit entgegen[42]. Ist damit zwar die grundsätzliche Identität, i.S. einer abstraktinhaltlich unbestimmtdiffusen Substantialität bezeichnet, so besitzt der Begriff hierin keine Dimension des *Realen*, ist nicht faßbar, bar jeglicher Besonderung. Bewegung des Begriffs heißt dessen Bestimmung. Bestimmung des Begriffs dekliniert sich in die zunehmende Realisierung des nur Vorgestellten, in der *Beschränkung* der reinen Form durch konkreten Inhalt.

Der Begriff teilt sich[43], indem nunmehr auch die aus ihm hervorgehende Beschränkung (seine ihm gemäße Besonderung) sichtbar wird. Diese kann jedoch kategorial nicht außerhalb der Ableitung vom Allgemeinen gedacht werden. Denn es kommt für das Erkennen des Begriffs nicht darauf an, daß überhaupt ein *Für sich* gefunden wird, sondern es gibt notwendigerweise immer nur ein bestimmtes *Für sich*, das aus dem *An sich* sich herausgesetzt hat. Das Auseinanderfallen von *An sich* und *Für sich* als situativ geronnenem methodischem Phänomen belegt *Hegel* mit dem Begriff des *Urteils* (*Urteil*). Gleichwohl bleibt trotz Dissoziation des Begriffs die Seite des Allgemeinen, seine absolute Identität, als Teilaspekt des zu entwickelnden Begriffs hin zur Erkenntnis des Wesens, weiterhin mitgetragene essentielle Bestimmung seines Inhalts. Diese Bestimmung kann durch die Besonderung, die seine Beschränkung ist, nicht schon zur Gänze negiert werden. Hier zeigt sich dann auch die Unvollkommenheit der Begriffs-

---

seiender Gestalten, bei denen es sich fügen kann, daß die Ordnung der Zeit in der wirklichen Erscheinung zum Teil anders ist als die Ordnung des Begriffs".

41 Hegel, Wissenschaft der Logik II, S. 6.47.

42 Hegel, Wissenschaft der Logik II, S. 6.273, 6.275.

43 Dazu: Fulda, in: Dialektik , S. 124 (141).

stufe des *Für sich*: Sie ist gleichermaßen Konkretion wie dem *An sich* ein Gegenbild.

In ihrer nur relativen Negation des Positiven trägt das *Für sich* das *An sich* als das Andere noch immanent in sich, das Verhältnis von *An sich* und *Für sich* ist aus sich heraus gegangen und tritt als erkennbares Verhältnis der Teile zueinander in Erscheinung; es läßt sich als *Widerspruch* im Übergang zur nächsten Systemstufe auffassen.

Da das *Für sich* des Begriffs aber nicht nur dem *An sich* entgegengesetzt ist, vielmehr in seiner eigenen Erscheinungsweise seine Bestimmung als bloß Relatives erhält, und gleichzeitig Dialektik als *Negieren einer Beschränktheit* verstanden werden muß, zerfällt die innere Widersprüchlichkeit *affirmativ* zur Aufhebung des inneren Widerspruchs des *Für sich* und dadurch auch gleichzeitig zur Aufhebung des äußeren Widerspruchs zwischen *Für sich* und *An sich* zum *An und für sich*[44]. Doch in dieser Synthese werden nicht nur die Unterschiede und damit das Negative im Verhältnis der sich widersprüchlichen Seiten aufgehoben, auch die Bewegungsart des Begriffs und sein normatives Potential erreicht einen anderen Status.

Da der Begriff nunmehr auf einer qualitativ höherstehenden Wertigkeit mit sich selbst identisch ist, als zu Beginn der Begriffsbewegung im Stadium der vormals sich selbst identischen Unmittelbarkeit, dem *An sich*, sind die durchlaufenen Stationen insofern als abgeschlossen zu betrachten, als die Ausgangsfrage des platonischen Dialogs[45] ihre vorläufige Antwort gefunden hat.

Nicht mehr der Antrieb zur Vermittlung von Widersprüchen bestimmt nun den Charakter des Begriffs. In der Bestimmung des Begriffs wird auf der Ebene der Aufhebung ein inhaltlich angereichertes qualitatives Anderes, Höheres bzw. Höchstes des Begriffs erreicht.

---

44 Zur Bedeutung des Widerspruchs in der dialektischen Begriffsbewegung: Hösle, Hegels System I, S. 156 ff.

45 Gefragt wird nach dem richtigen Umgang mit der Rede im Gespräch, vgl. Bubner, Dialektik, S. 124.

II. Das Selbst des wirklichen Bewußtseins - Rechtsphilosophie als Geistphilosophie

Das Prinzip des Rechts ist die Verwirklichung der Freiheit[46].

Dieses Leitmotiv der *Hegelsch*en Rechtsphilosophie versinnbildlicht die *Selbstmanifestation* des sich bestimmenden objektiven Geistes[47] und gibt dadurch zugleich den systematischen Stellenwert an, der dem Recht im Stufengang der Emanation des Geistes zukommt. Die Skizze der Geistphilosophie läßt das tragende Gerüst der Entwicklung des Geistes zur sichselbstidentischen Idee von Vernunft erkennen: Ausgehend von der Idee in ihrer sich abstrakt denkenden Form, der Logik, gibt die Philosophie der Natur dem abstrakten Sein das Moment seiner Besonderheit als Seiendes[48]. Die aus der Allgemeinheit der Idee herausgesetzte Äußerlichkeit in ihrer Unmittelbarkeit an sich selbst betrachtet ist die Natur. Die subjektive Existenz der reinen Idee (Geist) der Logik als das abstrakte Denken bleibt in ihrer natürlichen Erscheinung in höchstem Maße selbstentfremdet und als Begründendes aller Entwicklung hinter dem negativen Gesetztsein der Natur verborgen[49].

Jene in sich zugleich *notwendige* und *zufällige* Natürlichkeit[50] vergeht an ihrer Lebendigkeit und Sterblichkeit, ein stetig sich wiederholender Vorgang hin zur *Gegensatzlosigkeit* des Organismus. Die programmierte Endlichkeit der Natur erweist das Geistige - das als Einheit des Werdens und Vergehens gedacht werden kann - als Überlegenes. Alle Besonderheit des Lebens verliert sich an das Allgemeine ihrer selbst, wird zum Begriff, da *natürliches Leben* in seiner stofflich vergänglichen Einzelheit nicht über sich selbst hinauswächst[51].

Die Überwindung dieser Selbstverinnerlichung der Äußerlichkeit liegt in der Entwicklung des *subjektiven Geistes*. Der subjektive Geist kehrt wieder zum Motiv des Denkens zurück, das bereits der Logik immanent gewesen war[52]. Allerdings hat sich das Denken auf Grund des Durchlaufens der Natürlichkeit qualitativ weiter bestimmt: Es ist nun nicht mehr abstrakt auf seine Form ge-

---

46 Vgl. Hegel, Enzyklopädie III, § 486 (S. 10.304); Grundlinien, § 4 (S. 7.46).

47 Vgl. Peperzak, in: Hegels Rechtsphilosophie, S. 447.

48 Hegel, Enzyklopädie I, § 244, Z (S. 8.393).

49 Hegel, Enzyklopädie II, § 247, Z (S. 9.24 ff.).

50 Hegel, Enzyklopädie II, § 248 (S. 9.27).

51 Hegel, Enzyklopädie II, § 375 Z (S. 9.536); § 376, Z (S. 9.537 ff.).

52 Vgl. Düsing, in: Hegels Theorie des subjektiven Geistes, S. 33 (54).

richtet, sondern richtet sich auf sein Fürsichsein und wird seiner Unterschiedlichkeit gewahr. Während die Logik den Geist nur in seiner bloßen *Möglichkeit* aufweisen konnte[53], thematisiert sich der *ruhelos tätige* subjektive Geist[54] selbst und prägt sich somit als verwirklichter Begriff[55].

> Das Wesen des Geistes ist deswegen formell die Freiheit, die absolute Negativität des Begriffs als Identität mit sich. Nach dieser formellen Bestimmung kann er von allem Äußerlichen und seiner eigenen Äußerlichkeit, seinem Dasein selbst abstrahieren; er kann die Negation seiner individuellen Unmittelbarkeit, den unendlichen Schmerz ertragen, d.i. in dieser Negativität affirmativ sich erhalten und identisch für sich sein[56].

Verschiedene Formen zunehmender Individualisierung bestimmen das Werden des subjektiven Geistes. Das *absolute Gebot "Erkenne dich selbst"*[57] tritt in die Wirklichkeit zunächst als *Seele*, die das Fürsichsein des Geistes in seiner Unmittelbarkeit zu erfassen sucht; sodann als *Bewußtsein*, das der Reflexion Halt gibt und schließlich nach der Erfahrung der Intersubjektivität zum allgemeinen Selbstbewußtsein hinleitet. Ein Selbstbewußtsein, das zwar schon als *Vernunft* bezeichnet werden kann, das aber nur eine *subjektive* Erkenntnis der *Richtigkeit* zu konstituieren im Stande ist. Um in der *Hegelsch*en Terminologie zu bleiben: Herr und Knecht sehen sich selbst nicht nur als aufeinander Angewiesene, sondern nunmehr in ihrer radikal gedachten Selbständigkeit und treten somit aus ihrer Verbindung als Ungleiche heraus[58]; die Reflexion des Anderen als Freiem bildet die *Substanz der Sittlichkeit*, weil sie den Blick auf mein Gegenüber als einem mir an sich Gleichen *eröffnet*. Das Begreifen sittlichen Lebensvollzugs wird damit möglich, bleibt aber dem Grunde nach nur unbestimmte Ahnung[59].

Nach der Entgegensetzung von *Sein* (Seele) und *Wesen* (Bewußtsein) des subjektiven Geistes bietet die Psychologie des Geistes die Aufhebung des subjektiven Geistes zum *Begriff*. Der Geist geht hiermit über von der bloßen Spiegelung seiner Selbst in der Äußerlichkeit zur selbstbestimmten Produktion eigener ideeler Bewußtseinsinhalte fort[60].

---

53 Hegel, Enzyklopädie III, § 381 Z (S. 10.18).

54 Vgl. hierzu Eley, in: Hegels Theorie des subjektiven Geistes, S. 339 (341 ff.).

55 Hegel, Enzyklopädie III, § 383 (S. 10.27).

56 Hegel, Enzyklopädie III, § 382 (S. 10.25 f.).

57 Hegel, Enzyklopädie III, § 377 (S. 10.9); Perperzak, in: Hegels Rechtsphilosophie, S. 447 (448) übersetzt dieses Motto in "Werde was du bist!" bzw. "Werde du selbst".

58 Vgl. Eley, in: Hegels Theorie des subjektiven Geistes, S. 339 (346 ff.).

59 Vgl. Hegel, Enzyklopädie III, § 435 Z (S. 10.225 f.); § 436, A, Z (S. 10.226 f.).

60 Vgl. Hegel, Enzyklopädie III, § 442 Z (S. 10.236).

Erst auf der Stufe des *freien Willens* wird die nicht nur formale, sondern materielle Einheit des subjektiven Geistes erreicht; *Hegel* formuliert damit zugleich den Ausgangspunkt der praktischen Vernunft. Der freie Wille weiß in seiner Substantialität sowohl die vernunftgemäße Freiheit als auch die Möglichkeit zu eigener Besonderheit und Individualität zu denken[61]. Von hier aus wird verständlich, wie sich der Inhalt des *objektiven Geistes* zu bestimmen hat:

Noch balanciert der freie Wille als Begriff in sich Vernunft und Zweckhaftigkeit, doch angesichts einer höheren Form der Realität verliert sich diese Stabilität. Die Vernunft bleibt wirkungslos, weil letztlich unbestimmt und beliebig, wenn man zwar von ihr weiß, sie aber in der Wirklichkeit nicht erprobt und mithin nicht erwiesen werden kann - eine Ethik ohne *praktische Folgen* hat in den Augen *Hegel*s keinen Bestand[62]. Das Heraussetzen der Vernunft in die Allgemeinheit des Äußerlichen definiert sich als *Recht*. Die Rechtsdefinition entspringt damit unmittelbar der Vernunftallgemeinheit in der Repräsentation durch den freien Willen, Recht ist demnach das wohlgeordnete Ensemble praktischer Folgen der Vernunft (*Dasein der Freiheit*[63]). Bevor der freie Wille auf der Stufe der *Sittlichkeit* sich seinem Begriff nach als angemessen identisch zeigt (Substantialität), durchläuft er das Stadium des Rechts an sich (*abstraktes Recht*) und dessen subjektivistische Entgegensetzung, die *Moralität*.

Das *abstrakte Recht*, also der freie Wille in seiner Unmittelbarkeit beinhaltet die grundsätzlichen Bestimmungen der Rechtspersonalität an sich selbst. Der Standpunkt der *Moralität* ist dagegen derjenige des zweckhaft agierenden, handelnd gestaltenden Subjekts. In der *Sittlichkeit* vermitteln sich Pflicht und Interesse idealiter im praktischen Lebensvollzug. Der Begriff des Geistes findet seine Aufhebung letztlich als in sich zurückkehrende Identität, als *absoluter Geist*. Hier widmet er sich zunächst - nunmehr sich selbst als Totalität reflektierend - der *Gestalt des Schönen*, der Kunst[64], sodann der *Religion* als dem Für sich des absoluten Geistes[65] und führt diese beiden Momente in der Mitte des Absolut-Allgemeinen, der Philosophie als *sich wissender* Vernunft zusammen[66].

---

61 Vgl. Peperzak, in: Hegels Rechtsphilosophie, S. 447 (450).

62 Hegel, Enzyklopädie III, § 484 (S. 10.303).

63 Hegel, Grundlinien, § 29 (S. 7.80).

64 Hegel, Enzyklopädie III, § 556 (S. 10.367).

65 Hegel, Enzyklopädie III, § 564, A (S. 10.372 f.).

66 Vgl. Hegel, Enzyklopädie III, § 577 (S. 10.394).

III. Die Selbstmanifestation der Vernunft

Die ehrgeizige Programmatik der *Grundlinien* besteht im Aufweis vernunftrechtlicher Einprägung der Freiheit in die Wirklichkeit der Individuen. Da sich das Recht als Phänomen der Geistigkeit versteht, erscheint es lohnenswert, den definitorischen Ausgangspunkt der Rechtsphilosophie etwas näher zu bestimmen, als dies durch die systematische Einordnung in die Begriffswerdung des objektiven Geistes bislang geleistet werden konnte.

Am Beginn der Rechtsphilosophie stellt sich uns der Begriff des freien Willens noch in seiner aus der Theorie des subjektiven Geistes übernommenen Form und Inhaltlichkeit dar. Was als höchste Stufe der Identität des subjektiven Geists gelten konnte, ist - gemessen an den vielgestaltigen Anforderungen der Wirklichkeit - noch eine recht unbehauene Materialisation der Vernunft. Denn es genügt nicht, die *Welt als buntes Gemälde* vor sich zu haben, um die dort zu entdeckenden Zusammenhänge zu begreifen[67].

Sich an und in der Realität zu bestimmen, erfordert ein Herausgehen aus genügsamer Neugierde, indem das zunächst noch Äußerliche und Begriffene als das eigene des Subjekts von diesem auch strukturiert wird. Die Entwicklung der Vernunft darf daher vor der konkret vorgefundenen Wirklichkeit nicht halt machen und in Passivität verharren, sondern *handelt* in Erkenntnis der nur beschränkten Seite des Allgemeinen. Deutlich treten damit die für die Entwicklung des Rechts charakteristischen Momente des freien Willens hervor:

Einerseits verkörpert dieser Status des Geistes seiner Form nach die unbegrenzte Reflexion auf sich selbst (als stetige Vergewisserung der erkannten Unterschiedlichkeit von *erster* und *zweiter Natur*)[68] und andererseits liegt im Gewahrwerden der Trennung von Ich und Äußerlichkeit die Möglichkeit, eben dieses andere meiner selbst zum Gegenstand eigener Freiheit zu machen und es damit in das praktische Verhalten zu integrieren, d.h. das Ich zu besondern[69]. Diese Besonderung des Allgemeinen beinhaltet die Affirmation der Freiheit, denn sie ist Negation der Negation[70]: Die schrankenlos sich selbst reflektierende

---

67 Hegel, Grundlinien, § 4 Z (S. 7.47).

68 Vgl. Wannenmann, Mitschriften, § 3 (S. 38); Hotho, Ilting III, Vorrede 2 c. (S. 94).

69 Vgl. Homeyer, Mitschriften, § 5 (S. 214).

70 Homeyer, Mitschriften, § 5 (S. 215).

Freiheit[71] bestimmt sich durch die ihr entgegensetzte Tätigkeit, das praktische Verhalten. *Hegel* weist ausdrücklich die Vorstellung zurück, allein das sich selbst als unendlich gerierende Denken habe ein höheres Recht auf Geltung, nur weil es jenseits der Endlichkeit liege[72]. Durch die damit ausgesprochene Negation der in sich leeren, weil angesichts der Endlichkeit wirkungslosen Reflexion, fällt der Besonderung des Allgemeinen eine Schlüsselrolle in der Deduktion des Rechtsbegriffs zu. In ihr vermittelt sich nämlich die Freiheit des Willens auf eigentümliche Weise, indem das handelnde Subjekt sowohl das Moment der schrankenlosen Reflexion als auch das Heraussetzen der Zwecke als ihm zu Verfügung stehende Möglichkeit erfassen kann.

Hinter diese neugewonnene Einheit des freien Willens fällt nunmehr das Bewußtsein nicht mehr zurück. Der Begriff der Freiheit wird mithin strukturell durch eine Ambivalenz gekennzeichnet, da weder Besonderung als Bestimmtheit noch die in sich grenzenlose Reflexion eigener Vernünftigkeit vollständige Freiheit verbürgen.

> Der Wille ist aber (...) nicht an ein Beschränktes gebunden, sondern muß weiter gehen, denn die Natur des Willens ist nicht diese Einseitigkeit und Gebundenheit, sondern die Freiheit ist, ein Bestimmtes zu wollen, aber in dieser Bestimmtheit bei sich zu sein und wieder in das Allgemeine zurückzukehren[73].

1. Determination zur Freiheit ?

Augenscheinlich verweigert *Hegel* eine Antwort auf die nachgerade *klassische*[74] - und nach verbreiteter Auffassung für das Strafrecht als solches *existenzielle*[75] - *Frage* nach einer Entscheidung zwischen Determinismus oder Indeterminismus.

Tatsächlich würde ein Versuch, die Stellungnahmen *Hegels* zu diesem Problemkreis der einen oder anderen Seite zuschlagen zu wollen, mißlingen. Die im Allgemeinen seiner selbst zusammengeführte Doppelung des Freiheitsbegriffs in sein natürliches, bestimmtes Moment und das Moment freier, ungebundener Re-

---

Hegel, Grundlinien, § 5 Z (S. 7.51): "In diesem Element des Willens liegt, daß ich mich von allem losmachen, alle Zwecke aufgeben, von allem abstrahieren kann. Der Mensch allein kann alles fallen lassen, auch sein Leben: er kann Selbstmord begehen".

71 Diese Freiheit ist selbst Negation, da sie aller Beschränkung und damit jeglicher Inhaltlichkeit entsagt, vgl. Hegel, Grundlinien, § 5 A (S. 7.50).

72 Hegel, Grundlinien, § 6 Z (S. 7.54); Hösle, in: Anspruch und Leistung, S. 55 (61).

73 Hegel, Grundlinien, § 7 Z (S. 7.57).

74 Vgl. Arthur Kaufmann, JURA 1986, 225 passim; Dreher, Willensfreiheit, S. 29 ff.

75 Vgl. Schönke-Schröder/Lenckner StGB (24) Vorbem §§ 13 ff. Rn. 109 m.w.N.

flexion wird im weiteren Verlauf der Rechtsphilosophie auch keineswegs aufgegeben, sondern zeigt sich in immer neuen Variationen über ein einmal dem Grunde nach festgelegtes Verhältnis, das sich erst dort aufhebt, wo die Begriffsbewegung des objektiven Geistes an ihr Ende kommt[76]. Zunächst könnte es angeraten sein, in dieser Verlagerung der problematischen Alternativität von Determinismus und Indeterminismus auf eine andere Stufe des Systems nur ein Ausweichen vor einer Lösung der anstehenden Frage zu erblicken.

Dem steht allerdings die dialektische Bewegung des freien Willens im Rahmen der Rechtsphilosophie selbst entgegen. Rechtsentwicklung, Zurechnung und Verantwortung werden erst begreifbar, wenn das Herausgehen des subjektiven Geistes aus der Natur und die Befreiung des so vordefinierten objektiven Geistes im Recht unterlegt wird.

> Das Prinzip des Rechts liegt nicht in der Natur, ohnehin nicht in der äußeren, auch nicht in der subjektiven Natur des Menschen, insofern nämlich sein Wille, natürlich bestimmt, d.i. die Sphäre der Bedürfnisse, Triebe und Neigungen, ist[77].

Läuft also doch wieder alles auf die kantische *Exklusivitätsthese* von (transzendentaler) Freiheit und Kausalität[78] hinaus? Nein, denn im Durchgang des freien Willens durch die Wirklichkeit seiner selbst bleibt die Aufhebung sowohl des natürlichen, wie auch des an sich freien Willens nicht ein bloßes Abstraktum, eine Denkfigur, sondern wandelt sich erst zur Fähigkeit in konkreter Situation erprobten und erwiesenen spekulativen Gebrauchs der Vernunft. Damit konstituiert sich kein *Entweder - oder* von Determinismus und Indeterminismus, vielmehr geht das Allgemeine von beiden in die Spezifität individuellen Handlungsvollzugs ein.

Die Reflexion auf die Subjektivität und Objektivität eigenen Denkens, fördert das Bewußtsein zutage, Endlichkeit und Wahrhaftigkeit ineinander aufheben zu

---

76 Vgl. Hegel, Grundlinien, § 21, A (S. 7.71 f.), § 43 A (S. 7.104 f.), § 47 A (S. 7. 110); Bij de Vaate/Griffioen, HJB 25 (1990), S. 243 (246).

77 Homeyer, Mitschriften, § 3 (S. 211).

Hegel weist in diesem Zusammenhang darauf hin, daß der Untertitel der Grundlinien, "Naturrecht und Staatswissenschaft im Grundrisse", mißverstanden werden könne, da hinter einer Entgegensetzung von Naturzustand und Staat die Idee stecke, alles was der Natur widerstrebe sei künstlich und freiheitsbeschränkend, was aber wiederum für das Recht und auch den Staat doch so nicht aufrechtzuerhalten sei, vgl. Wannenmann, Mitschriften, § 2 (S. 38).

78 Kant legt der transzendentalen Freiheit kausalitätsnegierende Wirkung bei, vgl. Hösle, Hegels System II, S. 488. Nach Kaulbach, Grundlegung, S. 174 f., soll dieser Gegensatz von Intelligibilität und Kausalität jedoch wohl in ein Grund - Folge - Verhältnis umgedeutet werden können.

müssen. Der von aller psycho-physischen Beschränktkeit bereinigte freie Wille trägt an sich selbst nur die *Möglichkeit* seiner Realität. *Hegel* vergleicht das Verhaltene dieser Freiheit, die nur schon auf dem Sprung ist, sich zu verwirklichen, mit der Lebenssituation eines Kindes:

> Das Kind ist *an sich* Mensch, hat erst *an sich* Vernunft, ist erst Möglichkeit der Vernunft und der Freiheit und ist nur so dem Begriff nach frei. Was nun so erst an sich ist, ist nicht in seiner Wirklichkeit. Der Mensch, der *an sich* vernünftig ist, muß sich durch die Produktion seiner selbst hindurcharbeiten durch das Hinausgehen aus sich, aber ebenso durch das Hineinbilden in sich, daß er es auch *für sich* werde[79].

Die Rechtsphilosophie hat sich somit den konkreten empirischen Bedingungen der Substantialisierung zu stellen und sie affirmativ in die Bestimmung des Rechts mitaufzunehmen. Hierin deutet sich ein sehr verwickelter, mehrschichtig strukturierter Prozeß an, der mit dem "einfachen Rezept" einer apodiktischen Entscheidung zwischen Determinismus und Indeterminismus nicht bewältigt werden kann. Wenn es es die Beurteilung realer Handlungsvollzüge geht und nicht bloß um Denkmodelle, sind Absolutheitsaussagen im Sinne einer Exklusivitätstheorie nicht weiterführend: Erst die inhaltliche Bestimmung gibt der reinen Form des Willens an sich die Möglichkeit, sich als Allgemeines der Freiheit zu manifestieren[80]. Und umgekehrt hieße es sich selbst etwas vorzumachen, wenn man sich nur als Trieb, Begierde oder Neigung vorstellen würde, denn schon in der Reflexion hierauf zeigt sich die Potentialität der Vernunft, das *Sichselbst*-Denken-Können[81].

Die synthetisierte Resultante dieser auseinanderstrebenden Momente ist die identische Abbildung von Zwecksetzung und Freiheit an sich in der Einzelheit des aus sich heraus gesetzten Zwecks, kurz: *der freie Wille, der den freien Willen will*[82]. Hiermit wird die reine, aber in ihrer Allgemeinheit praxisuntaugliche, weil nicht handlungsanleitende, Freiheit negiert, und dadurch zugleich nicht nur als bloße Möglichkeit bekräftigt, sondern in der Wirklichkeit der Handlung selbst manifestiert. Im stetigen Fortgang dieses Definitionsprozesses der Freiheit prägt sich die verbesondernde Substantialität des Willens in die

---

79 Hegel, Grundlinien, § 10 Z (S. 7.61 f.).

80 Die Kant zugeschriebene Auffassung, Äußerlichkeit und Besonderheit des sich selbst bestimmenden freien Willen als Einschränkung der transzendentalen Freiheit zu verstehen, wird deshalb von Hegel, Grundlinien, § 29 A (S. 80 f.), attackiert; vgl. Hösle, in: Anspruch und Leistung, S. 55 (64); ders., Hegels System II, S. 488; Riedel, in: Materialien II, S. 109 (118).

81 Bij de Vaate/Griffioen, HJB 25 (1990), S. 243 (244).

82 Hegel, Grundlinien, § 27 (S. 7.79).

Handlungskontexte der Individuen ein und wird damit zum ausschlaggebenden Faktor für das Zurechnungsprinzip. Der Zurechnungs*grund* liegt in der Potentialität der Freiheit, denn sie ist als Freiheit an sich Vorbedingung der Selbsterfassung überhaupt.

In welchen Fällen dieser Zurechnungsgrund durch bestimmte Zustände des Bewußtseins ausgeschlossen werden soll, ist für *Hegel* seitens der Philosophie nicht bis ins letzte bestimmbar: Derjenige, dessen natürlicher Wille sich in einem Zustand befindet, der gegen die Potentialität der Freiheit *entschieden* ist, kann wohl nicht mehr (oder noch nicht) als frei sich denkend und damit als zurechnungsfähig betrachtet werden. Unachtsamkeit und (bewußt) herbeigeführte Selbstvergessenheit dagegen sollen die Zurechnungsfähigkeit regelmäßig auslösen[83]. Im Einzelfall wird es darauf ankommen, ob in der Tat noch der aus sich heraus*gesetzte* Zweck eines freien Willens erkannt werden kann (wenn man so will: Determination durch Gründe), oder ob die Tat als Wirkung sich selbst unbewußter Determination erscheint[84]. Der Wandel von der bloßen *Möglichkeit* der Vernunft hin zur *Realisierung* der Vernunft als Freiheit begleitet damit sowohl jede einzelne Handlung als auch die Entwicklung des Rechts.

Wie *Hösle*[85] zutreffend feststellt, sind vernunftgemäße Verhaltensweisen deshalb für Dritte nicht etwa undurchschaubar und aufs neue immer wieder überraschend, sondern im Gegenteil *in höchstem Maße vorhersehbar*. Diese Position *Hegels* ist am ehesten vereinbar mit derjenigen Ansicht in der Strafrechtswissenschaft, die vom an die Personalität (dort verstanden als normativ aufgeladene Überindividualität) gebundenen Postulat der Willensfreiheit ausgeht, ohne dabei zu verkennen, daß in einzelnen Konstellationen des empirischen Individuums die sich selbst unbewußte Natürlichkeit Bahn bricht und zur Schuldlosigkeit führen kann[86]. In der modernen analytischen Philosophie präsentiert insbesondere die Theorie des *anomalen Monismus* (Identität von psychischen und physischen Sachverhalten bei Anomalie der mittels der Kategorien des Denkens beschriebenen Ereignisse) einen Denkansatz, dessen Dreistufigkeit von prinzipieller Handlungsmöglichkeit, Vergleich alternativer Zielsetzungen und Entscheidung,

---

83 Hegel, Grundlinien, § 132 A (S. 7.246 f.).

84 Hegel, Wissenschaft der Logik II, S. 6.226.

85 Hegels System II, S. 489.

86 Vgl. Arthur Kaufmann, Das Schuldprinzip, S. 282.

der *Hegelschen* Auffaltung des an und für sich freien Willens in der Sache sehr nahe kommt[87].

2. Freier Wille und Kausalität

Es liegt in der Konsequenz der vorangegangenen Ausführungen, daß die Bedeutung der Kausalität als Ausdruck naturgesetzlicher Wirkzusammenhänge in der dem Subjekt äußerlichen, strukturierbaren, Welt gegenüber dem alles beherrschenden Vorwärtsdrängen der Freiheit in ihre Konkretion, zurückfallen muß. Die Annahme, die *Hegelsche* These von der strukturellen und damit auch normativen Überlegenheit der *zweiten* Natur des Geistes führe strikt in eine Vernachlässigung derjenigen Teile der Philosophie, die sich nicht mit dem Werden ebendieses Geistes beschäftigen, geht ins Leere. Gerade die Rezeption der *Hegelschen* Naturphilosophie in den Naturwissenschaften gibt ein beredtes Zeugnis für jenes oftmals allzu vorschnelle und überhebliche Abtun der Philosophie als ein nicht ernst zu nehmendes Spiel mit Begriffen[88].

Heute wird es durchaus für möglich gehalten[89], daß sich aus dem Physikkapitel der *Naturphilosophie* vor dem Hintergrund der Erörterungen zur Struktur von Raum und Zeit fruchtbare Hinweise auf den Inhalt der speziellen Relativitätstheorie herauslesen lassen[90] - *ein Treppenwitz der Philosophiegeschichte*[91]. Die Naturphilosophie nimmt indessen eine für die Explikation des subjektiven Geistes zentrale Rolle ein[92]. Durch die ihm allgemeine Seite, sich selbst aus den natürlichen Zusammenhängen herausgesetzt zu denken, angeregt, kehrt der Geist in seiner Zwecksetzung in die Äußerlichkeit zurück, die er nunmehr in seine Entwicklung integriert[93]. Dabei ist er insoweit an die Vorgegebenheiten der Natur gebunden, als sie zur Integration der Äußerlichkeit in den eigenen Handlungsentwurf erkannt und berücksichtigt werden müssen. Die Gesetze der Natur bilden daher in der Realisierung des Geistes eine feste Struktur, die durch

87 Vgl. Davidson, Essays on Actions and Events, S. 230 f.

88 Vgl. die Hinweise bei: Wandschneider, in: Hegel und die Naturwissenschaften, S. 33 (36 f.).

89 Vgl. Hösle, Hegels System II, S. 278 ff. m.w.N.; Wandschneider. in: Hegel und die Naturwissenschaften, S. 293 ff.

90 Hegel, Enzyklopädie II, §§ 272-336, insbesondere §§ 275 f. zum Licht als freiem physischen Körper.

91 Gies, in: Hegel und die Naturwissenschaften, S. 65 (78).

92 Wandschneider, in: Hegel und die Naturwissenschaften, S. 33 (48 f.).

93 Vgl. Gies, in: Hegel und die Naturwissenschaften, S. 65 (70 f.).

den Geist als solche in sich nicht verändert werden kann, die aber durch ihre Vergegenwärtigung und Erforschung im Geist *aufhebbar* sind.

> Diese Gesetze sind richtig, nur unsere Vorstellung kann davon falsch sein. Der Maßstab dieser Gesetze ist außer uns, <und> unsere Erkenntniß thut nichts zu ihnen [hin]zu, befördert sie nicht; nur unsere Erkenntniß über sie kann sich erweitern[94].

Daß überhaupt ein Sein von sich selbst verschieden sein kann, ist eine Feststellung, deren systematisch angemessener Ort dort liegen muß, wo von der Kategorialität der Reflexion gehandelt wird, in der *Logik* selbst. Die Kausalität wird als absolutes Verhältnis des Seins zu sich selbst eingeführt[95].

Aus der Bestimmung der Substanz im Fürsichsein gegenüber einem ihr Nichtidentischen entstehen zwei Komponenten: das Gesetzte als Wirkung und die für sich seiende Substanz als Ursache[96]. Die Relation zwischen Ursache und Wirkung begründet sich sodann als Verhältnis der formellen Kausalität (Kausalrelation *an sich*), indem sich die *Aktuosität der Ursache* auf jede ihrer Folgen ausstrahlt.

> Die Wirkung enthält daher überhaupt nichts, was nicht die Ursache enthält. Umgekehrt enthält die Ursache nichts, was nicht in ihrer Wirkung ist[97].

Als formale Struktur ist diese Identität von Ursache und Wirkung noch inhaltsleer, da in der Wirklichkeit nicht bestimmt. Form und Inhalt verknüpfen sich in dem Verhältnis von Ursache und Wirkung zur fortgesetzten Folgeerscheinung ihrer selbst. Die Formveränderungen der hierdurch vermittelten Substanzen sind äußerliche Erscheinungen der inneren Identität von Ursache und Wirkung als dem *An sich*. Dieser allgemeinen Seite nach ist der *unendliche Progreß von Wirkung zu Wirkung* dasselbe, wie der *Regreß von Ursache zu Ursache*[98].

Die Kausalität bestimmt sich schließlich zu ihrem An und Für sich, indem sie in jedem einzelnen *Setzen* Ursache und Wirkung aufeinander abbildet[99]. In diese durch die Logik vorgegebene Form paßt sich das Wirken des freien Willens in der Wirklichkeit ein. Durch das Heraussetzen seiner Freiheit in die Natürlichkeit seiner selbst, die zugleich das ist, was ihm äußerlich ist, konstituiert der tä-

---

94 Vgl. Hotho, in: Ilting III, Vorrede, S. 92.

95 Vgl. Hegel, Wissenschaft der Logik II, S. 6.222.

96 Rademaker, Wissenschaft der Logik, S. 106.

97 Hegel, Wissenschaft der Logik II, S. 6.224.

98 Hegel, Wissenschaft der Logik II, S. 6.232.

99 Vgl. Rademaker, Wissenschaft der Logik, S. 107; Hegel, Wissenschaft der Logik II, S. 6.237.

tige freie Wille verursächlichte Substanz und hebt damit das seiner *zweiten* Natur Gemäße aus der Zufälligkeit der sich unbewußten *ersten* Natur heraus[100] - er begründet seine Verantwortlichkeit für die Gestalt der von ihm strukturierten äußerlichen Allgemeinheit.

IV. Rechtsphilosophie als praktische Philosophie

Das eigentliche Thema der *Hegelsch*en Rechtsphilosophie ist es, die selbstbegründete Einsicht in den Verwirklichungsprozeß von Recht als dem Dasein der Freiheit zu vermitteln. Theorie und Praxis richtigen Handelns sind systematisch aufeinander angewiesen, die Trennung von Sein und Sollen wird im Prozeß der Rechtsverwirklichung durch die tätige Reflexion der Individuen tendenziell aufgehoben[101]. Ein solcher Ansatz kommt den Bedürfnissen der praktischen Philosophie entgegen, denn in seinem Mittelpunkt steht das althergebrachte aristotelische Paradigma, Vernunft nicht nur als externen Bezugspunkt des Handelns zu etablieren, sondern Vernünftigkeit im Bewußtsein des Handelnden verfügbar zu halten[102].

Lesart der Rechtsphilosophie - deskriptiv oder normativ?

Das rechtsphilosophisch interessierte Publikum erwartet sich also ein normativ gehaltvolles Modell, mindestens jedoch einige für sich gesehen nicht weniger gehaltvolle programmatische Leitlinien, um in moralischen und insbesondere rechtlichen Konflikten Bescheid zu wissen. Auf den ersten Blick erweisen sich die *Grundlinien* als ein wahres Kompendium zur Beantwortung anwendungsorientierter Fragen[103].

Anders als es anläßlich der Lektüre der *Wissenschaft der Logik* noch erschienen sein mag, faltet sich hier die ganze Vielfalt menschlicher Existenz in all ihren moralisch und rechtlich relevanten Facetten auf. Schon dieser Eindruck ei-

100 Hegel, Grundlinien, § 115, A (S. 7.215), § 118, A (S. 7.218).

101 Vgl. Hegel, Grundlinien, § 4 Z (S. 7.47); vgl. Habermas, Nachmetaphysisches Denken, S. 168.

102 Vgl. hierzu Smid, Einführung in die Philosophie des Rechts, S. 19; Höffe, Ethik und Politik, S. 40 ff.

103 Gerade das macht den unmittelbaren Rückgriff auf Hegels spezifizierte Erörterungen für andere Wissenschaftssparten so verführerisch, aber gleichzeitig auch so riskant.

ner breiten Erörterung philosophiepragmatischer Sachfragen könnte - vor dem Hintergrund einer anspruchvoll betriebenen vernunftrechtlichen Durchdringung der jeweiligen Thematik - als vielversprechender Abschied vom *Rigorismus der starren, weil monologisch praktizierten Verfahrensethik*[104] im Stile Kants gewertet werden. Indes, nicht wenigen gilt dieser Aufbruch *Hegel*s zu den neuen Ufern einer dialektisch vermittelten Identität von Substanz und Subjekt als die Fahrt ins Ungewisse einer nicht zu erhoffenden Totalität des Allgemeinen[105], für wieder andere ist es ein Unternehmen, das früher oder später stets bei Staatsvergottung und Totalitarismus ankomme[106] und damit seine philosophiegeschichtliche Chance endgültig verspielt habe.

Bei näherem Hinsehen entsteht der Eindruck, daß die Auseinandersetzung um das "richtige" Verständnis der *Hegelsch*en Rechtsphilosophie vorwiegend ein Streit um *Buchstaben*[107] ist. Während nämlich eine Lesart, die den Text der *Grundlinien* als Deskription des Bestehenden aufnimmt, *Hegel*s Ausführungen *allenfalls* als interessante, im wesentlichen aber historisch überholte Studie werten muß, eröffnet sich für ein normatives Verständnis der Rechtsphilosophie ein breites Anwendungsfeld in den praktischen Fragen moralisch und rechtlich guten Handelns. Im Grunde genommen dreht sich alles um den Bedeutungsgehalt des *Hegelsch*en Begriffs von *Wirklichkeit*. Die Preisgabe der kritischen Reflexion auf das Vernünftige wird gemeinhin schon im programmatischen Einleitungskapitel der *Grundlinien* vermutet, wenn *Hegel* schreibt:

> Was vernünftig ist, das ist wirklich;
> und was wirklich ist, das ist vernünftig[108].

Es erschließt sich allerdings recht schnell, daß hiermit nicht eine Identitätsgleichung der Art Vernunft = Wirklichkeit (und vice versa) gemeint sein kann. Wie bereits angedeutet[109], erschöpft sich der *Hegelsch*e Wirklichkeitsbegriff nicht in

---

104 Habermas, in: Moralität und Sittlichkeit, S. 16 (26).

105 Stellv.: Adorno, Negative Dialektik, 6, S. 140.

106 Vgl. Tugendhat, Selbstbewußtsein und Selbstbestimmung, S. 355.
Vgl. jüngst Hruschka, JZ 1992, 429 (435 f.); angesichts der Auffassung Hruschkas erscheint es zumindest bemerkenswert, daß ein Protagonist des Totalitarismus, nämlich Carl Schmitt, Staat, Bewegung, Volk, S. 31, 1933 feststellen konnte, daß Hegel mit der Errichtung des nationalsozialistischen Staates "gestorben sei".

107 Vgl. hierzu Horstmann, PhilR 37 (1990), S. 60 ff.

108 Hegel, Grundlinien, Vorrede, S. 7,24.

109 in Band II. Logik

der empirischen Gestalt zufälliger Gesammelheit innerhalb eines bestimmten Zeitabschnitts[110]. Um zu ergründen, welche Auswirkungen dieses Verständnis von Wirklichkeit auf die Deutung des "Doppel-Ist-Satzes" hat, braucht man sich lediglich die kleine Mühe zu machen, *Hegels* Erläuterungen hierzu in der *Enzyklopädie*[111] und in der *Wissenschaft der Logik*[112] nachzulesen. Wirklichkeit spiegelt in ihren unterschiedlichen Qualitätsniveaus (Absolutheit, Eigentlichkeit, Substanzlichkeit) den jeweiligen Grad an Einprägung kategorialer Vernunft wider und beschreibt damit als wesenslogische Stufe die *Einheit des Wesens und der Existenz*[113]. Insoweit ist die eigentliche Wirklichkeit eine in sich geteilte, auf ein anderes ihrer Wesentlichkeit gerichtete Reflexivität. Im dialektisch fortgehenden Prozeß erst mündet die Wirklichkeit schließlich in die substantielle Aufgehobenheit ihrer Verschiedenheit[114]. Vernunft ist demzufolge als das reflektierte Andere der Wirklichkeit selbst nicht *die* Wirklichkeit, sondern vielmehr *in* der Wirklichkeit und *allein* insoweit ist etwas Wirkliches vernünftig und umgekehrt[115].

Hegels Rechtsphilosophie wendet sich damit ausdrücklich gegen die Vorstellung, man müsse, um Recht oder Unrecht der eigenen Handlungsvollzüge zu erkennen, auf das der realen Existenz *jenseitige* Sollen reflektieren und danach handeln. Die statische Entgegensetzung individueller Realität und abstrakten Sollens soll nicht durch Herstellung singulärer Verbindungen zwischen Handeln und Sollensreflexion der Sache nach bestätigt werden. Vielmehr ist es Aufgabe der Philosophie das Aufeinanderzubewegen des Allgemeinen und Besonderen zu Bewußtsein zu bringen. Das macht das Wesentliche der Begriffsentwicklung des Geistes aus.

> Das Nichtige und Verschwindende macht nur die Oberfläche, nicht das wahrhafte Wesen der Welt aus (...).
> Das unbefriedigende Streben verschwindet, wenn wir erkennen, daß der Endzweck der Welt ebenso vollbracht ist, als er sich ewig vollbringt (...).
> Diese Übereinstimmung von Sein und Sollen ist indes nicht eine erstarrte und prozeßlose; denn das Gute, der Endzweck der Welt, ist nur, indem es sich stets hervorbringt, und zwischen der geistigen und

---

110 Hösle, Hegels System II, S. 419.

111 Hegel, Enzyklopädie I, § 6 A (S.8.47 f.).

112 Hegel, Wissenschaft der Logik II, S. 6.186 ff.

113 Hegel, Wissenschaft der Logik II, S. 6.186.

114 Hegel, Wissenschaft der Logik II, S. 6.216 f.

115 Vgl. Liebrucks, in: Materialien II, S. 13 (19); i.E. auch: Hösle, in: Anspruch und Leistung, S. 11 (29); Vgl. Smid, Einführung in die Rechtsphilosophie, S. 203 f.

> natürlichen Welt besteht dann noch der Unterschied, daß, während diese nur beständig in sich selbst zurückkehrt, in jener allerdings auch ein Fortschreiten stattfindet[116].

Freilich läßt sich durch die These, daß der Fortgang der Vernunft in der Geschichte - in der "großen" Geschichte wie der der Individuen - als solcher prozeßhaft verlaufe, nur dem Einwand entgegentreten, der den *Grundlinien* eine Identifikation des Sollens mit dem Sein in genere vorwirft. Schwieriger zu entkräften dürfte wohl die Behauptung sein, *Hegel* beschränke die Aufgabenstellung der Rechtsphilosophie auf ein ruhiges, gefälliges Betrachten der Vorgänge in Staat und Gesellschaft[117]. Der Autor der *Grundlinien* will keinen bloß ersonnenen *Staat, wie er sein soll, konstruieren*[118]; er sieht eine fruchtbringende Anstrengung der philosophischen Durchdringung der Ineinslegung von Allgemeinem und Besonderem nicht in einer zukünftigen, erst noch zu entwerfenden, Gesellschaft, sondern nur im Hier und Jetzt.

Daher läßt sich vernehmen, *Hegel*s Rechtsphilosophie entwerfe keine konkrete philosophische oder politische Utopie[119]. Kann unter Bemühung des Umkehrschlusses nun aber aus eben diesem Fehlen eines utopischen Staatsentwurfs argumentiert werden, der *Hegelsch*e Staatsbegriff meine den zu seiner Zeit real existierenden preußischen Staat? Diese Frage wird im Sinne der teilweise immer noch vertretenen *Akkomodations*-These (*Hegel* habe sich dem herrschenden politischen Druck gefügt und hernach das Loblied der preußischen Epoche gesungen) mit einem klaren "Ja" beantwortet.

Die textliche Fassung der *Grundlinien* und erst recht die Vorlesungsmitschriften von Wannenmann und Homeyer wollen zur Untermauerung dieser Auffassung indes nicht so recht taugen - vorausgesetzt, man richtet sich nach der Terminologie *Hegel*s - aber das jedenfalls darf hier wohl unterstellt werden: Zutreffend ist zunächst, daß die *Hegelsch*e Rechtsphilosophie sich der Vernunftentwicklung nicht im Vakuum des reinen, d.h. wirklichkeitsabstinenten, Sollens widmet[120]. Ihr Anwendungsfeld ist hingegen definitiv in der Gegenwart, wobei das Hier und Jetzt geschichtlich sehr wohl kategorisiert ist[121].

---

116 Hegel, Enzyklopädie I, § 234 Z (S. 8.387).

117 Zuletzt: Hruschka, JZ 1992, 429 (435); Zu widersprüchlichen Textstellen insoweit: Hösle, Hegels System II, S. 418 f.

118 Hegel, Grundlinien, Vorrede, S. 7.26.

119 Vgl. Maihofer, in: Materialien II, S. 361 (364 f.),

120 Vgl. die Hegelsche Kritik am kategorischen Imperativ, Grundlinien, § 135 A (S. 7.252 f.); siehe auch: Baum, HJB 22 (1987), S. 235 passim.

121 Vgl. Hegel, Vorlesungen über die Philosophie der Geschichte, S. 12.105.

Dies zeugt von einem *bewußten philosophischen Pragmatismus*. Da es um die Lösung von Problemstellungen geht, die sich aktuell und situativ aus der Sicht des konkreten Individuums stellen, kann insoweit dahinstehen, welche überzeitlichethischen Fragen ansonsten noch aufgeworfen werden könnten. Das argumentative Material, das zur Beurteilung des betreffenden Handlungs- oder Lebensvollzugs je dienen kann, ist in der Gegenwart vorhanden und in Hinsicht auf ein vernunftgerechtes Urteil auch ausreichend. Um aber die moralischen und rechtlichen Gründe für die zu treffende Entscheidung bewußt zu machen, ist die philosophische Reflexion unabdingbar. Die Entscheidung wird den vernunftallgemeinen Ausprägungen in der Wirklichkeit rekonstruktiv gewahr und setzt sie zur Produktion vernünftiger Wirklichkeit als in der Gegenwart geltender Praxis (Substantialität) ein.

> Darauf kommt es dann an, in dem Scheine des Zeitlichen und Vorübergehenden die Substanz, die immanent, und das Ewige das gegenwärtig ist, zu erkennen[122].

Das Hoffen auf eine ferne Zukunft, in der die gesellschaftliche Sphäre und alle handelnden Subjekte vom Sollen beseelt das Richtige tun und dies in jedem Fall auch mit begründeter Einsicht rechtzufertigen in der Lage sind, beinhaltet somit eine abstrakte Konstruktion und ein Versagen einer solchen Idee als philosophischer Entwurf.

> Was das Individuum betrifft, so ist ohnehin jedes ein Sohn seiner Zeit; so ist auch die Philosophie ihre Zeit in Gedanken gefaßt. Es ist ebenso töricht zu wähnen, irgendeine Philosophie gehe über ihre gegenwärtige Welt hinaus, als, ein Individuum überspringe seine Zeit, springe über Rhodus hinaus. Geht eine Theorie in der Tat darüber hinaus, baut es sich eine Welt, wie sie sein soll, so existiert sie wohl, aber nur in seinem Meinen - einem welchen Elemente, dem sich alles Beliebige einbilden läßt[123].

Dennoch will noch nicht recht klar werden, worin die Dynamik des Sollens liegen soll[124], die doch offensichtlich über den konkret zu entscheidenden Einzelfall hinausweist. Die Konstitution eines Werturteils im Raster zwischen Richtig und Falsch kann nicht nur die stetige Wiederholung ein und derselben inhaltlich unveränderlichen Reflexion sein, sonst würde die Geschichtlichkeit des Rechts immer auf dem gleichen Stand verharren. Da gleichzeitig das Stadium der substantialisierten *Sittlichkeit* nicht erreicht ist und die spekulative Logik dies auch

---

122 Hegel, Grundlinien, Vorrede, S. 7.25.

123 Hegel, Grundlinien, Vorrede, S. 7.26.

124 Hösle, Hegels System II, S. 422, nennt dieses Streben das "Überschießen der Philosophie über die Gegenwart".

nachzuweisen im Stande ist, existiert eine Zukunft nicht allein im zufälligen Meinen, sondern ist in ihrer vernunftpraktischen Anlage auch prognostizierbar. Die tendenzielle Überwölbung der Gegenwart durch die geschichtlich über sich selbst weisende vernunftallgemeine Grundstruktur ist dasjenige, was in den Handlungen und Entscheidungen der gegenwärtigen wie der künftigen Individuen aufgehoben ist.

Zwischen Sein und Sollen wird so die Spannung erhalten, die eine Vermittlung von konkretem Willen und der Allgemeinheit des Rechts erst möglich macht[125]. Es kann von der Zeitlichkeit sinnlicher Existenz nicht in Frage gestellt werden[126].
Auch die Gegenwart ist vor der Vernunft transitorisch.

*Hegel*s Philosophie des Rechts deutet die Einprägung der Vernunft in die Wirklichkeit also in zweierlei Weise: Einerseits wird hervorgehoben, daß die notwendige Bedingung praktischer Philosophie eine gegenwartsbezogene und damit anwendungsfreundliche Vermittlung *individuellen* Wollens und *überindividuellen* Sollens sein muß. Seiner konkreten Anwendung nach beinhaltet die Eingrägung der Vernunft in das handelnde Bewußtsein zugleich das Wesentliche des prozeßhaft Vermittelten.

Dies Wesentliche - das sich als individuelles Handeln und konkrete *Sittlichkeit* Transzendierendes[127] verstehen läßt, weist über die zeitliche und situative Beschränkheit vernunftkonstituierender *Anwendungs*fälle hinaus. Die Rechtsphilosophie ist in Hinsicht auf ihren Charakter als Philosophie des objektiven Geistes eine Philosophie des Übergangs[128].

> Als der Gedanke der Welt erscheint sie erst in der Zeit, nachdem die Wirklichkeit ihren Bildungsprozeß vollendet und sich fertig gemacht hat. Dies, was der Begriff lehrt, zeigt notwendig ebenso die Geschichte, daß erst in der Reife der Wirklichkeit das Ideale dem Realen

---

125 Vgl. Peperzak, in: Hegels Rechtsphilosophie, S. 447 (454).

126 Vgl. Hegel, Vorlesungen über die Philosophie der Geschichte, S. 12.102 f.: "Die bestimmte Gestalt des Geistes geht nicht bloß natürlich in der Zeit vorüber, sondern wird in der selbstwirkenden, selbstbewußten Tätigkeit des Selbstbewußtseins aufgehoben".

127 Vgl. in diesem Kontext: Meist, in: Hegels Rechtsphilosophie, S. 465 (500 f.).

128 Vgl. Hegel, Vorlesungen über die Philosophie der Geschichte, S. 12.104; und insoweit auch utopisch, vgl. Bal, HJB 25 (1990), 113.

gegenüber erscheint und jenes sich dieselbe Welt, in ihrer Substanz erfaßt, in Gestalt eines intellektuellen Reiches erbaut. Wenn die Philosophie ihr Grau in Grau malt, dann ist eine Gestalt des Lebens alt geworden, und mit Grau in Grau läßt sie sich nicht verjüngen, sondern nur erkennen; die Eule der Minerva beginnt erst mit der anbrechenden Dämmerung ihren Flug[129].

129 Hegel, Grundlinien, Vorrede, S. 7.28.

Zweiter Teil

I. Die Personalität des Rechts

Die Grundlegung essentieller Rechtsprinzipien leistet *Hegel* mit seiner Konzeption des *abstrakten Rechts*. Dieses Kapitel der Rechtsphilosophie beinhaltet den Aufweis der Kategorialität von Recht an sich: das abstrakte Recht stellt den normativen Nährboden der weiteren Ausdifferenzierung und Individuierung des freien Willens dar. Seine inhaltlichen Maßgaben gelten unhintergehbar für jede Art von *positivem* Recht, wenngleich auch die Unterscheidung von Zivilrecht und Strafrecht in ihren Grundzügen bereits zu den Aufgabenstellungen des abstrakten Rechts zählt[1].

Die Zentralgestalt des abstrakten Rechts ist die *Rechtsperson*. Auf der Ebene des *An sich* des Rechts als der ersten Stufe des werdenden Daseins des freien Willens, konzentriert sich die Deduktion des Rechtsbegriffs auf das rechtspersonal Abstrakte und *Unmittelbare*[2]. Ausgeklammert sind hier noch das Mittelbare und Konkrete, mithin auch das empirische Individuum in all seinen *spezifischen* (positiv)rechtlich relevanten Verhaltens und Reaktionsweisen. Ausgangspunkt ist vielmehr die *allgemeine und abstrakte Seite* des Individuums, die *Person*[3]. Personalität steht zugleich für das Anheben der Begriffsbewegung innerhalb der Rechtsphilosophie:

> Die Persönlichkeit fängt erst da an, insofern das Subjekt nicht bloß ein Selbstbewußtsein überhaupt von sich hat als konkretem, auf irgendeine Weise bestimmtem, sondern vielmehr ein Selbstbewußtsein von sich als vollkommen abstraktem Ich, in welchem alle konkrete Beschränktheit und Gültigkeit negiert und ungültig ist[4].

Die Rechtsperson ist in ihrer sich selbst unmittelbaren Grundverfaßtheit nur als *Einheit* des theoretischen und praktischen Geistes zu denken[5]. Daß jedoch der freie Wille mit sich in dieser Hinsicht *einig* ist, qualifiziert ihn zur Erkenntnis des *Gegenübers*, als eines ebenso mit sich einigen und *insofern freien* Willens.

---

1 Vgl. Hösle, in: Anspruch und Leistung, S. 55 (66); Hegel, Enzyklopädie III, § 486 A (S. 10.304 f.).

2 Hegel, Grundlinien, § 34 (S. 7.92).

3 Vgl. Peperzak, in: Hegels Rechtsphilosophie, S. 447 (452).

4 Hegel, Grundlinien, § 35 (S. 7.93).

5 Hegel, Enzyklopädie III, § 481 (S. 10.300).

Auf dem Wege der Realisierung des in ihrer Einzelheit notwendigerweise mitgedachten Zusammenstimmens der freien Einzelwillen, liegt die Reflexion auf das Recht als das *Allgemeine* der Gegebenheit freier Willen, liegt die *Person als solche*.

In dem Maße, wie die Person sich in ihrem formellen, selbstbewußten, an sich *einfachen*, weil auf das Allgemeine ihrer selbst gerichteten, Selbstbezug erfaßt[6], wird die Defizienz dieses Abstrakten kenntlich und gleichermaßen der ihr innewohnende *Selbstwiderspruch* offensichtlich: Das als Eigentliches ihrer selbst Gesetzte repräsentiert nur die Form, nicht den Inhalt, enthält keinerlei Besonderheit, keine Konkretion der Selbstunterscheidung. In ihrem Anfang ist die Selbstreflexion der Rechtsperson bar jeder Schranke, auf sich als Abstraktes zurückgeworfen, eben mit sich *positiv identisch*[7]. Das Dasein der Freiheit kennt auf der abstraktrechtlichen Seite des Anerkennungsverhältnisses auch nur ein *allgemeines* Gesetz, das geeignet sein kann, das Zusammenbestehen der an sich, der Form nach, entgegensetzbaren Willen, zu beinhalten: Es ist das Rechtsgebot des *interpersonalen Respekts* und schützt die Personalität allein insoweit letztere die *erste Möglichkeit* konkreten individuellen Handelns ist.

> Sei eine Person und respektiere die anderen als Person[8].

Recht ist nach der Definition des Rechtsgebotes als Status der vernunftallgemeinen, sich äußerlichen Aufeinanderbezogenheit zu denken. Besonderheiten des Willens vermögen das Rechtsgebot nicht zu beeinflussen, es ist von allen Dissonanzen, die durch die Partikularität der Individualbezüglichkeit auftreten könnten, unbeeindruckt. Es geht *Hegel* nur um die Totalität der abstraktallgemeinen Seite des Rechtsverhältnisses:

> Mein Wohl, Nutzen, Vergnügen, geistiges Bedürfnis macht nicht Recht aus[9].

In Zusammenschau mit den weiteren Bestimmungen des Personbegriffs, insbesondere unter Berücksichtigung des in § 38 der *Grundlinien* Ausgeführten, ergeben sich bereits an diesem frühen und daher noch vorläufigen Punkt der Begriffsentwicklung, zwei weitreichende Erträge.

Erstens: Die Unterscheidung von *Recht* und *Interesse* zeichnet sich in Grundzügen ab. Die Achtung des Anderen als Person kann als Grundbedingung des

---

6 Hegel, Grundlinien, § 35 (S. 7.93).

7 Vgl. Ilting, in: Philosophie des Rechts, S. 225 (229).

8 Hegel, Grundlinien, § 36 (S. 7.95).

9 Hegel, Grundlinien, § 37 Z (S. 7.96).

abstraktallgemeinen Rechts nur dann als solche verstanden werden, wenn die Person von ihren Konkretheiten, insoweit sie ihre Individualität betreffen, abstrahiert oder, mit anderen Worten: *emanzipiert* wird. Damit ist nicht ausgeschlossen, daß bestimmte Rechte und Interessen der Person zur Deckung gebracht werden können, dies wird sogar die Regel sein. Nicht jedes Interesse ist vice versa als personales Recht zu verstehen, denn die Partikularität hat für sich gesehen keinen universellen Gehalt. Der *Formalismus des Rechts* sorgt auf dieser Stufe für das Auseinanderreißen von Recht und Interesse: Interesse ist nicht Recht, sondern nur *bei demselben*[10]. Damit ist auch der Fall denkbar geworden, daß das Recht als Allgemeines zwar von der Person gewußt wird, aber diesem Recht gleichzeitig *kein* individuelles Interesse korrespondiert. Das Bestehen auf der Gültigkeit des in § 36 der *Grundlinien* niedergelegten Rechtsgebots, selbst dann, wenn die Besonderheit des Interesses nicht besteht, kann daher andere beeinträchtigen (*Rechthaberei*)[11].

In dieser Entgegensetzung von Interesse und Recht vermittelt sich die Erkenntnis, daß die Personalität im abstrakten Recht nur Potentialität des Rechts ist. Die Bindung des Rechts an die Person ist nicht strikt und ausnahmslos: Eine Person kann ihr Recht verfolgen, muß es jedoch nicht. Das Allgemeine der Person und damit des an sich definierten Rechts ist also *nur eine Seite des Verhältnisses*[12].

Zweitens: Das Recht bezieht sich darüber nur auf das *Negative, die Persönlichkeit und das daraus Folgende nicht zu verletzen*[13]. Die Person ist folglich nicht dazu angehalten, besser: im strengen Sinne des abstrakten Rechts nicht *verpflichtet*, für das Wohl eines Anderen Anstrengungen zu unternehmen oder Unbequemlichkeiten in Kauf zu nehmen; sie kann höchstens mit der Verpflichtung konfrontiert sein, die andere Rechtsperson *vor Verletzungen zu bewahren*. Rechtsgebote sind damit auch nur akzeptabel werden, wenn sie das *materielle Äquivalent* der Rechtsverbote darstellen.

> Die positive Form von Rechtsgeboten hat ihrem letzten Inhalte nach das Verbot zugrunde liegen[14].

Vor dem Hintergrund dieser hervorhebenden Betonung der Rechts*verbote* vermag ein Nachweis der Rechtsnatur von Unterlassungen problematisch erschei-

---

10 Hegel, Grundlinien, § 37 hZ (S. 7.96).

11 Hegel, Grundlinien, § 37 Z (S. 7.96).

12 Hegel, Grundlinien, § 37 Z (S. 7.96).

13 Hegel, Grundlinien, § 38 (S. 7.97).

14 Hegel, Grundlinien, § 38 (S. 7.97).

nen[15]. Bisweilen wird hier in der einschlägigen Literatur ein Indiz für die Verflüchtigung des intersubjektiven Standards[16] in *Hegel*s Rechtsphilosophie gesehen. Ein solcher Einwand vermag allerdings dem konkreten Gehalt der hier erläuterten Stufe des *abstrakten Rechts* nicht ganz gerecht zu werden. Hinsichtlich der Klärung der Frage, ob Handlungspflichten zur Verhinderung von Verletzungen Rechtspflichten des abstrakten, prinzipiell vorauszusetzenden Rechts sind, kann auf der Stufe des allgemeinen und daher *vom Innenverhältnis der Subjekte* untereinander *abstrahierenden*, formal gefaßten Anerkennungsverhältnis nur eine ebensolche allgemeingültige Aussage erwartet werden.

Ruft man sich zunächst noch einmal ins Gedächtnis, daß aufgrund der Konkretisierung des allgemeinen Rechtsgrundsatzes in § 38 der *Grundlinien*, Rechtsgebote jedenfalls dann zulässig sein sollen, sofern ihnen ein Rechtsverbot seinem *letzten Inhalte nach* zugrundeliegt, ist eine materielle Verbindung zwischen Gebot und Verbot Grundlage ihres Verhältnisses zueinander.

Läßt sich ein Rechtsgebot nicht auf das Substrat eines Rechtsverbots zurückführen, zählt es nicht zum unverzichtbaren Bestand des abstrakten Rechts. Was den *letzten Inhalt* im konkreten Rechtsverhältnis der Personen unter- und gegeneinander betrifft, so läßt sich dieser erst dann inhaltlich korrekt formulieren, wenn die *Besonderheiten der Gegenseitigkeit* einen Aufweis erfahren haben. Beispielgebend sind hierfür *Hegels* Aussagen zur Pflicht, geschlossene Verträge zu halten: Der Grund des Vertrages und der Vertragserfüllung liege nicht darin, dem Anderen eine Annehmlichkeit, ein Wohl zu erweisen, sondern enthalte nur die *Unterlassung der Verletzung* des Eigentums[17].

Rechtspflichten i.S.v. *Handlungs*pflichten sind also dem Grundsatze nach in Entsprechung des jeweiligen Stadiums der Realisierung von Recht kategorial zulässig, wobei die Ausformung der Rettungspflicht in concreto der Ausfüllung durch die deduzierten materiellen Gehalte der jeweiligen Phase des Rechtsbegriffs vorbehalten bleibt.

---

15 Vgl. Hösle, Hegels System II, S. 491.

16 Vgl. Hösle, in: Anspruch und Leistung, S. 55 (68); eingehend: Theunissen, in: Philosophie des Rechts, S. 317 ff.

17 Hegel, Nürnberger und Heidelberger Schriften, S. 234 f,; ders., Grundlinien, § 38 Z (S. 7.97); Homeyer, Mitschriften, § 19 Z (S. 224); vgl. Hösle, in: Rechtsphilosophie des deutschen Idealismus, S. 1 (24).

1. Stabilisierung des Rechts durch Ingangsetzen rechtspersonaler Gestaltung

Ist die Person dem Allgemeinen nach definiert, fragt sich, in welchen Bezugspunkten nun der Widerspruch aufbricht, der zur Bewegung des Begriffs, zur Erkenntnis im Fortgang des abstrakten Rechts führt. Die Antwort hierauf muß im *Prinzip der zunehmenden Realisierung* des Rechts gefunden werden. Ist der *freie Wille* in seiner Ableitung unter dem Systempunkt *Person* als ein bloß Gedachtes, gleichwohl natürlich *an sich* Existentes vorgestellt, entbehrt der Begriff des *Rechts* gleichviel noch vollständig einer Bestimmung des Verhältnisses zu sich selbst.

Die Bedingungen seiner Bestimmung ist der Modus seiner Realisierung im Abstrakten. Das Programm, dem Dasein des Rechts Gestalt zu geben, beinhaltet die *Verhärtung der personalen Existenz als Teil der Äußerlichkeit*[18]. Der erste Schritt zu einer solchen Relation, in der sich die Person als Rechtsperson wiederfindet, ist die Vermittlung ihres Wesens über das *Eigentum*. Unter das Eigentum ist all das zu zählen, was der *Verbesonderung* des Personhaften dient:

Zunächst alle dem Subjekt äußerlichen Dinge, aber auch alle Leistungen eines interpersonalen Austauschverhältnisses und die Essentialia konkreter menschlicher Existenz (Leib, Leben, Gesundheit, individuelle Freiheit)[19].

Erneut zeigt sich anhand dieser Bezogenheiten das Auseinandersein von naturgesetzlich determinierter, in sich unreflektierter, mithin in seiner Erscheinung notwendiger, Sächlichkeit und der in persona verkörperten Geistigkeit. Doch ist dies nicht vergleichbar mit dem immer schon subjektivindividuell gewendeten Gegensatzpaar von (menschlicher) Innerlichkeit und Äußerlichkeit (der Gegenstandswelt). Das Entwicklungsgesetz der dialektischen Begriffsbewegung drückt dieses Gegensatzpaar auf einer *höheren Ebene* der Abstraktion aus: Gemeint ist die aufbrechende Widersprüchlichkeit von Person und Dasein, oder um es kategorial zu fassen: die Entgegensetzung von Allgemeinem und Besonderem.

Eigentum, als erste Bestimmung der personalen Realität, begründet die äußere Sphäre der Freiheit. Dort wo keine Freiheit, keine Person ist, ist das Äußerliche *an sich selbst äußerlich*, es gibt nichts Gegenüberliegendes. Der reale Gegenstand des sächlichen Bereichs fällt immer auf die eigene Form, auf

---

18 Diese Verhärtung des Äußerlichen kann auch mit einem Übergang des Geistigen in die Körperwelt - ohne daß dabei das wesentliche Moment der Geistigkeit aufgehoben wäre - beschrieben werden. Hegel, Grundlinien, § 37 (S. 7.96): "*Aber als Person habe ich zugleich mein Leben und Körper, wie andere Sachen, nur, insofern es mein Wille ist*".

19 Vgl. Hegel, Grundlinien, § 43 A (S. 7.104).

das Allgemeine seiner Struktur zurück. Das Subjekt hingegen, als abstrakte Person gedacht, definiert sich *prozeßhaft* durch Entgegensetzung des nur Äußerlichen seiner selbst.

> Ich, als sinnlich, bin selbst äußerlich, räumlich und zeitlich. Ich, indem ich sinnliche Anschauungen habe, habe sie von etwas, das sich selbst äußerlich ist. Das Tier kann anschauen, aber die Seele des Tieres hat nicht die Seele, nicht sich selbst zum Gegenstand, sondern ein Äußerliches[20].

In der *Manifestation der Person* durch das Setzen eines Bezugspunktes wird bereits das bloße *An sich* des Begriffs mit der Zielrichtung auf das *Für sich* versehen. Das für den Fortgang der dialektischen Bewegung schon wirkungsmächtige Aufscheinen der Realität im Eigentum, repräsentiert aber noch nicht das Moment eines *qualifizierten rechtlichen* Anerkennungsverhältnisses. Die Person schafft sich zunächst Realität, indem sie sich auf Äußerliches bezieht. Da Recht als Dasein der Freiheit vom dem *Gegenüberliegenden* der Rechtspersonen ausgeht, gleichzeitig die Person des Anderen als solche jedoch keine konkrete benennbare Äußerlichkeit hat, - sie ist abstrakte, allgemeine Rechtsperson -, realisiert sich auch die im allgemeinen Anerkennungsverhältnis basierende *personale*

---

20 Hegel, Grundlinien, § 42 Z. (S. 7.103 f.); vgl. Wannenmann, Mitschriften, § 17 (S. 47), §20 Z (S. 48 f.); Homeyer, Mitschriften, § 21 (S. 225).

Aufgrund der Einordnung der Tiere bzw. der natürlichen Gegebenheiten in die begriffliche Weite des Eigentumsbegriffs, liegt es nahe, "Rechte" der Natur an sich, oder "Rechte" einzelner Erscheinungen der Äußerlichkeit, zu verneinen. Ob damit einer Argumentation zugunsten des strafrechtlich sanktionierten Schutzes dieser Entitäten der Weg vorzeitig abgeschnitten sein muß, wird mitunter bestritten. So meint Hösle, Rechtsphilosophie des deutschen Idealismus, S. 1 (40 f.), für die Fälle der Tierquälerei zu einem strafrechtlichen Verbot qua Annahme einer "moralischen Selbsterniedrigung", die in solchen Handlungen liege, gelangen zu können. M.E. ist eine solche Auffassung, angesichts der insofern klaren Sprache Hegels im *abstrakten Recht* nur schwerlich aufrechtzuerhalten. Nimmt man jedenfalls die in dieser ersten Stufe der Rechtsphilosophie angelegten *Grundsätze* des Rechts beim Wort - zu erinnern ist nur an das bereits abgeleitete Rechtsgebot des § 36 der Grundlinien - dann lesen sich gerade die folgenden Ausführungen eher als Zurückweisung subjektiver Rechte der Natur: "*Die Person hat das Recht, in jede Sache ihren Willen zu legen (...) Diejenige sogenannte Philosophie, welchen den unmittelbaren einzelnen Dingen, dem Unpersönlichen, Realität im Sinne von Selbständigkeit zuschreibt, (...) wird von dem Verhalten des freien Willens gegen diese Dinge unmittelbar widerlegt*" (Grundlinien, § 44 [S. 7.106]). Im Zusatz betont Hegel ausdrücklich, gerade Tiere (als Lebendiges) hätten keinen "Selbstzweck". Es lassen sich demzufolge nur die Zwecksetzungen des Subjekts innerhalb der Sachenwelt *rechtlich* begreifen (eben als Verhältnisbestimmung = Eigentum) und *rechtlich* schützen. Der Definition von Recht eignet hier zweierlei: das Personhafte sowie die intersubjektiv konstituierte Äquivalenz von Recht und Pflicht.

Vgl zum Ganzen: Becchi, ARSP 1990, 500 passim.

Intersubjektivität erst dann, wenn *im Schnittpunkt der Rechtspersonen die Äußerlichkeit Wirklichkeit wird*[21].

Nachdem das Eigentum in seiner Bedeutung für die Person gekennzeichnet wurde, indem dessen prägende Verhältnisbeschreibungen als Besitznahme, Gebrauch und Entäußerung niedergelegt worden sind, richtet sich der Blick auf die Realisierung jener kategorialen Bestimmung, die im Fortgang des Begriffs unmittelbar ein Charakteristikum des Unrechts ausmacht: *Die Beziehung der Willen aufeinander als durch die Wirklichkeit ihrer Betätigung Vermitteltes.*

Auf den engen Zusammenhang zwischen der Stufe des Vertrags (dem *In-die-Welt-kommen* des interpersonalen Anerkennungsverhältnis) und der Stufe des Unrechts hat *Hegel* selbst besonderes Augenmerk gelegt[22]. Recht erhält in der Bestimmung des *Vertrags* eine *doppelte* Bedeutung: Zum einen sind die besonderen Willen der Personen kategorial auf die intersubjektive Gegenseitigkeit gerichtet (*Austauschverhältnis*), zum anderen sind sie in eben dieser Verhältnismäßigkeit, *gemeinsam gesetzt* und auf das *An sich* bezogen, somit Beschränkung des Allgemeinen.

Die Besonderung des Allgemeinen ist wiederum nur formal zu verstehen. Ziel und Vorstellung der Kontrahenten sind nicht individualisiert, nicht mit varianten Zwecken angereichert. Der Vertragsschluß darf nicht als bloßes Idealbild einer Willensübereinkunft zur praktischen Bedürfnisbefriedigung im Wege äquivalenten Leistungsaustauschs mißverstanden werden.

Ziel und Vorstellung sind real nur als *Wegmarken* der möglichen Beschränkungen des abstrakten *An sich*, des *Eigentums* gedacht. War auf jener Stufe des Begriffs die Sache noch ganz mein, wird sie mir jetzt der Möglichkeit nach relativiert, streitig gemacht. Aber diese Potentialität des Eigentumsverlusts ist nur die eine Seite. Im Wesen des *Für sich* des abstrakten Rechts liegt konstituierend die *Affirmation der Rechtsperson*, d.h. der Person als im Dasein der Freiheit für sich selbst Stabilisiertes.

---

21 Für eine solche Interpretation ist sicherlich der methodisch-inhaltlich Hinweis hilfreich, den § 40 der Grundlinien (Vorausschau auf die Dreiheit des abstrakten Rechts) liefert: "*Die Person, sich von sich unterscheidend, verhält sich zu einer anderen Person, und zwar haben beide nur als Eigentümer füreinander Dasein. Ihre an sich seiende Identität erhält Existenz durch das Übergehen (sic!, d. Verf.) des Eigentums des einen in das des anderen mit gemeinsamem Willen und Erhaltung ihres Rechts - im Vertrag*". Anders Ilting, in: Philosophie des Rechts, S. 225 (234), der erstaunt darüber ist, "daß Hegel tatsächlich so tut, als könnte ein isoliertes Individuum für sich Eigentümer sein". Vgl. aber: Hegel, Grundlinien, § 38 Z (S. 97) bzw. § 29 Z. (S. 82).

22 Vgl. Hegel, Grundlinien, §§ 72-75 (S. 7.155 ff.).

Indem die Person sich nicht nur über ihre Äußerlichkeit versteht, sondern ihre Koexistenz mit anderen als rechtliches Mit-(besser: An-)einander reflektiert, ist der interpersonal vermittelten Anerkennung des *Eigentums* der *wahrhafte Boden (bereitet), in welchem die Freiheit Dasein hat*[23]. Im Rahmen der nunmehr erreichten Wesensidentität der Übereinkunft, wird dem Begriff des Vertrages eine starke Bedeutung hinsichtlich der Konstitution von rechtspersonaler Gemeinsamkeit zugewiesen. Gleichzeitig kann diese Art der Gemeinsamkeit nur als völlig gleichseitiges Verhältnis bestimmt werden, für die Möglichkeit des *Konflikts* hält es keine Problemlösungen bereit, es bildet nur eine (niedere) Stufe interpersonaler Anerkennung.

Hegel wendet sich in diesem Kontext energisch gegen die Auffassung *Kants*, die Institution der Ehe sei auf einem *beiderseitigen Leistungsvertrag* gegründet[24] und verkörpere somit einen Konsens der Subjekte über ihre gegenseitige Inzwecknahme. Eine solche *vertragstheoretische* Grundlage einer Verhältnisbestimmung im interpersonalen Kontext muß *Hegel* notwendigerweise *schändlich*[25] vorkommen, da es in der vertraglichen Übereinkunft immer nur um *Äußerlichkeiten* der Rechtspersönlichkeiten geht. Das Anerkennungsverhältnis der Personen untereinander wird lediglich *mittelbar* gestärkt, nämlich *über* die Sache und deren Austausch. Eine andere Rechtsperson in einer speziellen rechtlich institutionalisierten Form (z. B. der Ehe) vertraglich, d.h. eben als *Äußerlichkeit* zu verpflichten, würde mit dem höheren Anspruch, der für *Hegel* mit der Ehe verbunden ist, kollidieren; Ehe in seinem Sinne ist als *sittliches Verhältnis* konkretisierter Ausdruck der Einheit als substantiellem Zweck (*geistige Einheit*), kurz: Ehe ist als Kategorie der Äußerlichkeit entzogen[26]. Was nicht heißt, das derjenige nicht sittlich sein könne, der nicht in Ehegemeinschaft zusammenlebt[27].

Doch zurück zu den anderen Unvollkommenheiten des Vertragsverhältnisses: Die möglichen Abweichungen von ihm machen seinen Wert für die sich über ihn als Austauschinstanz vermittelnden Rechtspersonen zweifelhaft. In dem

---

23 Hegel, Grundlinien, § 71 (S. 7.152); Homeyer, Mitschriften, § 38 (S. 232).

24 Vgl. Kant, Metaphysik der Sitten, (§§ 24-27).

25 Hegel, Grundlinien, § 75 (S. 7.157).

26 Hegel, Grundlinien, § 163 (S. 7.313); Vgl. Hösle, Hegels System II, S. 532.

27 Hegel, Grundlinien, § 162 A (S. 7.311), aber: "*das Element von durchdringender Frostigkeit, das darin angetroffen wird, in die Hitze der Leidenschaft durch die damit verknüpfte Zufälligkeit, dadurch nämlich gebracht, daß das ganze Interesse als nur auf diesen beruhend vorgestellt wird, was wohl für diese von unendlicher Wichtigkeit sein kann, aber es an sich nicht ist*".

Ausmaß, in dem Konstituierung, Leistungsaustausch (Eigentums*wechsel*)[28] mit Unwägbarkeiten, Willkürlichkeiten behaftet sind, ist der Inhalt der vertraglichen Bindung als solcher dem Zufall preisgegeben. Von dieser Schwäche kann dann auch das Anerkennungsverhältnis nicht unbeeinträchtigt bleiben - wie hat es mit den Situationen fertig zu werden, die durch die konkrete Dissonanz der im Austauschverhältnis eigentlich intendierten Übereinkünften gekennzeichnet sind? Mit dem Aufwerfen dieser Frage ist nunmehr ausreichend vorbereitet, inwiefern die *Möglichkeit* der Nichterfüllung des Vertrages zum Indikator für die *Realität* des Unrechts werden kann.

2. Recht und Unrecht - Entzweiung und Schein

Rekapitulieren wir noch einmal die zwei Bestimmungen, die das abstrakte Recht bislang durch seine Besonderung in das Vertragsverhältnis gewonnen hat. Da ist zunächst die Feststellung, daß die Rechtsperson über ihren Bezug auf die Äußerlichkeit zur Entzweiung ihrer Grundverfaßtheit als ursprünglich *eine* Person beigetragen hat: Einmal besteht als Unmittelbares des abstrakten Rechts das Anerkennungsverhältnis *als solches*, zum anderen hat sich hieraus das Anerkennungsverhältnis in seiner Besonderheit, als *konkret* interpersonal geprägte Beziehung, ergeben.

Die weitere Bestimmung beinhaltet die Potentialität der Verletzung einer Übereinkunft als Vertragsbruch. Das Entstehen und Bestehen des Unrechts erklärt sich aus der Struktur des Rechts selbst, ist im Ursprung nicht einfach nur oberflächlich Entgegengesetztes des Rechts, vielmehr Heraus-Differenziertes. Das Recht *geht im Unrecht zum Schein fort*[29].

Auch wenn Unrecht sich dem Recht ausdrücklich widersetzt, es zu negieren beansprucht, bleibt die Negation nur Schein, das Recht ist insoweit nicht in seiner *Grundsätzlichkeit* hintergehbar. Das Recht als mit sich Nichtidentisches ist freilich Basis der Möglichkeit von Unrecht überhaupt. Die synthetisierende Stufe des Unrechts als Ineinslegung der widersprüchlichen Seiten des abstrakten Rechts, beschäftigt sich mit dem nun offen zu tage getretenen Widerspruch zwischen *allgemeinem* und *besonderem* Willen. Die Zufälligkeiten des Verhältnisses von allgemeinem und besonderen Willen im Bereich des Vertrags verflüchtigen sich.

---

28 Hegel, Grundlinien, § 76 (S. 7.159).

29 Hegel, Grundlinien, § 82 (S. 7.172).

Was herauskommen soll, ist der Nachweis, daß das abstrakte Recht sich als *wirklich und geltend*[30] verstehen läßt. Um dies zu erreichen, bedarf es zusätzlicher methodischer Erläuterungen, die auszudrücken vermögen, *wie* Recht und Unrecht vor dem Hintergrund des Verhältnisses von besonderem und allgemeinem Willen vermittelt sind[31]. Zu unterscheiden sind das *An sich* des Unrechts, das *unbefangene Unrecht* (der bürgerliche Rechtsstreit), das *Für sich* des Unrechts, der *Betrug* und schlußendlich das *An und für sich* des Unrechts, das *Verbrechen* (als spezifisch strafrechtliche Unrecht), das in das Zwangsrecht und damit in die Manifestation des abstrakten Rechts überhaupt ausläuft.

Die Begriffsbewegung hebt hier bei der Kategorie des bürgerliches Rechtsstreits an. In dieser Sphäre werden die im Vertrage nur als Möglichkeit angelegten Rechtskollisionen *Wirklichkeit*. Spätestens jetzt wird der zunehmende Realisierungsgrad des Rechts erkennbar, denn zu Konflikten über Gegenstände (Leistungen) kann es nur dann kommen, wenn sich die grundsätzlich zur Verfügung stehenden Güter im Verhältnis zu der Zahl und den Interessen der Rechtspersonen als verknappt darstellen:

> [In der Mannigfaltigkeit und der Äußerlichkeit derselben gegeneinander] liegt es, daß sie in Beziehung auf eine und diesselbe Sache verschiedenen Personen angehören können, deren jede aus ihrem besonderen Rechtsgrunde die Sache für ihr Eigentum ansieht, womit Rechtskollisionen entstehen"[32].

Eine solche Kollision ist ihrer Natur nach nicht nur bloßes *Zweifeln* am Recht des Anderen an einer Sache, sondern *Negation* desselben. Die Negation setzt allerdings nicht global an und stellt damit auch nicht das Recht *an sich* und das besondere Recht des Anderen in Abrede. Das Recht als Allgemeines wird anerkannt, der Konflikt spielt sich im konkretisierten Anerkennungsverhältnis der Vertragsparteien ab, verläßt aber definitiv nicht den Boden des Rechts. Das All-

30 Hegel, Grundlinien, § 82 (S. 7.172).

31 Die Deduktion des Unrechtsbegriffs aus der Vertragskategorie sieht sich einem prinzipiellen Einwand gegenüber. Flechtheim, Strafrechtstheorie, S. 77, verneint die hier angenommene Konnexität von vertraglicher Bindung und interpersonaler Beziehung von Täter und Opfer. Wie aus den bisherigen Ausführungen zu entnehmen ist, kann lediglich davon gesprochen werden, daß sich das Unrecht aus dem Vertrag herausentwickelt. Aber Unrecht, insbesondere das Verbrechen, ist nicht nur ein dem Inhalt des Vertragsverhältnis entsprechendes, sondern etwas *qualitativ anderes*. Eine Gleichsetzung von Vertrag und Unrecht verkennt den Tatbestand, daß die Verletzung des Anerkennungsverhältnisses an sich nur dann in die Realität (als Unrecht) treten kann, wenn gerade der vertragsgemäße, oberflächliche Bindungsmodus *Gestalt gewonnen* hat. Dazu muß das Anerkennungsverhältnis aber *konkretisiert* worden sein.

32 Vgl. die Reduktion der Mannigfaltigkeit der Äußerlichkeit in ihrer Strukturierung durch den als Person tätigen freien Willen; Hegel, Grundlinien, § 84 (S. 7.174 f.).

gemeine des Rechts, das letztlich den Konflikt Entscheidende, wird nicht nur vorausgesetzt, es wird von den Übereingekommenen geradezu in seiner Relevanz bekräftigt, in seiner Geltung bestärkt, für unverletzlich genommen.

Die Auseinandersetzung verläuft auf der Folie des abstrakten Anerkennungsverhältnisses, das hier für das abstrakte Recht stehen kann. Zur Negation kommt es zwar, nur betrifft sie die eigentliche *Subsumtion* der Sache unter das Eigentum des einen oder anderen[33]. Im Ergebnis liegt darin ein (einfaches) *negatives Urteil*, also die Negation des Besonderen bei gleichzeitigem Anerkennen des Allgemeinen[34]. Der Schein des Rechts setzt sich in den Verhältnissen des bürgerlichen Rechtsstreits für die Streitenden, als sich nun *wahrhaft Gegenüberstehenden*, in starker Ausprägung fort.

Die Negation leugnet allein eine bestimmte Beziehung des Anderen zur streitbefangenen Sache, aber sie leugnet hiermit den Anderen *nicht in toto* als sich über den betreffenden Gegenstand bestimmendes (mithin freies) Subjekt. Die Verfaßtheit des Gegenüber wird akzeptiert. Den Streitenden wird das *Recht an sich* nur als Schein des *Für-Recht-Haltens* und damit ungenügend bewußt. Jedem gilt das als rechtens, was er selbst behauptet. Niemand hegt Zweifel, daß beispielsweise die Behauptung des Eigentums an einer Sache auch vollständig im Recht aufgehoben ist. Das bürgerliche Unrecht charakterisiert sich daher als *unbefangenes Unrecht*, denn den Kontrahenten gilt das *Unrecht für Recht*.

> Das Unrecht ist also der Schein des Wesens, der sich als selbständig setzt. Ist der Schein nur an sich und nicht auch für sich, das heißt, gilt mir das Unrecht für Recht, so ist dasselbe hier unbefangen[35].

Der grundlegende Widerspruch zwischen Recht und Unrecht ist den Beteiligten verschleiert, dadurch konstituiert sich *aus externer Sicht* ein nicht durchschauter Selbstwiderspruch. Als Fazit kann hier festgehalten werden, daß der erste Grund des Unrechts auf einer Fehleinschätzung des "Täters" beruht. Da es sich im übertragenen Sinne um einen Irrtum handelt[36], der aber gleich*seitig* und gleich*zeitig* bei beiden Kontrahenten zum Vorliegen kommt, ist er für sie im besten Sinne unhintergehbar, denn der Erkenntnisstand reicht auf dieser Stufe der

33 Hegel, Grundlinien, § 85 (S. 7.175).

34 Vgl. Hegel, Wissenschaft der Logik II, S. 322. Das negative Urteil spricht dem Subjekt das Prädikat nicht gänzlich ab, es läßt die "*allgemeine Sphäre, welche das Prädikat enthält (...) noch bestehen*".

35 Vgl. Hegel, Grundlinien, § 86 Z (S. 7.176). Vom Unrechtsgehalt her gilt das unbefangene Unrecht als "*das leichteste Unrecht überhaupt*".

36 Wannenmann, Mitschriften, § 40 (S. 65): "*Derjenige der Unrecht hat, will gleichfalls das Recht*".

Besonderung des Allgemeinen nicht aus, ihn aufzuklären. Auch falls ein Vertragspartner behaupten sollte, der andere sei im Recht - was er zweifelsohne kann - würde hierin nur ein *zufälliges Übereinstimmen* mit dem abstrakten Recht liegen.

Wegen der Fehlvorstellung, die zugleich als ein das Recht (jedenfalls seinem Grunde nach) anerkennendes Bewußtsein gewertet werden kann, ist auf dieses Unrecht

> keine Strafe gesetzt, denn ich habe hier nichts gegen das Recht gewollt[37].

Der *Betrug* stellt sich in der Negation bzw. der Anerkennung des allgemeinen und besonderen Willens genau spiegelverkehrt dar: Heißt unbefangenes Unrecht Negation des *besonderen* und Bekräftigung des *allgemeinen* Willens, bedeutet Betrug im Kern eine Negation des Allgemeinen bei gleichzeitiger positiver Bezugnahme auf das Besondere. In der betrügerischen Handlung operiert das Subjekt nämlich in Unterscheidung zum unbefangenen Unrecht bewußt mit dem Schein des Rechts.

Das Recht ist insoweit zum Schein gemacht[38]. Zur Täuschung des Gegenübers, die dem Betrug eigentlich ist, kommt es gerade auf die unrichtige Gestaltung des interpersonalen *Innenverhältnisses* an. Fehlvorstellungen über das Allgemeine sind *über den besonderen Willen zu vermitteln*; das abstrakte Recht wird in der konkreten Konstellation der Austauschenden zu einem *leeren Dasein*. Diese Leere des Begriffs rührt aus der Abwesenheit zutreffender sachbezogener Prädikate: Quantität und/oder Qualität des Austauschgegenstandes entsprechen nicht dem *realen Charakter* der Sache[39]. Indem es also am Allgemeinen mangelt, ist dieses Defizit nicht nur zufällig und *an sich* äußerlich als notwendig existent, sondern wird vom Subjekt gerade seinem Gegenüber geltend gemacht.

> Durch die Willkür des anderen kann mir ein falscher Schein hierüber vorgebracht werden, so daß es mit dem Vertrage als beiderseitiger freier Einwilligung des Tausches über diese Sache, nach ihrer unmittelbaren Einzelheit, seine Richtigkeit hat, aber die Seite des an sich seienden Allgemeinen darin fehlt[40].

---

37 Hegel, Grundlinien, § 89 Z. (S. 7.177 f.).

38 Hegel, Grundlinien, § 88 (S. 7.177).

39 Homeyer, Mitschriften, § 46 (S. 7.235).

40 Hegel, Grundlinien, § 88 (S. 7.177).

Mit den Begriffen der Urteilslogik bezeichnet dieser Vorgang ein *unendliches Urteil nach seinem positiven Ausdrucke oder identische Bedeutung*[41]. Gleichwohl sind dem Betrüger nicht Bekräftigungen des Allgemeinen (aber eben *Leeren*) fremd, diese betreffen immer nur die Herstellung und Stabilisierung notwendiger Bedingungen des durchzuführenden Austauschs. Jene Konstruktion einer *äußerlichen Gemeinsamkeit* erfolgt dabei aber schon in Hinsicht auf die Täuschung.

Hegel gelangt zur Strafbarkeit des Betrugs, weil das Subjekt sich hier gegen das Recht wendet, auch wenn - bzw. gerade weil - die Negation des Anerkennungsverhältnisses nur die Seite des Abstrakten betrifft[42]. Nunmehr bedarf es der Klärung jener Fragestellungen, mit denen sich eine Aufhebung zur Einheit der vorgefundenen Ausprägungen des Unrechts zu beschäftigen hat. Der Widerspruch, den es aufzulösen gilt, ist durch die Herausentwicklung und Entgegensetzung des begrifflichen *An sich* und *Für sich* nunmehr offenkundig geworden: Im Raster der Termini *unbefangenes Unrecht* und *Betrug* ist insofern die Unvollkommenheit des Begriffs bereits angelegt, als sich Recht und Unrecht *nur zum Teil* ausdifferenziert haben; das Unrecht bedurfte zu seiner Realisierung bislang immer der Zugrundelegung des Rechts als Schein in der einen oder anderen Weise. In der Sphäre des bürgerlichen Rechtsstreits galt den Kontrahenten das *Unrecht für Recht*, auf der Stufe des Betrugs vermittelte sich Unrecht über die Propagierung des Rechts allein im konkreten intersubjektiven Austauschverhältnis. Die Erkenntnis von Recht als *Dasein* der Freiheit kann sich solange nicht zeigen, als das Recht den Subjekten nur als so oder anders gearteter *Schein* und nicht als faßbare *Wirklichkeit* des *An sich* vorkommen muß. Dem dialektischen Prozeß ist also aufgegeben, einen Zustand, eine Stufe des Begriffs *Recht* zu beschreiben, der den aufgewiesenen *Scheincharakter* aufzuheben im Stande ist. Damit deutet sich noch ein weiteres Obligo der nun folgenden vermittelnden Stufe an.

Die behandelten Formen des Unrechts haben in abstracto eines gemeinsam: Sie beinhalten die Verletzung, Negation des Rechts, entweder hinsichtlich der konkreten interpersonalen Relation (*unbefangenes Unrecht*) oder in bezug auf die allgemeine interpersonale Relation (*Betrug*). Auch wenn der scheinhafte

---

41 So die Definition Hegels, Grundlinien, § 88 (S. 7.177) unter Verweis auf § 121 (§ 173) der Enzyklopädie. Als im "Für sich" des Begriffs verhaftet, bezeichnet dieses Urteil eigentlich die tautologische Fassung des begrifflichen Selbstverhältnisses. Es verkörpert so eine "*leere identische Beziehung*", das Prädikat hat keinerlei Entsprechung im Allgemeinen: "Ein Löwe ist ein Löwe" (Vgl. Grundlinien, § 95 (S. 7.182).

42 Hegel, Grundlinien, §§ 87-89 (S. 7.176 ff.).

Charakter im Verhältnis Recht zu Unrecht vorherrscht, so wird Recht in beiden Fällen (im unbefangenen Unrecht ohne entsprechende Kenntnis) auch in seiner *abstrakten Geltung* beeinträchtigt. Bliebe es bei dieser Infragestellung des Rechts, könnte das Recht seinem Wesen nach für die Subjekte nur als zufällig, unbestätigt verstanden werden[43] - es wäre seiner Anerkennung nach nicht als Realität stabilisiert. Daher ist im folgenden auch die Affirmation des Rechts im Verhältnis zum Unrecht zu leisten.

3. Manifestation des Rechts durch Negation des Unrechts

Die ersten, die sich mit *Hegels* Konzeption von Unrecht und Strafe konfrontiert sahen, waren die Nürnberger Gymnasiasten der Schuljahre 1809-1812[44]. Sie hatten unter Anleitung des Rektors *Hegel* seine Erläuterungen in "*kurzen Diktaten (abzuhandeln*)" und "*zu Papier zu bringen*"[45]. Die Aufzeichnungen in der "*Rechts- Pflichten- und Religionslehre*"[46] arbeiten bereits umrißhaft die Essentialia der späteren Lehre vom strafwürdigen Unrecht heraus:

> Die Rechtsverletzung beruht auf der formhalber vernünftigen Selbstgesetzgebung des Täters, die in sich allerdings die Negation seiner Grundverfaßtheit trägt, die wiederum durch den positiven Zwang des Rechts zur Aufhebung gelangen kann[47].

Die Charakteristika, die die Stufe des Verbrechens als einerseits höchste Stufe der Kategorie *Abstraktes Recht* und darüber hinaus als Synthese der verschie-

---

43 Bezüglich der nunmehr programmatischen Aufhebung der Willkür finden sich zum genauen Übergang indes nur Andeutungen. Aus § 89 der Grundlinien (S. 7.177) ist hierfür nur schwerlich etwas zu entnehmen, auch § 90 (S. 7.178) bleibt unklar. Allerdings hat sich die Interpretationslage nach Veröffentlichung der Wannenmann-Mitschrift etwas erhellt. In § 41 derselben (S. 65 f.) spricht der Hörer Hegels von der noch nicht erfolgten Aufhebung der Willkür: "*Die Willkür ist ferner noch ebenso zufällig gegen das Anerkennen überhaupt. Dieses hat zunächst nur Dasein; denn der subjektive Wille hat sich gegen den allgemeinen, an und für sich seienden noch nicht aufgehoben, - wodurch dieser Wirklichkeit hätte*".

Vgl. Siep, in: Philosophie des Rechts, S. 255 (270): Das Ziel der Unrechtskategorie als höchster Stufe innerhalb des abstrakten Rechts stelle für Hegel die Bekräftigung des allgemeinen Willens dar. Sie erhalte erst hier "*Leben, Realität, Geltung*".

44 Hegel arbeitete seit Frühjahr des Jahres 1807 als Redakteur der *Bamberger Zeitung*. Im November 1808 avancierte er dann zum Rektor des Nürnberger Gymnasiums, wo er bis zu seinem Wechsel nach Heidelberg die Lehrtätigkeit ausübte.

45 So heißt es im gedruckten Gymnasialprogramm für die Unterklasse, vgl. Hegel, Nürnberger und Heidelberger Schriften, S. 4.294 (295, 297 f.).

46 Hegel, Nürnberger und Heidelberger Schriften, S. 4.204 ff.

47 Hegel, Nürnberger und Heidelberger Schriften, S. 4.243 ff (§§ 19-21).

denen Seiten des bürgerlichrechtlichen und strafrechtlichen Unrechts, auszeichnen, teilen sich in zwei Ableitungsstränge:

Zunächst erfolgt über die Einführung des Aspektes *Zwang* die Kennzeichnung des Verbrechens als radikalste (*gewalttätige*[48]) Form der *Negation des Rechts*. In einem weiteren Schritt ist aufzuweisen, daß diese Negation letztendlich nur eine *Manifestation ihrer eigenen Nichtigkeit* sein kann. Der Begriff des *Unrechts* sowie der Begriff des *abstrakten Rechts* kommen dort - vorläufig - zur Ruhe, zur Aufgehobenheit, wo es um die Wiederherstellung des Rechts und um die sich auf diese Weise manifestierende unhintergehbare Realisierung des Rechtes an sich geht.

Der Begriff des Zwangs wurde schon dort implizit eingeführt, wo es im *unbefangenen Unrecht* und im *Betrug* jeweils um die bloße Vermittlung des besonderen Willens ging. Eignete diesen Formen des Unrechts noch die Form einer gewissen Beliebigkeit und damit Zwang*losigkeit* im intersubjektiven Beziehungsverhältnis, war indes eines schon verfestigt: Die *Hineinlegung* des Willens in das *Äußerliche*, wie es im Stufengang des Eigentums, Vertrags und Unrechts bislang beschrieben wurde. Hinter diese Form der Objektivation kann die Besonderung des Allgemeinen nicht zurückgebracht werden, ohne die hierin bereits gegebene Realisierungschance von Recht zu eliminieren.

Einerseits legt sich also der Wille in die Sache (*Eigentum*), hat damit in der Realität auch Teilhabe am äußerlichen Schicksal dieser Sache und muß somit auch die mit der Sache verbundenen Notwendigkeiten gegen sich (oder für sich, gegen andere) gelten lassen[49]. Andererseits bestimmt sich das Wesen des freien Willens als aller Äußerlichkeit, aller Notwendigkeit der Gegenstandswelt enthoben und kann schon deswegen nicht gezwungen werden[50].

---

48 Hegel, Nürnberger und Heidelberger Schriften, S. 4.243 (§ 19).

49 Hösle, Hegels System II, S. 499 f.

50 Vgl. Hegel, Grundlinien, §§ 91 f. (S. 7.178 f.); Wannenmann, Mitschriften, § 41 (S. 65 f.): "*Nach der positiven Bewertung meines Willens auf eine Sache kann diese überhaupt von äußerlicher Gewalt eines anderen ergriffen und unter die Notwendigkeit gesetzt werden. Ich kann vom Gebrauch meines Eigentums, der Ausübung meines Rechtes abgehalten, und es kann zur Bedingung derselben irgendeine Aufopferung oder Handlung gemacht werden, - Zwang*". Homeyer, Mitschriften, § 47 (S. 235): " *(...) daß was mein ist, sich zeigt als nicht bloß mir angehörend, sondern auch etwas anderem (...) Zwang*". In dieser Sichtweise liegt eine weitere Deklination des Verhältnisses von Freiheit und Notwendigkeit, Subjekt und Naturgesetz. Es spiegelt sich dieses schon in dem, in der Einleitung und Vorstellung zum abstrakten Recht aufgebauten, Gegensatzpaar des freien Willens (§ 5 / § 7), allerdings auf höherem Niveau: Der freie Wille manifestiert sich durch seine Tätigkeit in der Äußerlichkeit. Dies macht einen wichtigen Schritt vorwärts in der Erkenntnis der Wirklichkeit aus, ist aber etwas aus der Basis des

Zwang muß als Möglichkeit *erkannt* sein. Es reicht daher nicht aus, daß das Subjekt bloß vom Bestehen einer (*seiner*) Beziehung zur Sache weiß, es muß im *Denken seiner Relation zur Sache* die *Relation eines anderen zur selben Sache*, als *Entgegengesetztes* erkennen[51]. Auch wenn der Zwang als Erscheinung dem selbstreflexiven Subjekt in seiner Wesenheit idealiter zuwiderläuft, bleiben in der Realität zwei Möglichkeiten, wie es vom Zwang erfasst werden kann: Einmal indem es sich in eben dieser Äußerlichkeit zwingen läßt (i.d.S., daß es sich zwingen lassen will, also *vermittels der Instanz seines eigenen Willens*). Andererseits unter Umgehung des individuellen Willens in der Form der (unmittelbaren) *Gewalt*[52]. In beiden Varianten seiner Realisierung zeigt er sich wesenslogisch im Widerspruch zu dem ihn auszeichnenden abstrakten Allgemeinen. In der Dimension des Wirklichen, des Äußerlichen mag es scheinen, als hebe die Anwendung von Zwang oder Gewalt, den entgegenstehenden Willen des Gezwungenen auf.

Der Wille des Gezwungenen wird aus der Äußerlichkeit der Sache verdrängt, die Sache wird ihm enteignet, der Zwingende eignet sie sich an. Gelingt der Zwang, so kann der Gezwungene von jedwedem Bezug zur Sache ausgeschlossen sein. Der Anspruch des Zwangs wächst hier aber nur zum Scheine über das hinaus, wodurch er auf sich selbst als Begriff in den Bedingungen seiner Vorausgesetztheit immer wieder zurückgeworfen wird:

> Als Erscheinungsform des freien Willens zerstört Gewalt oder Zwang in ihrem Begriff sich unmittelbar selbst[53].

In ihrem Selbstwiderspruch wendet sie sich gegen das Recht und ist folglich ihrem Begriff nach *unrechtlich*[54]. Auf das Anerkennungsverhältnis in seiner abstrakten und konkreten Ausgestaltung übertragen, heißt das: Im Unterschied zu den vorgängigen Stufen des Unrechts, unternimmt der Täter in der Rechtsver-

---

Begriffs schon Herausgetretenes, eine Ableitung; vgl. Homeyer, Mitschriften § 48 (S. 236).

51 Eben darin liegt die Möglichkeit der *Aufopferung*, vgl. Hegel, Grundlinien, § 90 (S. 7.178).

52 Hegel, Grundlinien, §§ 90 f. (S. 7.178 f.); Wannenmann, Mitschriften, § 42 (S. 66): "*Wenn der Wille sich für bezwungen ansieht, so will man doch etwas Äußerliches für sich erhalten und verliert die Selbständigkeit, die Unabhängigkeit, die man jetzt nicht mehr für etwas Unendliches, Unveräußerliches ansieht*". Nach Homeyer, Mitschriften, § 48 Z (S. 236), liegt hierin schon begrifflich das "*Unwürdige*" der Abschreckungstheorie.

53 Hegel, Grundlinien, § 92 (S. 7.179).

54 Vgl. Michelet, Naturrecht oder Rechtsphilosophie, S. 238 f.

letzung eine doppelte Negation, ihm selbst ist also kein Schein des Rechts es wert, aufrechterhalten zu werden.

> Nach der an sich seienden Seite des Rechts ist das Verbrechen eine unendliche Verletzung der Persönlichkeit, auch wenn diese nur in einer äußeren Sache verletzt wird. Denn das Dasein der Freiheit, wo es sich auch befinde, wird mit Wissen und Wollen als das Nichtdasein der Freiheit gesetzt[55].

Indem er durch seine Tat das Recht als solches nicht mehr gelten lassen will, ficht der Täter auch das an, was seine eigene Person in ihrer vernunftallgemeinen Teilhaftigkeit definiert. In der beanspruchten *doppelten Negation* verwirklicht er ein negativ unendliches Urteil, d.h. sowohl das Allgemeine (Unendliche) als auch das Besondere fallen der Leugnung anheim[56]. Die so geartete Verletzung der Anerkennungsverhältnisse hat nun nicht allein zur Folge, daß das Recht an sich als unantastbar, in seiner Totalität nicht negierbar, aufgefaßt werden muß.

Recht geht es um *Manifestation* seiner selbst, um die Aufhebung des Zwangs als einer ihm gegenläufigen Erscheinung[57]. *Hegel* spricht im Rahmen seiner Vorlesung des Jahres 1817/1818 davon, daß die *Verletzung des Rechts als Recht* in sich nichtig sei und daß die *Manifestation hiervon das Vernichten der Verletzung* beinhalte[58]. Zweifelhaft ist, warum sich das Recht seinerseits einer Negation gegenüber der Negation bedienen muß; reicht es zur unbestritten Stärke des Rechts an sich nicht schon aus, daß es vom Täter nur infragestellt werden kann, aber nicht tatsächlich außer Kraft gesetzt zu werden vermag?

Bejaht man letzteres, so würde die Situation in einer Instabilität und gewissen Willkürlichkeit belassen. Der Begriff des Unrechts wäre jedenfalls insoweit nicht mit sich übereingekommen, als die Negationen Fortbestand hätten. Das Recht wäre an der Realisierung gehindert; und darauf, dies auszuschließen, kommt es der Rechtsphilosophie gerade an. Die Reduktion des hier skizzierten Grundverhältnisses von Recht und Unrecht auf die These, es reiche hin, daß das

---

55 Michelet, Naturrecht oder Rechtsphilosophie, S. 241.

56 Der Charakter des negativ-unendlichen Urteils findet sich, grundlegend für die ganze Philosophie Hegels in der Wissenschaft der Logik, S. 324 definiert. Im Unterschied zum positiv-unendlichen Urteil (Betrug) besteht beim negativ unendlichen Urteil *keinerlei* Beziehung zwischen Subjekt und (s)einem Prädikat; vgl. Homeyer, Mitschriften, S. 237 (§ 51): "*Ein unendliches Urteil ist dadurch bestimmt, daß im Prädikat nicht nur der besondere Inhalt des Prädikats, sondern die ganze Sphäre desselben negiert wird*".

57 Hösle, in: Anspruch und Leistung, S. 55 (89).

58 Homeyer, Mitschriften, § 53 (S. 237).

Recht an *sich unhintergehbar* und damit schon stabil sei, führt zur Verflüchtigung des Rechts aus der Wirklichkeit der Rechtsverhältnisse.

Wer sich anschickt, die Realisierung des Rechts durchzusetzen, kommt ohne die Konstituierung eines Zwangsrechts nicht aus[59]. In dieser Feststellung blitzt indes kein archaisches Strafbedürfnis auf, sondern der Bezug auf ein vom Begriff des Rechts nicht abzulösendes (ihm konstitutives) Moment. Das Aufeinanderbezogensein des Zwanges (*als Rechts*zwang) und der Negation des Rechts durch den Straftäter (*als Zwang des Unrechts*) ist eine unter den Bedingungen der Wirklichkeit *vermittelnde Notwendigkeit*[60]. Dem durch den Täter konstruierten Entwurf des Unrechts wird die Bewährung des Rechts entgegengestellt. Im Verlaufe dieser Entgegensetzung, Bewährung bzw. Wiederherstellung des Rechts liegt der *Übergang* (und damit der Beginn der eigentlichen Aufhebung) von der bloß abstrakten Seite des Rechts zur konkreten, für sich bestimmten Seite der Rechtsbeziehung, dem Recht des subjektiven Willens.

Unterschiedliche Implikationen sind hiermit verbunden: Die Wiederherstellung des Rechts kann, soweit Äußerlichkeiten verletzt sind, den Aspekt des Ersatzes des vom Verbrecher angerichteten Schadens beinhalten. Die Verletzung einer Sache (Sphäre des Eigentums) kann beschränkt auf ihre Erscheinung als Negation gerade des besonderen Willens des Opfers (z.B. Beschädigung oder Diebstahl des zivilrechtlichen Eigentums) durchaus durch Restitution gerade der involvierten Sache aus der Welt geschafft werden. Ist die Sache zerstört oder sonstwie in ihrer ganzen Ursprünglichkeit untergegangen, muß auf das Allgemeine der Sache (ihren *Wert*) bezug genommen werden[61]. Hier ist das Recht in seiner Ausprägung als allgemein zugrundeliegendes Anerkennungsverhältnis

---

59 Michelet, Naturrecht oder Rechtsphilosophie, S. 243.

60 Hegel, Grundlinien, § 97 (S. 7.185). Zu den verschiedenen Ansatzmöglichkeiten zu einer Klärung der "Notwendigkeit der Strafe" bzw. des Zwangsrechts, vgl. Seelmann, JuS 1979, 687 (689 f.), der hier im Kern auf die Wiederherstellung der verletzten Anerkennungsbeziehung abstellt: "*Ist Verbrechen die Störung einer Anerkennungsbeziehung zweier Selbstbewußtseine, so kann diese Verletzung nur dadurch "vernichtet" werden, daß die Beziehung der Anerkennung wiederhergestellt wird, womit freilich qua Wiederherstellung nicht (nur) der ursprüngliche Zustand, sondern zugleich dessen Bewährung (...) entsteht*".

61 Hegel, Grundlinien, § 98 (S. 7.186). Hegel beschreibt hier den Gedanken des Schadensersatzes. Die Restitution stellt bei bestimmten Negationen des besonderen Willens (Gegenstandscharakter!) eine Möglichkeit dar, den Verletzten wieder in den ursprünglichen Zustand zu versetzen. Schadensersatz ist also nur dort ausreichend (als Wiederherstellung), wo das allgemeine Recht nicht negiert wird. Die konkret-intersubjektive Balance stellt sich durch Restitution des Schadens schon zur Gänze her. Weitere Manifestation des Rechts ist unnötig. Der angerichtete Schaden ist in dem Sinne kein eigentlich *rechtliches* Übel.

nicht beeinträchtigt. Das Setzen des Eigentümers in seinen *vorigen Stand* entspricht damit der Genugtuung, die bei bestimmten Konstellationen des bürgerlichen Rechtsstreits wirksam wird (zurechenbarer Untergang des Leistungsgegenstandes). Zwang des Rechts wäre hier fehl am Platze[62].

Dort wo aber die Verletzung der allgemeinen Anerkennungsrelation stattgefunden hat, ist dieser Zwang zur Wiederherstellung unabdinglich. Das Recht zwingt, indem es sich auf den besonderen Willen des Verbrechers bezieht. Strafrecht negiert also nicht seinerseits den Täter als Rechtsperson, leugnet nicht seine Existenz als gleichberechtigter Partner des allgemeinen Anerkennungsverhältnisses. Strafe negiert den Täter in seiner *Äußerlichkeit,* dort wo er seinen Willen in die Sache gelegt und denselben mit Zwang durchgesetzt hat. Durch die bloß einseitige Negation des rechtlichen Zwangs gegenüber dem verbrecherischen Zwang erweist sich:

Das Recht an sich (soweit es das allgemeine Anerkennungsverhältnis meint) ist kategorial nicht negierbar. Eine Wiederherstellung des *An sich* ist nicht *notwendig*, begrifflich nicht *möglich* wäre die Negation der Rechtsperson des Verbrechers durch das Recht selbst. Die Sanktion nimmt damit auf auf den positiv als geltend beanspruchten besonderen Willen des Verbrechers Rekurs. Sie verwirklicht durch ihre Verhängung auch die vom Täter selbst gesetzte Notwendigkeit, *sie ist (daher) auch ein Recht an den Verbrecher selbst*[63]. Er handelte nämlich durch die Aufstellung der Negation des Allgemeinen auf eben dieses Allgemeine hin und hat somit die Form der *Eigen*gesetzgebung gewählt. Hierin ist ein Universalisierungsanspruch der verbrecherischen Handlung zum Ausdruck gebracht. Vor diesem Hintergrund führt *Hegel* den Passus des *positiven Daseins des Verbrechens* ein. Während die Verletzung sich für den Verletzten, wie für das Recht, lediglich *negativ* deutet, hat sie *positive Existenz* (im Sinne der angedeuteten Eigengesetzgebung) allein im besonderen Willen des Täters[64].

In der Bestrafung geht das Recht auf eben diesen Anteil des Verbrechers am Allgemeinen ein, bezieht sich materiell darauf und wendet es dem Täter als *Vernünftigen* vom Unrecht zum Recht. Dadurch wird der Straftäter dort als *Vernünftiges geehrt*, wo das Zwangsrecht ihn als jemand nimmt, der nur aus dem

62 Vgl. Hegel, Grundlinien, § 98 (S. 7.186). Das Zwangsmoment hat damit im bürgerlichen Rechtsstreit nichts zu suchen, solange es lediglich um die Wiederherstellung des besonderen Rechts geht. Besonderes Recht, d.h. die Beziehung des Rechtssubjekts zu einer Sache - ist aber doch begrifflich *Recht*, als es das konkrete Anerkennungsverhältnis der Rechtspersonen in der Rechtspraxis verkörpert.

63 Hegel, Grundlinien, § 100 (S. 7.190).

64 Hegel, Grundlinien, § 99 (S. 7.187). Vgl. Wannenmann, Mitschriften, § 46 (S. 69).

Grunde bestraft werden darf, insofern er durch seine Handlungsweise *gegen sich das Recht eingeräumt hat, daß ihm Böses widerfahre*[65]. Der Strafgrund ergibt sich mithin aus der (in sich nichtigen) Negation des allgemeinen Willens, die Sanktion selbst wie auch ihr konkretes Maß sind durch ihren Bezug zum besonderen Willen bestimmt[66].

II. Die Bestimmung der Person zum Subjekt im Handeln

1. Auf dem Wege vom terminus a quo zum terminus ad quem - Ist Moralität mehr als nur eine Durchgangsstation ?

Eine Interpretation der zweiten Stufe des Realisierungsprozesses von Recht hat mit einer eigentümlichen Schwierigkeit zu kämpfen. Der Status der *Moralität* als Zwischenschritt auf dem Wege zur *Sittlichkeit* gilt als Indiz für seine inhaltliche Vorläufigkeit. Hieraus resultiert offenbar jene spezifische Ungeduld, die den literarischen Rezeptionen des *Moralitäts*kapitels zuweilen eignet. Der Blick des Rezepienten wandert unweigerlich über die *Moralität* hinaus. So kann es nicht verwundern, daß dem hier entwickelten Begriff der Handlung in der *philosophischen* Diskussion - ganz im Gegensatz zu den Rezeptionsinteressen der frühen Strafrechtswissenschaft - eine nicht allzu große Bedeutung zugemessen wurde und wird[67].

Wenn überhaupt zu den Inhalten der *Moralität* Position bezogen wird, fällt diese in der Regel negativ aus: Für die einen liegt die *Moralität* im Schatten der *Sittlichkeit* und insoweit wird vermutet, der Aufbruch des Subjekts in die Objektivität und die hierin liegende Qualifikation individueller Freiheit als realer Wirkungsmacht, zerbreche in der *Sittlichkeit* ohnehin wieder an der Unhintergehbarkeit intersubjektiver Pflichtgebundenheit[68], andere Stimmen wiederum kom-

---

65 Hegel, Grundlinien, §§ 99 Z., 100 (S. 7.190 ff.). Hegel wendet sich hier insbesondere gegen die Präventionstheorien Feuerbachs und Beccarias.

66 Wenn es um die konkrete Ausgestaltung der Strafe (ihre *Modalität*) geht, räumt Hegel den relativen Straftheorien eine nicht zu unterschätzende positive Bedeutung ein. Eine *absolute Bestimmung* der Strafe in der Äußerlichkeit sei nicht möglich, vgl. Hegel, Grundlinien, § 101 (S. 7.192 ff.).

67 Giusti, HS 22 (1987), 51, der darauf hinweist, daß außer dem Beitrag von Derbolav, in: Materialien II, S. 201 ff., die Hegelsche Handlungslehre bis dato offensichtlich nicht exegetisch thematisiert werde.

68 Vgl. Henrich, in: Einleitung, S. 31; Habermas, Der philosophische Diskurs der Moderne, S. 52; vgl. Hösle, Hegels System II, S. 510: " *(...) In den Grundlinien ist das Moralitätskapitel sicher der schwächste Teil, ja sogar einer der unbefriedigendsten Abschnitte von Hegels ganzem Oevre*".

men dem Konflikt zwischen subjektivistischer Emphase (*Moralität*) und *verderblicher Vormacht des Allgemeinen*[69] (*Sittlichkeit*) nur mit einer *Minimalinterpretation*[70] bei. Auch wenn wir also das Erstaunen des Philosophen über die *Disparitäten* des *Moralität*skapitels, -

> es finden sich Bestimmungen, die für das Strafrecht (teilweise sogar das Zivilrecht) von Interesse sind, Elemente einer Handlungstheorie sowie schließlich Ausführungen, die zu einer Ethik gehören könnten, wenn sie nicht destruktiv und kritisch wären[71]

- nicht so recht teilen können, hierin sogar im Gegenteil eher Positives vermuten mögen, sollten wir *Hegel* gerade hinsichtlich seiner Zurechnungslehre dennoch kritisch lesen.

2. Was ist an der Moralität eigentlich moralisch?

Die Tatsache, daß *Hegel* an keiner Stelle seines philosophischen Systems eine herausgehobene Moralphilosophie formuliert hat[72], darf nicht zu der Annahme führen, die *Moralität* könne eine solche beinhalten. Die Tugendlehre ist Teil der *Sittlichkeit* und unmißverständlich heißt es in § 150 der *Grundlinien*, daß die Tugend nichts anderes zeige,

> als die einfache Angemessenheit des Individuums an die Pflichten der Verhältnisse, denen es angehört, eben Rechtschaffenheit[73].

Moral kann demzufolge nur vom entwickelten Begriffs des Rechts her interpretiert werden[74]. Die zweite Stufe der *Hegelsch*en Rechtsphilosophie nimmt sich die Ausgestaltung des besonderen Willens als rechtsexistentielle Entäußerung der Subjekthaftigkeit zum Gegenstand. *Moralität* wird somit nicht als Moral im Sinne eines vom Recht *nur Unterschiedenen* verstanden, vielmehr beschreibt dieser Begriffsschritt die Vermittlung der Rechtsperson in ihrem interpersonalen vorausgesetzten Kontext mit der subjektbezogenen praktischen Handlung[75]. Insofern ist *Moralität* zwar gewissermaßen Sinnbild für das Aufbrechen der In-

---

69 Adorno, Negative Dialektik, S. 200; Ilting, in: Materialien II, S. 52 (65): "*Vergöttlichung des Staates*".

70 Vgl. de Vries, HJB 23 (1988), 300 (302).

71 Hösle, Hegels System II, S. 510.

72 Peperzak, in: Spekulation und Erfahrung, S. 447.

73 Hegel, Grundlinien, § 150 (S. 7.298); vgl. auch Wannenmann, Mitschriften, S. 89 f. (§ 69).

74 Smid, in: Rechtsphilosophie des deutschen Idealismus, S. 117 (119).

75 Ausdrücklich: Hegel, Nürnberger und Heidelberger Schriften, S. 4.253.

nerlichkeit in das allgemeine Anerkennungsverhältnis. Indes ein Sinnbild, das sowohl auf den Prozeß der Besonderung, des Sich zu eigen machens, des Rechts an und für sich bezogen ist, als auch gleichermaßen Auskunft gibt über die Grundstrukturen der Reflexion des Rechts (allgemeines Anerkennungsverhältnis) im handelnden Subjekt selbst[76]. *Moralität* erschöpft sich nicht allein in der Formulierung des individuellen Standpunkts gegenüber dem Allgemeinen, sondern drückt auch die Relation zwischen abstraktem Recht und dessen individuellen Grenzen aus[77] - Gegenstand des *Moralitäts*kapitels sind die *Formen und Verhältnisbestimmungen* subjektiver Welterfahrung.

Der *Moralität* wird eine eigenständige Dimension verliehen, die Trennung von Legalität und *Moralität* ist als These zunächst abgetan, da sie zur Erhellung der Begründungsstruktur des Rechts allein nicht förderlich sein kann und nur einen Moment der Verschiedenheit von Recht und *Moralität* auszudrücken vermag. Damit erweitert sich die Blickrichtung eindeutig über das Begründungspotential der Sozialvertragslehren hinaus. Vergleicht man die Aufgabenstellung und Funktion der *Moralität Hegels* mit der Rechtsbegründung eines *Hobbes*, lassen sich die legitimatorischen Defizite der letztgenannten Konzeption erahnen. Die strikte Trennung zwischen dem als quasireal bzw. als Fiktion gedachten statischen (unvollkommenen) Zustand eines Kampfes jeder gegen jeden begreift die involvierten Subjekte als dem Naturgesetz ihrer Unfreiheit zunächst unterworfen (Naturzustand)[78].

Diese Subjekte beanspruchen nicht Personen im Recht zu sein, sie sind im besten Sinne des Begriffes "*vorrechtlich*" zu denken. *exeundum est e statu naturae*: Durch zweiseitigen Vertrag werden gewisse Portionen von Freiheit (Ungezügeltheit, Naturhaftigkeit) getauscht gegen die Sicherheit, nicht von anderen Gleichen im eigenen Status substantiell beeinträchtigt zu werden[79]. Der Zwang kommt so auf dem Wege einer allgemein unterstellten Zustimmung zu den vermeintlich notwendigen Bedingungen der Sicherheit aller zum Tragen:

> Hobbes hatte die Erfahrung gemacht, daß kein Friede und keine Ordnung im Staate zurückkehrten, bevor nicht Oliver Cromwell's mächtiger Wille die Parteien zügelte und mit starkem Arme das Steuer des Staatsschiffes lenkte[80].

---

76 Hegel, Grundlinien, § 105 (S. 7.203, § 108 Z (S. 7.206 f.).

77 Vgl. Nusser, in: Rechtsphilosophie des deutschen Idealismus, S. 56.

78 Hobbes, Leviathan, S. 116 f.

79 Hohmann, JURA 1991, 121 (123).

80 Michelet, Naturrecht oder Rechtsphilosophie, S. 51.

Grundiert ist ein solches Modell durch ein Verständnis der Freiheit, daß diese nur als *beschränkungsfähig und begrenzungswürdig* versteht. Die Einsicht, oder im weitesten Sinne: die *Rechtsvernunft*, geht erst aus dem Zustimmungsakt hervor. Das Signum der Vernunft würde sich somit erst in der sicherungsbezweckten Anerkennung des Anderen im Rechtszustand abzeichnen. Ungeklärt bleibt indessen, und hierin liegt ein wesentlicher Mangel dieses Begründungsansatzes, weshalb Vernunft begriffsnotwendig die Anerkennung des zwanghaften Rechts beinhalten soll und desweiteren, ob durch das Sicherungsmoment der Naturzustand nicht lediglich in eine faktisch bestehende Gemeinschaft von Einzelsubjekten überführt wird, deren Verbindung, basiert sie allein auf dem quantitativ zusammengefaßten Interesse an eigener Sicherheit, unter Legitimationsgesichtspunkten in ihrem Bestand doch eher brüchig erscheint[81].

Kant versucht diesen Mangel zu vermeiden, indem er die Vernünftigkeit bereits in der *Selbstkonstituierung* des Subjekts anlegt und die Überwindung des auch von ihm unterstellten anfänglichen Naturzustandes als eine intelligibel fortgeschrittene Struktur der Herausentwicklung des Rechts aus der praktischen Vernunft moralgemäßen Handelns ausmacht[82]. Unverständlich bleibt jedoch auch hier, warum der Rechtszwang des Legalitätsstadiums besteht[83]. Entspringt die Legalität der *Moralität*, letztere verstanden im Sinne moralisch guten Handelns, bedürfte es des Zwangs allein aus diesem Hervorgehen sicherlich nicht. Auch das strafwürdige Unrecht als *Handlung im Recht* der allgemeinen Selbstgesetzgebung entspricht der vorauszusetzenden Vernunftbegabung des Subjekts. Wäre dies nicht auch Grundbedingung *Kant*ischer Straftheorie, so bliebe die Legitimation der Strafe als dem vernunftbegabten Subjekt unangemessen - nur ein *leeres Wort*.

In der Deduktion der Entgegensetzung von Recht und Unrecht und dessen letztlicher Aufhebung durch das Zwangsmoment, also in der Bekräftigung des Rechts an und für sich, löst sich die bei *Kant* noch vorfindbare und nicht aufgehobene Spannung zwischen dem unrechtmäßig handelnden Subjekt und seiner Anerkennung als Freiem im Recht.

---

81 Vgl. Giusti, HS 22 (1987), 51 (53 f.), der herausstellt, daß sich Hegels Kritik an Hobbes insofern als zutreffend erweist, als das doppelte Hobbes'sche Postulat des "natürlichen Egoismus" und der "Selbsterhaltung" eine "Notwendigkeit des Rechtsvertrages nur schwerlich zu begründen vermag.

82 Vgl. Riedel, in: Materialien II, S. 109 (114).

83 Vgl. Nusser, in: Rechtsphilosophie des deutschen Idealismus, S. 56 (58 f.).

3. Rückversicherung

Die Kernstruktur der Besonderung des Allgemeinen auf der Stufe der *Moralität* ist das *Recht des subjektiven Willens*[84]. Erst die Äußerung dieses Willens erzeugt die *moralische* Handlung[85]. Welche Qualität besitzt nun dieser subjektive Wille eingangs des *Moralitäts*kapitels? Die Beantwortung der Frage erfordert einen Rückgriff auf die Bestimmungen des *subjektiven Geists* in der *Enzyklopädie*[86]. Die Explikation des Geistbegriffs läuft der Explikation des Willensbegriffs parallel, so daß sich am Fortgang des ersteren die Bestimmungen des letzteren ablesen lassen[87].

Der subjektive Geist steht unter der Leitidee des *Erkenne dich selbst*[88]. Hierunter ist die *tätige Manifestation* des Selbst zu verstehen; der subjektive Geist weiß sich, indem er sich verwirklicht[89]. Die Entwicklung des subjektiven Willens in der *Moralität* geht in eine vergleichbare Richtung: der Wille tritt nach außen und reflektiert sich damit selbst; er *bestimmt* sich[90]. Das Subjekt ist über die Triebhaftigkeit seiner Handlungen hinausgewachsen. Der Wille formt sich *nicht als Willkür,* da er in einer ersten Phase aus der Vielheit der Regungen bestimmte auswählt (hierarchisiert) und in einer zweiten Phase die Regungen mit seiner vernunftgemäß konstituierten Selbstbestimmung in eins bringt[91]. Die Äußerung des subjektiven Willens in der Handlung ist demnach im Grunde und der Form nach vernunftbestimmt, die Realisierung des Handlungsziels rechnet aber mit - und bestimmt sich an - den Realitäten, ist daher *Perspektive der Praxis*. Die Betonung liegt auf der Umsetzung des *Erkenne dich selbst* in das *Werde du selbst*[92]; oder: Der Wille ist nicht bloße

> potentia, sondern das Wirklich-Unendliche (infinitum actu)[93].

---

84 Hegel, Grundlinien, § 107 (S. 7.205).

85 Hegel, Grundlinien, § 113 (S. 7.211).

86 Hegel, Enzyklopädie II, § 377, Z (S. 9.9 f.).

87 Vgl. Nusser, in: Rechtsphilosophie des deutschen Idealismus, S. 56 (60).

88 Hegel, Enzyklopädie II, § 377 (S. 9.9 f).

89 Vgl. Peperzak, in: Spekulation und Erfahrung, S. 447 (448).

90 Vgl. Hegel, Grundlinien, § 7 A (S. 7.55).

91 Vgl. Nusser, in: Rechtsphilosophie des deutschen Idealismus, S. 56 (62).

92 Peperzak, in: Spekulation und Erfahrung, S. 447 (448, 463).

93 Hegel, Grundlinien, § 22 (S. 7.74).

4. Die Vermittlungsinstanz zwischen dem Recht des subjektiven Willens und dem Recht des objektiven Willens

Nachdem das Recht als in seiner Objektivität bewährtes erkannt werden konnte, macht sich in der Stufe der *Moralität* das Subjekt auf den Weg. Die bislang geleistete Bestimmung des Rechts stellt das Allgemeine desselben als an sich Unmittelbares vor. Die Besonderung des *An sich* ist somit als das Auftreten der *rechtspersonalen Formationen* des Rechts zu begreifen. Strukturell ist bereits eine gewisse Festigkeit des Rechts erreicht. Anerkennungsverhältnis und die Gewißheit der Rechtsbewährung im Falle der Kollision mit *Gegen-Recht* (Unrecht), bilden die Folie der Vermittlung von subjektivem Handeln und objektivem Recht. Gleichwohl liegt im Triumph des Rechts auf der Ebene der Aufhebung des verbrecherischen Unrechts nur die Wiederherstellung des Rechts an sich. Reale Existenz des Rechts und nichts anderes ist ja die Forderung nach dem Recht als *Dasein der Freiheit*, kann sich mit der Geltung des Allgemeinen, ohne daß dies Allgemeine in die Bewußtseine der im Recht Handelnden transponiert ist, nicht begnügen[94].

Auch wenn sich das Recht also gegen das Unrecht durchzusetzen vermag, heißt das noch nicht, daß das im Einzelfall notwendig auch so sein *muß*.

Die Negation der Negation soll auch *dem im Recht handelnden* Subjekt vor Augen sein, das Subjekt muß die Kategorien seiner Beziehung zum Recht und damit zu sich selbst als Allgemeinem herausbilden können - *die Sphäre dieser Vermittlung ist die Moralität*[95].

> Seine Persönlichkeit, als welche der Wille im abstrakten Rechte nur ist, hat derselbe so nunmehr zu seinem Gegenstande; die so für sich unendliche Subjektivität der Freiheit macht das Prinzip des moralischen Standpunktes aus[96].

Im Übergang von der Rechts*person* zum Rechts*subjekt* liegt das Moment der rechtlichen Zurechnung begründet. Erstmals wird die Relation von Recht als prinzipiell Vorausgesetztem und dem sich in Handlungen äußerndem Subjekt hergestellt. Somit tritt die Definition des Willens in eine neue Dimension. Das Auseinanderfallen von objektivem und subjektivem Willen markiert damit den Wechsel von dem äußerlich Legalitärem (im *kant*ischen Verständnis) und dem

---

94 Jermann, in: Anspruch und Leistung, S. 101 (102).

95 Wannenmann, Mitschriften, § 49 (S. 73).

96 Hegel, Grundlinien, § 104 (S. 7.198).

innerlich Moralischen. Damit wandelt sich auch die Geltung *an sich* in die Geltung *für sich* - der freie Wille bestimmt sich selbst zum *Subjekt des Rechts*:

> Am Subjekt kann sich erst die Freiheit realisieren, denn es ist das wahrhafte Material zu dieser Realisation[97].

Die Selbstbestimmung des Willens erfolgt nun aber *nicht allein in bloßer Entgegensetzung* von Recht an sich und Subjekt. Wenn es, um mit den Worten *Wannenmanns* zu sprechen, um die *Moralität* als eine den *Standpunkt der Differenz* schon strukturell vermittelnde Sphäre geht, kann das Subjekt nicht im negativischen Verhältnis zum Recht verharren[98]. In der Vergewisserung der möglichen positiven Bestimmungen seines Daseins im Recht des objektiven Willens hebt es nicht nur die angemessene Durchdringung des Rechts an sich auf eine neue qualitative Stufe, es vollzieht auch und gerade deshalb *eigene Gestaltungen*.

Solche Gestaltungen sind also die Ausformungen des Subjekts in der Sphäre der ihm allgemeinen Äußerlichkeit. Die Äußerlichkeit selbst gewinnt in der *Moralität* ebenfalls eine konkretere, subjektbezogene Deutung als noch im *abstrakten Recht*. In letzterem ging es um die Äußerlichkeit an sich, insoweit es als eine unhintergehbare Grundbedingung des abstrakt-realen Rechts aufgewiesen ist. Nun stellt sich die Frage nicht mehr, ob die Rechtspersonalität als *Formation des Rechts* überhaupt besteht. Andererseits reicht die Gestaltungskraft des Subjekts unter Umständen so weit, daß der subjektive Entwurf rechtlicher Grundverfaßtheit höhere Geltung beansprucht als das abstrakte Recht selbst[99].

Dies alles vorausgesetzt geht es im eigentlichen um das "Wie" der Gestaltung. Im "Wie" des Handelns verhält sich der Wille zu sich selbst[100]. Es ist also im Auge zu behalten, daß die Gestaltungen der Wirklichkeit Gestaltungen des Rechts i.S.v. Verhältnisbestimmungen zwischen *dem Recht des subjektiven Willens* und *Recht des objektiven Willens* sind. Für die Konkretion der Bezugspunkte des subjektiven Willens im Recht, ist der Blickwinkel zur Frage der *Zurechnung von Unrecht* dabei auf die nähere formale Ausgestaltung der Relation von allgemeinem Willen (*abstraktes Anerkennungsverhältnis)* und besonderem Willen (*konkretes Anerkennungsverhältnis*) zu erweitern.

---

97 Hegel, Grundlinien, § 107 Z (S. 7.205 f.).

98 Wannenmann, Mitschriften, § 49 (S. 73 f.).

99 Vgl. Hegel, Grundlinien, § 127 (S. 7.239 f.).

100 Hegel, Grundlinien, § 112 (S. 7.209 f.).

5. Die Veränderung des Äußerlichen durch die Tat als Entgegensetzung von Natur und selbstbewußt handelndem Subjekt

Die *Potentialität* des Handlungs*vermögens* besagt noch nichts über die Anforderungen und den Maßstab einer faktisch aktualisierten, sprich subjektiv-rückgebunden realisierten, Handlung. Weder läßt sich aus dem formal verstandenen *ex ante* des an und für sich freien (personhaften) Willen der Bewertungsschluß auf die Ordnung der äußerlichen Bedingungen ziehen, noch vermag der abstrakt seiende Charakter der Handlungsfreiheit den Bezug zum Recht mehr als nur der *für sich* leeren Allgemeinheit wegen, anzugeben. Es besteht somit eine verdoppelte Zufälligkeit der vorausgesetzten Autonomie[101].

Um das Neben- und Gegeneinander von Subjekt und Objekt zu überwinden, braucht es eine *Kategorie der Vermittlung.* Diese muß dem Subjekt ermöglichen, das Allgemeine seiner Personhaftigkeit im Prinzip der Handlung als Vorausgesetztes mitzudenken; das Subjekt erkennt in der Folge zugleich sich selbst in seiner Handlung und die Handlung als Allgemeines. In subjektorientierter Hinsicht findet sich an dieser Stelle die in der Sphäre der Personwerdung im Recht vormals gestellte Frage erneut, wenngleich auf inzwischen anderen Voraussetzungen basierend[102]: Wie ist, dem Bewegungsgesetz des Rechts entsprechend, der freie Wille als zur Realität eines selbstbewußten und gleichzeitig sittlich (*rechtlich*) vollkommenen Status strebend, zu bestimmen? Gesucht sind demzufolge die Bedingungen der subjektiv formalen Vergewisserung der Handlung an sich[103].

Die Substanz einer solchen Vergewisserung findet sich in mehrbezüglicher Weise, nämlich einmal im Spannungsfeld zwischen dem Willen *an sich* und dem Willen *für sich* (dem subjektiven Willen) und sodann im fortschreitenden Ver-

101 Hegel, Grundlinien, § 106 (S. 7.204 f.); vgl. Liebrucks, Sprache und Bewußtsein, S. 536.

102 Vgl. Hegel, Grundlinien, § 106 (S. 7.204). Mit der fortschreitenden Entwicklung des Selbstbewußtseins, mit der zunehmenden Realisierung des Rechts, betritt erstmals das Subjekt, als Kategorie individueller Bezüglichkeit, die Bühne des Rechts. Der Prozeß der Selbstbestimmung tritt aus der bloßen Formung seiner Unmittelbarkeit als Person heraus; in dem Maße, in dem das Subjekt sich des Allgemeinen in Recht und Äußerlichkeit bewußt wird und dasselbe auf sich als Selbst reflektiert, entfaltet es den Vollzug seiner Emanzipation.

103 Herauszustellen ist, daß die Bedingungen des reflexiv rückgebundenen Handelns sich aus der subjektiv initiierten Besonderung des Allgemeinen ergeben. Wannenmann, Mitschriften, § 53 (S. 76): "*Die Handlung ist das Übersetzen der Innerlichkeit in die Äußerlichkeit; aber die Äußerlichkeit ist die Form, worin der Wille sich setzt*".

such des Subjekts, sich das Äußerliche zuzueignen[104]. Handlungsvermögen als in seiner Konkretheit auf die Äußerlichkeit Bezogenes, birgt zunächst einmal schon die Aufhebung eines in der Entzweiung von Person und Subjekt angelegten Widerspruchs in sich.

Die Bewährung des Rechts gegen das Unrecht führte lediglich insofern zu einer Balance in der Daseinsrealisierung der Freiheit, als das Recht in seiner Außenbezüglichkeit dem Grunde nach stabilisiert werden konnte. Der durch Selbstbezug neu aufgeworfene Schein der Unvollkommenheit als Realkategorie wird durch die Möglichkeit des Handelns nun zu vermitteln versucht. Das Recht des subjektiven Willens leistet die Realisierung des Rechts des objektiven Willens durch die, in der Tendenz zur Totalität strebende, Strukturierung der Wirklichkeit durch das Subjekt selbst.

Das Innerliche (*subjektiver Wille*) vermittelt diese Strukturierung der Äußerlichkeit (und damit auch die Möglichkeit der Herstellung eines Rechtsbezuges) über die Kategorie des *Vorsatzes*[105]. Vorsatz dient als Kandidat der *personal begründeten* Wissensrepräsentation des subjektiven Willens in der *Äußerlichkeit* und hinsichtlich des objektiven Willens[106] (dem abstraktrechtlichen *Anerkennungsverhältnis*).

> Das Recht des Willens aber ist, in seiner Tat nur dies als Handlung anzuerkennen und nur an dem Schuld zu haben, was er von ihren Voraussetzungen in seinem Zwecke weiß, was davon in seinem Vorsatz lag[107].

---

104 Vgl. Nusser, in: Rechtsphilosophie des deutschen Idealismus, S. 56 (65).

de Vos, HS 16 (1981), 99 (107), spricht in diesem Kontext von einer teleologischen Deutung der Handlung: "*Die Handlung hat nämlich den Zweck, die Subjektivität des Willens zu verwirklichen, oder die Subjektivität, die sich zu verwirklichen hat, ist Handlung*". Dies kombiniert mit der Eindeutigkeit der Bestimmungen, die Hegel der Handlung selbst mit auf den Weg gibt: Der Wille solle die "*Subjektivität immerfort enthalten*" (§ 110 Z.), die Realisierung des Willens "*ist Handlung*" (§ 113), das Subjekt selbst liefere zur Realisierung der Freiheit das "wahrhafte Material" (§ 107 Z.).

105 Vgl. Hegel, Grundlinien, §§ 115-118 (S. 7.215). Hervorzuheben ist, daß die Hegelsche Wortwahl hier nicht beliebig ist:

Vorsatz ist "Vor-Satz". Der von Hegel intendierte Bedeutungsgehalt läuft allerdings dem heutigen (speziell aber dem juristischen) Sprachgebrauch zuwider. Zu den insofern vorgezeichneten "Verständnisschwierigkeiten juristisch ausgebildeter Menschen" und dem vermeintlich "unjuristischen Charakter" Hegelscher Rechtsphilosophie: Schild, ZphF 1981, 445 (454); ders., Österr. Z. f. öff. Recht 29 (1978), 5 ff.

106 Vgl. Hegel, Grundlinien, § 117 (S. 217). Vgl. Wannenmann, Mitschriften, S. 77 (§ 55); Homeyer, Mitschriften, S. 243 (§ 63).

107 Hegel, Grundlinien, § 117 (S. 7.217).

Dabei stellt der Vorsatz die Bedingungen der Vermittlung von Äußerlichkeit und Innerlichkeit zur Verfügung, deren Inhalt (Ziele, Zwecke) werden erst durch das folgende *Recht der Absicht* generiert. Wissensrepräsentation der Form nach heißt somit allein das Wissen *um das Handeln können* und ist so als Voraussetzung des Hineinlegens eines bestimmten Zwecks in die Handlung zu denken[108]. Das Subjekt wird in die Lage versetzt, mehr als nur die mögliche Vielzahl der Umstände seines Verhaltens zu kennen, im Selbstbezug entledigt es sich der Beliebigkeit des Äußeren und gewinnt den Zugang zu dem, was es als seine Handlung anerkennt[109]. Der Handelnde ist durch ein vorsätzliches Strukturieren und Gestalten auf einen qualitativ nur niedrigen Stand *in der Erkenntnis der sich realisierenden Selbstverwirklichung* begrenzt[110]. Durch das Wissen allein läßt sich die Folgenorientierung des Handelnden nicht durchsetzen, die Strukturierung der Realitäten bliebe ansonsten im Anfangsstadium und könnte nicht zum gestaltenden Wollen heranwachsen[111]. Der Vorsatz weist so als bloße Form der Daseinsverwirklichung nicht qualitativ über sich hinaus. Vielmehr ist er bereits im Ansatz punktuell und kann somit die subjektiv intendierte Gestaltung als *tendenzielle Aneignung der Äußerlichkeit* nicht in selbständige Bewegung umsetzen.

Das Substantielle fehlt, denn die Äußerlichkeit kann dem Subjekt noch nicht als eigenes erscheinen, vielmehr kann die

> Äußerlichkeit dessen Handlung verkehren und anderes zum Vorschein bringen, als in dieser gelegen hat[112].

Da aber jedenfalls in der Außenvermittlung des Wissens schon der Sprung vom *Willen an sich* zum *Willen für sich* mitvollzogen scheint, wirft dies die Frage nach der *Genese der Haftung* auf. Fraglich ist, ob zwischen dem abstrakten Verständnis eines zwar der Natur entgegengesetzten, aber in diese nicht hineinreichenden Rechts des subjektiven Willens, und dem Aufscheinen des Vorsatzes nicht Zurechnungen im Sinne der individualisierenden Rückbindung von Außenweltereignissen an Subjekte möglich sind.

---

108 Vgl. Nusser, in: Rechtsphilosophie des deutschen Idealismus, S. 56 (65); Siep, HS 17 (1980), 77.

109 Vgl. Hegel, Grundlinien, § 117 (S. 7.217).

110 Amengual, HJB 22 (1987), 207 (209).

111 Homeyer, Mitschriften, § 64 (S. 243).

112 Hegel, Enzyklopädie III, § 504 (S. 10.313).

Um dies zu klären, ist die Grenzlinie zwischen der dem Vorsatz im *Hegelschen* Sinne zugrundeliegenden Wissensrepräsentation und der Abwesenheit substantieller Subjekthaftigkeit in den Äußerlichkeiten schärfer zu ziehen. Eine Konkretisierung der Haftungsgrenze ergibt sich aus einem Aspekt, der mit dem Anheben der Subjektivierung in engem Zusammenhang steht. Ohne daß das Subjekt im rechtlichen Sinne seinen Willen in Handlungen legt, sind zu seinem Selbstverständnis bereits Bedingungen geschaffen, die zum Ausgangsbestand der potentiellen Realisierung von Handlungen hinzu gezählt werden müssen. Das Subjekt muß, um tätig sein zu können, seiner eigenen unmittelbaren, aber auch mittelbaren, weil auf Sachen (hier: Eigentum) bezogenen, Äußerlichkeit *gewahr* werden. Ohne daß das Subjekt selbst mehr tut, als nur im Besitz dieser Gegenstände zu sein, können diese dennoch Gefahrenquellen verschiedenster Art darstellen. Verletzungen anderer Subjekte werden aufgrund der sich realisierenden Gefahrquanten nicht nur *möglich*, zuweilen *ereignen* sie sich. Ließen sich diese Verletzungen als bloße Naturereignisse verstehen, erschienen sie als nicht vermeidbares, weil notwendig *zufälliges* Geschehen, Unglück. Durch die Relation zum gerade aus der Rechtsperson hervorgegangenen Rechtssubjekt sind diese Gefahrquellen jedoch schon individuell und als Bestandteil der Rechtsstruktur an den *Eigentümer* haftungsmäßig rückgebunden. Die Gefahrrealisierung löst Haftung aus, obgleich der Wille des Subjekts sich nur *generell* in ihrer Aneignung sich repräsentierte. Sie kann gleichwohl nur zivilrechtliche Haftung, *Verantwortlichkeit*, sein, da es an der *Intention* zweckgerichteter Schadensverursachung, der *Anwendung von Zwang* fehlt[113].

---

113 Nach dem klärenden Zusatz des § 115 der Grundlinien, daß nämlich zur Verschuldung an einem schadensstiftenden Ereignis auch "die ganz äußerliche Beurteilung" führen könnte, beschreibt Hegel diesen Haftungsgrundsatz in § 116 der Grundlinien. Verschiedentlich wurde in dieser Textpassage der der Grund der Fahrlässigkeitshaftung gesehen; vgl. Larenz, Zurechnungslehre, S. 52 f.. Der Kritik Larenz an Radbruch, Handlungsbegriff, S. 101 ist zuzustimmen. Denn Hegel spricht nicht von dem nach außen tätigen, dem handelnden Subjekt, sondern von "*Dingen deren Eigentümer ich bin und die als äußerliche in mannigfaltigem Zusammenhange stehen und Wirken*". Schuld wird hier von Hegel im Sinne der "Geldschuld" verstanden.

Vgl. Jermann, in: Anspruch und Leistung, S. 101 (106).

6. Der Wechsel von der Nacht der Möglichkeit in den Tag der Gegenwart[114] - die absichtliche Handlung

War die *Tat* nur als das *abstrakte Prädikat des Meinigen*[115] definiert und diente der Vorsatz lediglich als das *An sich* (die formale Hülle) des dem Subjekt je möglichen Kausal- und Rechtswissens, blieb der subjektiv gesetzte Inhalt immer beliebig und in seiner Voraussetzung unbestimmt. Solange in der Erkenntnis der Äußerlichkeit die Ungewißheit über das Fortwälzen der Folgen in ihren vielfältigen Vernetzungen besteht, verhilft die bloße Entgegensetzung von subjektiv-formalem Wissen und der Zufälligkeit der *äußerlichen Mächte* nicht zur Wirkungsmächtigkeit[116]. Das Wesenhafte des Handelns ist daher nicht Entgegensetzung, sondern die Anschauung des Allgemeinen in der Besonderheit des in die Äußerlichkeit übersetzten Willens[117].

Für die im Wege der Zurechnung hergestellte Konnexität zwischen Subjekt und konkreter Äußerlichkeit ist nachzuweisen, daß der Handlungserfolg sich als das Resultat des Prozesses der Ineinslegung vom Recht des subjektiven Willens in das Recht des objektiven Willens versteht:

> die Wahrheit des Einzelnen ist das Allgemeine.
> Die Sache ist hier nicht das Einzelne, sondern das Ganze, das sich nicht auf das Bestimmte der besonderen Handlung bezieht, sondern auf die Natur derselben. Der Übergang vom Vorsatz zur Absicht ist nun, daß ich nicht bloß meine einzelne Handlung, sondern das Allgemeine, das mit ihr zusammenhängt wissen soll[118].

In der Allgemeinheit der Handlung findet sich all das in seinem Grundriß vorgezeichnet, was an Inhalt des Handelns durch das Subjekt überhaupt hineingelegt werden kann. Denn die Einsicht in die Handlung folgt der Kenntnis ihrer Universalität als Äußerung des Subjekts. Allerdings vermag die Fähigkeit zum Erfassen der Rahmenbedingungen der Handlung dem Subjekt nur die *Möglichkeit* der Wirkungsmächtigkeit vor Augen zu führen. Um Veränderungen außerhalb seiner selbst zu bewirken, bedarf es der Vornahme einer Besonderung - der Wille zur Handlung ist daher zunächst das *Absehen* von der Allgemeinheit; das Individuum wendet sich insoweit von der formellen Seite der Handlung ab.

---

114 Hegel, Phänomenologie des Geistes, S. 3.299.

115 Hegel, Grundlinien, § 115 (S. 7.215).

116 Hegel, Grundlinien, § 118 (S. 7.218); Homeyer, Mitschriften, § 64 (S. 243).

117 Hegel, Phänomenologie des Geistes, S. 3.299.

118 Hegel, Grundlinien, § 118 Z (S. 7.222 f.); § 119 (S. 7.223); vgl. Giusti, HS 22 (1987), 51 (59).

Desweiteren ist das *Absehen* auch auf die Realität der Handlung bezogen: Der Handelnde neigt sich den konkreten Bedingungen seiner Äußerlichkeit zu; er sieht die einzelnen Schritte der Verwirklichung seines Willens ab. In diesem Hinblick kann der unmittelbare Inhalt der Absicht als die Reflexion der Handlung seiner bloßen Erscheinung halber erkannt werden[119]; die Mannigfaltigkeit der konkreten Zwecksetzungen als geronnener Inhalt verleiht dem Begriff die Spannung zum Äußerlichen. Die aus der Quantität des Äußerlichen auf das eigene Handeln hin bezogenen Möglichkeiten (Ereignisse), die Folgen der Ursachensetzung, werden an die Kategorie subjektiver Verinhaltlichung der Äußerlichkeit gebunden. Betrachten wir die maßgeblichen Strukturen und Stationen dieser Verinhaltlichung der Äußerlichkeit:

Der *Hegelsche* Rekurs auf die formalteleologische Binnenstruktur der Handlung (Zwecksetzung, Mittelauswahl, Zweckrealisierung)[120] rückt den dialektischen Prozeß des Handlungsvollzugs in den Vordergrund[121]. Das *An sich* der Selbstverwirklichung findet unter den Bedingungen der Realität (*Für sich*) seine Bestimmung und Begrenzung. In der Realisierung des Ziels als je mögliche Wirklichkeit der Zwecksetzung erfolgt die Vermittlung und die Aufhebung des Gegensatzes von Äußerlichkeit und individueller Besonderung in der Zurechnung der Handlung und des Handlungserfolges. Der Beweggrund der Handlung ist *im engeren Sinne moralisch*[122].

Die Suche nach dem inneren Beweggrund der Handlung setzt an der reflexionsbedingten Unterscheidbarkeit zwischen der selbstgesetzlichen Verfaßtheit des Subjekts und der entgegenstehenden unstrukturierten Wirklichkeit an. Hierin kann eine Leistung des selbstbewußten Subjekts erkannt werden, das die Äußerlichkeit als etwas anderes begreift. Gleichzeitig ist es mit seinen möglicherweise vorhandenen Fähigkeiten und Talenten allein bei sich selbst; das Subjekt ist in seiner Innerlichkeit gebunden. Unter diesen Voraussetzungen kann ihm die Außenwelt nur als stetiger Schein des Überwältigenden vorkommen, das Subjekt stößt seine Innerlichkeit gegen die abstrakt gedachte Realität ab[123].

---

119 Hegel, Grundlinien, § 119 A (S. 223 f.); Wannenmann, Mitschriften, § 57 (S. 80): "*Der Inhalt ist die in sich reflektierte, in sich bestimmte. Es ist der einfach gewordene Unterschied*".

120 Hegel, Phänomenologie des Geistes, S. 3. 296 ff.

121 Vgl. Liebrucks, Sprache und Bewußtsein, S. 335.

122 Hegel, Grundlinien, § 120 hZ (S. 7.228).

123 Vgl. Wannenmann, Mitschriften, § 57 (S. 80).

Wenn Handlung die Vermittlung dieser beiden Seiten beinhalten soll, muß das Subjekt in die Wirklichkeit aufbrechen können. Aufgrund seines intelligiblen Status sind ihm die Mittel hierzu jedenfalls mitgegeben. Das Subjekt findet sich aber mit einer Schwierigkeit konfrontiert: Um die Wirklichkeit *strukturieren* zu können, muß es die Wirklichkeit erst *erfassen*, dies läßt sich indes allein qua Versenkung ins eigene Bewußtsein nicht bewältigen[124].

Einen Ausweg aus dem Dilemma bietet der Rückgriff auf die Realitätsanteile, die auch der Definition des Individuums als solchem zugrundeliegen. Das Subjekt ist nicht vergeistigtes Vernunftwesen, sondern selbstbewußtintelligibler Part in der Realität; im Prozeß der Person bzw. Subjektwerdung wurde die stetig zunehmende Bedeutung des Konflikts von Äußerlichkeit als Allgemeinheit und Innerlichkeit offenbar.

In diesen Konflikten konnte das Subjekt seiner Vergegenständlichung nur entkommen, wenn es verstand, die Außenwelt als Realisierungsbedingungen seines Selbstbewußtseins zu nutzen[125]. Der Drang des Individuums zur Vervollkommnung seiner selbst als Teil der Äußerlichkeit, ist somit unmittelbare der Grund zur Überwindung derselben. Das Interesse an etwas *ist die schon gegebene Antwort auf die Frage: ob und was hier zu tun ist*[126]. In der Inhaltsgebung, der qualitativ gebundenen Strukturierung der Äußerlichkeit als im *Prädikat des Meinigen* liegend, erreicht die Verinnerlichung, die Subjektivierung, nochmals eine normative Anreicherung. Handlungsziele korrespondieren mit subjektiv vorgenommenen Zwecksetzungen, der Zweck als solcher muß vom Handelnden als Vorteilhaftes (Wohl)[127] verstanden werden.

---

124 Hegel, Phänomenologie des Geistes, S. 3.297 ; "*Es* (das Individuum, d. Verf.) *scheint aber hiermit den Zweck seines Tuns nicht bestimmen zu können, ehe es getan hat; aber zugleich muß es, indem es Bewußtsein ist, die Handlung vorher als die ganz seinige, d.h. als Zweck vor sich haben. Das ans Handeln gehende Individuum scheint sich also in einem Kreise zu befinden, worin jedes Moment das andere schon voraussetzt, und hiermit keinen Anfang finden zu können, weil es sein ursprüngliches Wesen, das sein Zweck sein muß, erst aus der Tat kennenlernt, aber, um es zu tun, vorher den Zweck haben muß*".

125 Vgl. nur die Stadien, die die Rechtsperson bei der Eigentumsbildung oder dem Vertragsschluß durchläuft.

126 Hegel, Phänomenologie des Geistes, S, 3.297.

127 Wannenmann, Mitschriften, § 58 (S. 80): "*Das Wohl umfaßt die natürlichen Bedürfnisse des Individuums, welche zunächst das Moment der Besonderheit in der Besitznehmung und in der Erweiterung von Eigentum ausmachen, ebenso aber auch die geistigen Bedürfnisse sich zu bilden, und überhaupt das Selbstgefühl seiner besonderen Wirklichkeit [um sie] mit dem allgemeinen Begriff seines Lebens, dessen verschiedenen Seiten sowie mit der Idee seines intelligenten und wollenden Wesens in Übereinstimmung zu bringen*".

Der Weg zur Handlung führt für das Subjekt über den Rückgriff auf den generellen Bestand an Zwecken zur Vereinzelung eines als vorteilhaft vorgestellten Handlungszwecks. Der Katalog dieser Zwecke ist grundsätzlich weit gespannt, denn das vom Subjekt zu realisierende *Wohl* umfaßt die Bedingtheiten seiner äußerlichen wie auch rechtssubjekthaften Existenz[128]. Durch die Zwecksetzung öffnet sich für das Individuum eine neue Perspektive[129], es gestaltet Wirklichkeit nach seinem Plan[130].

Das *Sich-gemein-machen* des Äußeren durch Verfolgung eigener Interessen und Bedürfnisse gründet jeweils auf moralischen Motiven. Hier offenbart sich *Hegels* sehr weitgehendes Verständnis von Moral: denn als moralischer Beweggrund gilt ihm all das, was in Ansehung der Äußerlichkeit verborgen bleibt und erst im Rekurs auf das Innerliche sich zeigt.

Indem nur der Zweck der Handlung und damit die Handlung *als solche* gewußt wird, ist auf dieser Grundlage Handlung mit ihren Folgen auch wertfrei. Interessegerechtes Verhalten ist das Allgemeine des Handelns und damit sind in der motivationalen Struktur der Handlung liegende individuelle Zwecke (das *Wohl*) grundsätzlich *nichts Böses*[131].

Als Ausdruck der im Recht erforderlichen Besonderung des Allgemeinen, als vermitteltes Verständnis der Integration des Rechts in die Lebenswelt des Subjekts, bildet das tätige Streben zur Verwirklichung des individuellen Wohls das Rückgrat der Handlung. Durch die Vielzahl der Zwecke verläuft jedoch ein Riß: Einerseits stellen sich Ziele der Stabilisierung des äußerlichen Wohllebens ein (Bedürfnisse, Neigungen, Leidenschaften etc.), andererseits können auch die substantiell bezüglichen Zwecke (soweit sie das rechtliche Verfaßtsein des Subjekts betreffen) der Realisierung bedürfen. Hinsichtlich ihrer rechtlichen Bewertung können aber beide Arten der Zwecksetzung nicht als ein Gegensätzli-

---

128 Hegel, Grundlinien, §§ 122 f. (S. 7.229 f.); § 121 Z (S. 7.229).

129 Bartuschat, in: Rechtsphilosophie des deutschen Idealismus, S. 77 (84).

130 Vgl. Liebrucks, Sprache und Bewußtsein, S. 328; vgl. auch Kaulbach, Prinzip der Handlung, S. 328 f.

131 Vgl. Wannenmann, Mitschriften, § 59 (S. 81).

Hegel, Grundlinien, § 123 Z (S. 7.232), betont in diesem Zusammenhang, daß sich bezüglich der existentiellen Bedeutung der Bedürfnisbefriedigung für das Individuum nichts Nachteiliges vorbringen läßt: "*Hier können wir die Frage aufwerfen: hat der Mensch ein Recht, sich solche unfreie Zwecke (scil. Bestimmungen der Glückseligkeit, d. Verf.) zu setzen, die allein darauf beruhen, daß das Subjekt ein Lebendiges ist? Daß der Mensch ein Lebendiges ist, ist aber nicht zufällig, sondern vernunftgemäß, und insofern hat er ein Recht, seine Bedürfnisse zu seinem Zweck zu machen. Es ist nichts Herabwürdigendes darin, daß jemand lebt, und ihm steht keine höhere Geistigkeit gegenüber, in der man existieren könnte*".

ches gedacht werden. Es ist auch nach den substantiellen Implikationen einer um des äußerlichen Wohllebens halber vorgenommenen Handlung Ausschau zu halten[132].

Zu erinnern ist in diesem Zusammenhang an den rechtlichen Bezug, das rechtliche Eingebundensein, der hier dargestellten Verhaltensweisen. Die Handlungen des Subjekts stoßen *notwendigerweise* auf die Bedingungen des Gesamtrahmens der Realisierung des Rechts, denn *die moralischen Zwecke betreffen die Besonderheit des Subjekts*[133], jedoch nicht immer das Recht als Recht des objektiven Willens. So können Handlungsziel und eingesetzte Mittel zur Realisation des intendierten Interesses tauglich sein, hierin aber in gleichem Maße eine Intention angelegt sein, die das Substantielle des Rechts in Mitleidenschaft zieht. Denn das Subjekt hat seine vorausgesetzte Bestimmung als Rechtsperson mit dem Übergang zur Handlungsfähigkeit nicht eingebüßt. Es macht mithin einen Unterschied, ob sich das Prädikat der Motivation auch in das Recht als Allgemeines einfügt oder ob dies nicht gelingen kann. Dabei ist nicht die Differenz eines abstrakten Wohls aller und eines konkreten Wohls des jeweils handelnden Subjekts gemeint, der Begriff eines solchen universalisierten Wohls ist leer[134].

Anders als *Kant*, der eine solche Begrifflichkeit ob ihres die Autonomie des Einzelnen (im allgemeinen Interesse) nivellierenden Charakters verworfen hat, ist das Wohl aller für *Hegel* schon hinlänglich durch das Allgemeine des Wohls (als Sammelbecken natürlicher und substantieller Zwecke) erläutert[135]. Für die Begründung der Zurechnung und allgemein der Begriffsbewegung des Rechts zum Dasein der Freiheit, hat es lediglich die Funktion einer *Durchgangs*station. Getreu der Auseinanderlegung des Rechts des objektiven Willens als dem Recht des subjektiven Willen Entgegengesetztes und in Anlehnung an das interpersonale Anerkennungsverhältnis, das auf der Ebene der *Moralität* dem Subjekt als Allgemeines gegenübertritt, vermitteln sich zweckgesetzte Handlungen immer vor dem Hintergrund ihres Bezugs zu den anderen Rechtssubjekten.

Ebenso wie sich das Unrecht gegen das Recht auf der Stufe des abstrakten Rechts nicht behaupten konnte, wird auch die Handlung, die sich gegen die substantielle (d.h. Grundverfaßtheiten der intersubjektiven Anerkennungsrelation)

---

132 Vgl. Hegel, Grundlinien, § 121 (S. 7.229).

133 Wannenmann, Mitschriften, § 61 (S. 82).

134 Hegel, Grundlinien, § 125 (S. 7.236).

135 Vgl. Nusser, in: Rechtsphilosophie des deutschen Idealismus, S. 56 (67).

Bestimmung ihrer selbst als Handlung eines Freien, wendet, sich nicht ihrer Substanz zuwider universalisieren können.

Nicht jedes Interesse muß sich aber als unvereinbar mit den Belangen anderer Rechtsubjekte (verstanden in ihrem substantiellen Ausdruck) erweisen. Das Interesse i.S.d. *Nichtsubstantiellen* (eines Handlungsziels) aber, das sich als Allgemeines zu setzen *beansprucht*, intendiert die *Negation des Substantiellen*[136]. Das Verhälnis von Recht und Moral erscheint in seiner neuartigen Bestimmung: Moralische Motivation der Handlung ist nicht gleichbedeutend mit rechtsbezogener Motivation.

> Die moralische Handlungsweise (...) ist daher nicht bloß verbietend, wie eigentlich das Rechtsgebot, welches nur gebietet, die Freiheit der anderen unangetastet zu lassen, sondern gebietet, dem anderen auch Positives zu erweisen[137].

Auch wenn der Grund eines Verhaltens dem Urheber selbst als moralisch *gut* vorkommt, eben seinem individuellen Interesse, seinem *Wohl* entspricht, kann es widerrechtlich sein, insoweit, als das intersubjektive Anerkennungsverhältnis verletzt wird. In der Vornahme einer moralischen Handlung, die geeignet ist, die Grundbedingungen der Subjektkonstitution zu verneinen, liegt ein Selbstwiderspruch des Subjekts. Diesen Selbstwiderspruch sich selbst vor Augen zu führen, fällt den Subjekten gemeinhin nicht leicht, eben weil dem Individuum zuweilen das moralisch Besondere als seiner äußerlichen Existenz angemessener erscheint, als die Anforderungen des Rechts[138].

Die *innere* Maxime, seine moralische Intention als Recht zu universalisieren, ist für das Wesen der Handlung in ihrem Verhältnis zum Recht *nicht substantiell*. Grund des Rechtlichen ist nicht die Übereinstimmung der *subjektiven* und *objektiven* Maxime[139]. Die Übereinstimmung mit dem objektiven Recht leitet sich für das Subjekt aus dem Wiederfinden des Substantiellen seiner selbst im

---

136 Vgl. Hegel, Grundlinien, § 126 A (S. 7.237).

137 Hegel, Nürnberger und Heidelberger Schriften, S. 4.253.

138 Vgl. Homeyer, Mitschriften, § 66 (S. 244).

139 Der Inhalt der Motivation zur unrechtlichen Handlung ist daher nur innerer Beweggrund, als solcher moralisch und nicht in der Sphäre des Rechts. Motivationen kann daher kategorial weder eine unrechtsbegründende noch auch nur eine unrechtsqualifizierende Eigenschaft zukommen (im Gegensatz zu *Absichten*, die sich regelmäßig handlungs- und tatobjektiviert in die Wirklichkeit der Tat umsetzen, vgl. Hohmann, NStZ 1993, 183 ff.

Handlungsvollzug ab. Hieraus ergibt sich nicht allein das Recht *moralisch* zu sein, sondern vielmehr auch die *moralische Pflicht rechtlich* zu sein[140].

III. Die strukturelle Kollision von Recht und Interesse

1. Das gedoppelte Individuum

Das Interesse gilt *Hegel* als das Sinnbild jener rational begründeten Neugierde, die mit der Sucht nach dem sich nur wiederholenden gleichen Selbst nur wenig, mit dem aus sich herausgehenden Drang nach sinnproduzierend-selbstbewußter Erfassung der eigenen Identität aber sehr viel zu tun hat[141]. Der Begriff *Interesse* bezeichnet dabei zweierlei: Er ist zunächst einmal als Begehrungsvermögen zu verstehen, d.h. als Strebung des Bewußtseins im Sinne von "Interesse *an* etwas haben"[142]. Daneben wird der Begriff auch in seiner inhaltlich angereicherten Form verstanden: "Man *hat* bestimmte Interessen"[143]. In seiner letztgenannten Ausprägung tritt das Interesse in qualifizierte Beziehungen zum Recht.

Das Verhältnis von Recht und Interesse ist entsprechend den Verwirklichungsstufen von Recht als zunächst abstraktem Recht, später Recht der *Moralität* und schließlich Recht der *Sittlichkeit* in unterschiedlicher Weise zu bestimmen. Die *Rechtspersonalität* definiert sich in der abstrakt-materiellen Entgegensetzung zweier Entwürfe von Richtigkeit: Das Recht als vernunftallgemeine Struktur kollidiert mit dem selbstgesetzlich vorgetragenen Geltungsanspruch des Unrechts. Zu diesem existenziellen Konflikt von Recht und Unrecht kam es, weil die formelle Übereinkunft der Rechtspersonen qua vertraglicher Bindung durch die Geltendmachung des besonderen Willens zu jedem Zeitpunkt zerbrechen konnte[144]. Die radikale Heraussetzung eigener Besonderheit aus der Balance gegenseitigen Zutrauens, sozusagen das Beharren auf dem *eigenen* Recht, zeigt bereits holzschnittartig die Möglichkeit eines Gegeneinanders von

---

140 Vgl. Homeyer, Mitschriften, §§ 65 f. (S. 244); Wannenmann, Mitschriften, § 62 (S. 83).

141 Vgl. Bartuschat, in: Rechtsphilosophie des deutschen Idealismus, S. 77 (84).

142 Vgl. Hegel, Phänomenologie des Geistes, S. 3.297.

143 Vgl. Hegel, Grundlinien, § 236 (S. 7.384).

144 Hegel, Grundlinien, § 81 Z (S.7.172).

Recht (verstanden als Recht des objektiven Willens) und Interesse (verstanden als Recht des besonderen Willens).

Interessen der Rechtsperson sind insofern aus dem abstrakten Recht der Form nach ausdifferenzierte Besonderheiten - sie können übereinstimmen (vertragliche Übereinkunft) und sich gegenseitig ausschließen. Mit der Partikularität der Rechtsperson ist indes nur das grobe Prozedere der Herausbildung von Interessen beschrieben. Das konkrete Subjekt, das seine Zwecke nicht nur formhalber zu vergegenwärtigen im Stande ist, sondern sich mit ihnen und durch sie in die Äußerlichkeit seiner selbst einprägt, gibt der Objektivation seiner Besonderheit ganz bestimmte Inhalte.

In der *Moralität* geht das Individuum aus sich heraus, um im praktischen Vollzug seiner Bezweckungen die Wirklichkeit, die somit *seine* Wirklichkeit wird, zu konstituieren. Hier ist demnach vorallem thematisch, wie der Wille an sich selbst Differenz und schließlich Identität gewinnt. Das Verhältnis von objektivem Willen und subjektivem Willen wird dem Grunde nach aus der Perspektive des Ego bestimmt. Im Streben nach Selbstbestimmung durch Interessenmaximierung will der einzelne in seinen Handlungsvollzügen vor sich Anerkennung finden[145].

Die Zufälligkeit des ihm Äußerlichen gerinnt zum Inhalt seiner Subjektivität; ein Vorgang, der sich weder nur auf ein *bestimmtes* Interesse bezieht, noch auf ein *einzelnes* Subjekt beschränkt. Die Tendenz zur Interessenverfolgung erfaßt an sich alle Subjekte, jedoch in höchst unterschiedlicher Weise. Es kommt zu Bündelung einzelner Zielvorstellungen und mitunter auch zur Symmetrie des Handelns. Das eigene Wohlergehen steht mit dem Wohlergehen anderer im Verhältnis, indem es sich mit diesem deckt oder ihm zuwiderläuft. Der relationale Charakter eigener Interessegeleitetheit verweist auf das Allgemeine des besonderen Willens. Es kommt dem Subjekt zu Bewußtsein, daß seine eigenen Interessen, aber auch diejenigen anderer prinzipiell zurücktreten können, gegeneinander abwägbar sind und damit disponibel werden.

Ein *Wohl aller* anzustreben, ist insofern eine in sich *hohle Reflexion*[146], denn es würde voraussetzen, das Universalisierte selbst für disponibel zu halten. Durch die Addition genuin *besonderer* Interessenlagen läßt sich möglicherweise Kollektivität in begrenztem Ausmaß erreichen, die Verschiedenheit der Innerlichkeiten macht indes bestenfalls eine temporär bestandsfähige *Symmetrie der Egoismen* deutlich.

145 Hegel, Grundlinien, § 111 (S. 7.209).

146 Hegel, Grundlinien, § 126 hZ (S. 7.238).

Artikuliertes Interesse und Recht an sich fallen jedoch dort zusammen, wo das artikulierte Interesse der Qualität des freien Willens entspricht. Wenn Recht und Interesse dagegen nicht zur Deckung kommen, entstehen Kollisionen. Diese münden in der Regel in die Vorgängigkeit des Rechts gegenüber dem Wohl[147], in Ausnahmesituationen dominiert hingegen das Wohl über das abstrakte Recht, indem es selbst zum eigentlich gültigen Recht wird[148]. Akute Not gibt den vitalen Interessen des bedrohten Subjekts nicht nur ein Recht gegen ein anderes, sondern *das* Recht.

In der *bürgerlichen Gesellschaft* der *Sittlichkeit*sstufe schließlich verschärfen sich die Konliktlagen. Abstrakte Konflikte werden zu konkreten Handlungskonflikten. Die Patikularität ist zum Dogma erhoben. Und dennoch überwindet der Blick über den subjektivistischen Tellerrand die Beschränktheit höchstpersönlicher Interessenverfolgung: Die gemeinsame Formulierung und strategische Durchsetzung hervorgehobener Bedürfnisse verhilft auch dem eingebrachten individuellen Interesse zur Wirklichkeit. Der hierzu erforderliche breite gesellschaftliche Bildungsprozeß versetzt die Rechtsgenossen erst in die Lage, hinter der Realität ihres vorwiegend an der Ausdifferenzierung ihrer Beonderheit orientierten Lebensvollzugs das Allgemeine zu entdecken.

> Einerseits ist es durch das System der Partikularität, daß das Recht äußerlich notwendig wird als Schutz für die Besonderheit. Wenn es auch aus dem Begriffe kommt, so tritt es doch nur in die Existenz, weil es nützlich für die Bedürfnisse ist. Damit man den Gedanken des Rechts habe, muß man zum Denken gebildet sein und nicht mehr bloß im Sinnlichen verweilen; man muß den Gegenständen die Form der Allgemeinheit anpassen und sich ebenso im Willen nach dem Allgemeinen richten[149].

Im Staat schließlich entwickelt sich aus der strukturellen Dissonanz von Interesse und Recht die Identität von Allgemeinheit und Besonderheit. Die Betonung liegt hier auf dem *prozeßhaften* (dialektischen) Voranschreiten der Substantialisierung. Ein Vorgang, der sich nicht gegen die Besonderheit der Individuen wendet und auf deren Subjektivität verzichtet, sondern der auf die Emanzipation des Subjekts geradezu angewiesen ist und das Dasein der Freiheit auch nur hierauf aufbauend vollenden kann[150]. Das Ziel ist die Einheit von objektiver Frei-

---

147 Diesen Fall beschreibt Hegel am Beispiel des Verhältnisses von Privatrecht und Privatwohl. Vgl. Hegel, Grundlinien, § 126, A (S. 7.236 f.); Hotho, Ilting III, § 126 1 f. (S. 396 f.).

148 Hegel, Grundlinien, § 127 (S. 7.239 f.); vgl. Wannenmann, Mitschriften, § 63 (S. 84 f.); Homeyer, Mitschriften, § 67 (S. 244 f.).

149 Hegel, Grundlinien, § 209 Z (S. 7.361).

150 Vgl. Hegel, Grundlinien, § 261 A (S. 7.409).

heit und subjektivem Streben[151], die die *Doppelung der Individualität*[152] in sich aufhebt.

2. Das grundsätzliche Verhältnis von subjektivem Interesse und objektivem (abstraktem) Recht

Das abstrakte Recht nahm die Unterscheidung von Recht und Unrecht an sich selbst vor. In der Überwindung des Unrechts und der Manifestation des Rechts lag zugleich die Affirmation der Vernunftallgemeinheit. Die Geltung des Rechts ist damit prinzipiell festgeschrieben, dem Grunde nach bestätigt[153]. Das abstrakte Gelten mag zwar der Vernunft entsprechen, ist aber - vom Standpunkt des Subjekts her gesehen - unreflektiert. In der *Moralität* bestimmt sich das Subjekt gegenüber dem Recht, indem es sich selbst zum Gegenstand seines Wissens, Denkens und Handelns macht.

> Beim strengen Recht kam es nicht darauf an, was mein Grundsatz oder meine Absicht war. Diese Frage nach der Selbstbestimmung und Triebfeder des Willens wie nach dem Vorsatze tritt hier nun beim Moralischen ein[154].

Damit rücken die Inhalte des besonderen Willens in den Mittelpunkt der Betrachtung und damit ist auch die Frage aufgeworfen, wie das abstrakte Recht mit diesen Inhalten umzugehen hat, wie es sich an ihnen bestimmt. Durch eine bestimmte inhaltliche Färbung eines Interesses könnte - so die Grundannahme - die strikte Teilung in Recht und Unrecht in Zweifel gezogen werden. Das seine Ansichten artikulierende und seine Handlungen explizierende Individuum ist in die Lage versetzt, jedes Unrecht für Recht auszugeben; insbesondere durch das Vorbringen rechtfertigender Ziele, die die fragliche Verletzung vorgeblich motiviert haben. Das Subjekt behauptet damit seinen Status nicht in kategorialer Entgegensetzung zum Recht, sondern führt das handlungsleitende Interesse als jenen Gesichtspunkt an, der im konkreten Fall zum Allgemeinen werden soll. Es wird positiv ein *Recht* behauptet. Somit liefert das Individuum Gründe, die nahelegen, weshalb in seinem Fall anderes gelten solle als das, was durch das abstrakte Recht unmittelbar vorgegeben erscheint.

---

151 Hegel, Grundlinien, § 258 A (S. 7.399).

152 Hegel, Grundlinien, § 264 (S. 7.411).

153 Hegel, Grundlinien, § 104 (S. 7.198 f.).

154 Hegel, Grundlinien, § 106 Z (S. 7.205).

Recht und Interesse treten in vielfältigster Art und Weise in ein Verhältnis: Die einfachste Konstellation ist diejenige, in der das Subjekt aus eigenem Interesse auf die Wahrnehmung und Durchsetzung eines Rechts verzichtet. Wenn ein individuelles Interesse - dies kann auch im Altruismus repräsentiert sein - die Preisgabe eines berechtigten Anspruchs fordert, stellt dies die Geltung des Rechts an sich nicht in Frage. Diese Art der Privatautonomie hat dort ihre Grenze, wo sich die Disposition gegen die eigene Autonomie richtet oder durch den Rechtsverzicht Dritte negativ betroffen sind[155]. Im ersten Fall verletze ich eine Pflicht gegen mich selbst, was in sich unvernünftig ist, aber deshalb noch lange kein (bürgerliches oder strafrechtliches) *Unrecht* darstellt[156]. Anderes gilt, wenn Dritte in negativer Weise betroffen sind: Da es sich um ein intersubjektives Verhältnis handelt, wird im fraglichen Verhalten wohl eine Vertragsverletzung gesehen werden müssen[157].

Wesentlich komplexer legt sich Verhältnis von Recht und Interesse für die Konstellation ihres diametralen Aufeinandertreffens auseinander. Interesse kann im Grundsatz nur dort zu Recht werden, wo es der *Substantialität des Rechts entspricht*[158]. Fehlt es hieran, ist eine Rechtfertigung der an sich widerrechtlichen Tat nicht möglich, schon gar nicht ließe sich davon sprechen, daß das betreffende Interesse eine Pflicht konstituieren könne[159].

Auch Rechtfertigungsgründe, insofern sie bestimmte Konstellationen aus dem Unrecht herausnehmen, müssen demzufolge aus dem abstrakten Recht ableitbar sein. Eine solche Art der Rechtfertigung ist daher weniger als *radikale Ausnahme* im Sinne eines *Gegen*-Rechts zu verstehen, sondern ähnelt viel eher einer konkretisierenden Auslegung des abstrakten Rechts auf den (angenommenen) Kollisionsfall[160]. Die *Grundlinien* setzen sich ausführlich mit verschiedenen Formen der subjektivistischen Betrachtung des Verhältnisses von Interesse und Recht auseinander, die die Ebene der Rechtfertigung allesamt nicht erreichen:

Da ist zunächst einmal die *Heuchelei*. Sie besteht darin, daß - obgleich man es besser weiß - dem an sich Widerrechtlichen für andere das Etikett des Guten

155 Vgl. Wannenmann, Mitschriften, § 62 (S. 83).

156 Hier besteht keine Einbindung in eine konkrete intersubjektive Anerkennungsrelation.

157 Daher ist auch eine Rechtsverletzung zu konstatieren, wenn man durch den bewußten Verzicht auf seine Rechtsfähigkeit Dritte schädigen würde.

158 Hegel, Grundlinien, § 126 (S. 7.236).

159 Vgl. Wannenmann, Mitschriften, § 62 (S. 83).

160 Als Normen sind diese Rechtfertigungsgründe auf der Ebene der bürgerlichen Gesellschaft (Rechtspflege) zu positivieren.

umgehängt wird. Die *absolute Sophisterei* geht iin ihrem Solipsismus noch weiter. Hier wird versucht, die Unterscheidung von Recht und Unrecht nur an die Zufälligkeit individueller Willkür zu binden. Die zeitgemäße Form der Heuchelei sei hingegen der *Probabilismus*.

> Was man verlangt, ist nur das Probable, das heißt das sich annähernde Gute, das mit irgendeinem Grunde oder irgendeiner Autorität belegt werden kann[161].

Hegel geht in diesem Kontext auch auf den Überzeugungstäter ein[162]. Vom Probabilismus und der Heuchelei unterscheidet sich die *Überzeugung* durch ihre subjektive Ehrlichkeit und Festigkeit in der Absicht das Richtige tun zu wollen. Der Überzeugungstäter stellt durch sein Ziel, seine an sich widerrechtliche Handlung durch das Ergebnis seiner subjektiven Reflexion zur rechtlichen (oder sogar zur pflichtgemäßen[163]) Handlung umzuwandeln (sein *Zweck heiligt die Mittel* nur für ihn selbst)[164], seine eigene vernunftallgemeine Struktur in Frage.

Das individuelle Bewußtsein ist zwar entscheidend für die Einprägung der Substantialität in den konkreten Handlungs- und Lebensvollzug, aber eben nur soweit, als es aus sich herausgeht und aus einer kritischen Distanz das Gesollte zu *seiner* Sache macht. Eine überindividuelle Verbindlichkeit der Gewissenentscheidung ist daher letztlich nicht zu begründen[165]. Da der Überzeugungstäter diese kritische Distanz zum Allgemeinen seiner selbst - zumindest zeitweise - verloren hat, bleibt der Inhalt seiner Überzeugung durch Irrtümer gefährdet[166]. Eine letzte Form der Verabsolutierung des subjektiven Standpunkts ist die *Ironie*. Das abstrakte Sollen wird reflektiert und erkannt, gleichzeitig aber im totalen Egozentrismus beliebig gesetzt und wieder verworfen. Der *spielerische* Umgang mit Recht und Interesse ist mit sich allein gelassen, ein auf die Spitze der Selbstgefälligkeit getriebener *einsamer Gottesdienst seiner selbst*[167].

---

161 Hegel, Grundlinien, § 140 Z (S. 7.285).

162 Zu den historischen Hintergründen und Implikationen dieses Kapitels (Ermordung Kotzebues durch den Burschenschaftler Sand) vgl. den instruktiven Beitrag von Becchi, HJB 22 (1987), S. 49 ff.

163 Es handelt sich dann um einen sog. "Gewissenstäter".

164 Vgl. Hegel, Grundlinien, § 140 A (S. 7.271 f.).

165 Dies entspricht im Ergebnis der heute herrschenden Aufassung zur Strafbarkeit des Überzeugungs- und Gewissenstäters: Neumann, AK StGB § 17 Rn. 47.

166 Vgl. Hegel, Grundlinien, § 140 Z (S. 7.285).

167 Hegel, Grundlinien, § 140 A (S. 7.279).

Die - zumindest z. T. - scharfe Polemik, die *Hegel* gegen die genannten Grundeinstellungen zum Recht führt, legt den Verdacht nahe, der Aspekt des "guten Willens" habe bei der Zurechnung und Bewertung einer strafbaren Handlung als *moralisches Abschnitzel*[168] außen vor zu bleiben. Wenn schon keine Rechtfertigung im subjektiven Meinen erkannt werden kann, so bestünde immerhin noch die Möglichkeit einer Berücksichtigung im Rahmen der individuellen Schuld.

Hegel deutet dies prima vista selbst an: Der Überzeugungstäter ist dem *Irrtum ausgesetzt*[169]. Da die Überzeugung subjektiv gewonnen wurde, kann sie auch subjektiv wieder verworfen werden; im Gegensatz zur vernunftallgemeinen Struktur der Rechtserkenntnis, lassen sich Überzeugungen aufgrund besserer Einsicht auch wieder ablegen. Würde man aber jedem Täter diese Möglichkeit einräumen, führte dies direkt in die Marginalisierung der Unterscheidung von Recht und Unrecht überhaupt[170]. Wenn *schlechte* Überzeugungen schlußendlich Irrtümer sind, muß dies ebenso auch für *gute* Überzeugungen gelten.

Vor dem Hintergrund der durch Überlegung vor sich selbst erwiesenen Verpflichtungskraft der eigenen Zwecksetzung und der hierdurch indizierten bewußten Heraussetzung des objektiven Willens aus dem Handlungskontext, dürfte auch das Vorliegen des mit heutiger Terminologie so bezeichneten *Unrechtsbewußtseins*[171] zu konstatieren sein[172]. Die nähere Bestimmung der Täterschuld, die *Hegel* in der Anmerkung zu § 132 der *Grundlinien*[173] gibt, läßt eine Würdigung der Überzeugungstat als *entschuldigt* nur schwerlich zu[174]:

> Das Recht des Subjekts, die Handlung in der Bestimmung des Guten oder Bösen, des Gesetzlichen oder Ungesetzlichen zu kennen, hat bei Kindern, Blödsinnigen, Verrückten die Folge, auch nach dieser Seite die Zurechnungsfähigkeit zu vermindern oder aufzuheben. Eine bestimmte Grenze läßt sich jedoch für diese Zustände und deren Zurechnungsfähigkeit nicht festsetzen. Verblendung des Augenblicks aber, Gereiztheit der Leidenschaft, Betrunkenheit, überhaupt was man die Stärke sinnlicher Triebfedern nennt, (...) zu Gründen in der Zurechnung und der Bestimmung des Verbrechens selbst und seiner Strafbarkeit zu machen und solche Umstände anzusehen, als ob durch

168 Hegel, Grundlinien, § 126 hZ (S. 7.239).

169 Hegel, Grundlinien, § 140 Z (S. 7.285).

170 Ebenso Becchi, HJB 22 (1987), S. 49 (57).

171 Vgl. hierzu allgemein: Böning, Lehre vom Unrechtsbewußtsein, passim.

172 Vgl. zur heutigen Meinungslage: Schönke-Schröder/Cramer StGB (24) § 17 Rn. 7 m.w.N.

173 S. 7.246 f.

174 Vgl. auch Becchi, HJB 22 (1987), S. 49 (56 f.).

> sie die Schuld des Verbrechers hinweggenommen werde, heißt ihn gleichfalls nicht nach dem Rechte und der Ehre des Menschen behandeln (...).

Da im Vorfeld dieser Äußerung ausdrücklich auf die *gerichtliche* Zurechnung innerhalb der bürgerlichen Gesellschaft bzw. des Staates abgehoben wird, ist wohl konsequenterweise davon auszugehen, daß im Grundsatz eine Strafmilderung für den Überzeugungstäter auch unter den Bedingungen des positiven Rechts nicht in Betracht kommt[175].

3. Die Alternativität von subjektivem Wohl und objektivem Recht

Die in § 127 der *Grundlinien* niedergelegte These, daß es eine Konstellation im Aufeinandertreffen von individuellem Interesse und objektivem Recht geben könne, die sowohl die Bedingtheit des einen wie des anderen erweist, geht über das hinaus, was die Vertreter des subjektiven deutschen Idealismus, *Kant* und *Fichte*, zu dieser Problematik festzustellen vermochten. Die Argumentation *Kant*s im Notrechtskapitel seiner Rechtslehre bezieht sich auf die Kollision zweier *gleichwertiger* Güter[176]. Das Notrecht ist - plakativ gesprochen - ein *Zwang ohne Recht*[177]. Als Beispiel für seine Notrechtskonzeption greift der Königsberger Philosoph auf eine Geschichte zurück, die schon der griechische Denker *Karneades* zur Erläuterung der Notstandssituation herangezogen hat[178]. *Kant*s Lösungsversuch dieses Dilemmas mutet angesichts der von ihm (ansonsten rigoros) vertretenen Vergeltungstheorie befremdlich an: Da die Bedrohung mit einem Übel (Todesstrafe), das noch *ungewiß* ist, geringer erscheint, als die *gewisse* Furcht vor dem Ertrinken, bleibe die die Strafdrohung wirkungslos; der Täter wird subjektiv von Strafe freigestellt[179]. Ausdrücklich wird abgelehnt, daß es sich beim Notrecht um eine *unsträflich*es Verhalten handeln könne, sondern nur um ein *unstrafbar*es Verhalten. Eine Kollision un-

---

175 Vgl. hierzu: Neumann AK-StGB § 17 Rn. 45; SK-Horn StGB § 46 Rn. 114; Bockelmann, in Welzel-FS, S. 543 (555).

176 Dies bemängelt Hösle, Hegels System II, S. 516, auch hinsichtlich der Notrechtskonzeption Fichtes.

177 Kant, MdS, Metaphysische Anfangsgründe der Rechtslehre, Einl. S. 39.

178 Zur Herkunft näher: Schild, in: Rechtsphilosophie des deutschen Idealismus, S. 146 (148).

Das Beispiel lautet in seinen zwei Varianten sinngemäß: Nach dem Untergang seines Schiffes kann sich ein Schiffbrüchiger auf eine Holzplanke retten. Die Planke vermag nur eine Person über Wasser zu halten. Ein anderer Schiffbrüchiger stößt, um dem sicheren Tod zu entgehen, jenen von der Planke. Kann diese Tat gerechtfertigt sein?

179 Kant, MdS, Metaphysische Anfangsgründe der Rechtslehre, Einl. S. 40 f.

gleichwertiger Rechtspositionen bzw. Interessen ist nicht erörtert. Das Problem bleibt also offen.

Auch *Fichte* kennt allein die Kollision gleichwertiger Güter im Notrechtsfall[180]. Im Gegensatz zu *Kant* nimmt *Fichte* jeden der Kontrahenten aus dem Zusammenhang des Rechts heraus[181]. Moralisch seien beide jeweils dazu verpflichtet, sich und alles weitere Gott zu überlassen[182]. Da der Konflikt aber unter den Prämissen geltenden Rechts zu bewerten sei, laute das Ergebnis, daß weder eine Pflicht bestehe, einen anderen auf eigene Kosten zu retten, noch ein Recht bestehe, sich selbst auf Kosten eines anderen zu retten. Diese Ansicht *Fichtes* gleicht derjenigen *Hegels*[183]: Der hohe Grad an Zufälligkeit des äußerlichen Aufeinandertreffens ermöglicht den Schiffbrüchigen bei der Wahl zwischen gleichartigen Handlungspflichten keine sittlich konsistente Entscheidung. Die Situation löst sich daher im *rechtsfreien Raum* entweder durch *Edelmut* oder zweckmäßige Dezision[184] - *impossibilium nulla obligatio est.*

Im Mittelpunkt der *Grundlinien* steht jedoch ein anderer Kollisionsfall. Läßt man die bisher dargelegten Konstellationen noch einmal Revue passieren, so ergibt sich als Ausgangspunkt die starke Prävalenz des objektiven Rechts[185]. Sodann tritt das Interesse dem Recht als völlig Gleichwertiges gegenüber, eine Prävalenz des Rechts oder des Interesses kann nicht festgestellt werden. Die dritte, bislang noch offene Möglichkeit des Verhältnisses von Recht und Interesse, ist nun dadurch gekennzeichnet, daß sich das subjektive Interesse dem objektiven Recht *überordnet*.

> Die Besonderheit der Interessen des natürlichen Willens, in ihre einfache Totalität zusammengefaßt, ist das persönliche Dasein als Leben. Dieses in der letzten Gefahr und in der Kollision mit dem rechtlichen Eigentum eines anderen hat ein Notrecht (nicht als Billigkeit, sondern als Recht) anzusprechen, indem auf der einen Seite die unendliche

---

180 Vgl. Fichte, Zur Rechts und Sittenlehre I, S. III. 252 ff.

181 Vgl. Hösle, Hegels System II, S. 516.

182 Fichte, Zur Rechts und Sittenlehre I, S. III. 253.

183 Wenngleich nicht verschwiegen werden soll, daß Hegel davor warnt, die Diskussion um die Kollision von Recht und Wohl nur noch anhand von durch *spitzfindige Reflexion* hervorgebrachten Fällen zu führen, vgl. Grundlinien, § 137 hZ (S. 7.257).

Vgl. Losurdo, HJB 21 (1986), S. 411 (412 f.).

184 Wannenmann, Mitschriften, § 63 (S. 84 f.). Die Auffassung Fichtes und Hegels trifft sich mit der heute herrschenden Meinung, bei Kollision gleichwertiger Handlungspflichten müsse die Rechtsordnung die Entscheidung des Bedrängten in jedem Falle billigen, vgl. Küper, JuS 1987, 81 ff; Schild, JA 1978, 449 ff. / 570 ff. / 631 ff.

185 Im Verlauf der Begriffentwicklung höchstens abgeschwächt durch konkretisierende Maßstäbe der Rechtfertigung auf der Grundlage des objektiven Rechts.

> Verletzung des Daseins und darin die totale Rechtlosigkeit, auf der anderen Seite nur die Verletzung eines einzelnen beschränkten Daseins der Freiheit steht, wobei zugleich das Recht als solches und die Rechtsfähigkeit des nur in diesem Eigentum Verletzten anerkannt wird[186].

Zunächst einmal ist hiermit der Grundsatz ausgesprochen, daß letztlich jedes "*Recht*" zum Scheitern verurteilt ist, das sich gegen die Subjekte als Träger von Rechten und Pflichten wendet[187]. Hier ist bereits angedeutet, was sich in der systematisch folgenden Stufe des *Gewissens* noch in anderer Hinsicht erweisen wird, nämlich die in der Wirklichkeit mögliche Unbedingtheit des Subjekts. Das Individuum ist für das objektive Recht noch ein Zufälliges und umgekehrt darf dies sicher auch gelten. Wird die Kollision von *Moralität* und abstraktem Recht indes nach der Seite des sich in der Wirklichkeit bestimmenden Rechts aufzulösen sein, liegt die Sache beim *Notrecht* anders: Das objektive Recht bedroht sich in der Notsituation *selbst.*

Das Subjekt, das sich gegen jenes Recht wehrt, das auf dem Sprung ist, zum Unrecht zu werden, steht in dieser Konfliktsituation als *einziges* für das Recht, weil es am Ende die *Existenz*bedingungen der Vernunft gegen das objektive Recht behauptet. Der freie Wille, der in der Besonderheit der Individuen die daseiende Möglichkeit von Freiheit *überhaupt* verankert, befördert kein objektives Recht, das sich befangen im eigenen *An und für sich* von der Reflexion der Subjekte abgelöst hat. Gleichzeitig heißt dies aber auch, daß in der Situation des Notrechts die zusammengenommene Besonderheit des Subjekts *unmittelbar* auf ihr Vernunftallgemeines zurückgebunden ist.

Not ist damit ein zutiefst existenzieller Konflikt und weil in ihm die Besonderheit des Subjekts als solche geleugnet werden kann, ist es vernünftig, sich als Angegriffener im Grunde nicht an die Unterscheidung von Recht und Unrecht zu halten, sondern vielmehr die *eigene Existenz* zu verteidigen. Entscheidend für das Bestehen eines Notrechts ist also nicht ein *externes* Gebot, sich zu verteidigen - und insoweit ist auch *Kant* zuzustimmen, wenn er feststellt: *Not kennt kein Gebot*[188] und damit meint, daß das Notrecht allein der *Moralität* des Individu-

---

186 Hegel, Grundlinien, § 127 (S. 7.239 f.). Vgl. Hotho, in: Ilting III, § 127 1.- 3. (S. 400 ff.).

187 Dies gilt im übrigen auch für das Individuum im Staatsgefüge, vgl. Hegel, Grundlinien, § 265 Z (S. 7.412).

188 Kant, MdS, Metaphysische Anfangsgründe der Rechtslehre, Einl. S. 41.

ums zuzuschlagen ist. Das in der Notstandssituation geltende Recht ist folglich keinesfalls das abstrakte Recht selbst oder ein Derivat desselben[189].

Ein Vergleich des Notrechts mit der Strafe als dem Zwang zur Wiederherstellung des Rechts ist daher nur im Hinblick auf die - an sich aber wenig aussagetrāchtige - Feststellung möglich, letztlich habe sich das Recht gegen das Unrecht hier wie dort bewährt[190]. Die systematischen - und aufgrund des dialektisch-spekulativen Anspruchs der *Hegelsch*en Philosophie damit inhaltlichen - Bedenken gegenüber einem solchen Vergleich überwiegen hingegen: Während der Rechtszwang der Strafe die sich entgegenstehenden Konzeptionen von Recht und Unrecht *vermittelt*, ist in der Ausnahmesituation der existenziellen Not die Gewaltanwendung des Notstandstäters keine Manifestation und Wiederherstellung des abstrakten Rechts, sondern gerade der Beweis und die Bestätigung seiner Brüchigkeit, *Endlichkeit* und *Zufälligkeit*[191]. Das Recht der Not basiert auf der Besonderheit der konkreten Interessenlage und stimmt insofern nur zufällig und auf diesen einen Punkt beschränkt mit der Vernunftallgemeinheit überein. Es läßt sich, da sein Dasein immer auf eine bestimmte Situation eingegrenzt bleibt, nicht als eine die Rechtsordnung *transzendierende* Allgemeinheit begreifen[192]. Es beansprucht alleinige und *unumschränkt*e Geltung jenseits der überlieferten Unterscheidung von abstraktem Recht und Unrecht; wenn die Freiheit selbst in Gefahr schwebt. Der Rechtszwang des abstrakten Rechts fehlt, denn hier wird das Recht des objektiven Willens selbst gezwungen.

Der Notrechtsparagraph hat *Hegel* in der Strafrechtswissenschaft einiges an Lob eingetragen[193]. Die Anerkennung speist sich vorallem daraus, daß *Hegel* die Ratio des rechtfertigenden Notstandes in § 34 StGB antizipiert haben soll. Im Anschluß an *Bockelmann* wird die Vergleichbarkeit des *Hegelschen* Notrechts und des rechtfertigenden Notstandes an drei Begriffsmomenten nachgewiesen: Der Notstandstäter habe ein genuines *Recht* auf die Vornahme einer

189 Vgl. Hegel, Grundlinien, § 127 Z (S. 7.240); § 128 (S. 7.241); Homeyer, Mitschriften, § 67 (S. 245).

190 Diese - um die wesentlichen systematischen und materiellen Gesichtspunkte - verkürzte Sichtweise zieht sich allerdings durch die Hegel-Rezeption, vorallem was die Position Hegels zum Notwehrrecht angeht. Exemplarisch Bitzilekis, Einschränkung des Notwehrrechts, S. 38: "Faßt man die Notwehr nach der Hegelschen Lehre auf, gäbe es keinen Unterschied zwischen Notwehr und Strafe, denn beide dienen dazu das Unrecht zu vernichten und das Recht wiederherzustellen".

191 Deutlich: Hegel, Grundlinien, § 128 (S. 7.241).

192 Vgl. Hegel, Grundlinien, § 126 hZ (S. 7.239); § 127 hZ (S. 7.240).

193 Vgl. Bockelmann, Hegels Notstandslehre, passim; gegen dessen Interpretation: Meißner, Interessenabwägungsformel, S. 97 f.

Verletzungshandlung; dieses Recht könne aber nur konstatiert werden, wenn *zweitens* das in der Notstandshandlung durchgesetzte Recht das hierdurch verletzte Recht überwiege[194], was sich *drittens* im einzelnen *aus dem Begriff des Rechts von selbst* ergebe[195]. Aus der Sicht des geltenden Rechts ließe sich ergänzen, daß auch das Moment der *Gegenwärtigkeit* der Gefahr bzw. des Angriffs in der *Hegelschen* Konzeption seinen festen Platz hat.

> Nur die Not der unmittelbaren Gegenwart kann zu einer unrechtlichen Handlung berechtigen[196].
> Nur auf das Itzt ist die Noth der Lebenserhaltung zu beschränken, nur die absolute Noth der Gegenwart berechtigt zu einer unrechtlichen Handlung[197].

Beim Durchgehen der behaupteten Ähnlichkeiten bzw. Antizipationen zwischen der *Hegelschen* Konzeption des Notrechts und der positivrechtlichen Regelung des § 34 StGB begegnet es zunächst wohl keinen Bedenken, daß - wie auch bereits gezeigt - die radikale Entgegensetzung der Besonderheit und des abstrakten Rechts als Paradebeispiel der Rechtfertigung gelten kann. Dem objektiven Recht wird hier die Verbindlichkeit in einer spezifischen Situation, die sich durch ihren typisierten Ausnahmecharakter auszeichnet, genommen und durch ein anderes Recht ersetzt[198]. Problematisch dürfte indessen die Behauptung sein, der *Hegelsche* Notstand zeichne sich durch eine Flexibilisierung von Recht und Interesse, im Sinne eines Abwägungsvorgangs, dessen Eckwerte durch die positive Rechtsordnung vorgegeben werden, aus[199]. Schließlich vermittelt der Wortlaut des § 127 der *Grundlinien* eher den Eindruck, es drehe sich allein um das - insoweit offensichtliche - Stufenverhältnis von Leben an sich und der beschränkten Sphäre des Eigentums.

In der Tat finden sich keine Ausführungen *Hegels*, die auf den ersten Blick eine notrechtliche Interessenabwägung von Gütern, die wertungsmäßig unterhalb des Lebensschutzes stehen (wie z.B. Körper, Ehre, Eigentum) begründbar erscheinen lassen. *Daß* eine Hierarchie verschiedenster Rechtsgüter[200] besteht,

194 Der Gedanke einer Wertehierachie notstandsfähiger Güter beinhaltet m.E. auch die Idee der angemessenen Notstandshandlung.

195 Jermann, in: Anspruch und Leistung, S. 101 (111) im Anschluß an Bockelmann, Hegels Notstandslehre, S. 22, 38 f.

196 Hegel, Grundlinien, § 127 Z (S. 7.241).

197 Hotho, in: Ilting III, § 127 2. (S. 403).

198 anders: Kant, MdS, Metaphysische Anfangsgründe der Rechtslehre, Einl. S. 41.

199 Vgl. Neumann, JA 1988, 329 (331).

200 Der Begriff des Rechtsguts soll hier als *Strukturbegriff* verstanden werden, unter dem sich die Artikulation varianter Interessen im Zivilrecht, öffentlichen Recht und Straf-

ergibt sich aus der Unterscheidung der verschiedenen Rechtssphären selbst[201] und auch aus den konkreten Bedingungen der zu kodifizierenden Rechtsverhältnisse[202]. Die Frage ist aber, ob die strukturelle Kollision sich gegenseitig ausschließender Besonderheit und abstraktrechtlicher Allgemeinheit in einer Situation, in der nun gerade nicht das Leben gegen das Eigentum steht, ihren legitimen (d.h. systematisch zutreffenden) Platz haben kann. Dies läßt sich dann konsistent bejahen, wenn sich das strikte Gegeneinander von Totalität und Beschränktheit - das freilich nur mit Schwierigkeiten den Vorstellungen eines Abwägungsvorgangs genügen mag - in ein dynamisiertes Verhältnis bringen läßt; eine Dynamisierung übrigens, die jedenfalls historisch in der Nachfolge *Hegel*s recht schnell vollzogen wurde[203].

Ein Versuch, die flexibilisierte Abwägbarkeit verschiedenster Pflichten nachzuweisen, müßte insofern am Begriff des *Lebens* ansetzen. *Leben* umfaßt das *persönliche* Dasein[204]. Die Persönlichkeit des Subjekts ist nun nicht einfache Addition verschiedenster Äußerlichkeiten, ebensowenig wie gesammeltes subjektives Meinen[205]. Die Notsituation erweist die umfassende Subjektivität des Individuums als Persönlichkeit in ihrer vernunftgemäßen Grundstruktur. § 127 der *Grundlinien* beschreibt nun eigentlich das *An sich* der Kollision von persönlichem Dasein des Subjekts und abstraktem Recht. Deshalb stehen sich hier Totalität des Subjekts und Recht an sich gegenüber. Und da es auf dieser Ebene nur *eine* Pflichtenkollision gibt, nämlich diejenige zwischen der Pflicht Recht zu tun und der (moralischen) Pflicht sich zu erhalten[206], ist das Notrecht auf diesen Konflikt reduziert.

Das bedeutet indessen keineswegs, daß nicht an anderer Stelle als der *Moralität*, nämlich dort, wo es um die Entfaltung und Differenzierung des Systems

---

recht subsumieren lassen. Ob etwas auf diese Weise als Gut des Rechts bestimmt ist, bedeutet noch keine Entscheidung über die Frage, inwieweit sein Schutz - z.B. durch das Strafrecht - legitimiert werden kann.

201 Vgl. Hegel, Grundlinien, § 30, A (S. 7.83 f.)

202 Vgl. Hegel, Grundlinien, § 213 (S. 7.365), § 218 , A (S. 7.371 f.), § 261 A (S. 7.408 f.).

203 Vgl. Neumann, JA 1988, 329 (331) m.w.N.

204 Hegel, Grundlinien, § 127 (S. 7.239).

205 Hegel, Grundlinien, § 127 hZ (S. 7.240).

206 Hegel, Grundlinien, § 128 (S. 7.241).

der Pflichten geht[207] - in der *Sittlichkeit* - eine Flexibilisierung des Gegensatzes Leben < > Eigentum thematisch werden müßte[208].

Welche *positivrechtliche* Ausformung das Notrecht allerdings haben soll, unterschlägt *Hegel.* Auf Grund des theoretischen Status der Rechtsphilosophie ist dies nicht weiter verwunderlich. Dennoch lassen uns die *Grundlinien* bei der Erörterung rechtsstaatlich vertretbarer Kriterien nicht allein[209]: Das betrifft zunächst den Begriff des *Interesses.* Die Gesetzgebung kann nur das zu ihrem Gegenstand machen, was über bloße Innerlichkeit, subjektives Meinen und moralisches Gebot hinausgeht[210]. Das ist regelmäßig der Fall, wenn vom Gesetzgeber beachtet wird, daß ein abwägungsfähiges Interesse (und somit ein Recht) die Teilhabe an seiner Allgemeinheit, am abstrakten Recht, voraussetzt.

Notstandsfähige Rechte sind strafrechtlich relevante Rechtspositionen und bedürfen damit der unmittelbaren Rückbindung an die Grundstruktur der Verbrechensdefinition und Strafrechtslegitimation. Der Kanon dieser Schutzgüter orientiert sich also am Wesen der Rechtsverletzung, die sich auch in der bürgerlichen Gesellschaft auf Negation der Personhaftigkeit (Leben, Körper, Ehre) und des Eigentums bezieht[211]. Die durch die aktuelle Fassung des § 34 StGB mögliche Notstandsfähigkeit eines *jeden* Rechtsguts (auch über die im Besonderen Teil des StGB kodifizierten Rechtsgüter hinaus) geht vor diesem Hintergrund zu weit, erklärt sich aber aus der generell noch immer vorherrschenden kriminalpolitischen Tendenz, den Strafbarkeitsbereich weiter auszudehnen. Daß es im Rahmen der Rechtfertigung dem Strafrecht nicht um Billigkeit der Interessen, sondern um fest umrissene Rechtspositionen zu tun ist, gerät dabei leicht aus dem Blickfeld[212]. Einer allzu konsequentialistisch ausgerichteten Flexibilisierung des Notrechts steht auch der Grundsatz

> Das geringere ist gegen das höhere ein Unrecht[213]

entgegen.

Dasjenige Rechtsgut setzt sich in der Abwägung durch, das den höheren Stellenwert an Rechtsallgemeinheit aufweisen kann. Rechtspositionen, die un-

---

207 Vgl. Hösle, Hegels System II, S. 518.

208 Vgl. Schild, in: Die Rechtsphilosophie des deutschen Idealismus, S. 146 (162).

209 Die Erörterung beschränkt sich hier auf zwei Anwendungskriterien des § 34 StGB.

210 Vgl. Hegel, Grundlinien, § 213 (S. 7.365).

211 Hegel, Grundlinien, § 218 (S. 7.371 f.).

212 Vgl. Neumann, JA 1988, 329 (334 f.).

213 Hotho, in: Ilting III, § 127 2. (S. 403).

mittelbare existenzielle Bedingungen der Besonderheit betreffen - und damit das *Persönlichkeits*moment des Subjekts mitkonstituieren - genießen eine größere Bedeutung im Abwägungsvorgang als solche, die der Persönlichkeit nur mittelbar zuträglich sind[214]. Der Wertedifferenz zwischen Eingriffs- und Erhaltungsgut ist durch die Fassung des § 127 der *Grundlinien* ein Leitmotiv vorgegeben. Durch die Entgegensetzung von Leben (als dem Vollbegriff der ihm inhärenten Personhaftigkeit) und Eigentum (als nur personen*bezogene*r Äußerlichkeit) deutet *Hegel* die starke Spannung an, die zwischen dem Wert (Grad an Allgemeinheit) des Eingriffs- und des Erhaltungsguts liegen soll[215].

4. Exkurs: Darf das Recht dem Unrecht weichen ? - Hegel und die Notwehrprovokation

a. Das Problem

Das Notwehrrecht ist ins Gerede gekommen. Nach einer langen Phase vermeintlicher Stabilität und begrifflicher Konsistenz[216], ist es vorallem die inzwischen allfällig beklagte *Schneidigkeit* dieses Rechts[217], die ins moderne Bild eines funktionalen und an flexibler Zuschreibung von Verantwortlichkeit orientierten Strafrechts nicht mehr so recht hineinpassen will. So ließ sich schon zu Ende der achtziger Jahre die Bilanz ziehen:

> Die moderne Entwicklung des Notwehrrechts ist die Geschichte seiner sozialethisch begründeten Einschränkungen[218].

Obgleich der Wortlaut des § 32 StGB für sich allein genommen einer *extensiven* Deutung des Notwehrrrechts bereits einige Fallstricke in den Weg legt, indem die Notwehrlage an die Voraussetzungen eines gegenwärtigen, rechtswidrigen Angriffs geknüpft werden, die Verteidigungshandlung eine erforderliche Reaktion darstellen soll und der Angegriffene mit spezifischem Verteidigungswillen

---

214 Im einzelnen wird sich hierbei nichts anderes als die tradierte Werteordnung ergeben.

215 Der Sache nach dürfte damit wohl auf die Formel des "wesentlichen Überwiegens" angespielt werden.

Zu diesem "deontologischen Korrektiv" eines "konsequentialistischen Verrechnungsprinzips" vgl. Neumann, in: ARSP Beiheft 44 (1991), S. 248 (256 f.).

216 Vgl. Bitzilekis, Die neue Tendenz zur Einschränkung des Notwehrrechts, S. 15 m.w.N.

217 Dazu Kühl, JURA 1991, 57.

218 Jescheck, Strafrecht AT 4. Aufl., S. 309.

reagiert haben muß, ist es heute *nahezu unbestritten*[219], daß darüber hinaus weitere - *sozialethisch* legitimierte - Restriktionen des Verteidigungsrechts angebracht sein sollen. Die für notwendig erachteten Einschränkungen betreffen dabei grob genommen *fünf* Fallgruppen[220]:

1. die sog. Unfugabwehr, d.h. die Verteidigung gegen Bagatellangriffe (z.B. "Wegschnappen" einer Parklücke);
2. die Fälle, die durch ein unerträgliches Mißverhältnis zwischen Angriffs- und Verteidigungshandlung charakterisiert sind[221];
3. Notwehr gegenüber Angriffen von Schuldlosen[222];
4. Angriff und Verteidigung in den Fällen einer engen persönlichen Beziehung zwischen den Kontrahenten[223];
5. die Konstellationen, in denen der Angreifer durch den Angegriffenen zum Angriff *provoziert* wurde[224].

Wenn auch sozialethische Einschränkungen des Notwehrrechts *an sich* weithin anerkannt sein mögen, so folgt daraus noch nicht, daß in den genannten Konstellationen hierüber Einhelligkeit erzielt wäre[225]. Insbesondere die Frage, ob überhaupt und wenn ja, inwieweit das Notwehrrecht in den Provokationsfällen eingeschränkt werden soll, wird äußerst kontrovers diskutiert[226]. Während die herrschende Auffassung in Literatur und Rechtsprechung nach wie vor eine Reduktion des Notwehrrechts des Provokateurs grundsätzlich für sachgerecht hält[227], plädiert eine Minderheit in der Lehre hier für das volle, uneinge-

---

219 Schönke-Schröder/Lenckner StGB (24) § 32 Rn. 43.

220 Vgl. Kühl, JURA 1990, 244 (245).

221 Beispiel: Axtschläge gegen den Kopf des Angreifers zur Verteidigung des Pfandrechts an einem Huhn, vgl. BayObLG NJW 1954, 1377.

222 Angriffe von Kindern, Geisteskranken, Betrunkenen, vgl. Schönke-Schröder/Lenckner StGB (24) § 32 Rn. 52 m.w.N.

223 Notwehr unter Familienmitgliedern, sofern die Familienbande nicht bereits der Auflösung preisgegeben sind, vgl. Bitzilekis, Einschränkung des Notwehrrechts, S. 125.

224 Beispiel: Provokation eines Angriffs durch Entfachen einer verbalen Auseinandersetzung und Zufügen einer Verletzung, vgl. BGH JR 1989, 160 mit krit. Anm. Hohmann/Matt, JR 1989, 161 f.; vgl. Hohmann/Matt, JuS 1993,

225 Vgl. Schönke-Schröder/Lenckner StGB (24) § 32 Rn. 50, 52, 53, 54.

226 Vgl. Neumann, Zurechnung und Vorverschulden, S. 142 ff.; Kühl, JURA 1991, 175 (176 ff.).

227 Vgl. Lackner StGB § 32 Rn. 14 f. m.w.N.

schränkte Notwehrrecht des Angegriffenen[228]. In der Auseinandersetzung gewinnt das jeweils zutage tretende Grundverständnis des Notwehrinstituts eine für die Argumentation tragende Rolle: Bedarf die Ausübung des Notwehrrechts einer *sozialverträglichen* Einbindung in ein außerrechtliches oder vorrechtliches Wertesystem (überindividualistischer Ansatz) oder kann das Notwehrrecht als genuin subjektives Recht formuliert werden, daß einer Einschränkung durch heteronome Einflüsse zu widerstehen hat (individualistischer Ansatz). Das Gegen- und (eventuell auch) Ineinander dieser beiden Notwehrbegründungen läßt sich am Beispiel der *Notwehrprovokation* eindringlich veranschaulichen.

b. Der Leittopos der Einschränkungsdebatte

Zur Legitimation einer Reduktion des Notwehrrechts wird zumeist ins Feld geführt, die Einschränkung sei im konkreten Fall *sozialethisch* geboten. Zunächst einmal erscheint es daher lohnenwert, diesem Begriff nachzugehen. An eine solche Suche hohe Erwartungen hinsichtlich der damit ans Tageslicht zu befördernden Begründungsstrukturen zu stellen, dürfte indes eine grundlose Hoffnung sein: Der Begriff der *Sozialethik*, so wie er in der Debatte zur Einschränkung des Notwehrrechts Verwendung findet, geht in seinem Urspung nicht auf eine bestimmte philosophische oder soziologische Tradition zurück, sondern entspringt aller Wahrscheinlichkeit nach bereits einer juristisch geläuterten Sichtweise der *Sozialbezüglichkeit* menschlichen (hier strafrechtlich relevanten) Handelns[229]. Was mit sozialethischer Einschränkung des Notwehrrechts gemeint sein könnte, bringt das Reichsgericht 1887 auf folgenden Nenner:

> Hierbei ist entscheidend, daß das Gesetz (...), nicht hat verlangen können, daß als Mittel dem Angriffe zu entgehen, die Flucht auch dann gewählt werde, wenn dieselbe nicht ohne eigenes Opfer an Interessen bewirkt werden kann, namentlich also, wenn sich solche nach den Anschauungen des gesellschaftlichen Verkehrslebens unter den gegebenen Umständen als schimpflich oder unehrenhaft darstellen würde[230].

---

228 Bockelmann, Honig-FS, S.19; Frister, GA 1988, 291 (310); Hassemer, Bockelmann-FS, S. 243 f.; Hohmann/Matt, JR 1989, 161; LK-Spendel StGB 24. § 32 Rn. 281 ff.; Mitsch, GA 1986, 533 (544 f.).

229 Vgl. den Definitionsversuch Kühls, JURA 1990, 244 f.; Bitzilekis, Einschränkung des Notwehrrechts, S. 18 f..

Vgl. Stichwort "Sozialethik" in der Europäischen Enzyklopädie zu Philosophie und Wissenschaften, Bd. 4 R-Z.

230 RGSt 69 (72).

Damit drängt sich der Verdacht auf, daß sich hinter der anspruchsvoll daherkommenden Formulierung der sozialethischen Dimension des Notwehrrechts nichts anderes verbirgt, als die historisch und gesellschaftlich gebundenen Übereinkünfte alltagsmoralischer Prägung. Um es mit *Grotius* zu sagen: Schlägt die allem Menschlichen und damit wohl auch den Strafrechtswissenschaftlern inhärente Struktur des *appetitus socialis*[231] auch das Notwehrrecht in seinen Bann? Jedenfalls läßt sich nachweisen, daß gesellschaftliche Veränderungen nicht ohne Einfluß auf das Notwehrverständnis geblieben sind. Augenscheinlich wird dies am Beispiel der Herausdifferenzierung von Notwehr und Nothilfe: Die Nothilfebefugnis wurde mitunter auf einen bestimmten Personenkreis beschränkt, zu anderen Zeiten dann aber wieder ausgedehnt[232]. Der Aspekt der *sozialen Nützlichkeit* des Nothilferechts hat dabei eine nicht zu unterschätzende Rolle gespielt[233]. Dieser Befund stellt sich auch im Notwehrrecht nicht sehr viel anders dar: Der mit der Zeit immer häufiger werdende Rückgriff der Rechtsprechung auf alltagsmoralische Standards - oder was man im Einzelfall dafür hielt bzw. gegenwärtig noch hält - zur Klassifizierung einer gebotenen oder nicht mehr gebotenen Notwehrhandlung, wirft ein bezeichnendes Licht auf die Provenienz des Einschränkungsarguments. Die beherrschenden Termini der Urteilsbegründungen spiegeln in zum Teil bedrückender Weise den gerade herrschenden Zeitgeist und das Begriffsreservoir, aus dem heraus die Restriktion des Notwehrrechts begründet wird: Neben den *guten Sitten*, dem *gesunden Rechtsgefühl*, dem *gemeinsamen Wohl* darf auch im Recht der Notwehr das *gesunde Volksempfinden* (ablesbar z.B. am Gesetzentwurf von 1936) zu den Leitmotiven der Gesetzesanwendung gerechnet werden[234].

Diese Tendenz befreite die Rechtsprechung von den dogmatischen Fesseln, die ihr (zunächst) durch den Gesetzeswortlaut angelegt wurden. Das Notwehrrecht diffundierte im einzelnen zu entscheidenden Fall in das argumentative Nichts willkürlich auf den Sachverhalt transponierter Alltagsmoral. Die hochgradige Abhängigkeit des Notwehrrechts von den aktuell vorherrschenden Vorstellungen in der Gesellschaft und den politischen Zuständen war spätestens da-

231 Grotius, De iure belli ac pacis, Prolegomena § 9.

232 Vgl. Haas, Notwehr, S. 45 ff. zum kanonischen Recht.

233 Vgl. Haas, Notwehr, S. 40 m.w.N.

234 Instruktiv: Bitzilekis, Einschränkung des Notwehrrechts, S. 91 f.

mit evident. Die *Sozialethik* fungiert als generalisierter und äußerst variabel zu handhabender Auslegungs- und Zurechnungsmaßstab in den Notwehrfällen[235].

Der Tatbestand, daß die Notwehreinschränkung unter Zuhilfenahme von Begrifflichkeiten erfolgt, die weder empirisch noch normativ zu konturieren sind, läßt es zwar unmittelbar nachvollziehbar erscheinen, unter Verweis auf eben diese Beliebigkeit, jeglicher Berechtigung einer Restriktion einen anerkennungswerten argumentativen Rang abzusprechen. So verführerisch dieser Ausweg auch sein mag, dem Problem *selbst* wird er nicht gerecht. Denn ein solcher "Ausweg" stellt sich dann selbst eher als ein unzulässiges *Ausweichen* vor der Problematik und mithin letztlich als ein *Verzicht auf Lösung* dar. Wenn es zutrifft - und alles spricht dafür, daß die ungeschmälerte Rechtfertigung eines Absichtsprovokateurs[236] nur äußerst schwer mit den gängigen sozialmoralisch konsentierten Intuitionen ein Einklang gebracht werden könnte[237], dann muß eine tendenziell kontraintuitive Argumentation, die den Provokateur von Strafe freizustellen gewillt ist, zumindest einen Begründungsstandard aufweisen, der die Wertung in den Fällen der Notwehrprovokation auch entgegen der prima vista aufscheinenden Intuition rational nachvollziehbar machen kann.

c. Überindividualistische und individualistische Notwehrbegründung

Die dem Gedanken der sozialethischen Einschränkung innewohnende Sozialbezüglichkeit des Notwehrrechts wird bisweilen in die Begriffe der *sozialen Rücksichtnahme*[238] und der *mitmenschlichen Solidarität*[239] aufgelöst. Nicht nur mit *Überraschung*[240], schon gar mit einigem Befremden läßt sich beobachten, daß das Gebot gegenseitiger - nicht nur moral-, sondern rechtserheblicher - Rücksichtnahme auch zwischen Angegriffenem und Angreifer gelten soll; umgekehrt hätte man es erwarten können. Der Rekurs auf die *mitmenschliche Solidarität*

---

235 Dies wird noch dadurch begünstigt, daß § 32 StGB als Rechtfertigungsnorm nicht an die strengen Voraussetzungen des Art. 103 II GG gebunden sein soll, vgl. Schönke-Schröder/Lenckner StGB (24) Vor §§ 32 Rn. 25, § 1 Rn. 14.

236 Eine Absichtsprovokation liegt im Gegensatz zur bewußt fahrlässigen oder bedingt vorsätzlichen Notwehrprovokation dann vor, wenn der Angegriffene den Angreifer einzig und allein mit dem Ziel provoziert hat, um diesen sodann anläßlich der "Verteidigungs"handlung zu verletzen oder zu töten, vgl. Hohmann/König, JURA 1990, 200 (201).

237 Vgl. Neumann, Zurechnung und "Vorverschulden", S. 176.

238 Exemplarisch: Kratzsch, JuS 1975, 435 (439).

239 Vgl. Kühl, Jura 1990, 244.

240 Kühl, Jura 1990, 244 (245).

entpuppt sich allerdings bei näherem Hinsehen als ein nicht unerheblicher Gesichtspunkt, wenn man nicht das Begriffspaar *Angreifer* und *Angegriffener* gegenüberstellt, sondern jenes beispielsweise durch *Provokateur* und *Provozierten* ersetzt.

Während die sprachliche Wendung von Angreifer und Angegriffenem den Verteidiger in einem guten Licht erscheinen läßt, suggeriert das Verhältnis von Provokateur und Provoziertem für dieselbe Person etwas Gegenteiliges. Verantwortlich für die beiderseitig in Rede stehenden Rechtsgutsverletzungen erscheint im ersten Fall der Angreifer, im zweiten Fall der Angegriffene. Dahinter steckt die These, daß derjenige für die Folgen einer Handlung einzustehen hat, der diese Handlung *ausgelöst* hat. Nicht durch eigene Handlung wird der Tatbestandserfolg der eigenen Verletzungsgefahr unmittelbar kausiert, sondern mittelbar, weil über einen fremden Willen (den des Angreifers). Aber um diese drohende Verletzung geht es vorderhand nicht. Vielmehr um die Verletzung des Angreifers. Dennoch ändert sich an der Struktur des Vorwurfs nichts: Wer durch Mißachtung des Gebots mitmenschlicher Solidarität eine notwehrträchtige Situation initiiert, trägt die Last der Verantwortung für alles was aus seinem Verhalten einem anderen an Schaden entsteht.

Die Zuschreibung von Verantwortung bezüglich des Provokateurs funktioniert hier nur unter der Bedingung, daß die von der Rechtsordnung, aber auch von der Moral allgemein geforderte Pflicht zu besonnenem Verhalten im Umgang mit anderen Personen für den Angreifer (oder Provozierten) außer Kraft gesetzt ist, für den Angegriffenen (Provokateur) aber zum Maßstab seines Handelns gemacht wird. Eine solche Sichtweise impliziert notwendigerweise, daß das angestammte duale Zurechnungsschema von Handlung und Erfolg verlassen wird. Der Blick erweitert sich über die gesamte Vorgeschichte des Konflikts und eröffnet so die Möglichkeit, nicht nur die konkrete Frage der *rechtlichen* Zurechnung zu erörtern, sondern auch allgemein *moralische* Aspekte des sozialen Zusammenlebens für die Bewertung der Notwehrsituation fruchtbar zu machen. Es ist sodann für die Zurechnung des Verteidigungsverhaltens als Rechtsverletzung und damit für die Versagung der Rechtfertigung nicht mehr entscheidend, *ob* hier eine Verteidigungshandlung vorliegt, sondern *wie* es zur ihr gekommen ist.

Dieser Alternative liegt wiederum die Idee einer *Heterogenität* des Notwehrrechts zugrunde, nämlich daß sich der Verteidigende nicht verteidigen darf, wenn er sich nicht die Verteidigung auch *verdient* hat. Damit kommt ein *externes* Parameter in Betracht, nach dem sich bestimmt, wann ein solches Verdienst anerkannt werden kann und wann nicht. Die Idee eines möglichen Mißbrauchs des Notwehrrechts verwandelt den existenziellen und somit exklusiv individuellen Konflikt des Verteidigers in eine Angelegenheit, bei der der Rechtsordnung ein Mitspracherecht eingeräumt sein soll. Aus dem Notwehr*recht* wird eine Notwehr*befugnis*.

Im Übergang zwischen Recht und Befugnis legt sich die Grundstruktur der Notwehr auseinander: Ist das Notwehrrecht seinem Wesen nach ein subjektives Recht des Verteidigers oder muß die Notwehr prinzipiell eher als Bewährung der Rechtsordnung *in* der Verteidigungshandlung des Angegriffenen verstanden werden? Das Gewahrwerden einer überindividualistischen und individualistischen Deutungsweise führt mitten hinein in einen anspruchsvolleren Umgang mit dem Begriff der Sozialethik. Letztere erscheint nun nicht mehr länger als gesellschaftlich und historisch beliebiges Kind ihrer Zeit, sondern rückführbar auf ein normatives Substrat unverbrüchlicher Sozialität des handelnden Individuums. Dieser Zusammenhang ist - so steht nach einem ersten unbefangenen Blick wohl fest - der modernen Strafrechtswissenschaft durchaus kein kryptischer Sachverhalt: Nach der heute weithin herrschenden Meinung setzt sich das Notwehrrecht im Prinzip aus zwei Komponenten zusammen, einem *individualrechtlichen* Moment und einem *überindividualistischen* Moment[241]. Diese Bestimmung gerät in den Mittelpunkt der strafrechtsdogmatischen Auseinandersetzung, sobald die Frage nach der Möglichkeit einer Notwehreinschränkung aufgeworfen wird[242].

Dabei scheint wohl - bis auf wenige Ausnahmen[243] - ausgemacht, daß sich weder eine lupenrein individualistische Notwehrbegründung noch eine überindividualistische Konzeption des Notwehrrechts konsequent durchhalten lassen[244]. Als zentrales Argument für die Schlagkraft der "*Zwei-Elemente-Theorie*"[245] wird in der Regel angeführt, das Notwehrrecht des Individuums könne nicht ohne Bezug auf die normativ verstandene Gesamtheit der Rechtsordnung legitimiert werden. Der Verteidiger tritt durch die Notwehrhandlung quasi stell-

---

241 Vgl. Schönke-Schröder/Lenckner StGB (24) § 32 Rn. 1; instruktiv: Kioupis, Notwehr, S. 24 ff.; S. 44 ff.

242 Wagner, Notwehrbegründung, S. 9.

243 Exemplarisch: der überindivividualistische Ansatz von Schmidhäuser, Strafrecht AT, S. 149: Notwehrrecht als "*aktuelle Durchsetzung der Verbote des Gemeinschaftslebens*". Exemplarisch: der individualistische Ansatz von Wagner, Notwehrbegründung, S. 29 ff.

244 Vgl. Schönke-Schröder/Lenckner StGB (24) § 32 Rn. 2 m.w.N.

245 Schönke-Schröder/Lenckner StGB (24) § 32 Rn. 2 im Anschluß an Marxen, Die sozialethischen Grenzen der Notwehr, S. 35.

vertretend für die Rechtsordnung ein und dem Unrecht entgegen. Die Notwehrhandlung setzt das Recht gegen das Unrecht durch. Das Schlagwort "*Das Recht braucht dem Unrecht nicht zu weichen*" versteht sich dann als Bewährung der Rechtsordnung. Wer für die Seite des so verstandenen Rechts eintritt, hat sich der Verteidigung dieses Rechts *in moralisch*er Hinsicht würdig zu erweisen. Die Rechtsordnung fordert nämlich von ihren Verteidigern nicht nur, daß sie sich innerhalb der objektiven Grenzen des Notwehrtatbestandes verhalten.

Die Rechtsordnung fordert mehr, sie beansprucht, daß der Angegriffene sich ihr gegenüber als *loyal* und *wahrhaftig* erweist. Loyalität und Wahrhaftigkeit lassen sich durchaus als ethische anerkannte Grundsätze einer jeden rechtlich verfaßten und der Rationalität verpflichteten Sozialität begreifen. Zweifelhaft ist nun aber, ob der einzelne auf Loyalität und Wahrhaftigkeit gegenüber der Rechtsordnung verpflichtet werden kann. Erstreckt sich im Strafrecht die üblicherweise vom Rechtsgenossen eingeforderte Akzeptanz der Rechtsordnung mit guten Gründen allein darauf, den gesetzlich festgeschriebenen Geboten und Verboten nicht zuwiderzuhandeln, soll es für den Notwehrprovokateur um eine untadelige *innere Einstellung* zur Gesamtrechtsordnung gehen. Die Notwehrhandlung muß vom Angegriffenen als Manifestation der Rechtsordnung gewollt sein.

Wie aber, wenn das Notwehrrecht sich nun doch nicht als Manifestation der *Rechtsordnung* verstehen ließe, sondern als Manifestation eines *genuin subjektiven Rechts* des Angegriffenen auf Verteidigung seiner personalen Integrität? Die Idee einer *sozialethisch* gerechtfertigten Einschränkung des Notwehrrechts steht und fällt mit der Anwort auf diese Frage.

d. Hegel - der Ziehvater der überindividualistischen Notwehrbegründung?

Das Unterfangen, gerade in *Hegel*s Rechtsphilosophie eine Parteinahme für den Charakter der Notwehr als subjektives Recht zu vermuten, erscheint angesichts der Meinungslage in der hierzu verfügbaren juristischen Literatur geradezu vermessen: Im Allgemeinen wird zwar konzidiert, daß sich an der Rechtsphilosophie *Hegel*s auch im Bereich einer Untersuchung über das Institut der Notwehr nicht vorbeikommen läßt[246]. Und dies obwohl, wie allenthalben festgestellt wird, die Notwehrfrage an keiner Stelle des *Hegelsch*en Systems eine ausdrückliche Erörterung erfahren hätte[247]. Schließlich trägt *Hegel* nach der

---

246 Stellvertretend: Bitzilekis, Einschränkung des Notwehrrechts, S. 35.

247 Stellvertretend: Sander, Notwehr, S. 37.

durchweg gängigen Ansicht dann aber doch etwas zur Legitimation des Notwehrrechts bei: Die Literatur gelangt unter Rekurs auf die bestimmende Rolle des Staates in *Hegels* Rechtsphilosophie zum Ergebnis, daß das Notwehrrecht ein dem handelden Subjekt vom Staat ausnahmsweise verliehenes und insofern unter staatlicher Disposition stehendes Recht ist[248]. Insoweit erscheint *Hegel* als der überindividualistische Antipode der - wenngleich in ihrer Darlegung eher *undeutlichen*[249] - Notwehrkonzeption *Kants*, die demgegenüber wenigstens (noch) der *persönlichen Freiheit des Individuums* verpflichtet gewesen sei[250].

Um die *Hegelsche* Position zum Notwehrrecht entwickeln zu können, sind zunächst die soeben genannten Thesen auf ihre Kompatibilität mit dem Inhalt der *Grundlinien* hin kritisch zu durchleuchten: Die grobe Systematik der Rechtsphilosophie, also die Unterscheidung des Gegeneinander von abstraktem Recht und *Moralität* und deren Aufhebung in der *Sittlichkeit*, bietet einen Schlüssel, um die Behauptung, das Notwehrrecht selbst sei kein Thema der Rechtsphilosophie, zu widerlegen. Das *Moralitäts*kapitel beschäftigt sich ausdrücklich mit der *subjektiven oder moralischen Freiheit*[251] des Individuums. Die Selbstbestimmung des Subjekts durch sein Handeln beinhaltet die radikale Entgegensetzung eigener Zweckrealisation und der diesem Zweck nur als ein Äußeres erscheinenden Allgemeinheit[252].

Wo ließe sich der Höhepunkt individueller Selbstbehauptung, wie er uns in der Notwehrsituation gegenübertritt, also besser in das Wirklichwerden des Rechts einordnen, als gerade in der *Moralität*? In der Tat kann § 127 der *Grundlinien*, der sich - nach traditioneller juristischer Lesart - auf den rechtfertigenden *Notstand* bezieht, genausogut auf die ebenfalls rechtfertigende *Notwehr* extrapoliert werden. Daß diese Konstellation unter der Überschrift *Notrecht* abgehandelt wird und auf den *Terminus Notwehr* verzichtet wird, kann dem nicht entgegenstehen[253].

---

248 Stellvertretend: Ludwig, Gegenwärtiger Angriff, S. 50; differenzierend: Matt, NStZ 1993, 271 (273).

249 Sander, Notwehr, S. 35.

250 Vgl. Haas, Notwehr, S. 109.

251 Hegel, Enzyklopädie III, § 503 (S. 10.312).

252 Vgl. Nusser, in: Die Rechtsphilosophie des deutschen Idealismus, S. 56 (67).

253 Die Terminologie der Hegel'schen Rechtsphilosophie ist mit juristischen Begriffbildungen nur in den seltensten Fällen kompatibel oder gar identisch, vgl. Schild, ZphF 1981, S. 445 (454 f.).

Die Unterschiede von Not*stand* und Not*wehr* sind auch nicht von solcher *struktureller* Exklusivität, als daß es nicht einen Oberbegriff (den des Not*rechts*) geben könnte[254]. Sobald die Interpretation des *Hegel*schen Not(wehr)rechts freilich an der *Moralität* vorbeiläuft, gelangt sie unweigerlich zu einer "*überindividualistischen*" Notwehrkonzeption, die sich dann aus dem *abstrakten Recht* vermeintlich ebensogut erklären läßt, wie aus der "*Übermächtigkeit*" des Staates: Notwehr ist dann die Wiederherstellung des Rechts gegen das Unrecht; die verletzende Verteidigungshandlung hat den identischen Bedeutungsgehalt der Strafe; der Angegriffene tritt *an die Stelle* des abstrakten Rechts und in der Notwehrhandlung bewährt er das abstrakte Recht selbst[255]. Aus dem Notwehr*recht* würde somit eine Notwehr*pflicht*, denn wer dem Unrecht seinen freien Lauf läßt, befördert dessen Existenz[256]. Der Verteidiger müsse dagegen dem abstrakten Recht *gnade- und grenzenlos*[257] zu Durchsetzung verhelfen.

Um *Hegels* Verständnis der Notwehr beizukommen, ist die Frage, *welches* Recht der Angegriffene in der Notwehrsituation eigentlich verteidigt, vor dem Hintergrund des Verhältnisses von *abstraktem Recht*, *Moralität* und *Sittlichkeit* zu erörtern: Das *Substrat* der Rechtsentwicklung als Dasein der Freiheit ist die *zweite Natur* des Menschen, die *Vernunftallgemeinheit*, oder mit dem einschlägigen Terminus der Philosophie des objektiven Geistes benannt, der *freie Wille*[258]. Die Stufe des *abstrakten Rechts* beschreibt den ersten Schritt des freien Willens in die Wirklichkeit seines Selbst, seiner Identität. Die Rechtsper-

---

254 Wer der Gefahr ausweichen kann, soll nicht in den Genuß der Rechtfertigung durch § 34 StGB kommen; das Bestehen einer Ausweichmöglichkeit läßt hingegen das Notwehrrecht unbeeinträchtigt. Weiterhin fehle es in § 32 StGB an einer Interessenabwägung, vgl. Schönke-Schröder/Lenckner StGB (24) § 34 Rn. 1.

Die *Hegel*sche Formulierung "in der letzten Gefahr" läßt sowohl die Deutung zu, hierbei handele es sich um einen *unmittelbar geführten Angriff* auf die personale Grundverfaßtheit des Verteidigers (Notwehr/Defensivnotstand) als auch ein Verständnis, das die drohende Rechtsverletzung von der konkreten Handlung eines anderen ablöst und die Verteidigung eigener Rechtspositionen als "präventive" Notwehr (aggressiver Notstand) begreift. Ähnlich liegt es hinsichtlich der Interpretation von "Angemessenheits"- (§ 32 StGB) und "Abwägungsklausel" (§ 34 StGB): In beiden Momenten kommt zum Ausdruck, daß es hier um die Konstituierung und Wahrnehmung eines *Recht*s geht und nicht um rein willkürliche und solipsistische Interessenverfolgung.

255 Vgl. Haas, Notwehr, S. 111 f; Bitzilekis, Einschränkung des Notwehrrechts, S. 38, bringt es auf den einfachen Nenner: "*Faßt man die Notwehr nach der Hegelschen Lehre auf, gäbe es keinen Unterschied zwischen Notwehr und Strafe, denn beide dienen dazu, das Unrecht zu vernichten und das Recht wiederherzustellen*".

256 Bitzilekis, Einschränkung des Notwehrrechts, S. 38.

257 Bitzilekis, Einschränkung des Notwehrrechts, S. 38.

258 Vgl. Hegel, Grundlinien, § 4 (S. 7.46).

son bestimmt sich als Unmittelbarkeit, d.h. als bloß formelle Entgegensetzung zu dem ihr Äußerlichen. Die Rechtsperson gibt sich selbst Dasein, indem sie ihr Bestimmen in das Eigentum legt[259]. Im Vertragsschluß dokumentieren sich Gemeinsamkeit und Anerkennung ihrem Prinzip nach: Der Wille noch ohne Zielbestimmung und Bezweckung geht auf die Sache - *die Sache ist die Mitte*. Über sie definieren sich die Rechtspersonen als formelles Miteinander oder Gegeneinander. Das Allgemeine ihrer selbst manifestiert sich im koordinierten Umgang mit dem Vertragsgegenstand[260]. Die Zufälligkeit einer bloß punktuellen, in sich unreflektierten, Übereinstimmung radikalisiert sich im Gegeneinander von Recht und Unrecht. Die Allgemeinheit des Rechts gebiert aus der eigenen abstrakten Form ihren entgegenliegenden Bestimmungsgrund, das Unrecht. *Besonderes Recht* (Unrecht) stellt sich dem *allgemeinen Recht* (Recht an sich, das Allgemeine der Vernunft) in den Weg. Nur durch den Zwang manifestiert sich das Recht, bestimmt sich gegen das Unrecht als *höheres Recht*[261]. Festzuhalten bleibt, daß sich hier das Recht nur in seiner *formellen Gültigkeit* als solches gegen das Unrecht wiederherstellt.

Daß Recht *an sich* eine Ausprägung der Vernunft sein kann, ist damit erwiesen. Die Realität des abstrakten Rechts *im Handeln des Subjekts* ist allerdings hierbei noch geschuldet. In der *Moralität* bestimmt sich das Subjekt gegenüber dem abstrakten Recht, indem es seine Zwecke und Ziele aus sich heraussetzt. Die Betrachtung der Rechtsentwicklung wechselt damit den Standpunkt. Maxime des Subjekts ist die Selbstverwirklichung durch tätige Reflexion des ihm Äußerlichen. Die Gestaltung der Äußerlichkeit läßt das Subjekt den verwirklichten Zweck als seinen individuellen Entwurf realisierter Freiheit erkennen. In der Situation existenzieller Not liegt die Freiheit der rechtspersonalen Verfaßtheit in der Behauptung der Besonderheit an sich. Die Totalität der Zwecke hat ein höheres Recht als das *nur* allgemein bestimmte abstrakte Recht. *In der letzten Gefahr* bewährt sich folglich nicht das Recht als Abstraktes, sondern das höchste Recht subjektiver Besonderheit auf personale Existenz. Notwehr ist damit unmittelbar Sinnbild der Verknüpfung von Vernunftallgemeinheit und besonderer Existenz. Das Recht der Not entspringt damit dem freien Willen, ist aber ursprünglich und unmittelbar vernunftgebunden und damit nicht durch die Entgegensetzung von Recht und Unrecht im Sinne des abstrakten Rechts vorgeprägt. Der strukturelle Unterschied zwischen abstrakter Rechtsbe-

259 Vgl. Hegel, Enzyklopädie III, § 488 (S. 10.306).

260 Vgl. de Vos, HS 16 (1981), S. 99 (104 f.).

261 Hegel, Enzyklopädie III, § 501 (S. 10.310 f.).

währung im Zwang gegen das Unrecht und der Notwehrhandlung des Verteidigers, die den Angreifer verletzt, wird auch daraus deutlich, daß auf der Stufe des *abstrakten Rechts* das Unrecht die Besonderheit gegenüber dem Allgemeinen des Rechts markiert, in der *Moralität* ist es hingegen das Notrecht als Recht der Besonderheit, das allgemein gilt.

Das Notrecht zeigt in seiner Einseitigkeit gerade die Zufälligkeit des Rechts an sich. Dort wo die Personalität subjekthafter Existenz existenziell bedroht ist, gilt das Recht der Besonderheit als höheres Recht[262].

> Das Leben, als Gesamtheit der Zwecke, hat ein Recht gegen das abstrakte Recht[263].

Die *Moralität* zeigt uns also eine Rechtsbewährung ganz besonderer Art, dessen Kostitution quer zum abstrakten Recht liegt. Fraglich bleibt damit, ob nicht auf der Stufe der *Sittlichkeit* dieses absolute Recht der Besonderheit auf sich selbst durch das Manifestwerden der Substantialität in seinen exklusiven Bestand gefährdet wird. Der Ausnahmecharakter des Notrechts als Recht der in existenzielle Not geratenen Besonderheit steht auch dem Prinzip des sittlichen Lebens, im geltenden Recht das der individuellen Handlung Identische realisiert zu finden, entgegen[264]. Das Recht der Not hat daher auch im Staat grundsätzlich seinen festen Platz, der sich auch im Gesetzbuch repräsentiert finden muß[265]. Der über die Abstraktheit des Rechts *hinausweisende Charakter* der Not[266] strahlt selbst auf die längerfristige Sicherung vor akuter Not aus[267]:

> Man darf dem Recht nicht hingeopfert werden[268].

Die Einprägung der Substantialität in die Lebensvollzüge der Individuen setzt die Reflexion der Einzelbewußtseine voraus. Dieses tätige Hervorbringen praktischer Vernunft[269] sicherzustellen, ist vordergründige Aufgabe des Staates, dem damit auch zufällt, das Recht der Besonderheit, das Recht der Subjektivität im allgemeinen Schutz der Personalität zu gewährleisten[270].

---

262 Vgl. Hotho, in: Ilting III, § 127 2. (S. 403).

263 Hegel, Grundlinien, § 127 Z (S. 7.240).

264 Vgl. Hegel, Grundlinien, § 126 hZ (S. 7.239).

265 Wannenmann, Mitschriften, § 63 (S.85).

266 Vgl. Bartuschat, in: Rechtsphilosophie des deutschen Idealismus, S. 77 (96).

267 Hotho, in: Ilting III, § 127 3. (S. 403 f.)

268 Hegel, Grundlinien, § 127 Z (S. 7.241).

269 Vgl. Hegel, Enzyklopädie, § 514 (S. 10.318).

270 Hegel, Grundlinien, § 260 A, Z (S. 7.409 f.)

Obgleich: Aus der Forderung, das Notrecht müsse kodifiziert werden, könnte nun geschlossen werden, die näheren Umstände dieser Kodifikation ständen im Belieben des Gesetzgebers. Die Gesetzgebung ist indes an das gebunden, was ihr im Begründungsgang des Rechtsbegriffs vorgegeben wird. Das was dem Grunde nach zur Rechtstruktur und damit zur Wirklichkeit geworden ist, darf durch die Gesetzgebung nicht in das genaue Gegenteil verdreht werden. Richtschnur für die substantielle (d.h. hier individuell reflektierte) Geltung eines Gesetzes ist letztlich (d.h. begründend) die Vernunftallgemeinheit. Der einzelne muß sich im Gesetz als in seinem freien Willen repräsentiert wiederfinden[271]. Das Notwehrrecht - auch und gerade, wenn es kodifiziert ist - muß sich also daran messen lassen, wie es die *personale Unverfügbarkeit des Notrechts* - wie sie sich aus der *Moralität* ergibt - sichert. Das Recht der Not als Recht auf Personalität in letzter Gefahr steht, da es auf der ins Extrem getriebenen *existenziellen* Notlage des Subjekts basiert, nicht zur Disposition. Über die vernunftallgemeine Vorausgesetztheit kann kein externer Maßstab disponieren, weil er den Einzelnen sonst rechtlos stellen würde[272]. Der essentielle Regelungsgehalt der Notwehr verleiht ihr den Status einer Norm, die unmittelbar aus der Vernunft abgeleitet werden kann.

Entsprechend der *Hegelsch*en Dreiteilung des Normbegriffs[273] ist die Notwehr als Regelung des positiven Rechts von den ihr gegenläufigen Tendenzen geschichtlicher und gesellschaftlicher Art freizustellen, da sie ähnlich der Kodifikation des Tötungsverbots eine prinzipiell vorauszusetzende Norm darstellt. Damit ist nicht intendiert, daß das Notwehrrecht ein grenzenloses Recht wäre. Die Grenzen des Notwehrrechts ergeben sich aus der vernunftgemäßen Rückbindung des Rechts auf Behauptung personaler Besonderheit in existenzieller Not. Dort wo der Angegriffene den Angreifer als Vernünftigen nicht anerkennt, wo er *nicht mehr der Not* wehrt, sondern den Angreifer in seinem Recht auf nur proportional beschränkte Verletzung des äußeren Dasein negiert, liegt in der Verletzung ein Unrecht für sich. Solange indes der Angreifer als *Freier* die Existenzialität des Angegriffenen bedroht, ist für eine Einschränkung des Notwehrrechts kein Platz.

---

271 Vgl. Bogdandy, Hegels Theorie des Gesetzes, S. 184.

272 Hegel, Grundlinien, § 127 Z (S. 7.241).

273 Vgl. Hösle, Hegels System II, S. 484 f.

IV. Substanz und Subjekt

1. Das Individuum im Spannungsfeld des Sollens - das formelle Gewissen, ein ruheloses Pendeln zwischen Gut und Böse?

In der gewissenhaften Handlung tritt das subjektiv in das konkrete Bewirken hineingelegte Wohl in eine Beziehung mit dem an sich Guten. Als Reflexionsinstanz führt das Gewissen die handlungsleitende Zweckhaftigkeit individueller Interessenverfolgung und das abstrakte Gute zueinander bzw. setzt sie gegeneinander ab. Das Gute als das Allgemeine und damit Wesentliche - *der Wille in seiner Wahrheit* - setzt beim praktisch handelnden Subjekt die Fähigkeit voraus, das Eigentliche seiner selbst denkend zu erfassen. Erst dadurch entsteht persönliche Schuld an der vorgenommenen Handlung (und deren Folgen), wenn das Gegeneinander von Wohl und abstrakt Gutem reflektierend erfaßt werden kann (Zurechnungs*fähigkeit*)[274].

> Das Recht des Gewissens ist das zwar formelle, aber wesentliche Recht, daß das, was ich als gültig anerkennen soll, von mir als gut eingesehen werde und daß mir eine Handlung nur nach der Gesinnung und nach der Kenntnis ihres Werts, rechtlich oder unrechtlich, gut oder böse zu sein, zugerechnet werde[275].

Zu einer Vermittlung und Aufhebung der beiden ethischen Kontrapunkte kommt es im Gewissen indes nicht. Da das abstrakt Gute nicht im Durchgang durch die Lebenswelt des praktischen Subjekts zur konkreten Substanz bestimmt worden ist, bleibt es zunächst nur ein gleichberechtigter Abwägungsfaktor. Damit dokumentiert sich die höchste erreichbare Subjektivität, die die *Moralität* zulassen kann: Die Verinnerlichung des Gegenübers von Wohl und Gutem schwingt sich bis zur *Apotheose des Bösen* auf.

> Diese letzte abstruseste Form des Bösen (gemeint ist die Heuchelei, d. Verf.), wodurch das Böse in Gutes und das Gute in Böses verkehrt wird, das Bewußtsein sich als diese Macht und deswegen sich als absolut weiß, ist die höchte Spitze der Subjektivität im moralischen Standpunkte, die Form, zu welcher das Böse in unserer Zeit und zwar durch die Philosophie, d.h. eine Seichtigkeit des Gedankens, welche einen tiefen Begriff in diese Gestalt verrückt hat und sich den Namen der Philosophie, ebenso wie sie dem Bösen den Namen des Guten anmaßt, gediehen ist[276].

---

274 Vgl. Hegel, Grundlinien, § 132 A (S. 7.246 f.); Amengual, HJB 22 (1987), S. 207 (212).

275 Homeyer, Mitschriften, § 72 (S. 246).

276 Hegel, Grundlinien, § 140 A (S. 265 f.); Enzyklopädie III, § 512 (S. 10.316).

Es scheint, vernichtender konnte *Hegel* das Urteil über das "*moralisch*" handelnde Subjekt nicht formulieren - wie manche meinen: *quite scandalous*[277]. Sollte die *Moralität* etwa nur dazu gedient haben, die ethischen Abgründe des Individuums aufzuweisen? Der Frage soll nachgegangen werden. Der dritte Abschnitt der *Moralität* steht unter der Überschrift "*Das Gute und das Gewissen*". Damit knüpft das Begriffspaar an die dialektischen Tempi der voraufgegangen Stufen des *An sich* (Vorsatz und *Schuld*) und des *Für sich* (Absicht und das *Wohl*) an.

Die Folge von *Schuld - Wohl - Gewissen* deutet auf die Qualifizierung der Innerlichkeit hin. *Schuld* an sich ist das *Unmittelbare* des Moralischen, *Wohl* das aus der Individualität gespeiste Interesse. Gleichzeitig versinnbildlicht die *Schuld* eine formale Verantwortlichkeit ("*Man kann überhaupt an etwas Schuld haben*"), das *Wohl* repräsentiert die per *Absicht* angestrebte Übereinstimmung von subjektiver Intention und Außenweltserfolg ("*Genau das habe ich erreichen wollen, es entspricht meinen Interessen*").

In der Notstandssituation war zu beobachten, daß das (subjektive) Wohl auch zum (objektiven) Recht werden kann. In der Transformation von Wohl in Gewissen findet sich das Interesse verobjektiviert als *Sollen*[278]. Die bisherige Entwicklung des Rechtsbegriffs bildete auf ihren jeweiligen Stufen den Bezug des (abstrakten) Rechts auf den Rechtsadressaten nur undeutlich ab. Aus den Bestimmungen des Unrechtsbegriffs bzw. der ersten Abschnitte der *Moralität* erfährt der Einzelne nicht, wie er sich im Rahmen der realen Existenz verhalten soll - Recht bleibt Ahnung oder wird konkret nur in Zufallssituationen[279].

Der nur *partikulare* Charakter[280] des moralischen Wohls verweist auf den Stabilität versprechenden Maßstab des *Guten*, welches als das Allgemeine des Rechts seine Durchsetzung finden kann. Das *Gute*, das schon hinter dem *abstrakten Recht* zu vermuten war, ist bislang auch im *Moralitäts*kapitel in seiner Entwicklung zur Praxis hin nicht sonderlich weit fortgeschritten. Zwar wurde ersichtlich, daß sich die Rechts*person* zum Rechts*subjekt* konkretisierte, aber diese Reduktion von Abstraktheit bleibt auf den Handelnden in all seiner Individualität konzentriert. Das qualifizierende Moment des Rechts, also der *materi-*

---

277 Findlay, Re-Examination, S. 318.

278 Nusser, in: Rechtsphilosophie des deutschen Idealismus, S. 56 (68); vgl. Wannenmann, Mitschriften, § 65 (S. 86); Homeyer, Mitschriften, § 69 (S. 245).

279 Vgl. Hegel, Grundlinien, § 129 Z (S. 7.243).

280 Vgl. Bartuschat, in: Rechtsphilosophie des deutschen Idealismus, S. 77 (92).

elle Überbau der *konkret*-intersubjektiven (empirischen) Verhältnisse, ist noch nicht in den Status der Begriffsentwicklung einbezogen.

Um eine Reflexion möglicher Handlungsmaximen des Rechts (*Recht des objektiven Willens*) auf Seiten des Subjekts zu realisieren, ist eine individuell gebundene Formierung der Komplexität abstrakten Rechts notwendig. Die Voraussetzungen zur Einführung einer Vermittlungskategorie, die dies zu leisten vermag, sind bereits mit dem Anheben der Widersprüche in der Stufe der *Absicht* und des *Wohls* gegeben. Denn hier tritt der Gegensatz von Interesse und Recht, von selbstischer *Privatheit* und *allgemeiner* Intersubjektivität (als Inbegriff des Rechtlichen), mit besonderer Schärfe auf. Die Reflexion des Handlungsziels verblieb in der Enge der Ich-Bezüglichkeit, d. h. einer unmittelbar auf sich selbst zurückgeworfenen Entgegensetzung zum Allgemeinen des Rechts (und damit des substantiellen Selbst) befangen. Eine Zurechnung bestimmter Handlungen des Subjekts unter Rechtskategorien ist aus dem Grunde hier nicht möglich, da sich das Subjekt noch als *Für-sich,* als *Besonderes* versteht. Seine Position im intersubjektiven Verhältnis ist ihm nicht gewiß, der Bezug der Individualität zur konkreten Rechtsgemeinschaft nur als blasse Möglichkeit erfaßbar.

Ausgangsbedingung einer subjektorientierten Konkretisierung des Rechts des objektiven Willens ist ein Aufweis der Begründungspotenz des Allgemeinen.

Das universelle Moment des abstrakten Rechts (in der Stufe der *Moralität*: das Recht des objektiven Willens) verankert sich im Begriff des *Guten.* Die Zielbestimmung ist dadurch vorab festgelegt, das *Gute ist die Idee*[281]; das Dasein des Rechts vermittelt sich für das Subjekt als Erkennen des als *individuell-konkreten* beanspruchten allgemein-abstrakten Guten[282]. Das vorher bloß Objektive des Guten erlangt für das Subjekt Gültigkeitsanspruch, zu dem es sich verhalten, mit dem es sich zurechtfinden muß[283]. Der Gewinn an Gültigkeit verläuft dabei über die Grundannahme eines substantiellen Aufeinanderbezogenseins von abstrakt Gutem und konkretem Wohl. Der Übergang vom Wohl zum Guten kann nur dort erfolgen, wo im *konkreten Wohl* das Prädikat des Guten schon mitgedacht wird:

281 Hegel, Grundlinien, § 129 (S. 7.243); Wannenmann, Mitschriften, § 65 (S.86); Homeyer, Mitschriften, § 69 (S. 245); Hösle, Hegels System II, S. 520.

282 Vgl. Jermann, in: Anspruch und Leistung, S. 101 (116).

283 Liebrucks, Sprache und Bewußtsein, S. 546.

> Das Wohl ist nicht ein Gutes ohne das Recht. Ebenso ist das Recht nicht das Gute ohne das Wohl (fiat iustitia soll nicht pereat mundus zur Folge haben)[284].

Recht und Wohl kommen in ihrer Bestimmung zum Dasein der Freiheit nicht ohne die Substanz des Guten aus. Diese Substanz des gültig Guten fehlte nach *Hegel* beispielsweise dem heiligen *Crispinus*, der zur Fertigung von Schuhwerk für die Bedürftigen das hierzu notwendige Material anderen, nicht Bedürftigen, wegnahm (denn hier mangelt es am Allgemeinen des Rechtlichen) und diese Substanz realisiert sich auch nicht in der Handlung desjenigen, der sich auf die bloße Übereinstimmung mit dem Recht beruft, jedoch kein individuelles Interesse geltend macht (denn hier fehlt es am Ausdruck des individuellen Wohls, an der *Partikularität des Meinigen*). Soll also das Subjekt das *Gute* als Substantielles seiner selbst (indem es als *Rechts*subjekt gelten darf) als das Gesetz seiner Handlungen begreifen, muß das *Gute* in seinem Bewußtsein überhaupt *reflektiert* werden können. Das gilt gleichermaßen auch für den Fall, daß das Subjekt das Nicht-Gute realisieren möchte. Die dritte Konstellation, nämlich diejenige des Desinteresses an den Prädikaten des "*Gut*" und "*Böse*", würde die Existenz des Rechts und damit letztlich die je eigene personale Grundverfaßtheit des Rechtssubjekts hintergehen. Das Subjekt kann zwar für sich die Vorgegebenheit seiner selbst als Rechtsperson leugnen und sich außerhalb des Rechts stellen, doch es kann dies nur zum *Schein*, das Recht holt es in seiner Handlung wieder ein:

> Das Gute ist überhaupt das Wesen des Willens in seiner Substantialität und Allgemeinheit (Bezug zur Rechtsperson, d. Verf.) - der Wille in seiner Wahrheit; - es ist deswegen schlechthin nur im Denken und durch das Denken. Die Behauptung daher, daß der Mensch das Wahre nicht erkennen könne, sondern es nur mit Erscheinungen zu tun habe, daß das Denken dem guten Willen schade, diese und dergleichen Vorstellungen nehmen, wie den intellektuellen, ebenso allen sittlichen Wert und Würde aus dem Geiste weg[285].

In dem Anspruch auf Wirklichkeit des Guten, dem sich das Subjekt nicht entziehen kann, dem es sich stellen muß, liegt indes der *Grund der Pflicht*, das Sollen[286]. Das Gute tritt durch das Bewußtsein des Individuums in die Realität: Parallel zu der dialektisch gewendeten aristotelischen Trias im Recht der Ab-

---

284 Hegel, Grundlinien, § 130 (S. 7.243).

285 Hegel, Grundlinien, § 132 A (S. 7.245).

286 Hegel, Grundlinien, § 131 (S. 7.244): "*Insofern das Gute hier noch diese abstrakte Idee des Guten ist, so ist der subjektive Wille noch nicht als in dasselbe aufgenommen und ihm gemäß gesetzt; er steht somit in einem Verhältnis zu demselben und zwar in dem, daß das Gute für denselben das Substantielle sei, daß er dasselbe zum Zwecke machen und vollbringen soll, - wie das Gute seinerseits nur im subjektiven Willen die Vermittlung hat, durch welche es in Wirklichkeit tritt*".

sicht (Zwecksetzung, Mittelauswahl, Zielverwirklichung), weist auch die Entwicklung des Guten einen dreifachen Vermittlungsschritt auf. Das Individuum vergegenwärtigt zunächst das Gute als (teil)identisch mit seinem besonderen Interesse, überlegt, inwieweit der angestrebte Zweck das Gute schon enthält bzw. durch bestimmte Modifikationen des Ziels oder der Mittel enthalten kann und schließlich setzt sich das Subjekt durch den Handlungsvollzug und die Erreichung des Ziels auch extern erkenntlich in Relation zum Guten. Von Bedeutung für die Zurechnung der bewirkten Außenweltveränderungen ist indes nicht allein die objektive zu beobachtende Divergenz von Sollen und seinsgegenständlicher Zielrealisierung, sondern inwieweit das Zurechnungssubjekt den *Wert* seiner Handlung (also die Position derselben im Spannungsbogen zwischen *gut oder böse, gesetzlich oder ungesetzlich*[287]) *erkannt* hat.

Allein dem Subjekt steht letztlich die Entscheidung zu, etwas für sich gelten zu lassen oder sich den an ihn herangetragenen Ansprüchen zu verweigern[288]. Freilich gibt diese Entscheidungshoheit dem Subjekt nicht das Recht, über das *An sich* der Substantialität zu disponieren. Denn sonst wäre ein jeder der willkürlichen Eigengesetzgebung des jeweils anderen ausgesetzt. Wie sich schon im Notrecht gezeigt hat, trifft das individuelle Wohl immer noch recht zufällig mit dem Guten zusammen;

> wegen ihrer formellen Bestimmung ist die Einsicht ebensowohl fähig, wahr, als bloße Meinung und Irrtum zu sein[289].

Mit diesem nur sehr allgemeinen Aufweis des Gewissens schleichen sich in die Vermittlung von Recht des subjektiven Willens und Recht des objektiven Willens also normative Unwägbarkeiten ein. Gälte das abstrakte Recht dem Einzelnen nur als Allgemeines, seiner Besonderheit Gegenüberliegendes, wäre er in Bezug auf die rechtliche Qualität seiner konkreten Handlung im Ungewissen. Der Standpunkt des Individuums könnte dann diesbezüglich nur lauten: Die *Pflicht muß um der Pflicht willen* befolgt werden[290]. Damit ist zwar zum Ausdruck gebracht, daß die Pflicht als abstrakte *Wahrheit der Subjektivität*[291] nicht mehr aus der Rechtsdefinition wegzudenken ist, für die *Wirklichkeit des Subjekts*

287 Hegel, Grundlinien, § 132 (S. 7.245); vgl. Nusser, Rechtsphilosophie des deutschen Idealismus, S. 55-68).

288 Vgl. Amengual, HJB 22 (1987), 207 (212).

289 Hegel, Grundlinien, § 132 A (S. 7.245).

290 Vgl. Hegel, Grundlinien, § 133 (S. 7.250.

291 Hösle, Hegels System II, S. 521.

bleibt Pflicht als bloßes Abstraktum jeglicher *Verpflichtungskraft* ledig - eine Folge der *Leerheit ihrer bloß formalen Bestimmung*[292].

2. Die Erkenntnis der Pflicht in der sich zur Freiheit bestimmenden Identität des Sittlichen

Die Ferne des Sichselbstgleichen vermittelt sich dem Subjekt in der Nähe praktischen Seins zum Bewußtsein der konkreten Pflicht. Der Prozeß der Substantialisierung der Lebensvollzüge innerhalb der gesellschaftlich gebundenen sittlichen Existenz der Individuen erinnert an *Walter Benjamins* Vergleich von Spur und Aura:

> Spur und Aura. Die Spur ist Erscheinung einer Nähe, so fern das sein mag, was sie hinterließ. Die Aura ist Erscheinung einer Ferne, so nah das sein mag, was sie hervorruft. In der Spur werden wir der Sache habhaft; in der Aura bemächtigt sie sich unser[293].

Um der Sache der Pflicht habhaft zu werden, ist der Aufweis der in der Wirklichkeit als richtig erfaßten Rechtsidee, die Aufhebung der in der Sphäre des Gewissens auf die Spitze getriebenen Bipolarität von abstraktem Recht (dem Guten an und für sich) sowie der *Moralität*, als Besonderung desselben durch das Rechtssubjekt, einzufordern. Die Dualität von Pflicht als konkreter Rechtlichkeit der sozialen Existenz und individueller Freiheit selbstmotivierten Handelns soll nicht länger im Zwiespalt bleiben. Das Unternehmen der Vermittlung des *bislang Unvermittelbaren* wird vom Verdacht begleitet, es gehe in der Stufe der *Sittlichkeit*, nicht mehr so sehr um die Freiheit des Individuums, sondern viel eher um das Überhandnehmen von Quantität und Qualität staatlicher Zwänge. Es ist also die Rede vom *Gewaltstatus* der *Sittlichkeit*:

> (Diese sei jene) höhere Autorität, welcher man gehorcht, nicht weil sie uns das Nützliche befiehlt, sondern weil sie befiehlt (und weiter) Sittlichkeit ist nichts anderes (also namentlich auch nicht *mehr*!), als Gehorsam gegen Sitten, welcher Art diese auch sein mögen[294]

- Autonomie und *Sittlichkeit* schließen sich hiernach aus.

Die *Hegelsche* Philosophie trägt hier an einer schweren Beweislast. Die Frage nach der Rolle des Individuums in der *Sittlichkeit* führt mitten hinein in die kein Ende findende Diskussion um die Liberalität *Hegels*[295]. Lediglich insoweit diese

292 Nusser, in: Rechtsphilosophie des deutschen Idealismus, S. 55 (68).

293 Benjamin, Das Passagen-Werk, S. 560.

294 Nietzsche, Genealogie der Moral, S. 2.

295 Vgl. jüngst: Becchi, Materiali 1990, 497 ff.

Auseinandersetzung Zurechnungsfragen berührt, soll sie im folgenden in die Erörterungen aufgenommen werden.
Ruhige Identität oder Bewegung? *Hegel* weist in der Zielbestimmung der *Sittlichkeit* darauf hin, daß das Dasein der Freiheit nunmehr *erreicht* sei. Die *Sittlichkeit* verstehe sich als

> das lebendige Gute, das in dem Selbstbewußtsein Wissen, Wollen und durch dessen Handeln seine Wirklichkeit, so wie dieses an dem sittlichen Sein seine an und für sich seiende Grundlage und bewegenden Zweck hat, der zur vorhandenen Welt und zur Natur des Selbstbewußtseins gewordene Begriff der Freiheit[296].

Sittlichkeit beinhaltet demnach nicht *Statik* sondern *Bewegung*. Worin soll diese allerdings zu erblicken sein, wo doch der Begriff mit der *vorhandenen Welt* identisch zu sein scheint? Um dies zu klären, soll ist nun zunächst darzustellen, daß (a) eine Dynamik des Begriffs *Recht* auch und gerade in der Stufe seiner Einbildung in die Realität praktischen Seins zu verzeichnen ist und welche inhaltlichen Bedeutungen dieser Begriffsbewegung in der Sphäre der *Sittlichkeit* mitgegeben sind. Hernach (b) ist dann auf die Frage näher einzugehen, welche Implikationen diese Art der Begriffsentwicklung für den Begriff der Zurechnung selbst aufweisen kann.

a. Anwachsen der Freiheit als Entfaltung des Inhalts

Das Ende des *Moralitäts*kapitels deutet, auch wenn es prima vista so scheinen mag, nicht bloß eine schroffe Entgegensetzung, einen (antagonistischen) Widerspruch von *Gut* und *Böse* auf der Folie des Gewissens an. Es beinhaltet als Kernaussage auch etwas weitergehendes: In der Ausdifferenzierung des begrenzten Innerlichen (Moral) und des unendlichen Allgemeinen (Recht) spiegelt sich die *Relativität* individueller wie auch intersubjektiver, damit rechtlicher, Bestimmungen. Der relationale Charakter, daß also die *strikte Subjekthaftigkeit* und auch die *strikte Rechtlichkeit* im Handeln des Subjekts jeweils nur Widerhall, aber nicht das *Wesentliche* ist, verhindert durch seine in sich gelagerte Gegenbezüglichkeit Fortschritte in der Realisierung des Rechts. *Hegel* hat durch den Nachweis dieser Gegenbezüglichkeit als eines alternierenden *Umschlagens von Identität in Dissonanz* einen Ausgangszustand gewonnen, aus dem die spezifische Zwecksetzung des Individuums als notwendig auf konkrete Pflichten bezogen gedacht werden muß[297]. Durch die Hineinlegung des (nunmehr) individu-

296 Hegel, Grundlinien, § 142 (S. 7.292).

297 Hegel, Grundlinien, § 144 (S. 7.293 f.)

ellen Zwecks in die Handlung, vermag sich das bislang abstrakte Gute auf die Handlung zu erstrecken, moralisches Motiv und Recht erlangen so eine *Verbindung*, die späterhin zur *Verbindlichkeit* des positiven Rechts selbst führen wird.

In dem Maße der Besonderung des Allgemeinen, hergestellt über den inneren Konnex der Vermittlung von abstrakt Gutem und Motiv, bewegen sich die genannten Pole aufeinander zu, werden schließlich als ein Begriff denkbar, gelangen zur *Idee* ihrer selbst. In nuce ist das Zusammenschmelzen der zugleich zur Identität wie zur Exklusivität neigenden Kategorien gleichanteilig und gleichberechtigt vollzogen. Denn die Bewegung der relationalen Begriffe aufeinander zu gehorcht den identischen Ausgangsbedingungen. Und dennoch verkörpert jeder Schritt des Abbaus von anfänglicher Distanz, je nach Standpunkt des Betrachters, dessen Eigentliches hier qua Dialektik freilich immer der Standpunkt der Sache selbst ist, die Differenz im begrifflichen Bewegungsraster: Während es einesteils das Mitgegebene des Rechtsbegriffs ist, sich zu realisieren, also auch gegen das Un-Recht zu stehen, es zu überwinden und so das Individuum, das sich eben für dieses Un-Recht entscheidet, mit Strafen zu belegen, so ist es andererseits das Individuum, das nach der Realisierung seiner inneren Beweggründe strebt und sich in der Gesellschaft, im Recht einzurichten als etwas ihm Angemessenes, dem Grunde nach Wesentliches, erkannt hat.

> Die frei sich wissende Substanz, in welcher das absolute Sollen ebensosehr Sein ist, hat als Geist eines Volkes Wirklichkeit. Die abstrakte Diremtion dieses Geistes ist die Vereinzelung in Personen, von deren Selbständigkeit er die innere Macht und Notwendigkeit ist. Die Person aber weiß als denkende Intelligenz jene Substanz als ihr eigenes Wesen, hört in dieser Gesinnung auf, Akzidens derselben zusein, schaut sie als ihren absoluten Endzweck in der Wirklichkeit sowohl als erreichtes Diesseits an, als sie denselben durch ihre Tätigkeit hervorbringt[298].

Der *Mittelpunkt*, zu dem diese Bewegungen verlaufen, ist zugleich der *Drehpunkt*, auf den beide bezogen sind, *Hegel* nennt diesen *Substanz*[299]. Die Substanz entsteht aus der Beschränkung der Form durch den Inhalt: Das abstrakte Gute muß, um wirklich zu werden, sich des subjektiven Willens bedienen. Die *Sittlichkeit* wird zur zweiten Natur des Menschen, in der sich ihm durch tätiges Begreifen die Dimensionalität der Verantwortung erschließt[300]. Die Besonderung des Allgemeinen führt damit zur Erkenntnis der *Irrealität des*

298 Vgl. Hegel, Enzyklopädie III, § 514 (S. 10.318).

299 Vgl. Hegel, Grundlinien, § 146 (S. 7.294 f.); Siep, HS 17 (1982), 75 (87 ff.)

300 Pazanin, HJB 25 (1990), 235 (239).

Unbeschränkten. Erst durch die Setzung des Unterschieds erhält das Sittliche damit festen Inhalt.

> Das Gute ist hier Substanz, das heißt Erfüllung des Objektiven mit der Subjektivität. Betrachtet man die Sittlichkeit von dem objektiven Standpunkt, so kann man sagen, der sittliche Mensch sei sich unbewußt. In diesem Sinne verkündet Antigone, niemand wisse, woher die Gesetze kommen; sie seien ewig. Das heißt, sie sind die an und für sich seiende, aus der Natur der Sache fließende Bestimmung. Aber nicht minder hat dieses Substantielle auch ein Bewußtsein, obgleich diesem immer nur die Stellung eines Momentes zukommt[301].

Die gesamte Stufe der *Sittlichkeit* dient der Skizzierung dieser Substanz, denn sie ist das realisierte und sich weiterhin realisierende Recht. In dem Moment, in welchem das Individuum in all den Schattierungen seiner realen Existenz innerhalb der bürgerlichen Gesellschaft in den Blick gerät, wird ihm sogleich die Allgemeinheit als das Wesentliche seiner selbst vorgestellt. Der Status des *Akzidentiellen*[302] des konkreten vergesellschafteten Subjekts bezieht sich auf die Zufälligkeiten des individuellen empirischen Lebens. Die erste Natur des Menschen, seine zweckgerichtete Partikularität verblaßt notwendigerweise angesichts der im Bewußtsein jedes Einzelnen erfaßten Emanzipation des objektiven Geistes.

Festzuhalten bleibt demnach, daß sich der Rekurs auf das Substantielle als der normativ transzendierende Kern der Wirklichwerdung des Rechts innerhalb der sich entwickelnden *Sittlichkeit* darstellt. Die Substanz zeigt sich selbst verschiedenartig vermittelt in den der Stufe der *Familie* als *unmittelbar erlebte und konstituierte Substantialität*[303], in der Lebenswelt des konkreten Subjektes als gesellschaftlich agierendem und aufgehobenem Wesen (*bürgerliche Gesellschaft*) und schließlich im *Staat*, als der *Wirklichkeit des substantiellen Willens*. Daß die Definition des Rechts zwar mit der Fassung des wahrhaft Sittlichen geleistet ist, gibt aber im *Hegelsch*en Sinne noch keine Gewähr für die Übereinstimmung von *individuellem Handeln* und den vom lebendigen Guten konstituierten *Pflichtanforderungen* in jedem Einzelfall[304]. Die Mannigfaltigkeit praktischer *Realität* kann mit der sittlichen Substanz nicht *vollständig* zur Deckung gebracht werden. Die *Sittlichkeit* steckt den zu konkretisierenden Rahmen ab, innerhalb dessen die

---

301 Hegel, Grundlinien, § 144 Z (S. 7.294).

302 Vgl. Hegel, Grundlinien, § 145 (S. 7.294),

303 Hegel, Grundlinien, § 158 (S. 7.307); Vgl. Jermann, in: Anspruch und Leistung, S. 145 (147); Gerald, HJB 19/20 (1984/1985), 229 (231).

304 Vgl. Winkler, HJB 23 (1988), 60 (63).

Entwicklung des Rechts bis hin zur einzelnen Norm und darüberhinaus zur individuellen Zurechnung geleistet werden kann.

Die normative Differenz zwischen Realität und Ideal muß bestehen bleiben, um *Entwicklung* zu gewährleisten. Ist jedoch von einer *inneren Dynamik der Substanzrealisierung* in der Sphäre der *Sittlichkeit* auszugehen, darf nicht in Vergessenheit geraten, daß der Modus dieses prozeßhaften Fortschreitens der praktischen Wirksamkeit substantieller Anbindung immer ein - wenngleich sich spezifizierender - Ausdruck der Rechtsbegründung aus Vernunft bleibt.

b. Die Stationen der Substantialisierung

Für die Darstellung der in der Sphäre der *Sittlichkeit* konkretisierten *vorpositiven* Pflichtenkonstellationen - bezogen auf das hier allein zurechnungsrelevante Maß an individueller Vergewisserung der Substantialität - stehen zwei Problemkreise im Vordergrund:
(1) die Einbettung der sittlichen (rechtlichen) Pflichten in das Gefüge der bürgerlichen Gesellschaft;
(2) die Funktion der Pflichten als Vermittlungsmodi zwischen handelndem Individuum und Recht.

(1) Die Erfahrung der Richtigkeit

Die Charakterisierung des dritten Teils der *Hegelsch*en Rechtsphilosophie als *Substanzphilosophie* kann dann nicht überzeugen, wenn darunter das Auspielen des Objektiven gegen das Subjektive in der ursprünglichen Bedeutung einer Unterordnung des Individuums unter die Pflicht verstanden wird. In der *Sittlichkeit* kommt das Individuum nicht durch Entgegensetzung zum Recht, zur Substanz, sondern durch die *Erfahrung der Richtigkeit* im realen Handlungsvollzug[305]. Individuelle Freiheit liegt somit nicht in der *Huldigung der Individualität* um jeden Preis.

> Diese Gestalt ist nicht nur die Eitelkeit alles sittlichen Inhalts der Rechte, Pflichten, Gesetze - das Böse, und zwar in sich ganz allgemeine Böse-, sondern sie tut auch die Form, die subjektive Eitelkeit hinzu, sich selbst als diese Eitelkeit alles Inhalts zu wissen und in diesem Wissen sich als das Absolute zu wissen. (...) Absolute Selbstgefälligkeit, (...) ein einsamer Gottesdienst seiner selbst[306].

---

305 Vgl. Bal, HJB 22 (1987), 226 (232).

306 Vgl. Hegel, Grundlinien, § 140 A (S. 7.279).

Vielmehr bestimmt sich vernunftbegründete Freiheit durch eine Art Evidenzerlebnis im Verfahren persönlicher Maximenbildung. In der Konsequenz eines solchen *Evidenzerlebnissses des Richtigen* wird das konkrete Handeln des Einzelnen für ihn selbst wie auch für die Rechtsgemeinschaft der sich realisierenden intersubjektiven Anerkennungsrelation überhaupt mit konkreten und verallgemeinerbaren Prädikaten auszeichenbar. Hierin ist angedeutet, daß der Prozeß der Vermittlung von *objektivem und subjektivem* Moment als die Weiterführung des bislang noch nicht in der Handlung als reales Wesen sich wiederfindenden Einzelnen zu begreifen ist. *Sittlichkeit* ist so ein Ausdruck des graduell sich komplettierenden Wissens vom Allgemeinen, der Ort des *wirklichen Selbstbewußtseins*[307].

Der Bezugspunkt des Individuums im Verlaufe dieser Selbstvergewisserung als Rechtssubjekt, bleibt terminologisch derselbe, verändert sich jedoch von seiner Qualität her stetig. Der Anteil der individuell-substantiellen Ineinslegung vergrößert sich, gleichzeitig verfeinert und spezifiziert sich entsprechend die Differentialität der Vermittlungssphäre zwischen beiden Begriffspolen. Die Stationen des Zusammenkommens sind die realen Inkarnationen des Substantiellen, die *Familie*, die *bürgerliche Gesellschaft* und schlußendlich der *Staat*.

In verschiedener Weise setzt das Individuum dasjenige, was für es selbst als Wesenhaftes gewußt werden kann, aus sich selbst heraus und mißt sich hieran - so werden die *Institutionen des Objektiven* zu Vermittlungsinstanzen des Selbstbewußtseins[308]. Diese *Medien*[309] sind als Definitionen der hierin sich zeigenden Verhältnisse von Recht und Individuum auch gleichzeitig Verweisungen auf und Konkretionen der bestehenden Pflichten des Einzelnen diesen Institutionen gegenüber. Die Vorgegebenheit der Pflichten, ihre Verlängerung aus der Substantialität der personalen und subjektiven Anerkennungsverhältnisses in die Realität intersubjektiver Beziehungen und ihre dort vonstatten gehende normative Entfaltung, zeigt sich dem Einzelnen als Grundbedingtheit beispielhaft im Hineingeborenwerden in die Familie[310]. Hier wird dem Individuum die Substanz zunächst als ein Unmittelbares seiner natürlichen Vorausgesetztheit erscheinen[311]. Die Institution der Familie bedeutet dem Individuum jedoch noch

---

307 Vgl. Hegel, Grundlinien, § 141 A (S. 7.287).

308 Vgl. Wannenmann, Mitschriften, § 70 (S. 245).

309 Böning, Unrechtsbewußtsein, S. 57.

310 Vgl. Blasche, in: Materialien II, S. 312 (317).

311 Vgl. Liebrucks, Sprache und Bewußtsein, S. 570.

keine Erkenntnis des Rechtlichen als genereller Verfaßtheit der Existenzen überhaupt, sondern beinhaltet das Erlebnis einer Aufhebung der *Isolation*[312]. Als nicht mehr abstrakte Rechtsperson ist die anfängliche Isolation des Vernunftwesens weit zurückgelassen. Das Verständnis des anderen als eines im individuellen Zusammenhang mit dem Handelnden als konkreter Bezugspunkt Erscheinenden hebt mit der Einbindung des Subjekts in die Familie an.

Sinnbild dieses Gemeinschafts*erlebnisses* substantieller Art ist die *Liebe*[313]. Sie ist hier nicht nur als triebgebundener Ausdruck einer innerlichen Stimmung zu verstehen[314]. Ihr wohnt die Essentialität des Anspruchs auf gleichberechtigte Achtung des Andern inne, aber beschränkt durch das nur als Gefühl ins Bewußtsein tretende eines als notwendig *erlebten* Aufeinanderangewiesenseins.

> Das erste Moment der Liebe ist, daß ich keine selbständige Person für mich sein will und daß, wenn ich dies wäre, ich mich mangelhaft und unvollständig fühle. Das zweite Moment ist, daß ich mich in einer anderen Person gewinne, daß ich in ihr gelte, was sie wiederum in mir erreicht. Die Liebe ist daher der ungeheuerste Widerspruch, den der Verstand nicht lösen kann, indem es nichts härteres gibt als die Punktualität des Selbstbewußtseins, die negiert wird und die ich doch als affirmativ haben soll[315].

Dieser *Erfahrung* der Substantialität, die in sich noch hochgradig zufällig ist und in ihrem Bestand als *mangelhaft fundierte Innerlichkeit* beschrieben werden kann, folgt die Ehe als Strukturierung der Äußerlichkeit und somit erstes Moment *tatsächlicher Sozialität*[316]. In der Materialisierung dringt die gelebte natürliche Substanz in alle Bereiche der Individuen vor und zieht diese mit. Die Verfestigung familiärer Bindungen liefert dem heranwachsenden Individuum aber letztlich nur eine beschränkte Erkenntnis seiner Verwirklichungsmöglichkeiten als gesellschaftliches Individuum. Die Substantialität von tatsächlicher Gemeinschaft wird als bloße Empfindung gesehen, wenn die Zufälligkeit der Familie offenkundig wird, wenn also das Individuum sich herauslöst und *für sich* geworden ist[317].

---

312 Hegel, Grundlinien, § 158 (S. 7.307); Vgl. Homeyer, Mitschriften, § 78 (S. 251).

313 Hösle, Hegels System II, S. 530.

314 Hegel, Grundlinien, § 164 A (S. 7.316).

315 Hegel, Grundlinien, § 158 Z. (S. 7.307 f.)

316 Hegel, Enzyklopädie III, § 519 f. (S. 10.320).

317 Hegel, Grundlinien, § 181 (S. 7.338 f.).

Fraglich ist, ob im Rahmen der Herausbildung der Individualität in konkreter intersubjektiver Bezogenheit die Familie eine notwendige Bedingung darstellt. Den Ausführungen der Grundlinien wurde hier zuweilen die Bedeutung beigelegt, Hegel verabsolutiere die reale Existenz der Familie. Verkürzt basiert dieser Einwand auf zwei un-

Mit dem Schritt zur bürgerlichen Gesellschaft erhält die Reflexion aus individueller Eigenständigkeit dann die Form einer Gerichtetheit auf die begründete Entscheidung des konkreten *Konflikts* zwischen Sein und Sollen[318]. Demgemäß kann diese Stufe auch als die *Stufe der Differenz*[319] bezeichnet werden. Die Einheit zwischen Sein und Sollen in der familiären Existenz des Subjekts war nur ein *Scheingebilde*. In dem Eintritt in die Bedingtheiten der *bürgerlichen Gesellschaft* verliert das Individuum die gewonnenen geglaubte *Identität seiner Besonderheit mit der Allgemeinheit*[320]. Auf diese Besonderheit zurückgeworfen, stellt sich die Frage nach der Übereinstimmung des eigenen Handelns mit dem Recht ungleich radikaler.

Die Flucht in die Empfindung oder das Beharren auf derselben kann als Identität des *objektiven Sollens* mit dem *subjektiven Wollen* nicht mehr weiter den Erfolg praktisch richtigen Handelns verheißen. Der Einzelne hat sich um diese Identität nunmehr selbst zu bemühen, es bedarf der Anstregung seiner Vernunft. Darüberhinaus ist das soziale Band des substantiellen Rückhalts mehr oder weniger zerrissen. Das Individuum ist hineingeworfen in die Welt des intersubjektiven Konflikts. Die Bemühungen des Einzelnen hinter all den zweckhaft gestalteten Verhältnissen das auszumachen, was allgemeine Bestimmung, Sub-

---

terschiedlichen Annahmen: Einmal sei es nicht ein Ergebnis der individuell-freien Reflexion, in die Familie eingebunden zu sein; Familie bekomme daher bei Hegel leicht das Prädikat eines unhintergehbaren, weil natürlichen Substrats der Freiheit. Desweiteren - insoweit ein bekannter Problempunkt- lese sich die Charakterisierung der Familie, besonders der Ehe, wie eine Huldigung an die bürgerlichen Lebensverhältnisse des frühen 19. Jahrhunderts (vgl. Jermann, in: Anspruch und Leistung, S. 145 (146)).

Die Kritik kann m.E. durch Hinweis auf die Systematik und deren inhaltliche Implikationen entkräftet werden: Unbestritten ist, daß sich das in die Familie eingebundene Individuum seines Anteils an der Substantialität der Gemeinschaft anfänglich nicht -im umgangssprachlichen Sinne- "bewußt" wird. Dies ändert sich in dem Maße, wie sich die Struktur der Familie als dem Fortschritt des Selbstbewußtseins hinderlich entgegentritt. Im Staat schließlich entscheidet nicht Empfindung über die Teilhabe an der Substanz, sondern Vernünftigkeit. Zweifellos ist die Familie damit der Ort zur Entwicklung der Individualität und insofern auch als Grundbedingung subjektiver Freiheit "nicht hintergehbar". Das beinhaltet aber gerade nicht die Zelebration des jeweils geltenden Verständnisses von Familie und Ehe. Vorstellbar ist, und dies geht vorallem aus den Erörterungen Hegels zum Wesen der Ehe hervor, daß es auch Formen der Gemeinschaft geben kann, die das gleiche leisten, aber im Äußerlichen unterschiedlich konstituiert sind.

318 Vgl. Hegel, Grundlinien, § 181 (S. 7.338); Vgl. Wannenmann, Mitschriften, § 88 (S. 108); Homeyer, Mitschriften, § 89 (S. 258 f.): Das "*Reflexionsverhältnis macht die bürgerliche Gesellschaft aus*".

319 Hegel, Grundlinien, § 181 (S. 7.338).

320 Jermann, in: Anspruch und Leistung, S. 166 f.

stanz sein soll, erscheinen zunächst wenig verheißungsvoll. Die Verhältnisse sind jetzt dramatisch zugespitzt.

> In der bürgerlichen Gesellschaft ist jeder sich Zweck, alles andere ist ihm nichts[321].
> Das Sittliche ist hier in seine Extreme verloren, und die unmittelbare Einheit der Familie ist in eine Vielheit zerfallen. Die Realität ist hier Äußerlichkeit, Auflösung des Begriffs, Selbständigkeit der freigewordenen daseienden Momente[322].

Daher bietet die bürgerliche Gesellschaft zunächst ein desolates Bild frei flotierender Interessen und Motivationen. Es gleicht einem *System der Atomistik*[323]. Das Allgemeine liegt der Dissoziation der vergesellschafteten Individuen aber als normative Folie ihrer relationalen Verfaßtheit zugrunde. Freilich handelt es sich bei der bürgerlichen Gesellschaft auch nicht um eine Art Wiederkehr des Naturzustandes[324]. Die intersubjektiv entgegengesetzte Verwirklichung individueller Zwecke setzt indes das Bestehen eines allgemeinen Bezugspunkts dieser Zweckhaftigkeit voraus. Konflikte sind zugleich in der Form überindividuell gebundenen Austauschs konstituiert[325]. Dem Einzelnen kommt seine Existenz innerhalb der bürgerlichen Gesellschaft nicht als reine Immanation des sich selbst unbewußten Natürlichen vor.

Das Individuum weiß um seine Vereinzelung, weil es um die konstituierte Gesellschaft weiß. Es ist sich seiner Partikularität bewußt[326] und muß lernen mit ihr umzugehen[327]. Darin liegt der weitreichende Fortschritt gegenüber der nur Zufälligkeit produzierenden und sich selbst unerkannt bleibenden Naturhaftigkeit. Das insoweit praktisch gewordene Selbstbewußtsein ist in der Unterscheidung von Gut und Böse seines Handelns, in der Reflexion der Handlungsvarianten, in weitaus stärkerem Maße zu sich selbst gekommen, als dies die Gesamtumstände der bürgerlichen Gesellschaft vermuten lassen. Das Indivi-

---

321 Hegel, Grundlinien, § 182 Z (S. 7.339).

322 Hegel, Grundlinien, § 184 Z (S. 7.340); Vgl. Hösle, Hegels System II, S. 538 f.

323 Hegel, Enzyklopädie III, § 523 (S. 10.321); Vgl. ders., Grundlinien, § 185 (S. 7.341).

324 Vgl. Liebrucks, Sprache und Bewußtsein, S. 582.

325 Hegel, Grundlinien, § 184 Z. (S. 7.341): "*Meinen Zweck befördernd, befördere ich das Allgemeine, und dieses befördert wiederum meinen Zweck*".

326 Panasiuk, HJB 21 (1986), 229 (231).

327 Ottmann, HJB 21 (1986), 339 (341), umschreibt die Situation des Individuums in der bürgerlichen Gesellschaft wie folgt: "*Der Schmerz ihrer (scil. der Gesellschaft) Entfremdung ist einer, der im Namen moderner Freiheit auszuhalten ist. Hegel verheißt nicht den Rückzug in die Idylle natürlicher Unmittelbarkeit. (...) Der Kältetod und die Vereisung des Gefühls, welche die bürgerliche Gesellschaft prägen, sind der Preis, der ihrer formellen Freiheit zu zahlen ist*".

duum der *bürgerlichen Gesellschaft* ist das *rational* handelnde Individuum. Die Zweckrealisierung kann mit guten Gründen als persönliche Maxime abgesichert werden. Der Konflikt der Besonderheit (der individuellen Bedürfnisbefriedigung) und der Allgemeinheit (Unverletzlichkeit der Grundbedingungen der vernunftverfaßten Gemeinschaft) stehen indessen nicht alternativ gegeneinander. Weder das *platon*ische Ideal des von jeglicher Besonderheit abstrahierenden Gemeinschaftswesens[328], noch die einseitige Hervorhebung des Individuellen kann einen sittlich konsentierten Ausweg aus der Konfrontation gewährleisten. Während das erstere eine *Träumerei des abstrakten Gedankens*[329] darstellt, da es von der Individualität und der notwendigen Existenz der Subjekte in den Verhältnissen der Äußerlichkeit weg geht zu der nur *idealen Schönheit und Wahrheit*[330], bewirkt das zweite den Rückfall in die leeren Formen der Verinnerlichung, in die Vereinzelung des nicht partikularitätsbewußten, naturhaften Subjekts. Die Erfassung des Substantiellen allein vermag die anbrandende Ungleichheit, die in der bloßen Interessenverfolgung beinhaltet ist, zu überwinden. Zur Zweckrealisierung bedienen sich die Individuen spezifizierter Austauschverhältnisse mit anderen; die Anhäufung von Eigentum, die Befriedigung der Bedürfnisse geht nicht konfliktfrei vonstatten, da die Gegenstandsbezüglichkeit und die Äußerlichkeiten nicht frei und damit für den Aneignenden unmittelbar verfügbar sind, sondern im extraindividuellen Kontext des Gegenübers stehen. Dies gilt umso mehr für das durch Arbeitsleistung hervorgebrachte allgemeine Vermögen.

> Durch das Zusammenarbeiten und durch die Bedürfnisse der anderen treten die Mittel ein. Die Arbeit ist eine abstrakte, keine besondere[331].

Die Stillung des jeweiligen besonderen Interesses läuft über die Schiene des Allgemeinen, da der Zusammenhang der Gesellschaft als so unabdingbar begriffen wird, daß das Allgemeine zum Mittel der eigenen Zweckrealisierung wird. Die Koordination und Separation der Bedürfnisse innerhalb der Gesellschaft organisiert sich als *Verfestigung der Sozialbezüglichkeit* des Individuums[332]. Das Individuum begreift sein tägliches Leben als Dasein und Chance seiner korporativen Einbettung in das gesellschaftliche Leben. Die Allgegenwärtigkeit und

---

328 Vgl. Hösle, Hegels System II, S. 538; krit.: Peperzak, HS 17 (1982), 97 (106 f.).

329 Hegel, Grundlinien, § 185 A (S. 7.342).

330 Hegel, Grundlinien, § 185 A (S. 7.342).

331 Vgl. Wannenmann, Mitschriften, § 91 Z (S. 111).

332 Rohbeck, HJB 23 (1988), 290 ff., zum Anteil der Arbeit an der Qualifizierung sozialer Bindungen.

Vielfältigkeit des Eingebundenseins vermittelt dem Subjekt im Wege der Reflexion den Eindruck seiner praktischen intersubjektiven Verfassung; dem Einzelnen wird dies auf ständig wiederkehrende Weise vor Augen geführt, so daß er sich schließlich selbst

> als rechtliche Person (vorstellt), und das, daß er anerkannt sei[333].

Ohne die Entwicklung eines Rechtsbewußtseins bliebe die Rezeption des Allgemeinen nur dem sinnlichen Eindruck verhaftet; einer Ahnung gleich. Das Individuum soll das Allgemeine nicht nur als ein Mittel zur Befriedigung seiner Bedürfnisse sehen; der Substanz muß im subjektiven Rechtsbewußtsein eine eigene Anerkennung wiederfahren[334]. Dabei stellt sich über das Wissen dessen, "*worin Alle identisch sind*"[335], die Etablierung des Rechts als konkretes Gesetz her[336]. Erst jetzt verbinden sich die Stränge des objektiven Rechts und des subjektiven Willens im Bewußtsein des Individuums zu ihrer bestimmten Existenz und Wirklichkeit.

(2) Die Essentialia der Pflichtanforderungen

Hegel hat den materialen Charakter der Inpflichtnahme des gesellschaftlich gebundenen Individuums gleich zu Beginn des *Sittlichkeits*kapitels herausgearbeitet. Zu berücksichtigen ist dabei, daß die hier getroffenen Aussagen zu Recht und Pflicht ohne Rekurs auf die *positive* Rechtsordnung bestehen. Gleichwohl transzendieren sie den gesamten Bereich der *Sittlichkeit* in verschieden starker Weise, da die Substanz als solche um ihren festen Inhalt ringt. Das erste Stadium *konkreter Substanz* befindet sich in Entgegensetzung zum nur *subjektiven Meinen und Belieben*[337]. Das Substantielle ist nicht nur als Ahnung, sondern als *konturierter normativer Bezugspunkt* eigener Handlungsbeurteilung auszumachen. Das Allgemeine zu wissen, es zum Objekt des Erkennens subjektiver Selbstverfaßtheit zu machen, ist wesentliche Tätigkeit der Individuen im konkreten Rechtszustand.

Der Charakter des Rechtlichen erscheint den Rechtsgenossen als eine *höhere* Form des geltenden Seins, das in seiner Qualität die ansonsten auch als seinshaft

333 Wannenmann, Mitschriften, § 108 A (S. 125).

334 Vgl. Baermann, Sittlichkeit und Verbrechen, S. 103.

335 Hegel, Grundlinien, § 209 A (S. 7.360).

336 Böning, Lehre vom Unrechtsbewußtsein, S. 61.

337 Hegel, Grundlinien, § 144 (S. 7.293 f.).

erfaßten Gegenstände der Äußerlichkeit weit übertrifft und daher den *höchsten Sinn der Selbständigkeit*[338] vorführt. Die hierin verkörperte Autorität der sittlichen Substanz kann den Erweis des normativen Seins, also der praktischen Geltung der Pflicht, nur dann liefern, wenn der Grundbestand der Substantialität in Ansehung desselben durch das denkende Subjekt, sich individuell als *handlungsbezogen* aufbereiten läßt[339]. Reflexion der Substanz fordert hier die auf Praxis gerichtete Differenzierung des noch ununterschiedenen *objektiv Guten*. Das sich seiner selbst bewußte Individuum kann nicht bei der Annahme stehenbleiben, es könne sich grundsätzlich auf die, ja letztlich *nur mögliche*, Identität von individuellem Gewissen und Substantialität zur Erkenntnis und Realisierung des *Guten* zurückziehen.

Der Einzelne muß sich der Anstrengung verschreiben, verstandesgemäß nach einer *Einsicht durch Gründe* zu streben - nur dann sind ihm die *göttlichen Mächte* nicht ein Entgegengesetztes[340]. Indem sich der Mensch als gesellschaftliches Wesen versteht, gibt er sich selbst ein Zeugnis davon, daß die Substantialität auch ein Individuelles werden kann. Das Ineinslegen von Substanz und Subjekt vollzieht sich dabei in mehreren Stufen:

Ausgehend von einer Art *rechtlicher Intuition*, dem vernunftindizierten Selbstgefühl des Individuums, entwickelt sich das Verhältnis über die Sphären des *Glaubens und Zutrauens* und hier anschließend einer *Einsicht durch Gründe* zur *adäquaten Erkenntnis*. Das Moment einer abstrakten intersubjektiven Spannung innerhalb dieser Entwicklungsschritte beginnt erst dort, wo im praktischen Vollzug der Handlung, in der zweckbezogenen Mittelrealisierung, die Reflexion auf das Allgemeine notwendig wird. Dies ist die Stufe der *Einsicht durch Gründe*, gleichzeitig Ausdruck rechtlich ungebundener *Moralität*.

---

338 Hegel, Grundlinien, § 146 (S. 7.294 f.).

339 Hierin liegt das Vermittlungsmoment der Substanz, welche sich erst im besonderen Willen des Subjekts, als deren Akzidenz, zu realisieren vermag; vgl. Hegel, Grundlinien, § 145 (S. 7.294).

340 Hegel, Grundlinien, § 147 (S. 7.295 f.). Am Beispiel der lakedämonischen Gesandten illustriert Hegel die These, der antike Begriff der Sittlichkeit kenne kein *Gewissen gegen Sitte*: "*Hydarnes sprach den lakedämonischen Gesandten zu, bei ihm zu bleiben, Freunde seines Königs und so groß und glücklich zu sein wie er. [Diese erwiderten:] Dein Rat ist gut und deiner Erfahrung gemäß. Hättest du das Glück gekostet, welches wir genießen, du würdest uns raten, Gut und Blut dafür hinzugeben. Bei Xerxes, noch deutlicher: Wie könnten wir hier leben, unser Land, unsere Gesetze verlassen und solche Menschen, daß wir, um für sie zu sterben, eine so weite Reise unternommen haben?*".

Zum Ganzen: Peperzak, HS 17 (1982), 97 (112 f.).

Im eigentlichen Recht, das Dasein erlangt, in der *Sittlichkeit* also, wird aus der noch stark individuell geprägten gewissenhaften Einsicht nunmehr eine *adäquate Erkenntnis*, d.h. eine in der Realität stabilisierte sich selbst wissende Intersubjektivität. An dieser Stelle kann somit auch der Faden wiederaufgenommen werden, der im Aufweis des Verhältnisses vom *Gutem und Gewissen* liegen blieb: die Skizze der inhaltlichen Anforderungen des Guten oder, um im Sprachgebrauch der *Sittlichkeit* zu bleiben, der *Pflicht. Hegel* verweist in § 148 der *Grundlinien* auf die noch offene, aus der *Moralität* in die *Sittlichkeit* miteingebrachte Frage des § 134 "*Was ist Pflicht?*"[341].

Der Leitgedanke der Pflichtenkonstituierung besteht in der Verdeutlichungskraft der Substanz in der Vorstellungswelt des Individuums unter Zurückdrängung bzw. Verdrängung aller subjektiv möglichen Fehleinschätzungen (Reduktion der Zufälligkeit von Bewußtseinsinhalt). Es kommt nicht darauf an, aus den vorfindbaren gesellschaftlichen Gegebenheiten, also aus der Realität, Schlüsse auf das (möglicherweise) Richtige zu ziehen[342]. Eine solche Sichtweise berücksichtigt nicht die Grundbedingungen der Pflicht, die sich aus dem abstrakten Allgemeinen des freien Willens im Begründungsgang des Rechts erhellen. Sicherlich mag der in einer bestimmten historischen Situation in einer bestimmten Gesellschaft intersubjektiv konsentierte positivierte Pflichtenkatalog mit ebendiesen aus dem Allgemeinen *herausgehenden* Pflichten übereinstimmen. Es muß jedoch nicht so sein[343].

Insoweit können und sollen sogar auch die Endpunkte einer *immanenten Pflichtenlehre* in der Wirklichkeit des Rechts mit den Rechtspflichten überhaupt in eins gehen. Diese Feststellung betrifft in der Sache jedoch den spezifischen Unterschied im Aufweis der Pflichten als einem ureigenen Problemfeld der *philosophischen Wissenschaft*; dem handelnden Individuum kann insoweit gerade keine Überlegung in dieser Hinsicht abverlangt werden.

Um seine persönlichen Verhältnisse zu strukturieren, was natürlich auch immer im Verhältnis zu anderen Individuen gedacht werden muß, ist dem Einzelnen die ständige tiefgehende Reflexion über sein Tun nicht zumutbar. Die alltäglichen Handlungsabläufe und Verrichtungen wären ansonsten verunmöglicht bzw. in ihrer zumeist existenziell notwendigen Effektivität stark beein-

---

341 Vgl. Hegel, Grundlinien, § 134 (S. 7.251): "*Weil das Handeln für sich einen besonderen Inhalt und bestimmten Zweck erfordert, das Abstraktum der Pflicht aber noch keinen solchen enthält, so entsteht die Frage*" nach dem Inhalt der Pflicht.

342 Vgl. Hegel, Grundlinien, § 148 A (S. 7.297).

343 Hegel, Grundlinien, § 213 Z (S. 7.366).

trächtigt. Das Pflichtgemäße muß demnach an und für sich *einfach und schnell eingesehen* werden können. Wenn sich Pflicht und Einsicht ebenso problemlos inhaltlich decken, so kann von einem wahrhaft sittlichen Gemeinwesen gesprochen werden.

> Was der Mensch tun müsse, welches die Pflichten sind, die er zu erfüllen hat, um tugendhaft zu sein, ist in einem sittlichen Gemeinwesen leicht zu sagen, es ist nichts anderes von ihm zu tun, als was ihm in seinen Verhältnissen vorgezeichnet, ausgesprochen und bekannt ist[344].

Damit ist selbstredend nicht etwa gemeint, daß jedes Individuum, gleich in welchem Rechtssystem es sich befindet, den jeweils vorgeordneten Pflichten kritiklos zu folgen hat. Die Kategorialität der Substanz muß sich im Subjekt wiederfinden, das Allgemeine sich mit dem Besonderen durch *Gründe und adäquate Erkenntnis* verbinden lassen. Hier erweist sich das Charakteristische der sittlichen Sphäre, die fortgetriebene Dissonanz zwischen Sein und Sollen; wenngleich in einen größeren Rahmen eingeordnet in das *Werden des Staates*.

Das Auseinanderfallen von Substanz und Individuum und deren Zusammenführung in der Wirklichkeit der sittlichen Existenz sind nicht statisch, sondern *Ergebnis und unmittelbarer Ausdruck des dynamischen Prozesses der Weltgeschichte*[345]. So zeigt sich nach *Hegel* in der einfach gesetzten Verschmelzung von Sitte und Individuen in der griechischen Polis die (noch) vorhandene Abwesenheit der Reflexion[346]. Römisches Recht und christliche Religion galten ihm in der Fortentwicklung der Geschichte als die beiden Seiten des Prinzips *der selbständigen in sich unendlichen Persönlichkeit*[347] - dies führte zu einer Trennung der Subjektivität, die sich oftmals selbst genug war, von der Objektivität des Rechts, das durch die Rechtssubjekte nur eher zufällig rezipiert wurde.

Aufgabe des modernen Staates sei es nun, diese auseinandergerissenen Pole *Allgemeines* (Gutes, Substanz) und *Person* (Subjekt, Individuum) auf ein sittliches Fundament zu stellen und in der *substantiellen Einheit* zusammenzuführen[348]. Dabei geht es nicht um die Verwirklichung eines Ideals um seiner selbst willen, sondern notwendigerweise um die Erreichung eines Zustandes, in der die Freiheit des Individuums zusammenstimmt mit der *Konstituierung intersubjektiver Freiheit* (Recht). Pflichten und rechtsverfaßter Staat

---

344 Hegel, Grundlinien, § 150 A (S. 7.298).

345 Hegel, Grundlinien, § 343, A (S. 7.504).

346 Hegel, Philosophie der Geschichte, S. 12.308.

347 Vgl. Hegel, Grundlinien, § 185 A (S. 7.342).

348 Vgl. Hegel, Grundlinien, § 260 (S. 7.406 f)..

gelten nichts *als bloße Institutionen,* sie gelten alles als Indikator subjektiver Freiheit.

> Das Wesen des neuen Staates ist, daß das Allgemeine verbunden sei mit der vollen Freiheit der Besonderheit und dem Wohlergehen der Individuen.(Und daß) die Allgemeinheit des Zwecks nicht ohne das eigene Wissen und Wollen der Besonderheit, die ihr Recht behalten muß, fortschreiten kann. Das Allgemeine muß also betätigt sein, aber die Subjektivität auf der anderen Seite ganz und lebendig entwickelt werden[349].

Die Vereinheitlichung mit dem Substantiellen sieht sich allerdings im Verwirklichungsprozeß nicht zu unterschätzenden Schwierigkeiten ausgesetzt: Obgleich das Gesollte dem Individuum in der Regel zu Bewußtsein kommt, wird vielfach diese "Inpflichtnahme" qua Reflexion auf das Allgemeine, als der subjektiven Freiheit abträglich erfahren. Das Recht und die konkrete Pflicht sind dem Individuum zumeist Beschränkung der eigenen Willkür. Dennoch ist die Pflicht, sofern sie mit dem Allgemeinen übereinstimmt, *nicht kontraintuitiv*. Der Widerspruch, der zwischen individueller Freiheit und Pflicht besteht, ist der Widerhall der Unterschiedlichkeit des ursprünglich Entgegengesetzten (*Das Gute* vs. *Gewissen*). Die Vermittlung des Allgemeinen als dem Substantiellen und dem Subjektiven, gelingt in praxi auch und gerade deswegen nicht reibungslos, weil sich hierin auch das Gegeneinander von moralischer Strebung und rechtlich Objektivem findet. Der Vermittlungsprozeß der *Sittlichkeit* ist insoweit hochgradig *komplex*.

Letztlich eignet aber der Auffassung, Pflicht schränke an und für sich Freiheit ein, eine ungenügende Reflexion des Bestimmungsverhältnisses von Freiheit - Subjekt - Pflicht. Denn die Pflicht ist, sofern sie aus dem allgemeinen Konstitutionszusammenhang des Subjekts als *Rechtssubjekt* selbst kommt, kategorialer Ausdruck der Freiheit, der durch das Individuum zwar geleugnet, nicht jedoch

---

349 Hegel, Grundlinien, § 260 Z (S. 7.406 f.).

Insoweit ist erkennbar, daß Hegel hier die Bestimmung des § 145 Z. "*Ob das Individuum ist, gilt der objektiven Sittlichkeit gleich*" auf den Unterschied des Abstraktums in Entgegensetzung zur Besonderheit bezogen sieht. Der Vorwurf der "Akkomodation" Hegels an die Machtverhältnisse des preußischen Staates läßt sich, wie auch mit dem direkten Textvergleich (§ 145 - § 260) gekennzeichnet werden kann, erfolgreich widerlegen. Die Versuche, das Subjekt in Hegels Rechtsphilosophie zugunsten der Substanz zu entmaterialisieren und daraus auf die Favorisierung eines Rechtssystems mit kritiklosen, gewissenlosen, aber blind vertrauensvollen Individuen zu schließen, sind daher skeptisch zu betrachten.

Zur Kontroverse: Tugendhat, Selbstbewußtsein und Selbstbestimmung, S. 349 u. 357 meint, es handele sich bei Hegels Konzeption der Sittlichkeit um eine Spielart "*moralischer Perversion*"; Taylor, Hegel, S. 491 u. 494 bezeichnet diese These als schlichtweg "*lächerlich*".

hintergangen, sprich: *negiert*, werden kann. Der Widerspruch besteht mithin nur zum Schein. Die Realisierung der pflichtgemäßen Handlung ist umso mehr der *Freiheit affirmativ*[350].

Durch das Erkennen der Pflicht und ihren Einbau in die Realität des Handelns *befreit sich (sich) das Individuum zur substantiellen Freiheit*[351]. Es läßt dabei eine dreifache Beschränkung seiner selbst hinter sich zurück: Der Einzelne begibt sich durch Reflexion seiner Pflicht der ihm innewohnenden Triebhaftigkeit, die das Individuum als bloßes Naturwesen ausmacht; darüber hinaus legt er die Passivität des Verharrens im Gegensatz des formellen und wahrhaften Gewissens ab und schließlich beendet das Subjekt in der auf die Pflicht hin reflektierten Handlung das unsichere Stadium der subjektiven Willkür, die stets auf sich selbst zurückgeworfen, nicht in Beziehung auf das Substantielle treten kann, d.h. das Leitmotiv der intersubjektiven Verfaßtheit des Rechts und dessen Bedeutung für die konkrete Verhaltensweise nicht zu erkennen vermag.

Indem nun nach einer stabilen Balance zu suchen ist, der sowohl die Reflexion des Rechts (das *"An sich"* der Vergewisserung) als auch individuelle Handlungsimplikationen (das *Für sich* der Vergewisserung) in Einklang bringt, geht es also nicht allein um *Rechtschaffenheit*, eben das vorgenannte *An sich* der Reflexion, sondern um eine aufs konkrete Individuum zugeschnittene Form der Rechtschaffenheit, nämlich die *Tugend*.

Recht kann in seiner Realisierung die individuellen Faktoren der Handlung genauso wenig beiseitelassen, wie es die *Moralität* des Subjekts übergehen könnte. Die Bedingungen individueller Rechtschaffenheit werden freilich je nach Status des Handelnden voneinander abweichen. Daß Rechtschaffenheit *generell* einzufordern ist, kann durch individuelle Besonderheiten jedoch nicht in Frage gestellt werden. Der Vorwurf aber, sich nicht rechtlich angemessen verhalten zu haben, muß in der *subjektiven Möglichkeit zum Erkennen* des Rechts (der Pflicht), der Tugend, seine Entsprechung haben. *Die einfache Angemessenheit des Individuums an die Pflichten*[352], die das Moment der Tugend ausmacht, bringt es mit sich, daß der *Rechtschaffenheit kein* moralischer *Heroismus* bzw. *Altruismus* zu eigen ist. Rechtsschaffenheit als Sollensanforderung der praktischen Handlung hat nicht die tugendhafte Selbst*erhöhung* bzw. Selbst*vergessenheit* zum Gegenstand.

---

350 Vgl. Hegel, Grundlinien, § 149 Z (S. 7.298).

351 Vgl. Hegel, Grundlinien, § 149 Z (S. 7.298).

352 Hegel, Grundlinien, § 150 (S. 7.298).

Alle supererogatorischen (oder: *hyper*moralischen) Verhaltensweisen, d.h. all jenes, was im konkreten Sinne der Bedeutung des Rechtsgebotes aus § 36 der *Grundlinien* das allgemein Sittliche übersteigt, fällt aus dem Rahmen des zur Rechtsrealisierung führenden Pflichtgemäßen heraus. Eine solche versubjektivierte Tugend mündet gemäß ihrem Charakter als besondere Neigung leicht in Egozentrik in Hinsicht auf das Wesentliche des Allgemeinen; sie entspricht damit im Kern lediglich der Eitelkeit, insofern das Individuum sich selbst über die allgemeinen Anforderungen zu erheben versucht und ein noch besserer Mensch als seine Mitmenschen sein will[353]. Hiermit ist die supererogatorische Handlung strukturell, insbesondere dann, wenn sie als beispielgebend bezeichnet wird, der des Zynikers vergleichbar.

> Ich bin auch dabei und darin, aber noch weiter als ihr, ich bin auch darüber hinaus"[354].

Der Versuch aber, eine derartige Sichtweise als Universalisierungsanspruch zu begreifen, bleibt ein *untauglicher* Versuch, denn das Subjektivistische überwiegt das allgemein Angemessene und Vollziehbare; einem solchen Standpunkt muß die intersubjektive Anerkennung als Pflicht versagt sein. Genauso wie eine übersteigerte Rechtschaffenheit keine solche ist, sondern nur individuelle Überhöhung in der Form bloß subjektiven *Für-richtig-haltens*, so kann auch das stumpfe Verharren in den Gewöhnlichkeiten des Alltags, die Trivialisierung und Banalisierung der Lebensweise also, dann nicht mehr rechtschaffen sein, wenn der Einzelne hierin nicht in durchschnittlicher Weise auf der Hut vor möglichen Kollisionen seiner Handlungen mit dem Recht ist.

> Der Mensch stirbt auch aus Gewohnheit, das heißt, wenn er sich ganz im Leben eingewohnt hat, geistig und physisch stumpf geworden und der Gegensatz von subjektivem Bewußtsein und geistiger Tätigkeit verschwunden ist[355].

---

353 Vgl. Hegel, Grundlinien, § 150 A (S. 7.298 f.), der auf die Ähnlichkeit der erwähnten "Hypermoralität" mit der Triebhaftigkeit hinweist (§ 19 der *Grundlinien*). Außerdem wäre mit einer Universalisierung der besonderen Tugend die Behauptung ausgesprochen, das Allgemeine sei nicht die Grenze und das Leitmotiv eigener Handlung, sondern man könne selbst die Grenze der Vernunft aus freier Rationalität oder Intentionalität heraus bestimmen. Das übertrieben Tugendhafte kann also leicht ins Gegenteil umschlagen.

Treffend: Peperzak, HS 17 (1982), 97 (109): "Verachtung für die Prosa der selbstverständlichen Rechtschaffenheit". Wir finden hier also auch das aristotelische Prinzip der tugendhaften "Mitte" vor.

354 Hegel, Grundlinien, § 140 A (S. 7.279).

355 Hegel, Grundlinien, § 151 Z (S. 7.302).

Gerade in der Sphäre der *Sittlichkeit*, und ganz besonders in der bürgerlichen Gesellschaft besteht die reelle Gefahr, daß aufgrund der Komplexität der Lebensverhältnisse und der Ausdifferenzierung des positiven Rechts sich bei vielen die Vorstellung bildet, das Verläßliche der Regelmäßigkeit des Alltags für das zu halten, was Ruhe, Sicherheit und Geborgenheit verspricht. Je weiter sich die Folgen einer Handlung im sozialen und gegenständlich-äußerlichen Gefüge bis in alle Einzelheit fortpflanzen, desto diffiziler und vielfältiger werden die für das handelnde Subjekt zu berücksichtigenden Momente im Abwägen eigener Zwecksetzung vor dem Hintergrund des Rechts. Spannungen zwischen Sein und Sollen werden oftmals zu vermeiden gesucht, indem Konflikten aus dem Weg gegangen wird. Kommt es dennoch zur Kollision von gesetztem Zweck und Substantiellem, bleibt leicht das letztere im Dunkel subjektivistisch geprägter und substantiell defizitäter Zielrealisierung zurück. Der Einzelne, derart behindert durch die Gleichförmigkeit der eigenen Existenz, verliert seine Teilhabe am Substantiellen an die bloße Gewohnheit.

Für den Grad der Vermittlung von Substantialität und Subjekt heißt das in einem solchen Fall: bloße *Zufälligkeit* des individuellen Substanzbezugs. Tritt ein bislang nicht ausreichend reflektiv rückgebundener Konflikt auf, wird er entweder überhaupt nicht als Dissonanz von individuellem Zweck und Sollen aufgefaßt (die eigentliche Konfliktsituation bleibt unerkannt) oder der Konflikt wird zwar innerlich als solcher registriert, aufgrund des fehlenden bzw. unvollständigen Bewußtseins von den hier spezifischen Implikationen des Substantiellen dann aber doch zugunsten der individuellen Bedürfnisbefriedigung entschieden. Als Drittes wäre natürlich auch an die Möglichkeit zu denken, daß der Konflikt durch reinen Zufall und nicht als begründete Entscheidung für das Substantielle entschieden wird - dies dürfte für das Recht und dessen Bewährung jedoch nur in Ausnahmefällen von Interesse sein.

Mit der Annahme einer Beliebigkeit der Handlungsweise in den angedeuteten Konstellationen zöge die schwerlich universalisierbare Varianz subjektiver Prämissen in das Pflichtmoment ein. Auch die Dauerhaftigkeit rechtlicher Normen wäre in Frage gestellt. Rechtschaffenheit ist damit ein bestimmtes tugendhaftes Verhalten des Einzelnen, das die Substantialität stets im Hinblick auf die konkrete Handlung zu reflektieren vermag und auf die gestellten Anforderungen gefaßt ist. Diese Reflexion des Substantiellen darf, insoweit sie für die Existenz des Rechts in der Sphäre der *Sittlichkeit*, mitkonstituierend ist, somit nicht als lediglich singulärer Akt der Übereinstimmung mit dem Substantiellen verstanden werden.

> Wenn ein Mensch dieses oder jenes Sittliche tut, so ist er nicht gerade tugendhaft, aber wohl dann, wenn diese Weise des Benehmens eine Stetigkeit seines Charakters ist[356].

Nachdem also festgestellt werden kann, daß die Rechtschaffenheit bei jedem Einzelnen sich auf der Basis des charakterlichen Habitus, der jeweils besonderen Tugend, verwirklicht und also von einer *grundsätzlichen Skalierbarkeit* der besonderen Tugend ausgegangen werden muß, wird sich das angemessen Rechtschaffene dort anzusiedeln haben, wo die Scheidelinie zwischen dem Zuviel an Tugend und dem Zuwenig an Tugend liegt.

Damit wäre allerdings Rechtschaffenheit letztlich an die varianten Charaktere der Individuen gebunden und das reale Recht in Form konkreter Pflichten hätte sich auf das zu reduzieren, was der *Durchschnitt* der Menschen an Pflichtgemäßem für richtig hält. Kann das Sein bestimmen, wieweit das Sollen gehen kann? Diese Frage beantwortet sich aus einem Vergleich des Anteils der Substantialität in der Rechtschaffenheit auf der einen und der besonderen Tugend auf der anderen Seite. Rechtschaffen zu handeln bedeutet, sich als Individuum in eins bringen mit den Anforderungen der Substanz. Die Orientierung ergibt sich für das Individuum im Handlungsvollzug unter den Bedingungen der Äußerlichkeit aus der Substanz, ansonsten wäre nicht von einer Spannung zwischen subjektivistischer Zwecksetzung und Substantialität zu reden. Die aristotelische *Phronesis*, das Gleichgewicht der Tugendhaftigkeit, ist für *Hegel* zweifellos dort annehmbar, wo es um die Erörterung der *besonderen Tugend* an sich geht. Rechtschaffenheit erhält ihr Maß dann aber doch nicht aus der *Zufälligkeit* ihrer Besonderheit, vielmehr bildet sich das Parameter als Ausdruck der Identität von individuellem Willen und Substantialität.

Hinge die Pflicht am Ende konstitutiv vom Charakter ab, verlöre sich ihr material begründeter und universeller Anspruch in die Zufälligkeiten individueller Einsichten, die indes immer nur *Segmente der Substanz* repräsentieren können. Das Quantitative der besonderen Tugend trägt, da es sich nicht selbst zum Maße haben kann, nur in Ausrichtung auf die ideale Einheit von Substanz und individueller Handlungsgestaltung zur Realisierung des Rechtlichen bei. In der Betonung dieses Bezugspunktes der besonderen Tugend, die diese in der Substanz haben soll, geht *Hegel* über *Aristoteles* hinaus. Die (platonische) *Identität von Substantialität und Subjekt* verlagert sich ihrem Schwerpunkt nach in die Sphäre des Geistes. Mit letzter Konsequenz stellt *Hegel* damit sicher, daß der Grundbestand der im Begründungsgang der Rechtsphilosophie gewonnenen Sub-

---

356 Hegel, Grundlinien, § 150 Z (S. 7.300).

stanz nicht durch das in seinem Umfang unterschiedliche praktische Verhalten der Individuen dem Grunde nach beeinträchtigt, in Frage gestellt wird.
Pflicht ist keine Einstellungssache.
Gleichwohl ist die *Realität der Einstellungen* ein starkes Indiz für die *Realität der Substanz*. *Sittlichkeit*, die also die Vorgegenheiten des Substantiellen in der Wirklichkeit der individuellen plichtgemäßen Handlung zur Identität führt, beinhaltet ihrem Anpruch nach die Aufhebung des entgegengesetzt Besonderen des subjektiven Willens - *Sittlichkeit* ist das selbst *unbewegt Bewegende*.

Dabei ist hier Recht als Dasein der Freiheit so bestimmt, daß der Endpunkt jeglicher Pflicht sein muß, der Substanz in der Subjektivität zur *existierenden Wirklichkeit* zu verhelfen und die entgegenstehende motivationale Eigenwilligkeit idealiter im Substantialisierungsprozeß aufzulösen. Die Individuen sind der Totalität des sittlichen Anspruchs jedoch nicht distanz- und kritiklos ausgeliefert: Da sie aufgrund ihrer Subjektivität die Wirklichkeitssseite der Pflicht mitregieren, sind die Rechtsgenossen nicht nur Relata, sondern vor sich selbst auch notwendige Bedingung der sittlichen Pflichtengenese. Bei der Standortbeschreibung des Individuums in der Sphäre der *Sittlichkeit* ist zu berücksichtigen, daß die personale Würde nicht hintergehbarer und damit konstitutiver Bestandteil des Ableitungszusammenhangs des Rechts ist. In der Substantialität ist dieses *Grundgesetz des Freien* aufgehoben (i.S.v. "bewahrt"), wie es über die Stufen der Rechtsphilosophie nicht mehr verloren, sondern qualifiziert wurde.

> Subjekt i s t Zusammenhang. Die Wahrheit des Subjekts ist der Zusammenhang in der Helle der Selbstpräsenz, die Reflexion im Anderssein in sich selbst[357].

Es darf nicht vergessen werden, daß das Recht dem Einzelnen nun nicht mehr als Fremdes, ihm Entgegengesetztes auftreten soll. Vielmehr geht es um die Selbstfindung des Individuums im Recht, um seine Emanzipation von eigener Unzulänglichkeit in der sozialen Realität. *Hegel* erinnert hieran gegen Ende der Grundlegungen zur sittlichen *Plichtenlehre*:

> Das Recht der Individuen an ihre Besonderheit ist ebenso in der sittlichen Substantialität enthalten, denn die Besonderheit ist die äußerlich erscheinende Weise, in welcher das Sittliche existiert[358].

357 Brockard, Subjekt, S.80 f.

358 Hegel, Grundlinien, § 154 (S. 7.304).

Indem dieses allgemeine Gelten für jeden Einzelnen als *Wahrheit seiner Existenz* erkannt werden kann, erscheint das Substantielle in seiner Form als einigendes Band der Gleichen.

Das Individuum entkommt seiner Vereinzelung. Wird im abstrakten Recht nur von der Rechtsperson gehandelt, die Recht gegen die Pflichten anderer in Anspruch nimmt und in der *Moralität* das Subjekt in Bezug zum Recht objektiven Willens noch in einem Stadium des unüberwundenen Sollens befangen ist, so kann nunmehr in der *Sittlichkeit* die Äquivalenz von Recht und Pflicht zum Gegenstand des Daseins der Freiheit jedes Einzelnen gemacht werden[359]. Der intersubjektive Zusammenhang verfestigt sich in der Sphäre des lebendigen Guten in der Verknüpfung von Recht und Pflicht, da dem Individuum deutlich wird, sowohl Ansprüche geltend machen zu können, als auch Ansprüchen anderer ausgesetzt zu sein[360]. Die Aufeinanderbezogenheit von Recht und Pflicht ist daher in der konkreten Zweckrealisierung notwendig mit eingebaut[361].

c. Exkurs: Hegel und das Kontrollparadigma - einige Bemerkungen zur Rolle des Subjekts in Strafbegründung und Zurechnung

Die Aussagen *Hegels* über den Charakter des Strafrechts in der bürgerlichen Gesellschaft sind es wert, etwas eingehender problematisiert zu werden[362]. Hierbei ist einmal Aufschluß hinsichtlich der Frage zu erwarten, in welchem Verhältnis Strafgrund und Strafzweck(e) zueinander stehen (1). Zum anderen gilt das Interesse einer näheren Bestimmung der gesellschaftlichen Einflüsse auf den Zurechnungsmodus als solchen (2).

(1) Die Straftat als Negation des besonderen und allgemeinen Anerkennungsverhältnisses entspringt der Selbstgesetzgebung des Täters. Positive Existenz besitzt die Straftat nur im besonderen Willen des Täter, wie er ihn seiner verletzenden Handlung beilegt. Die Aufhebung des Unrechtsentwurfs, der in der Tat liegt, setzt dort an, wo der Täter aus dem Allgemeinen seiner selbst gehan-

359 Vgl. Siep, HS 17 (1982), 75 (94 f.).

360 Vgl. Redlich, Selbsterfassung, S. 111 f.

361 Vgl. Peperzak, HS 17 (1982), 97 (105).

362 Auffällig ist, daß auch in einigen Vorlesungsmitschriften der Strafrechtspflege in der bürgerlichen Gesellschaft breiter Raum gewidmet wird: Vgl. insbesondere Wannenmann, Mitschriften, § 111 - § 116 (S. 128 ff); Hotho, in: Ilting III, § 218 (S. 661 ff.). Der Kerntext der Vorlesungen, so wie er in den Grundlinien zu finden ist, ist dementgegen merklich reduziert.

delt hat: der Straftäter stellt in formell vernünftiger Art eine Handlungsmaxime auf.

> Denn in seiner als eines Vernünftigen Handlung liegt, daß sie etwas Allgemeines, daß durch sie ein Gesetz aufgestellt ist, das er in ihr für sich anerkannt hat, unter welches er also als unter sein Recht subsumiert werden darf[363].

Die Rechtsverletzung ist somit im Grundsatz ein an sich und in sich *nichtiger* Vorgang, denn der Täter wendet sich durch die Inhalt seiner Maxime gegen seine eigene Teilhaftigkeit an der Vernunftallgemeinheit, versucht das Allgemeine seiner selbst zu leugnen. Die Geltung des Rechts ist aber wegen des in sich nichtigen Charakters des Unrechts nicht per se schon wieder hergestellt, dazu bedarf es der Manifestation der Nichtigkeit des Unrechts qua Rechtszwang, der den Straftäter dort ergreifen muß, wo sein eigener Wille in *seine* Äußerlichkeit gelegt ist[364].

> Hierdurch wird sowohl das positive Gelten seiner Handlung als das Negative derselben, die Verletzung, welche er in der Verletzung des anderen und aller ebenso sich selbst angetan hat, vernichtet und das Unrecht in Recht verkehrt[365].

Das, was man als den vernunftallgemeinen Begründungsmodus der Strafe bezeichnen könnte, bleibt durch die empirischen Bedingungen, unter denen Strafe verhängt wird, unberührt. Dieser Grundsatz, der bereits in der Deduktion des abstrakten Rechts mehrfach ausgesprochen wird[366], entfaltet seine Geltung auch für das Strafrecht der bürgerlichen Gesellschaft[367]. Die heftige Kritik *Hegel*s an Feuerbachs Straftheorie des psychologischen Zwangs[368] erklärt sich nicht etwa daraus, daß die Präventionsidee gänzlich ohne Einfluß auf die Bestrafung bleiben müsse. Es geht dem Autor der *Grundlinien* hier allein um die Klarlegung des Straf*grundes*. Damit ist keineswegs der Stab über eine Relevanz des Zweckgedankens im Bereich der Strafzumessung gebrochen: Während es in der Strafbegründung um die Verankerung des Schuldprinzips und die Konstitution eines gleichen Maßstabs für die Legitimation von Strafe überhaupt geht, fordert das Recht der Äußerlichkeit, d.h. die empirische Realität der Strafe das Übergehen

---

363 Hegel, Grundlinien, § 100 (S. 7.190).

364 Hegel, Enzyklopädie III, § 501 (S. 10.310 f.).

365 Wannenmann, Mitschriften, § 46 (S. 69); vgl. Hegel, Grundlinien, § 99 (S. 7.187).

366 Vgl. Hegel, Grundlinien, § 94 hZ, Z (S. 7.180 f.); § 96 A (S. 7.184); § 99 A, Z (S. 7.188, 190); § 101 A (S. 193 f.).

367 Hegel, Grundlinien, § 218 A (S. 7.372) verweist ausdrücklich auf § 96.

368 Vgl. Hegel, Grundlinien, § 99 Z (S. 7.190).

von dieser in sich identischen Gleichheit des Begriffs an sich zur *Gleichheit dem Werte nach*[369]. Die Einführung des Wertprinzips bringt die Möglichkeit graduller Abstufung der Strafen mit sich und ist legitimer Ausdruck der geschichtlich und gesellschaftlich vorangehenden Entwicklung.

> Nicht gerade die Verbrechen oder die Strafen sind es, die anders werden, aber ihr Verhältnis[370].

Der blinde Strafautomatismus als die formelhafte Verkettung von Strafgrund und spezifischer Rechtsfolge nach der Denkungsart "Totschlag = Todesstrafe" ist dadurch ausdrücklich durchbrochen, die Art und Höhe der Strafe wird dem Grad der erreichten gesellschaftlichen Reife zugeordnet[371]. Die Proportionalität der Strafe bezieht sich nicht nur auf die Abstufungenen verschiedener Rechtsverletzungen, sondern auch auf die Strafe für die gleiche Rechtsverletzung, die zu verschiedenen Zeiten verschiedenen streng geahndet werden können[372].

> Ein Criminalkodex also seiner Natur nach kann nicht für alle Zeit gelten. Ein Verbrechen in's äußerliche Dasein tretend hat einen quantitativen Umfang; Verbrechen sind Existenzen; und also als diese endliche und in der Endlichkeit so und so bestimmte, geringer, größer, von der und der Qualität. Diese Qualität oder Quantität ist verschieden, und dennoch die Verbrechen selbst, und die Strafe der Verbrechen muß nach dieser Bestimmung des Daseins gemessen werden[373].

Die Gleich*wertigkeits*these verwirft den Gleich*artigkeits*gedanken der Talion[374]. *Hegel* erteilt der spiegelnden Strafe eine Absage, da sie in ihrer Rigidität Fortschritte in der Entwicklung gesellschaftlicher Vernunft und Rationalität ignoriert und damit letztlich Ungerechtigkeiten produziert[375]. Der *Hegelsch*en Rechtsphilosophie kommt insoweit das Verdienst zu, den Zusammenhang von Strafe an sich (Strafgrund) und Strafe für sich (Strafart und -maß) wesentlich klarer und eindeutiger formuliert zu haben als vorher noch die *kanti*-

---

369 Vgl. Wannenmann, Mitschriften, § 47 (S. 71); vgl. Hegel, Grundlinien, § 101 (S. 7.192).

370 Hegel, Grundlinien, § 96 Z (S. 7.185).

371 Vgl. Hegels kritische Bemerkung zur verbreiteten Anwendung der Todesstrafe und zu den vorteilbringenden Bemühungen Beccarias, Grundlinien, § 100 Z (S. 7.192).

372 Vgl. Wannenmann, Mitschriften, § 47 (S. 72).

373 Hotho, in: Ilting III, § 218 7.(S. 665 f.).

374 Vgl. exemplarisch Wannenmann, Mitschriften, § 47 (S. 72): "*Es ist daher eine falsche Ansicht, in der Wiedervergeltung an die Talion zu denken; sondern sie muß auf der Gleichheit des Wertes beruhen*".

375 Hegel, Grundlinien, § 101 A (S. 7.194).

sche Rechtslehre[376]. Die heute noch immer vorfindliche apodiktische Feststellung, *Hegel* erkenne präventive Zielsetzungen der Strafe nicht an[377], mag sich nach allem vielleicht im Einklang mit der einschlägigen Rezeption *Hegelsch*er Straftheorie befinden, läßt sich aber als Interpretation des Originaltextes wohl nur schwerlich aufrechterhalten[378].

(2) Während es im Rahmen der Unterscheidung von Strafgrund und Strafart/Strafmaß soeben galt, das Recht der Prävention gleichsam gegen das Recht der Vergeltungsidee zu verteidigen, wechseln wir nunmehr - da es um die *(vermeintliche) Alternativität* von *Zurechnung* und *Zuschreibung* geht - die Seiten. Die Entgegensetzung der Begriffe Zurechnung und Zuschreibung meint - plakativ formuliert - den Unterschied zwischen *Konstitution* und *Konstruktion* von Verantwortlichkeit[379]. Etwas *zurechnen* bezeichnet demzufolge einen Vorgang, der sich an den kategorialen Interna des Handelnden orientiert und Maß und Grenze des Zurechnungsakts im bewirkenden Subjekt selbst findet. Hingegen wird *zugeschrieben*, indem aus primär externer, überindividueller Sicht, ein Werturteil über die konkrete Handlung bzw. deren Folgen auf den Handelnden zurückprojeziert wird.

Der Verdacht, *Hegel*s *Zurechnungs*lehre sei, jedenfalls beim Wort genommen, viel eher eine *Zuschreibungs*theorie[380], beruht vorallem auf einer spezischen Lesart der Rechtsphilosophie: Setzt man eine substanzorientierte *Sittlichkeit* gegen die subjektzentrierte *Moralität*, entsteht leicht der Eindruck, bei ersterer dominiere das Recht des subjektiven Willens (= Zurechnungslehre), dagegen sei die letztere durch das Recht des objektiven Willens - jedenfalls aber nicht durch die selbstbegründeten Belange des Individuums - gekennzeichnet (= Zuschreibungstheorie).

Im Ergebnis läuft eine solche Interpretation auf die These hinaus, das Aufscheinen der Substanz verflüchtige den Subjektstatus und ebne die Individualität unter dem unausweichlichen Druck der sich durchsetzenden Vernunft.

---

376 Vgl. Kant, Metaphysik der Sitten, S. 455 ("Insel-Beispiel"). Gegen Kants's Deutung der Vergeltung als Talion wandte sich bereits Fichte, vgl. Zaczyk, Strafrecht in der Rechtslehre J.G. Fichtes, S. 106 ff.

Zur Entwicklung und Deutung des Talionsbegriffs bei Kant instruktiv: Ebert, in: Recht und Moral, S. 249 (250 ff., 255).

377 Stellv. jüngst Roxin, Strafrecht AT I, § 3 Rn. 4.

378 Zutreffend Hassemer, AK-StGB Vor § 1 Rn. 412 ff.

379 Schild, AK-StGB Vor § 13 Rn. 92.

380 Vgl. Seelmann, in: Rechtsphilosophie des deutschen Idealismus, S. 101 ff.

Angesichts der zentralen Rolle, die dem Subjekt nicht etwa als passiver Empfänger, sondern aktiv Gestaltender der Substantialisierung zukommt, erscheint auch die Behauptung, der einzelne sei schließlich nur Zuschreibungsadressat, nicht haltbar. Allerdings läßt sich die Zuschreibungshypothese nicht allein auf die These einer Übermacht des Sollens reduzieren. Eine Gegenüberstellung verschiedener Textpassagen aus den *Grundlinien* und der Mitschrift *Hothos* eröffnet eine weitere Interpretationsmöglichkeit: Die Kritik an *Hegel*s Konzept der strafrechtlichen Zurechnung geht von der These aus, jener arbeite mit der folgenschweren *Unterstellung der Vernunftallgemeinheit* des Straftäters, die ja eine Unterstellung für die *Vergangenheit* sei und damit *nicht hinreichend begründet*[381].

Aus einem Vergleich der in § 132 und § 218 der *Grundlinien* aufscheinenden Verbrechensdefinitionen ergebe sich ein Widerspruch: Während in § 132 als Inhalt der Vernunftallgemeinheit und damit als ein Auslöser der Zurechnung die auch beim Straftäter hinsichtlich der inkriminierten Handlung vorliegende *Einsicht in das Gesetzliche oder Ungesetzliche*[382] konstatiert wird, will *Hegel* unter den Bedingungen der bürgerlichen Gesellschaft das Verbrechen als bloß *Subjektiv(es), das nicht so (sehr) aus dem besonnenen Willen als aus natürlichen Antrieben*[383] entspringe, verstanden wissen. Für den Straftäter des § 132 wird seine Vernünftigkeit und damit die grundsätzliche Zurechnungsfähigkeit seiner Handlungen seinem Status als Rechtssubjekt impliziert.

> Wer in dieser Wirklichkeit handeln will, hat sich eben damit ihren Gesetzen unterworfen und das Recht der Objektivität anerkannt[384].

Folge dieser vorauszusetzenden Allgemeinheit vernunftgemäßen Handelns ist das Postulat, die gerichtliche Zurechnung habe *nicht bei dem stehenzubleiben, was einer seiner Vernunft gemäß hält oder nicht*[385]. Dagegen werde die Blickrichtung auf die Vernunft zugunsten einer Blickrichtung auf die sozial erfahrbare Devianz verdrängt, wenn es um das konkrete Verbrechen in der bürgerlichen Gesellschaft (*Sittlichkeit*) gehe[386]. Zusammen mit einer Aufzeichnung aus der *Hotho*-Nachschrift, die wegen der Bedeutsamkeit der Formulierung

---

381 Seelmann, in: Rechtsphilosophie des deutschen Idealismus, S. 101 (107).

382 Hegel, Grundlinien, § 132 A (S. 7.246).

383 Hegel, Grundlinien, § 218 Z. (S. 7.373).

384 Hegel, Grundlinien, § 132 A (S. 246).

385 Hegel, Grundlinien, § 132 A (S. 7.246).

386 Hegel, Grundlinien, § 218 Z (S. 7.373).

wörtlich wiedergegeben sein soll[387], ergibt sich für *Seelmann* eine hervorstechende Gemeinschaft des *Hegelsch*en Zurechnungsbegriffs mit demjenigen der funktionalistischen Strafrechtsdogmatik unserer Tage[388]. Denn:

> *Hegel*s bürgerliche Gesellschaft argumentiert insofern funktionalistisch, als *Hegel* auf dieser Ebene in geradezu systemtheoretischer Weise den Akt der Zurechnung insgesamt ausdrücklich abhängig macht von ihrer praktischen Notwendigkeit in Bezug auf Dritte. Wo das Verbrechen, wie nach *Hegel*s Auffassung in der bürgerlichen Gesellschaft nicht mehr als Exempel wirke, könne man sich Zurechnung mit der damit verbundenen Unterstellung von individueller Teilhabe an der Vernunftallgemeinheit sparen, ja, ganz im Gegenteil, den Verbrecher trifft eine andere Unterstellung, die des bloß natürlichen Antriebs[389].

Für *Hegel* werde das Verbrechen in der Sphäre der *Sittlichkeit Naturereignis*. Fraglich ist zunächst, ob die beiden Stellen *Gegensätzliches* behaupten. In § 132 beschreibt *Hegel* die grundsätzlich im Recht des subjektiven Willens liegende Möglichkeit, das *Recht der Objektivität* als solches einzusehen. Anläßlich der Vermittlung von richtigem Handeln (im Rechtssinne) und dem subjektiven Gewissen, differenziert er zwischen der *Einsicht in das Gute* und der *Einsicht in Ansehung der Handlung als solcher*. Subjektive Einsicht kann und muß das Recht nur dann interessieren, wenn sich die Allgemeinheit, die Teilhabe an der Möglichkeit zur Erkenntnis des Guten überhaupt, für den Straftäter nachweisen läßt[390]. Das ist eine letztendlich empirische Frage, deren bestimmte Grenze sich nicht festsetzen läßt und die unter Umständen die Zurechnungs*fähigkeit vermindern* oder *aufheben* kann[391]. Das heißt aber gerade nicht, daß kategorial die Zurechnungsfähigkeit selbst von den Faktoren der intellektuellen Verfaßtheit betroffen wäre. Ihre Grundannahme liegt den Faktoren der Natürlichkeit voraus, ihr Vorausgesetztes ist die Vernunftallgemeinheit. Gehen wir nun der Behauptung nach, dieser spezifisch definierte Status der Vernunftgemäßheit als Grundannahme der Zurechnung werde in § 218 der *Grundlinien* zurückgenommen bzw. gänzlich revidiert.

---

387 Hotho, in: Ilting III, S. 663: "*In der Gesellschaft ist der Wille ein Besonnener, mit den Gesetzen bekannt, bekannt damit, daß alles geschieht als beruhend auf dem Bestehen des Rechts. Wird ein Verbrechen begangen, so wird es dem besonnenen Willen nicht zugesprochen, sondern der Leidenschaft, der naturlichen Seite des Willens. Dadurch wird dem Verbrechen der Charakter genommen, in welchem es seine Zurechnung erhält*".

388 Seelmann, in: Rechtsphilosophie des deutschen Idealismus, S. 101 (108).

389 Seelmann, in: Rechtsphilosophie des deutschen Idealismus, S. 101 (108 f.).

390 Hegel, Grundlinien, § 132, A (S. 245).

391 Vgl. Hegel, Grundlinien, § 132 A (S. 246 f.).

Wie es schon hinsichtlich des Instituts der Strafe unternommen wurde, ist vorab eine Unterscheidung von *Grund und Verwirklichungsbedingungen der Folge* vorzunehmen. Die differente Qualität von Grund und Folge erwächst in der *Hegelsch*en Rechtsphilosophie aus dem Aufweis der *kategorialen Mehrbezüglichkeit* realer Existenz des Subjekts. Gemeint ist damit - und hier liegt wohl auch eine starke Parallelität zur Gegenüberstellung von Vernunft und Außenwelt, Sein und Sollen bei *Kant* -, die Rückbindung des Subjekts an seine als ihm vorausgesetzt zu denkende Personqualität, die von den empirischen Bedingungen seiner konkreten Existenz absieht und zum anderen die Bestimmung des Subjekts, sich als in der Äußerlichkeit Bestehendes zu begreifen und sich dort einrichten zu müssen, enthält. Durch die Entgegensetzung von erster Natur und zweiter Natur als der Grundvoraussetzung von Recht ist die Differenz des Personhaften (oder Vernunftgemäßen) zu den Abläufen der Äußerlichkeit bzw. den zufälligen Bestimmungen der Innerlichkeit (Moral) ausgesagt. Der *Grund* des Rechts liegt also in der Abstraktion des Allgemeinen von den vereinzelten zufälligen Daseinsformen der Subjekte.

Um dem Subjekt in seiner jeweiligen Innerlichkeit und der hierdurch vermittelten individuellen Auffassung von Äußerlichkeit - und damit letztlich der reflexiv sich verwirklichenden Substantialität - gerecht zu werden, bedarf es auch der Berücksichtigung der konkreten Folgen. Es drängt sich vor diesem Hintergrund die Vermutung auf, daß in der Kritik an *Hegel* Grund und Folge nicht mehr eindeutig auseinandergehalten werden können, was aber für die Prämisse einer am Subjekt ausgerichteten, nichtheteronomen Zurechnung, von essentieller Bedeutung ist. Aufgrund des höheren Daseinsverhältnisses der *Sittlichkeit* stehen hier in der Bewertung der Frage, *wie* bestraft werden soll, die Bedingungen der Äußerlichkeit in einem ganz anderen Rahmen als in der *Moralität*, geschweige denn im abstrakten Recht. Ihre Bedeutung erhalten diese Aspekte vornehmlich aus den faktischen Erfordernissen der Bewährung des Rechts im Rahmen der bürgerlichen Gesellschaft. Diese Manifestation des Rechts ist, auch wenn die Transformation des objektiv Gültigen nunmehr in der Alltäglichkeit des individuellen Lebens ihren Lauf nimmt, das treibende Element der *Sittlichkeit*.

Die unterschiedliche Festigkeit der Gesellschaft(en) ändert an dem *Grund* der Notwendigkeit dieser Manifestation nichts. Eben dies wird an verschiedenen Stellen des *Rechtspflege*-Kapitels deutlich - der Verbrecher und seine Tat werden hier nicht als *Naturereignis* verstanden, sondern die Tat ist die äußerliche Folge eines kategorial vernunftgemäß gefaßten *Entschlusses mit reflexions-*

allgemeinem Charakter[392]. Die Tat ist damit nach wie vor ob ihrer *Negation des Rechts* auch *im Recht*. Beispielhaft wird diese Beziehung auf die Vernunft des Täters in der Skizzierung der Aufgaben der Gerichte verdeutlicht: Gerichte repräsentieren die *verletzte Allgemein*heit und heben sich in ihrer Strafmacht vom Belieben der Individuen, insbesondere von den eigentümliche Interessen der verletzten Partei ab, damit die Wiederherstellung des Rechts,

> in objektiver Rücksicht als Versöhnung des durch Aufheben des Verbrechens sich (...) als gültig verwirklichenden Gesetzes, und in subjektiver Rücksicht des Verbrechers als seines von ihm gewußten und für ihn und zu seinem Schutz gültigen Gesetzes, in dessen Vollstreckung er somit selbst die Befriedigung der Gerechtigkeit, nur die Tat des Seinigen findet[393].

Im Verlauf des § 132 spricht *Hegel* unmißverständlich von dem *Schein*, den das Verbrechen in der bürgerlichen Gesellschaft für dieselbe hat[394]. So kann allenfalls festgestellt werden, der bürgerlichen Gesellschaft einer gewissen Entwicklungsperiode komme das Verbrechen so vor[395], als sei es *zufällig* und somit nur eine sporadische vorkommende Erscheinung. Dies wäre dann ein Verständnis, daß auf den Grad der Gefährlichkeit gerichtet ist[396]. Den *Grund des Verbrechens* und den damit gelieferten *Grund der Strafe* vermag es nicht zu revidieren. Indessen ist noch ein weiteres ungeklärt, und zwar die offensichtlich vorgenommene *Verquickung der Unrechtsfrage mit der Zurechnungsfrage*. Schließlich kann eine Gleichsetzung der Begrifflichkeiten im Sinne ihrer vollen Identität noch keinesfalls als ausgemacht gelten. Wenn von Zurechnung im Sinne der *Moralität* gesprochen wird, so ist der Bezug auf das bereits ausgestaltete Verhältnis von Recht und Unrecht jeweils miteinbezogen. Gleichzeitig

---

392 Wannenmann, Mitschriften, §§ 111, 112 (S. 128 f.).

393 Hegel, Grundlinien, § 220 (S. 7.374).

394 Die Unterscheidung von nach wie vor unverändert geltendem Grund und der Konkretheit der Folgebedingungen der Strafe stellt auch Wannenmann, Mitschriften, § 114 (S. 131), heraus: "*In der bürgerlichen Gesellschaft gilt das Recht als Gesetz, i.e. es ist anerkannt, und eine Verletzung, die hier geschieht, ist ein Unrecht im weiteren Sinn, als [dort], wo noch kein Staat ist. Der Verbrecher handelt erstens unrecht überhaupt und zweitens gegen sein eigenes Anerkennen des Gesetzes (...). Und es hängt von der Ansicht der bürgerlichen Gesellschaft ab, [für] wie wichtig sie ein Verbrechen halten will und wie hoch sie es also bestraft (...). Aber das Verbrechen soll genommen werden nach seinem inneren Wert, nach seiner Allgemeinheit. Die Allgemeinheit ist das Scheinen der Reflexion in das Einzelne. Ein Verbrechen ist in sich bedeutender [durch] diese innere Allgemeinheit, wenn sie als Allgemeinheit betrachtet wird. So wird es in Beziehung auf einzelne andere Handlungen bestraft werden; aber ein Verbrechen muß nach seiner eigenen, inneren Wichtigkeit bestraft werden*".

395 Hegel, Grundlinien, § 218 Z (S. 373): "*natürlichen Trieben entsprungen scheint*".

396 Hegel, Grundlinien, § 218 (S. 371 f.).

steht die Unrechtsdefinition nur als *Allgemeines* da, insoweit sie als Negation des besonderen und allgemeinen Willens klassifiziert wurde. Die Durchdringung der Äußerlichkeit und des Allgemeinen durch das Recht des subjektiven Willens in der Sphäre der *Moralität* vermag jedoch das Vorliegen der Differenz von Recht und Unrecht nicht vollständig in sich aufzunehmen (dies kann erst in der Vermittlung des Unterschieds von Wohl und Recht über die reflektierende Gewissensentscheidung der konkreten Pflicht [*Sittlichkeit*] erfolgen).

Und dennoch versteht sich die *Moralität* als das Darstellungs*raster* der Art und Weise, wie im Sinne des Rechts gehandelt wird bzw. wie das Subjekt *gegen* das Recht handelt. Es geht um die Formen der Übereinstimmung oder Dissonanz mit dem Recht. Ist das Unrecht auf der Stufe des abstrakten Rechts ein ebensolches *abstraktes Unrecht*[397], gibt der Aufweis des subjektiven Handlungsvollzugs in der Sphäre der *Moralität* die Bedingungen an, unter denen Rechtssubjekte überhaupt praktisch in Entgegensetzung zum Recht treten können. *Unrecht und Zurechnung verhalten sich demnach zueinander wie Inhalt und Form, wie Unmittelbarkeit und deren Beschränkung.* In der konkreten Handlung stellt sich die Verbindung von Recht (und damit auch Unrecht) zum agierenden Subjekt her[398]. Hieraus resultiert die Vorstellung, *Handlung und Unrecht fielen in der Straftat zusammen.* Sind also Zurechnung und Unrecht durch die Handlung aufeinander abgebildet, kann weitergefragt werden, ob auf der Stufe der *Sittlichkeit* auch *Zurechnung* und *konkretes Gesetz* aufeinander in gleicher oder ähnlicher Weise bezogen sind. Natürlich wird man diese Frage dann bejahen, wenn man sich die Indizfunktion des positiven Rechts für das Auslösen der Zurechnung vor Augen führt. Dabei kann jedoch nicht stehengeblieben werden.

Der Problemsachverhalt ist anders zu wenden: Kann nicht angesichts der auswechselbaren konkreten Pflichtenanforderungen des positiven Rechts, von einem diesem vorgelagerten, apriorisch verhärteten Zurechnungsdogma gesprochen werden? Meines Erachtens ist dies zu bejahen. Ob ein Subjekt überhaupt, das heißt unter Abstrahierung aller rechts*positivierter* Spezifika, zurechenbar gehandelt hat, ist eine Beurteilung, die hinsichtlich des rechtlich Allgemeinen

---

397 Gleichwohl der *personalen Struktur* inhärent.

398 Wannenmann, Mitschriften, § 56 (S. 78): "*Ob die Handlung Verbrechen ist, kommt darauf an, erstens ob die Umstände im Bewußtsein waren, und zweitens ob das Allgemeine der Handlung, die Maxime, im Zweck des Subjekts war oder beides zusammen*".

schon eine Bestimmung erfahren haben muß. Das Prinzipielle der Zurechnung ist dem Gesetz also vorgelagert[399].

In ähnlicher Weise wie bezüglich der Unterscheidung von Strafgrund und Straffolge hat auch eine Zurechnungslehre die Zweistufigkeit zu beachten: Das konkret-empirische Moment der Zurechnung darf das abstrakt-allgemeine Prinzip nicht unterlaufen. Charakteristisch, im *Hegelsche*n Begriffssinne *wesentlich*, für die Zurechnung des *Moralitäts*kapitels ist der *handlungsorientierte Bezug* zwischen Subjekt und dem Allgemeinen, Äußerlichen seiner selbst. Der Wille anderer Subjekte spielt allein insofern eine Rolle, als sie dem Handelnden als Verkörperungen der Rechtssphäre gegenübertreten. Intersubjektivität heißt nun nicht, daß andere Subjekte in ihrer *Äußerlichkeit* Teilhabe an der *Vernunftallgemeinheit* des Handelnden haben, sondern eben (nur), daß sie als *materielles* Konstituens die Einbindung des Handelnden in den Rahmen des Recht des objektiven Willens leisten.

Die Zurechnungsfrage stellt sich *vom Subjekt her*. Bleibt offen, ob, wenn die als intersubjektive Vernetzung (in ihrer bloßen Äußerlichkeit) als Form des *Sozialkonflikts* (Straftat) schon nicht im Bereich des Prinzipiellen angesiedelt werden kann, sie nicht wenigstens in der *Sittlichkeit* zur *gerechten Fassung des Zurechnungsurteils* beitragen sollte. Dies wiederum würde voraussetzen, daß der starke Anspruch der vorgetragenen Kritik, es ginge nicht nur um die Etablierung bestimmter Zuschreibungstheorien als auf die Folgebedingungen des Zurechnungsgrundes reduzierte Ansätze, sondern vielmehr um den Nachweis *eines von mehreren zu verantwortenden Konflikts*[400] mit dem in der *Moralität* gelieferten Grundlagen kompatibel sein könnte. Betrachtet man die hier ins Vi-

---

399 Der Hinweis Hegels (Grundlinien, § 132 A [S. 246]), daß "*die gerichtliche Zurechnung nicht bei dem stehenzubleiben (hat), was einer seiner Vernunft gemäß hält oder nicht, nicht bei der subjektiven Einsicht in die Rechtlichkeit oder Unrechtlichkeit, in das Gut oder Böse, und bei den Forderungen, die er für die Befriedigung seiner Überzeugung macht*", steht dem nicht entgegen. Denn hierdurch wird gerade gezeigt, welche Unhintergehbarkeit dem allgemeinen Recht zukommen soll.

Das Prinzip der vorausgesetzten Autonomie des handelnden Subjekts ist unmittelbarer Ausdruck der wirkenden Vernunft und kann im Rechtszustand nicht mehr kategorial in Zweifel gezogen werden. Die Relevanz dieses Grundsatzes für die Strafrechtspolitik der `90 er Jahre dokumentiert insbesondere die Auseinandersetzung um die Tragweite des Eigentverantwortlichkeitsprinzips im Strafrecht, also dort wo von der *autonomen Selbstverfügung und ihren Grenzen* gehandelt wird, vgl. zum Status der Eigenverantwortlichkeit und der Bedeutsamkeit der Verletzung der moralischen Pflicht zur vernunftgemäßen Selbsterhaltung im Bereich des Betäubungsmittelstrafrechts: Köhler, ZStW 104 (1992), 3 (18 ff.); Hohmann, MDR 1991, 1117 f.; Hohmann/Matt, JuS 1993, 370 ff.

400 Seelmann, in: Rechtsphilosophie des deutschen Idealismus, S. 101 (114).

sier genommenen Askriptionslehren[401], insbesondere den *labeling approach-Ansatz (Kontrollparadigma)*[402], so vermittelt sich ein recht zwiespältiger Eindruck: Einerseits mag es sicherlich für die Vergegenwärtigung des *Phänomens* Straftat hilfreich sein, die soziologischen Bedingungen des Funktionierens des staatlichen Strafapparats unter die Lupe zu nehmen und mit gutem Grund[403] muß es unbenommen bleiben, insoweit auf die Relevanz von Machtfaktoren und psychologischen Prozeduren hinzuweisen[404]. Andererseits begnügen sich die *Interaktions*ansätze[405] (im Unterschied zu den reinen *Definitions*ansätzen[406]) nicht mit der Beschreibung von Defiziten der Strafrechtspflege, im Gegenteil. Das, was als "Unrecht" erscheint, ist nicht als etwas dem Recht Entgegengesetztes, als eine vom Täter aufgestellte Maxime und somit als Selbstwiderspruch zu verstehen, *Unrecht ist allein Sache der Etikettierung:* Dazu im Falle des Strafgerichts auch noch der Etikettierung durch die *rechtssichernden Instanzen,* die als effiziente Instanzen formeller Sozialkontrolle eigene Macht verdeutlichen.
Vernünftigkeit des Individuums spielt hierbei keine Rolle mehr. Strafe, Therapie, Konfliktbereinigung ist disponibel geworden, der Gegensatz von Recht und Unrecht degeneriert im Lobbyismus der Interessen- und Machtgruppen: Zurechnung als *self-fulfilling prophecy*[407].

Die Feststellung, *daß die strafrechtliche Intervention kriminelle Karrieren begünstigen kann*[408], wird als empirischer Befund jedem in der Strafrechtspraxis tätigen Juristen geläufig sein; das darf aber nicht bedeuten, die

---

401 Zum Begriff der Askription (*Zuschreibung*): Sack, KrimJ 1972, 3 ff. Askription bleibt nicht bei der Beschreibung des sozialen Phänomens "Kriminalität" stehen, sondern orientiert sich an dessen Zuordnung zum handelnden Subjekt. Durch die Zuordnungszeremonien werde abweichendes Verhalten überhaupt erst zur gesellschaftlichen (oder: rechtlichen) "Realität.

402 Vgl. die problemorientierte Übersicht bei Neumann/Schroth, Kriminalität und Strafe, S. 80 ff.; auch: Lamnek, Abweichendes Verhalten, S.233 ff.

403 Gleichwohl geht es um Fragen der Gewißheit und nicht der Wahrheit, vgl. Hegel, Grundlinien, § 227 Z (S. 379).

404 Reichhaltiges Faktenmaterial wird ausgebreitet bei: Abele/Mitzlaff/Nowack, Abweichendes Verhalten, S. 19 ff.

405 Namentlich Sack, KrimJ 3 (24): Zuschreibung sei "*kein Privileg und charakteristisches Spezifikum von Gerichten, Polizisten und sonstigen Personen und Institutionen der sozialen Kontrolle (...), sondern (...) die Zuschreibung von intentionalen Eigenschaften und Vorgängen (ist) ein generelles Merkmal der interaktiven und kommunikativen Prozesse zwischen Menschen*".

406 Lamnek, Abweichendes Verhalten, S. 233 f.; vgl. Abele/Mitzlaff/Nowack, Abweichendes Verhalten, S. 217 ff.

407 Becker, Außenseiter, S. 161.

408 Hassemer, AK-StGB Vor § 1 Rn. 166.

Unzulänglichkeiten der Strafverfolgung in der Realität zur *Grundverfaßtheit* derselben zu erklären. Zur Legitimation ihrer Definitionsthese betonen die *labeling*-Ansätze einseitig die *innere Regellosigkeit*[409] *der Gesetzesanwendung* (sozusagen: die *faktische Hohlheit* des Gerechtigkeitsbegriffs) und stärken so die Annahme, Zuschreibung gehorche den Interessen der jeweils herrschenden Elite (Macht, Prestige etc.).

Der Wechsel von der bloßen Aufdeckung der Mängel staatlicher Strafverfolgung und ihrer Beschreibung zu dem selbstbewußt vorgetragenen Anspruch, das soziale Phänomen *Devianz* in Ursprung und Reichweite *erklären zu können*, beinhaltet hier die Behauptung, es *begründen zu können*. Zur Vervollständigung der Reaktions- und Sanktionsprognose in ihrer äußerlichen Bedingungsgebundenheit, zur Komplettierung des Faktenwissens in Abschätzung der Sanktionsstärke möge den Zuschreibungstheorien eine gewisse auch hier nicht unbestreitbare Rolle zugewiesen werden; auch wenn damit die tradierte Vorstellung der Kriminologie als *Hilfs*wissenschaft neu belebt werden mag.

Der Grundbestand der Zurechnung, insoweit material rückgebunden an die aufweisbare intelligible Struktur der freien Gewissenentscheidung und der im konkreten Handeln des Rechtssubjekts aufscheinenden personalen Bestimmtheit des Rechts, kann die Zufälligkeiten der empirischen Realisierungsbedingungen nicht zu seiner Leitidee machen. Das Recht der Zurechnung hat sich aber auch nicht mit den Unzulänglichkeiten seiner Wirklichwerdung abzufinden. Es muß sie in Reflexion seines Grundes strukturieren, nur dann entpuppt sich als Stärke der *Hegelsch*en Straf- und Zurechnungsdoktrin, was als ihr Makel gemeint war: Ihre konsequent durchgehaltene *Verkettung des Rechtszwangs mit der Vernünftigkeit des individuellen Täters*.

V. Gesetz als reflexiver Vermittlungsmodus der Substanz

1. Die Spannung zwischen Recht und Gesetz

Recht muß, um gelten zu können, dem Individuum zu Bewußtsein kommen[410]. Das Begreifen der Substantialität setzt einen Vermittlungsmodus voraus, der einerseits in sich das vernunftallgemeine Substrat birgt und andererseits ausreichend konkret ist, um der individuellen Erfassung zugänglich zu sein. Die

409 Krit.: Neumann/Schroth, Kriminalität und Strafe, S. 81 f.

410 Vgl. Hegel, Grundlinien, § 210 (S. 7.361).

Substanz der *Sittlichkeit* bleibt in ihrer immer wieder auf sich selbst zurückprojezierten Unmittelbarkeit dem Erleben der Subjekte verrätselt. Der Schlüssel hierzu liegt im tätigen Außersichgehen der Substantialität. Indem sie sich an der Wirklichkeit zu bestimmen sucht, setzt die Vernunft ihre eigene Wesentlichkeit aus sich heraus. Das im Übergehen der Vernunft in ihr Entgegengesetztes Zutagetretende ist das *Gesetz*.

Das Gesetz als positives Recht ist dem logischen Grunde nach eine Struktur der dialektischen Begriffsbewegung, die dem gesamten Systembau der Philosophie auf jeder Stufe des sich von seiner Unmittelbarkeit emanzipierenden Begriffs inhärent ist[411]. Die Stellung des Gesetzes innerhalb der Selbsterfassung des Rechts als Dasein der Freiheit wird durch ihre reflexive Dynamik gekennzeichnet. Zur Voraussetzung des Übergehens der Substantialität in seinen verbesonderten Modus der Gesetzlichkeit gehört zunächst eine entwickelte Rationalität der gesellschaftlich agierenden Individuen. Da die bloße Intuition, das Rechtsgefühl auf die einzelnen Bewußtseine beschränkt ist und sich höchstens als materiell ungebundene Sammlung paralleler Egoismen präsentiert, können Gesetze erst dann aus dem normativen Verband der unspezifizierten Substanz heraustreten, wenn das subjektive Bewußtsein einen Sinn für das allidentisch Wesentliche seiner selbst geprägt hat.

Gemeint ist die Konstitution eines gesellschaftlichen Bewußtseins, das in der Lage ist, von der Partikularität individueller Existenz abzusehen und das einigende Moment einer gleichberechtigten Teilhabe am öffentlichen Leben (als *gelebter Sittlichkeit*) zu erkennen.

> Der Mensch gilt so, weil er Mensch ist, nicht weil er Jude, Katholik, Protestant, Deutscher, Italiener usf. ist. Dies Bewußtsein, dem der Gedanke gilt, ist von unendlicher Wichtigkeit[412].

Hegel hebt die Universalisierung qua interpersonaler Anerkennung auf die Ebene der bürgerlichen Gesellschaft und verleiht ihr damit die *konkrete Gestalt gesellschaftlicher Realität*. Während auf der Seite der Subjekte sich das Allgemeine ihrer selbst von den Beschränkungen der vereinzelten Willkür befreit, verbesondert sich auf der Seite der Substanz das Allgemeine: Der objektive Geist gibt im Vorgang des Heraus-Setzens zunächst eine formale Struktur vor, in die die Inhalte der Wesentlichkeit eingegossen werden. Das Gesetztsein des Rechts geht nicht als einfache, bruchlose Transposition substantiell verfestigter

---

411 Hegel, Wissenschaft der Logik II, S. 6.426 f.
Vgl. Bogdandy, Hegels Theorie des Gesetzes, S. 26 ff.

412 Hegel, Grundlinien, § 209 A (S. 7.360 f.).

Inhalte in den Reflexionshorizont der Subjekte vonstatten. Die aus sich heraus gehende Substantialität erleidet in der Entgegensetzung des ihr Besonderen Verluste an normativer Aussagekraft, da der Prozeß der Verbesonderung der Substanz nicht immun gegenüber der Zufälligkeiten sinnlich-äußerlicher Existenz ist. Das kann so weit gehen, daß einzelne Gesetze nicht mehr (oder: noch nicht) der vernunftallgemeinen Struktur des rechtlich Vorgegebenen entsprechen[413].

> Das Positive der Gesetze betrifft zunächst nur ihre Form, überhaupt als gültige und gewußte zu sein, womit die Möglichkeit zugleich gegeben ist, von allen auf gewöhnliche äußerliche Weise gewußt zu werden. Der Inhalt kann dabei an sich vernünftig oder auch unvernünftig und damit unrecht sein[414].

2. Die Genese des positiven Rechts

Die Konstitution rechtlicher Wirklichkeit hat sich im Interesse ihres stetigen Fortgehens in die Vereinzelungen der bürgerlichen Gesellschaft indes mit der Problematik eines nur formhalber "richtigen" Rechts auseinanderzusetzen. Der vorherrschenden Spannung zwischen überpositivem und positivem Recht läßt sich weder durch eine übertrieben zurückhaltende Haltung des Gesetzgebers (Gesetzesabstinenz), noch durch eine besonders forsche Gesetzgebungspolitik entkommen. Ersteres basiert auf einer Unterschätzung gesellschaftlich ausgeprägter Rationalität und Vernunftallgemeinheit, da den Bürgern die universelle Möglichkeit genommen und die Geschicklichkeit abgesprochen wird, das komplexe Geltende der positiv-rechtlich gesetzten *Sittlichkeit* zu erfassen[415]; letzteres beruht auf einer Überschätzung der Substantialität, da verkannt wird, daß sich die Vernunft nicht unterschiedslos mit den Zufälligkeiten der realen Lebenswelt zur Deckung bringen läßt[416].

Aus dieser Position *Hegels* resultiert eine entschiedene Absage an eine substanzqualifizierte Verbindlichkeit gewohnheitsrechtlicher Regeln und spezifischen Richterrechts. Er gesteht zwar dem Gewohnheitsrecht eine gewisse Lebendigkeit zu, diese sei indes nur die *Vitalität des Einzelinteresses*, das sich zur Vielheit der Einzelinteressen sammle, aber dadurch nicht denkend in seiner Rechtsallgemeinheit gewußt werde, sondern den Unwägbarkeiten subjektiven

---

413 Hegel, Grundlinien, § 212 (S. 7.364).

414 Hegel, Enzyklopädie III, § 529 A (S. 10.324).

415 Hegel, Grundlinien, § 211 A, Z (S. 7.363 f.).

416 Vgl. Hegel, Enzyklopädie III, § 529 A (S. 10.324 ff.).

Meinens ausgesetzt sei. Das Gewohnheitsmoment (formelle Bündelung partikularer Erfahrungen) überwiege das Rechtsmoment (Substanzbezüglichkeit). Ähnlich liegt es beim Richterrecht, es ist ein formell gebündeltes Einzelfallrecht[417]. Gleichwohl kann damit dem nicht- bzw. noch nicht kodifizierten Recht nicht seine Bedeutung für die Gesetzesgenese, für die Verrechtlichung der Lebensbereiche abgesprochen werden. Als Kristallisationspunkt sittlicher Wirklichkeit formiert das nichtkodifizierte Recht gesellschaftliche Rationalität. Dabei steht gleichzeitig fest, daß sich sowohl Interessen mit Rechten decken können, als auch, daß die Bündelung partikularer Interessen abstrakt-rechtlicher Rückbindung zur positivrechtlichen Rechtsgewinnung beitragen kann[418]. Positives Recht und nichtkodifiertes - gewohnheitsmäßig gebildetes - Recht besitzen folglich unterschiedliche Grade der *Verbindlichkeit*; die kritische Potenz zur Sozialnorm verdichteter Interessenverfolgung gegenüber positivierten Normen ist im Grundsatz erhalten geblieben. Das Prinzip der fortschreitenden substantiellen Verbesonderung der Gesellschaft findet schließlich auch seine Grenzen in der individuellen Innerlichkeit und in der endlichen Welt der Äußerlichkeit: Der Kodifikation unterliegen allein jene Bereiche, die sich von der Spezifität der Innerlichkeit des einzelnen Subjekts ablösen lassen[419]. Dies hat seinen Grund darin, daß ein gesellschaftliches Bewußtsein von Universalität der sittlichen Existenz sich über die Verhältnisse der Individuen untereinander herstellt. Im intersubjektiven Gegen- und Miteinander der bürgerlichen Gesellschaft, in der interessegeleiteten Entstehung bestimmter intrasubjektiver Formationen (*Stände*[420]) scheint das Allgemeine der partikularen Individuen auf. Die Überwindung der Vereinzelung hat ein höheres Recht gegen die Zerspaltungen der Äußerlichkeit[421], da sie sich in und über ihr Gegenüber hinaus *selbst* bestimmt. Dort wo

417 Vgl. Hegel, Grundlinien, § 211 Z (S. 7.364).

418 Vgl. Bogdandy, Hegels Theorie des Gesetzes, S. 97.

419 Hegel, Grundlinien, § 123 (S. 7.365).

420 Das Erscheinen der Stände in der bürgerlichen Gesellschaft ist die Folge einer zunächst radikalen Partikularisierung des gesellschaftlichen Vermögens, der Produktion, der Arbeit, überhaupt der Fähigkeiten und Bedürfnisse: "*Wo bürgerliche Gesellschaft und damit Staat vorhanden ist, treten die Stände in ihrem Unterschiede ein; denn die allgemeine Substanz als lebendig existiert nur, insofern sie sich organisch besondert; die Geschichte der Verfassungen ist die Geschichte der Ausbildung dieser Stände, der rechtlichen Verhältnisse der Individuen zu denselben und ihrer zueinander und zu ihrem Mittelpunkte*", Hegel, Enzyklopädie III, § 527 A (S. 10.323).

Vgl. zur Entstehung und Funktion der ständischen Assoziation für die bürgerliche Gesellschaft: Cazzaniga, HJB 21 (1986), 87 ff.

421 Vgl. Redlich, Selbsterfassung, S. 106 ff.

Reflexion auf intersubjektive Strukturen als genuiner Ausdruck der Erfassung rechtsuniverseller Abstraktheit gelten kann, wird den gesellschaftlich gebundenen Subjekten der Blick auf die Sollenssätze substantieller Geltung frei. Intersubjektiv und intrasubjektiv nicht formierte, bzw. formierbare Interessenlagen sollen nach *Hegel* aus dem Reflexionshintergrund der Gewinnung positiven Rechts ausgeschlossen sein. Betroffen hiervon sind die ureigenen Motivationslagen des Subjekts[422], Indikatoren innerlicher Besonderheit.

> Die Rechtspflege hat die Bestimmung, nur die abstrakte Seite der Freiheit der Person in der bürgerlichen Gesellschaft zur Notwendigkeit zu betätigen[423].

Zum Gegenstand des positiven Rechts kann also nur werden, was als besonderer Wille in der Äußerlichkeit seiner selbst die intersubjektive Wirklichkeit gestaltet[424]. Neben den Schranken rein innerlicher Besonderheit des konkreten Subjekts ergeben sich aber auch Grenzen in der Bestimmbarkeit des positiven Rechts in der Sphäre endlicher Äußerlichkeit. Wollte man die Positivierung des Rechts schrankenlos bis in die kleinste Fuge der äußerlichen Wirklichkeit forttreiben, stößt man nach *Hegel* alsbald an einen Punkt, ab dem sich die Bestimmung des Rechtssatzes in die Unendlichkeit des zu bestimmenden Gegenstandes verliert. Überschreitet der Gesetzgeber diese Grenze, degeneriert sein Anspruch, das konkrete Gesetz immer einzelfallbezogener zu formulieren, zu einer *leeren Meinung von Vollkommenheit*[425]. Hiermit wird zum Ausdruck gebracht, daß eine Gesellschaft nicht deshalb einen höheren Grad an Vernünftigkeit aufweisen muß, da sie einen besonders ausgeprägten Regelungsstandard her-

---

422 Hegel, Grundlinien, § 213 Z (S. 7.365 f.), nennt hier exemplarisch Gemüt, Liebe, Ehe, Zutrauen, Religion und daneben ganz allgemein moralische Gebote, die allein die Besonderheit des Subjekts betreffen. Interessanterweise nennt Hegel die Aussagedelikte als Ausnahme: "*Nur beim Eide, wo Dinge dem Gewissen anheimgestellt sind, muß Redlichkeit und Treue als Substantielles berücksichtigt werden*".

423 Hegel, Enzyklopädie III, § 532 (S. 10.328).

424 Hegel erläutert dies in seinen handschriftlichen Notizen zu § 159 der Grundlinien (S. 7.308) am Beispiel der in sich unterschiedenen Charakteristik der Begriffe Liebe, Ehe und Familie: "*Recht [kann] nicht an Liebe geltend gemacht werden - weil natürliche Empfindung als eigene Gesinnung*"; "*Eherecht - Verhältnis zu, gegen Äußerlichkeit - erst unter Voraussetzung - auf Absonderung; - Rücksicht auf mögliche Absonderung - oder Recht gegen Absonderung - Auflösung - dies ist Recht der Ehe selbst, nicht der individuellen Person als solcher -*"; "*Das Recht, welches dem Einzelnen auf dem Grund der der Familieneinheit (...) tritt nur insofern in die Form Rechtens als des abstrakten Moments der bestimmten Einzelheit hervor, als die Familie in die Auflösung übergeht und die welche als Glieder sein sollen, in ihrer Gesinnung und Wirklichkeit als selbständige Personen werden (...)*".

425 Vgl. Hegel, Enzyklopädie III, § 529 A (S. 10.325); Grundlinien, § 214 A (S. 7.366 f.).

vorgebracht hat. Die *vornehmlich deutsche Krankheit an ein Gesetzbuch die Vollendung zu fordern*[426], läßt leicht übersehen, daß die Substantialität sich nicht in ihrer Eigentlichkeit über die bis ins einzelne getriebene gesetzlich ausformulierte Erfassungsbreite einer Norm bestimmt. Die Gesetzgebung ist damit aufgerufen, ein ausgewogenes Verhältnis zwischen Regelungs*gehalt* und Regelungs*masse* herzustellen. Im Grundsatz gilt die Forderung nach Bestimmtheit des Gesetzes; der Einzelfall darf gleichzeitig nicht zum hypertrophen Leitmotiv des Gesetzgebers avancieren.

> Jedes Gesetzbuch könnte noch besser sein, die müßige Reflexion darf dies behaupten, denn das Herrlichste, Höchste, Schönste kann noch herrlicher, höher und schöner gedacht werden. Aber ein großer alter Baum verzweigt sich mehr und mehr, ohne deshalb ein neuer zu werden; töricht wäre es jedoch, keinen Baum der neuen Zweige wegen, die kommen könnten, pflanzen zu wollen[427].

3. Das verbindliche Gesetz

Eine Norm muß, um für den einzelnen verbindlich zu sein, vier Bedingungen erfüllen (die zugleich dem Anspruch der unmittelbar nach außen tretenden Substantialität entsprechen): Sie muß öffentlich ins Bewußtsein gerückt werden; sie muß eine anschauliche und nachvollziehbare Aussage beinhalten; die Norm muß sich in ihrem Regelungsgehalt jeweils auf die Gestaltung von Eigentumsverhältnissen (im weiteren Sinne), Persönlichkeitsrechten oder öffentlichrechtlicher Materie richten[428] und ihre Geltung muß im Einzelfall mit rechtlichen Mitteln erwiesen werden[429]. Schon in der Darstellung des Rechts des subjektiven Willens als dem eigentlichen *Recht der Einsicht in das Gute*[430] einer konkreten Handlung wurde aufgewiesen, daß das konkrete Sollen über den Modus der Bekanntheit zum Bestandteil, immanent-sinnhaften Ausdruck, des Hand-

---

426 Hegel, Grundlinien, § 216 A (S. 7.369).

427 Hegel, Grundlinien, § 216 Z (S. 7.370).

428 Hegel erörtert letztere an systematisch anderer Stelle als Zivilrecht und Strafrecht, nämlich innerhalb des inneren Staatsrechts (Vgl. Grundlinien, § 261, A (S. 7.407 ff.)). Diese Verschiebung hat ihren Grund darin, daß der Staat als Rechtssubjekt erst an dieser Stelle der Rechtsphilosophie Träger von Rechten und Pflichten sein kann. Strafrecht ist in diesem Verständnis also weniger ein *Recht des Staates* auf Bestrafung, sondern ein *Recht der Gesellschaft* auf Bestrafung, das indes in praxi an den rechtlich verfaßten Überbau der bürgerlichen Gesellschaft, den Staat, delegiert wurde.

429 Diese Voraussetzung betrifft den Aspekt der rechtsförmigen, gerichtlichen Zurechnung, der in Kapitel VI gesondert erörtert wird.

430 Hegel, Grundlinien, § 132 A (S. 7.245 f.).

lungsvollzugs wird. Die Öffentlichkeit der Gesetze dient im wesentlichen dazu, den Zufall aus der Rezeption des Substantiellen zu verdrängen. Vom Individuum braucht insofern im konkreten Fall nicht verlangt zu werden, es müsse auf den kategorischen Unterschied von Recht und Unrecht reflektieren, sein Unrechtsbewußtsein wird allein an seiner aktuell zutage getretenen Kenntnis des Gesetzes gemessen[431]. *Hegel* erkennt die Gefahr, die mit der Spezialisierung eines ganzen Berufsstandes auf die Rechtssetzung und Rechtsanwendung verbunden ist: Die Arbeit der Juristen am und mit dem Gesetz darf nicht zu einer Monopolisierung der Gesetzeskenntnis durch diesen Stand verkommen, sondern muß die Verrechtlichtung der Lebensvollzüge *transparent* halten. Denn, wo es um die Vernunft geht, hat ein jeder das Recht mitzusprechen[432].

Die zweite Forderung, die an das Gesetz als Verpflichtungsmodus zu richten ist, besteht in seiner verständlichen Fassung. Das Gebot der Gesetzesklarheit soll dem Subjekt gerade in Regelungsbereichen, die nicht zum Kernbestand der abstraktrechtlichen Verlängerungen in die Gesetzlichkeit zählen, die Kenntnis der konkret geltenden Norm ermöglichen. *Hegel* denkt hier vorallem an neu zu regelnde Gesetzesmaterien[433]. Durch die ins Äußerste ihrer selbst getriebene Partikularität der bürgerlichen Gesellschaft und dem gleichzeitig sich qualifizierenden Wirken der sozialen, wirtschaftlichen und politischen Formationen vermehrt sich auch die Zahl der möglichen intersubjektiven Verhältnisse, deren abstraktrechtliche Relevanz eine Kodifikation neuer Gesetze notwendig macht[434]. Verluste an *Klarheit* bewirken hier unmittelbar Verluste an *Substantialität*. Schließlich erzeugt der Übergang des abstrakten Rechts in die Wirklichkeit intersubjektiv sich formierender Verhältnisse einen Differenzierungsschub der Rechtsmaterie. Die Unterschiede insbesondere von Zivilrecht und Strafrecht treten schärfer hervor. Während im Verlauf der Entwicklung des *abstrakten Rechts* die Ausdifferenzierung der Rechtspersonalität die Grundzüge der Abschichtung von Recht und Unrecht und hierin wiederum das Auseinander von bürgerlichrechtlichem Unrecht und Verbrechen erkennen ließ, bringen Gesellschaftlichkeit und Staatlichkeit des Rechts neue Aspekte in diese kategorialen Unterscheidungen ein. Je nach Rechtsgebiet ergeben sich hieraus besondere Schlußfolgerungen:

---

431 Hegel, Grundlinien, § 132 A (S. 7.247).

432 Hegel, Grundlinien, § 215 Z (S. 7.368).

433 Hegel, Grundlinien, § 216 (S. 7.368 f.).

434 Vgl. Bogdandy, Hegels Theorie des Gesetzes, S. 102 f.

Eigentum (verstanden als Gesamtheit aller intersubjektiven Verhältnisse, die auf Erlangen, Erwerb, Besitz, Veräußerung, Aufgabe desselben gehen) läßt sich nun nicht mehr länger als bloße personal zuordnende Formierung der Äußerlichkeit deuten. In der bürgerlichen Gesellschaft ist Eigentum nicht nur personal-abstrakte Erscheinungsweise, sondern durch formelle Rechtsakte vermittelt. Die konkrete zivilrechtliche Situation eines Gegenstandes oder einer Leistung muß geklärt und nach außen wahrnehmbar festgelegt sein (Publizität des Eigentums)[435]. Der Charakter positiv-rechtlicher Regelungen auf dem Gebiet des öffentlichen Rechts partizipiert an der Aufgehobenheit der Substantialität in der Existenz des Staates. Daß auch der Staat in die Reziprozität von Pflicht und Recht eingebunden ist, versteht sich vor diesem Hintergrund schon fast von selbst. Der Staat tritt den gesellschaftlich verfaßten Individuen zum einen als etwas ihnen Äußerliches entgegen, zum anderen hat er die besonderen Interessen der Subjekte, ihr individuelles Wohl nicht nur zu berücksichtigen, sondern in seiner Allgemeinheit zu seiner Aufgabe zu machen[436]. In Bezug auf das Strafrecht der bürgerlichen Gesellschaft erhält die Rechtsverletzung eine soziale Dimension:

> Es tritt damit der Gesichtspunkt der Gefährlichkeit der Handlung für die Gesellschaft ein, wodurch einerseits die Größe des Verbrechens verstärkt wird; andererseits aber setzt die ihrer selbst sicher gewordene Macht der Gesellschaft die äußerliche Wichtigkeit der Verletzung herunter und führt daher eine größere Milde in der Ahndung desselben herbei[437].

Strafrecht unter den Bedingungen der bürgerlichen Gesellschaft ist im Grundsatz demnach auf die kategorial geleistete Unterscheidung von Recht und Unrecht und damit auch auf die Begründung der Strafe in ihrer rechtsmanifestierenden Rehabilitierung der Vernünftigkeit verwiesen. Die Verbreiterung des intersubjektiven Zusammenhangs führt indes im Stadium der bürgerlichen Gesellschaft insofern zu einer anderen Wahrnehmung der Rechtsverletzung, als die Straftat mit all ihren Wirkungen für Opfer und Täter die Äußerlichkeit konkreter Rechtssubjekte betrifft. Die Sichtweise verschiebt sich daher nicht etwa von einer vernunftgemäß kategorialen Unterscheidung zu einer nur noch empirischen Qualifikation des Verbrechens.

---

435 Hegel nennt als Beispiele Grenzsteine, Hypothekenbücher, Eigentumsverzeichnisse; vgl. Grundlinien, § 217 Z (S. 7.371).

436 Hegel, Grundlinien, § 261 A (S. 7.407 ff.).

437 Hegel, Grundlinien, § 218 (S. 7.372).

Vielmehr wird der Blick ausgehend von der als solches erwiesenen Vernünftigkeit der Differenzierung von Recht und Unrecht (einschließlich der Legitimation des Rechtszwanges) um die Aspekte der empirischen Erscheinung von Kriminalität in der partikularen Gesellschaft erweitert. Der variable Grad des universellen Bewußtseins von Substantialität läßt die Straftat unterschiedlich gefährlich für den Bestand der Gesellschaft selbst erscheinen. Der Gesichtspunkt der mehr oder minder großen Gefährlichkeit entstammt nicht der Kategorie (dem Begriff) der Straftat selbst, sondern ist eine folgenorientierte Beilegung[438]. Ist der Substantialisierungsprozeß nicht allzu weit fortgeschritten, drängt sich dem gesellschaftlichen Bewußtsein die Straftat als radikale Negation ihrer selbst auf; der Fortgang der Substantialisierung führt schließlich aber immer mehr dazu, daß Kriminalität als zufälliges Aufblitzen selbstischer Zwecksetzung aufgefaßt wird[439]. Die Unterschiedlichkeit des Blickwinkels bleibt nicht ohne Einfluß auf die Höhe der Strafe. Das Strafgesetz hängt *in dieser Hinsicht* - und nicht etwa bezüglich der Entscheidung, *ob* bestraft wird - vom Zustand der bürgerlichen Gesellschaft ab.

4. Gesetz, Vernunft und Rationalität

Mit *Hösle*[440] läßt sich *Hegel*s Gesetzesbegriff in drei Normklassen zerlegen, die zugleich unterschiedliche Wertigkeiten im Spannungsfeld zwischen Vernunft und Rationalität einnehmen:

Erstens Normen, die unmittelbar aus der Substantialität deduzierbar sind (geschichtlich unverfügbar, der Rationalität vorgegeben);

zweitens Normen, die mit substantieller Vernunft lediglich kompatibel sind, da sie hinsichtlich ihrer konkreten Geltung unmittelbar von den Maßstäben des Verstandes abhängen (geschichtlich disponibel, der Rationalität anheimgestellt), und

drittens Normen, deren Leitgedanke die Notwendigkeit der Entscheidung eines konkreten Regelungsproblems ist (geschichtlich und rational disponibel).

Die materiellen Bande zwischen Vernunft und Gesetzesinhalt sind nicht zufällig, sondern durch den Begründungsgang des Rechts selbst vorgeschrieben. Die Transposition der Substanz in die praktische, rechtlich verfaßte Lebenswelt der Individuen - das Stadium sittlicher Existenz - bedingt den unterschiedlichen

---

438 Schon: Hegel, Grundlinien, § 96 A (S.184).

439 Hegel, Grundlinien, § 218 Z (S. 7.372 f.).

440 Hegels System II, S.484 f.

normativen Verpflichtungscharakter der drei genannten Normklassen: Für den einzelnen ist zunächst einmal jedes Gesetz an sich verpflichtend, gleich ob ihm vernunftrechtliche Bezüge nachgewiesen sind oder nicht. Die Vernunftbindung bietet indes einen Parameter, mit dem sich die Richtigkeit des Gesetzes, d.h. seine grundsätzliche Entsprechung mit der Substantialität ausdrücken läßt.

Die Ethik der Gesetze liegt in der Reflexion auf das abstrakte Sollen. Das Gebot, daß sich die Substanz in den Gesetzen konkretisiert wiederfinden soll, macht es undenkbar, daß ein Staat gerecht genannt werden könnte, der seine Gesetze nur entsprechend des Dezisionismus ausgestaltet. Das Allgemeine der Staatlichkeit, die Wirklichkeit der sittlichen Idee hat zur Voraussetzung, daß der substantielle Wille sich in den Handlungen der Individuen wiederfindet. Ein dezisionistisches Rechtssystem wäre dagegen ein Indikator für das Fehlen vernunftallgemeiner Strukturen im gesellschaftlichen Prozeß; man hätte die reine Willkür zum Gesetzgeber erhoben.

Wenden wir uns den lediglich vernunft-kompatiblen Normen zu. *Hegel* stellt diese Gesetze in die Dynamik des historischen und gesellschaftlichen Bildungsprozesses ein[441]. Die Äußerlichkeit hat ein höheres Recht an sie, als an die Normen mit unmittelbarer Vernunftbindung. Ihre Ursache hat diese starke Variabilität - die wegen des systematischen Charakters des Rechts nicht mit Beliebigkeit verwechselt werden darf[442] - vorallem in der Bindung an einen bestimmten *Volksgeist*, der sich in seinen gesellschaftlichen Institutionen stetig fortentwickelt, aber praktische Gesetze braucht, die den vielfältigen Regelungsbedarf der bürgerlichen Gesellschaft bewältigen, d.h. strukturieren und dem Rechtsgenossen transparent machen können.

Die größte normative Ausstrahlungskraft kommt den Normen zu, die unabdingbar das Substantielle zur gesetzlichen Geltung bringen. Hier sind rationale, systematische Einsicht aus Gründen und Vernunft zusammengeführt. In der Rechtsphilosophie *Hegels* fehlt es zwar nicht an erläuternden Beispielen zu den einzelnen Normklassen[443], die systematischen Zusammenhänge werden dadurch allerdings nicht recht deutlich.

Angesichts der Ausführungen *Hegels* zu den Bedingungen, unter denen im Rahmen der bürgerlichen Gesellschaft staatliches Strafrecht gesetzlich zu regeln ist, ergeben sich indes einige weiterführende Hinweise: *Hegel* erläutert am Beispiel der Strafdrohung, daß die letzte Grenze des konkreten Strafmaßes weder

441 Hegel, Grundlinien, § 3 (S. 7.34).

442 Hegel, Grundlinien, § 3 (S. 7.34).

443 Vgl. die Exempel bei Hösle, Hegels System II, S. 484 f.

eine Frage der Vernunft ist, noch eine Frage der Rationalität. Rationalität und Vernunft könnten insofern nur eines gebieten: eine Entscheidung zu treffen.

> Ob drei Jahre, 10 Taler usf. oder 2 $^{1}/_{2}$, 2 $^{3}/_{4}$, 2 $^{4}/_{5}$ usf. Jahre, und so fort ins Unendliche, das Gerechte wäre, läßt sich auf keine Weise durch den Begriff entscheiden, und doch ist das Höhere, daß entschieden wird. So tritt von selbst, aber freilich nur an den Enden des Bestimmens, an der Seite des äußerlichen Daseins, das Positive als Zufälligkeit und Willkürlichkeit in das Recht ein[444].

Das Strafmaß darf demnach *an den Enden des Bestimmens* durchaus dezisionistisch festgelegt werden. Gerechtigkeit läßt sich nicht mit einzelnen Tagen oder gestückelten Geldbeträgen aufwiegen. Der größere Rahmen der Strafhöhe und vorallem der Strafart gehört dagegen zu der mittleren Normklasse. Der Zustand der bürgerlichen Gesellschaft, ihr Grad an substantieller Durchdringung und rationaler Selbsterfassung, macht beide Aspekte der Strafverhängung disponibel. Straftaten in der Phase der bürgerlichen Gesellschaft werden vorallem nach dem Ausmaß ihrer äußerlichen Gefährlichkeit für den Bestand der Gemeinschaft unterschiedlich mit Strafe bemessen[445].
Über den Bestand des konkreten Gesetzes (hier: die Regelung der Strafart und Strafhöhe) entscheidet das historisch und gesellschaftlich aktuell vorfindbare Bewußtsein; indes nicht dezisionistisch, sondern in der Sache selbst rational.

---

444 Hegel, Enzyklopädie III, § 529 A (S. 10.324).

445 Hegel, Grundlinien, § 218 Z (S. 7.373): "*Harte Strafen sind also an und für sich nichts Ungerechtes, sondern stehen im Verhältnis mit dem Zustande der Zeit: ein Kriminalkodex kann nicht für alle Zeiten gelten, und Verbrechen sind Scheinexistenzen, die eine größere oder geringere Abweisung nach sich ziehen können*".

Vgl. auch: Hotho, in: Ilting III, § 218 7.(S.665).

VI. Gerichtliche Zurechnung als prozedurale Gerechtigkeit

In der Sphäre des Relativen sorgt die Reflexion auf das Substantielle für eine verläßliche Orientierung. Dies gilt dort umso mehr, wo nicht nur die Partikularität der Bedürfnisse ihre Triumphe feiert, sondern auch das beste Gesetz zuweilen nur als blaße Ahnung ins Bewußtsein des handelnden Individuums tritt: in der bürgerlichen Gesellschaft. Auf der brüchigen Basis solcher Ahnungen kann sich das Recht, zumal als positives Recht, nicht mit der Wirklichkeit der Einzelnen verzahnen.

Auch wenn durch die Existenz der Gesetze ein Rahmen für die äußerliche Verbindlichkeit des Rechts geschaffen wurde, fehlt es an einer universalisierten innerlichen Anerkennung des Rechts als dem nicht nur Existenten, sondern Gültigen[446]. So kommt es wegen des - notwendigerweise - abstrakten Charakters des positiven Rechts[447] lediglich zu zufallsbedingten Entsprechungen von Recht und individueller Handlung. Dieses Erkenntnisdefizit wird von Seiten der partikularen Interessenverfolgung nur überwunden, wenn ein breiter gesellschaftlicher Bildungsprozeß gelingt: die Individuen müssen sich vergegenwärtigen, daß die Durchsetzung eigener Bedürfnisse in einen größeren normativen Rahmen eingestellt ist. Je stärker die durchzusetzenden Eigeninteressen sind und je unmittelbarer die Bedürfnisverwirklichungen verschiedener Subjekte miteinander konfligieren, desto undeutlicher ist oftmals aus der Sicht der Streitbeteiligten das objektive Allgemeine in den jeweiligen Besonderheiten zu bestimmen. Da aber das Recht, um anerkannt zu sein, seine Geltung und damit seine Wirklichkeit letztlich in jedem Einzelfall unter Beweis zu stellen hat, bedarf es einer Vermittlungsinstanz zwischen Gesetz und und der der Realität der partikularen Existenz.

Das Recht, in der Form des Gesetzes in das Dasein getreten, ist für sich, steht dem besonderen Wollen und Meinen vom Rechte selbständig gegenüber und hat

---

446 Hegel, Grundlinien, § 210 (S. 7.361). Hegel verdeutlicht die maßgebliche Rolle der richterlichen Rechtsanwendung vor dem Hintergrund ihres angestammten Wirkungsbereichs. Systematischer Ort der gerichtlichen Zurechnung ist demzufolge die bürgerliche Gesellschaft; selbstredend ist mit dieser Verortung des Problems kein Stab über die Verortung eines Funktions*aspekts* gebrochen: das Gericht ist Bestandteil der staatlichen Gewalt, vgl. Grundlinien, § 287 (S. 7.457); Bogdandy, Hegels Theorie des Gesetzes, S. 104.

447 Das Gesetz kann "*diese letzte Bestimmtheit, welche die Wirklichkeit erfordert*" nicht festlegen, da die Phantasie in den realen Vereinzelungen dem Allgemeinen selbst als Entgegengesetztes wesentlich ist, vgl. Hegel, Grundlinien, § 214 A, Z (S. 7. 366 f.).

sich als allgemeines geltend zu machen. Diese Erkenntnis und Verwirklichung des Rechts im besonderen Falle, ohne die subjektive Empfindung des besonderen Interesses, kommt einer *öffentlichen* Macht, dem Gerichte, zu[448].

1. Der substantialisierende Status der Rechtsprechung

Aus der Forderung, dem Allgemeinen des objektiven Rechts im Konfliktfall zum Durchbruch gegenüber dem betroffenen besonderen Willen zu verhelfen, leiten sich unmittelbare Folgen für das Selbstverständnis der Rechtsprechung ab: Das Gericht stellt sich nicht den partikularen Interessen entgegen, ignoriert sie etwa und verfolgt dabei eigene Ziele. Es darf also nicht zu einem Sachwalter eigener Partikularität verkommen oder sich gar dem besonderen Willen einer Prozeßpartei willfährig zeigen.

Die Arbeit des Rechtsprechens liegt vielmehr gerade darin, durch Reflexion auf das Gesetz und dessen materiellen Hintergrund die rechtlich gebundene Substanz des Allgemeinen im Besonderen aufzudecken und dies als Entscheidungsmaßstab zu verifizieren[449]. Damit hat jeder einzelne Rechtsprechungsakt Teilhabe am Bildungsprozeß der vergesellschafteten Individuen, da er die Wirklichkeit des Sollens unmittelbar vor Augen führen kann[450]. Gleichzeitig wird deutlich, daß der Judikative zwar eine eminent wichtige Rolle hinsichtlich der Substantialisierung der bürgerlichen Gesellschaft zukommt[451], aber immer nur insoweit, als es um die Vermittlung der Einsicht in das Richtige durch das Subjekt geht.

---

448 Hegel, Grundlinien, § 219 (S. 7.373).

449 Vgl. Hohmann, Historie a struktura, S. 17 f.

450 Vgl. Jermann, in: Anspruch und Leistung, S. 145 (173).

451 Die Frage, inwieweit die hervorgehobene Bedeutung der Judikative in der bürgerlichen Gesellschaft in die Definition einer eigenständigen und unabhängigen Staatsgewalt einmünden muß, ist hier bewußt ausgeklammert. Die Rechtsprechung tritt in Hegels Rechtsphilosophie nicht aus der Regierungsgewalt, die die "*Subsumtion der besonderen Sphären und einzelnen Fälle unter das Allgemeine*" zum Gegenstand hat (Grundlinien, § 273, S. 7.435), heraus. Diese enge Verbindung von Gesetzgebung und Gesetzesanwendung versteht sich vor dem Hintergrund des Begründungsgangs im Kapitel über die bürgerliche Gesellschaft. In staatstheoretischer Hinsicht mag eine mangelnde Differenzierung gleichwohl zu beklagen sein; Hegel vermittelt insoweit den Eindruck, er habe zugunsten der Aufrechterhaltung einer Gewaltentrias, den angestammten Platz der Judikative der fürstlichen Gewalt zugewiesen (vgl. Hösle, Hegels System II, S. 573). Interessanterweise geht Hegel noch 1808 von der klassischen Dreiteilung Legislative, Exekutive und Judikative aus, vgl. Philosophische Enzyklopädie für die Überklasse, § 197 (S. 4.63). Ob die Bevorzugung der fürstlichen Gewalt die Hegelsche Staatslehre letztlich zu einem Illiberalismus zu führen vermag, ist indessen mit Maihofer, in: Materialien II, S. 361 (375 ff., 380 ff.) zu verneinen.

Rechtsprechen ist - ebensowenig wie das Gesetzgeben - Selbstzweck. Die Rechtsprechung erweist sich somit als allein der Verwirklichung des Rechts in den besonderen Verhältnissen der vergesellschafteten Individuen verpflichtet und bezieht auch hierüber ihre vollständige Legitimation[452].

2. Die materiale Gestalt des Verfahrens

Die Einbindung der Rechtsprechung in die Rechtsentwicklung läßt die normativen Konturen der richterlichen Rechtsanwendung in klarer Weise zu Tage treten[453]. Das Prozeßrecht hat nicht mechanistisch für die Umsetzung des (positiven) Rechts in die Deklinationen der Besonderheit zu sorgen[454]. Es ist selbst Ausdruck der Legitimationsstruktur von Recht,

> (seine) Schritte sind selbst Rechte, ihr Gang muß somit gesetzlich bestimmt sein, und sie machen auch einen Teil der theoretischen Rechtswissenschaft aus[455].

Daraus leiten sich zwei Schlußfolgerungen ab: Einesteils lassen sich materielles und formelles Recht insoweit differenzieren, als sie im Prozeß der Begriffsbewegung des Rechts in einem logischen Verhältnis des Nacheinander stehen. Dieses Stufenverhältnis darf indes nicht mit einer pejorativen Wertung des prozessualen Moments einhergehen. Anderenteils besitzt das Verfahrensrecht auch eine andere Binnenstruktur als das materielle Recht: Während das positiv gesetzte materielle Recht der Hauptsache nach ein fertiges, geschlossenes Ganzes sein soll - was im übrigen einer Ausdifferenzung und Reformierung entsprechend vernünftiger, verstandesgemäßer oder auch dezisionistischer Ansprüche nicht entgegensteht[456] - also in einem relativ statischen Verhältnis zur Realität der partikularen Besonderheit steht, nimmt das formelle Recht sich die prozedurale Ineinslegung von Allgemeinem und Besonderem zu seinem eigentlichen

---

452 Die Judikative ist mithin keine "*beliebige Gefälligkeit*" der Regierung und der Sache nach kein Instrument des Despotismus, vgl. Hegel, Grundlinien, § 219 A (S. 7.373 f.).

453 Dies hat Hegel den Ruf eingetragen, als "*einer der ersten Rechtsphilosophen (...) die ungeheure Bedeutung des Prozeßrechts*" erkannt zu haben, vgl. Hösle Hegels System II, S. 548 unter Hinweis auf Marcic, in: Hegel und die Folgen, S. 181 (190). Im juristischen Schrifttum hat das Prozeßrechtskonzept Hegels allerdings keinen Widerhall gefunden.

454 Zu dem insoweit problematischen Verhältnis von materialer und prozeduraler Gerechtigkeit: Neumann, ZStW 101 (1989), 52 passim.

455 Hegel, Grundlinien, § 222 (S. 7.375); § 226 (S.7.377 f.).

456 Hegel, Grundlinien, § 216 A (S. 7.369); ders., Enzyklopädie III, § 529 A (S. 10.325 f.).

Gegenstand. Das Verfahren der richterlichen Rechtsanwendung flexibilisiert den Regelungsgehalt des ihm als entscheidungserheblich vorgegebenen materiellen Rechts, indem es das konkrete Neben- und Gegeneinander von Recht und Realität ineinander aufzuheben im Stande ist.

Der Prozeß der einzelfallorientierten Flexibilisierung hat indes dort seine Grenze, wo der *materiale* Gehalt des positiven Rechts gegen die Konkretion der partikularen Realität ausgespielt wird: Die Entscheidung des Gerichts verliert ihre Gültigkeit, wenn sie nicht im Einklang mit dem Allgemeinen steht, weil sie sich an die Besonderheit preisgegeben hat. Ergebnis wäre ansonsten eine Bestätigung der Besonderung, nicht eine Bestimmung des Allgemeinen zur Wirklichkeit. Auf der anderen Seite ergeben sich Begrenzungen der prozeduralen Gerechtigkeit aus ihrem Verhältnis zur materialen Gerechtigkeit. Eine prozedural gerechte Gestaltung des Verfahrens kann eine der Vernunftallgemeinheit entsprechende materielle Gesetzgebung weder ersetzen[457], noch deren selbstbegründete Festlegungen inhaltlich relativieren. Ein gutes Beispiel für diese Einbindung des formellen Rechts in das Allgemeine seiner selbst besteht in der Stellungnahme *Hegel*s zur Frage der Zulässigkeit richterlicher Rechtsfortbildung. Auch wenn nicht bezweifelt werden kann, daß im Einzelfall die juristische Einsicht des Richters auf der Ausschöpfung eines großen argumentativen Freiraums beruht, hängt die Bestimmtheit des Rechts zur Wirklichkeit nicht von der bloß subjektiven Erkenntnis des praktischen Juristen ab.

Die vernunftbegründete Vermutung für die Richtigkeit des positiven Rechts läßt sich vom Richter - wie auch von seiten aller anderen Bürger - nur unter der Voraussetzung in Frage stellen und gegebenfalls widerlegen, daß ein konkretes Gesetz nicht (oder nicht mehr) der Einsicht durch Gründe zugänglich ist[458]. Das ist in concreto der Fall, wenn 1) die betreffende Norm dem vernünftigen Charakter entgegenläuft (also beispielsweise den Bestimmungen einer kodifizierten, unmittelbar aus dem Vernunftrecht abgeleiteten, Verfassung nicht entspricht); oder 2), wenn die Kompatibilität einer gesetzlichen Vorschrift mit der Vernunft nicht mehr rekonstruiert werden kann (z.B. aufgrund einer geschichtlich neuen Situation, die die ursprüngliche Regelung leerlaufen läßt), oder schließlich 3), wenn eine dezisionistische Norm sich aus Gründen z.B. der Praktikabilität als nutzlos erwiesen hat[459].

---

457 Vgl. Neumann, ZStW 101 (1989), 52 (69 f.).

458 Vgl. Hegel, Grundlinien, § 316 Z (S. 7.483).

459 Zur Unterscheidung dieser Normklassen: Hegel, Grundlinien, § 3 Anm. (S. 7.34 ff.); instruktiv: Hösle, Hegels System II, S. 484 ff. Hösle weist in diesem Zusammenhang

In allen anderen Entscheidungssituationen - und dies dürften vorderhand die weitaus zahlreichsten sein - ist der Richter gezwungen, entweder auf den zur Verfügung stehenden Normenbestand zurückzugreifen, oder die behauptete Interessenkollision bzw. Interessenverletzung für rechtlich unerheblich zu erklären. Ein selbständiges Richterrecht zu akzeptieren, sei es auch nur in einem Teilbereich und dort über eine längere historische Periode, führt nach Auffassung *Hegel*s letztlich zu *Destabilisierung* des Rechts[460]. Die Zurückhaltung, die sich der Richter bei der kritischen Durchsicht des materiellen Rechts auferlegen soll, gilt grundsätzlich auch für die positivierten Normen des Verfahrensrechts. Da auch das kodifizierte Prozeßrecht idealiter auf das materiale Fundament des Rechts selbst zurückverweist, teilt es dessen Geltungskraft.

Die Prozeduralität der Gerechtigkeit im Strafprozeß bezieht sich hingegen auf die Art und Weise, wie die einschlägigen Verfahrensgesetze zur Darstellung und Manifestation der Allgemeinheit im Besonderen des Konfliktfalls angewendet werden. Ebenso wie die Dogmatik des materiellen Rechts - insbesondere diejenige des Strafrechts - ihre Zurechnungsregeln nicht im luftleeren Raum des Dezisionismus bestimmen kann, teilt auch die Regelbildung unterhalb der Gesetzesebene das vernunftrückgebundene Schicksal dieser Verwirklichungsstufe des Rechts.

Die prozedurale Gerechtigkeit formuliert daher eine gesetzes*kritische* und rechts*bildende* Position: Sie hält im Rahmen der praktischen Anwendung des Gesetzes der konkreten Norm den normativen Spiegel vor und entscheidet den verfahrensgegenständlichen Konflikt im Versagensfall durch Spezifizierung des vernünftigen und verstandesgemäßen Begründungspotential durch direkten Zugriff, d.h. ohne Instalierung einer positivrechtlichen Zwischenstufe.

3. Die Ausprägungen der prozeduralen Gerechtigkeit

Die Wirkungen eines *Proceßgangs*, der *noch wesentlicher fast als das Gesetz selbst* ist[461], erfassen in ihrer normativen Durchdringung alle Bereiche des

(S. 486) ausdrücklich auf die ähnliche Klassifizierung bei Radbruch, Rechtsphilosophie, S. 164 ff. hin: Radbruch unterscheidet im Rahmen der Rechtsidee zwischen den Komponenten Gerechtigkeit, Zweckmäßigkeit und Rechtssicherheit.

460 Vgl. Hegel, Grundlinien, § 211 A (S. 7.362 f.); Vgl. Bogdandy, Hegels Theorie des Gesetzes, S. 108. Diese Auffassung Hegels schließt in der Sache nicht aus, daß sich durch wiederholende Entscheidungen Regelbildungen ergeben können, die dem Gesetzgeber schließlich zur Vorlage im Falle einer Gesetzesreform gereichen. Auf diesen Aspekt weist Hösle, Hegels System II, S. 547 hin.

461 Hegel, Jenaer Systementwürfe III, S. 2.248.

Verfahrens und sind dem Grunde nach auch unabhängig von der Art des Prozeßgegenstands.

Vorab ist klarzustellen, daß sowohl der Zivilprozeß als auch Strafprozeß[462] gemeinsamen Regeln unterliegen, die indes in verschiedener Weise nuanciert und pointiert werden. Als allgemeine Strukturprinzipien des Verfahrens gelten die Unabhängigkeit der Richter[463], der freie Zugang zum Gericht und die Justitiabilität jedes Konflikts der die Ausübung oder Einschränkung von Rechten betrifft[464], der Tatsachen- und Schulderweis durch förmliche Beweismittel[465], die Trennung von Tatsachenfeststellung und rechtlicher Subsumtion[466] (wobei hervorgehoben werden muß, daß allein der juristisch ausgebildete Richter über die rechtliche Würdigung des Prozeßgegenstands bestimmt[467]), die Transparenz des Verfahrens zur Stärkung des *Zutrauens zu der Subjektivität der Entscheidenden* durch weitgehende Öffentlichkeit der Verhandlung[468], und die Etablierung von Geschworenengerichten[469]. Für den Zivilprozeß gilt die Justizgewährung nicht unbegrenzt: den streitenden Parteien kann auferlegt werden, vor einem Billigkeitsgerichtshof (z.B. Schiedsgericht) eine vergleichsweise Einigung anzustreben, bevor ihnen der Zugang zum Zivilgericht ermöglicht wird[470].

Die Unterschiedlichkeit des Zivilverfahrens und des Strafverfahrens ergibt sich aus dem Wesen des verhandelten Konfliktfalls: Für den bürgerlichen Rechtsstreit ist signifikant, daß sowohl Kläger als auch Beklagter die Anerkennung des objektiven Rechts zur gemeinsamen Basis der gerichtlichen Entscheidung machen. Da es demnach lediglich um die juristisch korrekte *Subsumtion der Sache unter das Eigentum des einen oder anderen*[471] geht, kann ein interessengerechter Ausgleich auch unter Umständen schon durch eine Schlichtungsstelle erzielt werden, die nicht nicht mit gleichem Aufwand Wahrheitserforschung betreiben soll, wie das Zivilgericht.

---

462 Die Verwaltungsgerichtsbarkeit als solche findet sich nicht thematisiert.

463 Hegel, Grundlinien, §§ 219 (S. 7.373 f.).

464 Hegel, Grundlinien, § 221 (S. 7.375).

465 Hegel, Grundlinien, § 222 (S. 7.375).

466 Hegel, Grundlinien, § 225 (S. 7.377).

467 Hierin liegt eine Absage an den Charakter des Strafprozeß im angelsächsischen Rechtskreis, vgl. Hegel, Grundlinien, § 225 A (S. 7.377).

468 Hegel, Grundlinien, § 224 (S. 7.376 f.).

469 Hegel, Grundlinien, §§ 227 f. (S. 7.378 ff.).

470 Hegel, Grundlinien, §§ 223 (S. 7.376 f.).

471 Hegel, Grundlinien, § 85 (S. 7.175).

Das Strafverfahren ist umgekehrt dadurch geprägt, daß gerade an den Tat- und Schuldnachweis besonders hohe Anforderungen gestellt werden[472]. Dies resultiert aus dem Charakter der Straftat. Die strafbare Handlung konstituiert sich in der doppelten Negation der interpersonalen Anerkennungsverhältnisse[473]. Der Täter wendet sich gerade gegen das Allgemeine seiner selbst und stellt dem geltenden Recht damit einen radikalen Selbstentwurf dessen, was er für "richtig" hält, gegenüber. Die Wiederherstellung des allgemeinen Willens hat zur Bedingung, daß der Straftäter im Verfahren und insbesondere durch das Urteil gewärtigt, daß ihm Gerechtigkeit angetan wird, damit er hierin "die Tat des *Seinigen*" finden kann[474]. Das verurteilende Judikat kann folglich allein dann eine Manifestation des Rechts gegen das Unrecht bewirken, wenn Zweifel an der Täterschaft ausgeschlossen sind. In aller Konsequenz vertritt *Hegel* daher die Ansicht, daß im Regelfall allein ein Geständnis des Täters eine Strafe nach sich ziehen könne. Die Qualität des Beweises müsse dem Wesentlichen des zu erweisenden Schuldsachverhalts angemessen sein. Die subjektive Überzeugung des Richters greife hier zu kurz[475].

> Die Forderung des Eingeständnisses von seiten des Verbrechers, welche sich für gewöhnlich im deutschen Rechte vorfindet, hat das Wahre, daß dem Recht des subjektiven Selbstbewußtseins dadurch ein Genüge geschieht; denn das, was die Richter sprechen, muß im Bewußtsein nicht verschieden sein, und erst, wenn der Verbrecher eingestanden hat, ist kein Fremdes mehr gegen ihn in dem Urteil[476].

Das heißt nun aber nicht, daß nur der geständige Angeklagte bestraft werden kann[477]. *Hegel* formuliert hier ein Postulat des Inhalts, daß Tat- und Schuldnachweis nur mit *qualifizierten Beweismitteln* geführt werden können. In diesem Sinne ist auch *Hegels* Plädoyer für die Einführung von Geschworenengerichten zu verstehen, denn die Rechtsanwendung - und hier ist insbesondere an die Beweisführung im Strafprozeß zu denken - gewinnt nach ihm nur dann ein rechtförderndes Zutrauen (womit nicht nur das Zutrauen des Angeklagten, sondern auch das Zutrauen der Angehörigen der bürgerlichen Gesellschaft zum Gericht gemeint ist), wenn die *Ansehung der Entscheidung über den besonderen, sub-*

---

472 Hegel, Grundlinien, § 227 A (S. 7.378 f.).

473 Hegel, Grundlinien, § 99 (S. 7.187).

474 Hegel, Grundlinien, § 220 (S. 7.374).

475 Schild, Strafrichter, S. 80.

476 Hegel, Grundlinien, § 227 Z (S. 7.379).

477 So aber: Jermann, in: Anpruch und Leistung, S. 145 (174).

jektiven und äußerlichen Inhalt der Sache[478] auf eine möglichst verläßliche, d.h. breite Basis gestellt wird. Wenngleich sich sowohl gegen die Hervorhebung des Geständniswerts[479] als auch gegen die Favorisierung eines Geschworenengerichts[480] Einwände formulieren lassen, verdeutlicht *Hegel* mit seiner Darlegung der Verfahrensgerechtigkeit die besondere Bindung des Strafrichters an einen Verfahrensgang, der dem Angeklagten die Wahrnehmung vielfältiger Verteidigungsrechte sichern soll.

Materiale Gerechtigkeit ist daher erst auf den Weg gebracht, wenn sich jeder einzelne Verfahrensschritt am Recht des jeweiligen Beschuldigten, Angeschuldigten oder Angeklagten orientiert, in seiner Tat als Vernünftiger anerkannt zu werden[481]. Ansonsten bleibt auch der Schuldvorwurf des materiellen Rechts eine hohle Phrase:

> Wenn sie (scil. die Bürger, die vor Gericht stehen) wohl das Recht haben, im Gerichte leiblich, mit den Füßen zugegen zu sein (in iudicio stare), so ist dies wenig, wenn sie nicht geistig, mit ihrem eigenen Wissen gegenwärtig sein sollen, und das Recht, das sie erlangen, bleibt ein äußerliches Schicksal für sie[482].

VII. Der interpersonale Status der Substantialisierung

In der modernen praktischen Philosophie spielt der Gedanke einer Grundlegung des Rechts (bzw. der Moral) durch Bezugnahme auf das Moment intersubjektiver Austausch- und Kommunikationsverhältnisse eine hervorgehobene Rolle[483]. Die Ursache für die verstärkte Thematisierung der Anerkennungsrelationen liegt dabei insbesondere im Vorhaben post-metaphysischer Ethik begründet, den Beschränkungen der Subjektphilosophie zu entkommen:

---

478 Hegel, Grundlinien, § 228 (S. 7.380); Vgl. auch Schild, Strafrichter, S. 80.

479 Vgl. Jermann, in: Anpruch und Leistung, S. 145 (174). Wobei allerdings nicht verhehlt werden soll, daß auch in unserem heutigen Verfahrensrecht, das Geständnis zumeist als besonders vertrauenswürdiger Garant der "reinen" Wahrheit fungiert, vgl. nur § 362 StPO (Wiederaufnahme zuungunsten des Angeklagten).

480 Stellv.: Schild, Strafrichter, S. 80.

481 Vgl. Hegel, Grundlinien, § 100 (S. 7.190).

482 Hegel, Grundlinien, § 228 A (S. 7.381).

483 Zu nennen sind hier nur: Mead, Geist, Identität und Gesellschaft, S. 236 ff.; Habermas, Theorie des kommunikativen Handelns, S. 69 (mit Bezugnahme auf den vorher Genannten).

Die Diskurstheorie (überwindet) den bloß innerlichen, monologischen Ansatz Kants, der damit rechnet, daß jeder Einzelne in foro interno (>im einsamen Seelenleben<, wie Husserl sagte) die Prüfung seiner Handlungsmaximen vornimmt. Im Singular des transzendentalen Bewußtseins sind die empirischen Iche vorverständigt und im vorhinein harmonisiert. Dagegen erwartet die Diskursethik eine Verständigung über die Verallgemeinerungsfähigkeit von Interessen nur als Ergebnis eines intersubjektiv veranstalteten öffentlichen Diskurses. Einzig die Universalien des Sprachgebrauchs bilden eine den Individuen vorgängig gemeinsame Struktur"[484].

Mitunter wird der Rekurs auf den (notwendig) intersubjektiven Charakter von Recht und Moral auch für vorteilhaft gehalten, um die vernetzten Prozesse gesellschaftlicher Entwicklung in modernen Rechts- und Moralsystemen zu beleuchten[485]. Es ist hier nicht der Ort, die Vor- und Nachteile dieser verschiedenen Ansätze zu beleuchten, vielmehr sollen im Fortgang die Spezifika in der Begründung und Bedeutung des Anerkennungsgedankens bei *Hegel* skizziert werden, insoweit sie für das Verständnis der Rechts- und Pflichtenkonzeption und damit letztlich auch für die Zurechnungstheorie von Belang sind. Gleichviel versteht sich die folgende Skizze auch als ein Beitrag zu der Frage, welche Funktion der Intersubjektivität in der Transformation von Subjektivität und Substantialität zukommen kann.

Philosophiegeschichtlich ist der Gedanke der Intersubjektivität als wesentlicher Aspekt der Rechtsbegründung in der nachkantischen Ära zuerst durch *Fichte*[486] eingebracht worden. Die Wirkung der Ausführungen *Fichte*s zu den Implikationen der kategorialen gegenseitigen Bezogenheit auf *Hegel*s Ausarbeitung darf nicht unterschätzt werden[487]. Allerdings geht *Hegel* in zwei Punkten über die fichteanische Fassung des Anerkennungsverhältnisses hinaus: Einesteils befreit er die Intersubjektivität aus ihrem a priori, indem er, ausgehend von der Genese des Selbstbewußtseins, sie in den Institutionen des Rechts *widerspiegelt* und so ein Zeugnis davon ablegt, wie Intersubjektivität *praktisches Prinzip des Rechts* werden kann. Daneben wird in der Rechtsphilosophie *Hegel*s deutlich, daß der materiale Grundgehalt, die *Substanz* der Anerkennung, sich in demselben Maße verwirklicht, wie die Partner der Intersubjektivität von Stufe

---

484 Vgl. Habermas, in: Moralität und Sittlichkeit, S. 16 (24 f.).

485 Die Offenlegung dieser Vernetzungen mündet, sofern sie mit dem Anspruch verbunden ist, Systeme nicht nur zu beschreiben, sondern Begründungen für "Systemstrukturen" zu liefern, in die Frage nach der Legitimation der Rechtsinstitutionen.

486 Vgl. Fichte, Grundlage des Naturrechts, S. 95.

487 Vgl. Siep, Anerkennung, S. 22 f; zur Frage der Bedeutung der Intersubjektivität in der Rechtsbegründung: Wildt, Autonomie und Anerkennung, S. 19 ff.

zu Stufe der Realisierung des Rechts sich qualitativ höher und konkreter in Bezug zum jeweils anderen setzen.
Letzteres bringt es mit sich, daß in der Sphäre der *Sittlichkeit* als idealer und zugleich wirklichkeitsnächster Punkt das intersubjektive Verhältnis der Akteure als die *anzustrebende* Form der generalisierten Verhaltensweisen im Rechtsstatus gelten kann. Die Erscheinungsformen der Anerkennungsrelation sind von der Stufe der Rechtsentwicklung abhängig.

Grob lassen sich *vier* Bedeutungsgehalte festlegen, die in dialektischer Bewegung ineinander übergehen und das gesamte System der Rechtsphilosophie transzendieren: Dem *Rechts*status der *Grundlinien* vorgelagert ist der Aufweis der Anerkennung als Konstituens der Vernunft[488], des Selbstbewußtseins überhaupt[489]. Der Dreigliedrigkeit der Begriffsrealisierung angepaßt, entfaltet sich Anerkennung auf der Stufe des abstrakten Rechts nun zunächst als *interpersonales Anerkennungsverhältnis*, das sodann aus der *Moralität* als *Intersubjektivität des handelnden Subjekts* herausgeht und schließlich in der Sphäre der *Sittlichkeit* zur *konkreten Intersubjektivität des Individuums* in seinem praktischen Verhaltens- und Lebensvollzug wird. Gleichzeitig erfolgt eine prozeßhafte Veränderung des Verhältnisses von Recht (verstanden als freier Wille) und Interpersonalität/Intersubjektivität:

Am Ende des *abstrakten Rechts* steht die Dissonanz von Rechtsperson und Recht, das Unrecht in seinen varianten Formen. Im Verbrechen werden Interpersonalität und das Allgemeine des Rechts *zugleich* geleugnet. Die *Moralität* zeigt das Subjekt als in seinem Gewissen zwar vereinzeltes, aber in der Grundlage seiner Handlung auf das Intersubjektive bezogen, das sein allgemeiner Standpunkt ist. Zur Aufhebung des Gegensatzes von Subjekt und Recht kommt es schließlich auf der Ebene der *Sittlichkeit* durch den Bezug beider auf die Substantialität, die in Form der *Institutionen* und der *Pflichten* der Intersubjektivität *realen* Ausdruck verleiht. Die Vermittlungsschritte des Anerkennungsverhältnisses innerhalb der Stufung der Rechtsphilosophie ergeben sich aus der Rekonstruktion der Begriffsbewegung des Rechts im wesentlichen von selbst. Daher soll sich der folgende Aufweis auf die Skizzierung der Rolle der Anerkennung bei der Konstitution des Selbstbewußtseins beschränken sowie das Raster der weiteren Qualifizierung der Intersubjektivität darstellen.

---

488 Hegel, Phänomenologie des Geistes, S. 3.144.

489 Vgl. Hösle, Hegels System II, S. 369 ff.

1. Das Ringen um Selbstbewußtsein

Wie vorallem von *Siep*[490] nachgewiesen wurde, zieht sich die Behandlung des Anerkennungsverhältnisses durch verschiedene Werke des Philosophen *Hegel*. Schon in den Berner und Frankfurter Schriften liegen demzufolge die Anfänge, die später in der Jenaer Realphilosophie von 1805/1806 erstmalig ausgearbeitet erscheinen. Zum Ausgangspunkt des hier interessierenden Begründungsgangs ist die geraffte Darstellung der Entwicklung des Selbstbewußtseins im dritten Band der *Enzyklopädie der Wissenschaften* zu nehmen. Im Rahmen seiner Abhandlung des *subjektiven Geists* geht *Hegel* auf die Frage der Anerkennung als konstitutives Moment des Selbstbewußtseins dort ein, wo aus dem Bewußtsein als solches das Selbstbewußtsein als des ersteren Beschränkung und Inhalt fortgeht zur Vernunft[491]. Systematisch bildet also die Anerkennung des anderen ein Vorausgesetztes der Vernunft. Bewußtsein ist zunächst als Innerliches nur auf sich selbst gerichtet und erweist die subjektive Gewißheit des *An-sich-Seins*. Durch die Anreicherung der Bewußtseinsinhalte, das Erkennen der *Mannigfaltigkeit von Beziehungen, Reflexionsbestimmungen und Allgemeinheiten*[492], erhält die Wahrnehmung besondere Bedeutung, denn sie *ermöglicht* und *expandiert* den Außenbezug des Bewußtseins. Der Verstand zeigt dem Subjekt sodann ein vorerst noch *ruhiges allgemeines Abbild* der Reflexionen.

> Indem sich aber das Bewußtsein von der Beobachtung der unmittelbaren Einzelheit und von der Vermischung des Einzelnen und des Allgemeinen zur Auffassung des Innern des Gegenstandes erhebt, den Gegenstand also auf eine dem Ich gleiche Weise bestimmt, so wird dieses zum verständigen Bewußtsein[493].

Die Vielheit des Einzelnen, Unmittelbaren wird zur Ordnung und Gesetzmäßigkeit im Bewußtsein herangebildet. Der Selbstbezug des Bewußtsein ist jetzt nicht mehr leere Reflexion, durch die Verarbeitung der Äußerlichkeit im Prozeß der Vergegenwärtigung eigener Existenz wendet sich das Subjekt auf sich selbst als *urteilend*, ist sich seiner selbst bewußt. Das Ich bleibt sich selbst kein *wahrer Unterschied*[494]. Die Grundbestimmung des Selbstbewußtseins ist also der

490 Anerkennung, S. 36 ff.

491 Vgl. Hegel, Enzyklopädie III, §§ 424-439 (S. 10.213 ff).

492 Hegel, Enzyklopädie III, § 419 (S. 10.208).

493 Hegel, Enzyklopädie III, § 422 (S. 10.210).

494 Hegel, Enzyklopädie III, § 423 (S. 10.212): *"Im Lebendigen dagegen schaut das Bewußtsein den Prozeß selber des Setzens und des Aufhebens der unterschiedlichen Bestimmungen an, nimmt wahr, daß der Unterschied kein Unterschied, d. h. kein absolut fester Unterschied ist".*

qualifizierte Außenbezug des Subjekts, das die Äußerlichkeit wieder in sich hineinnimmt, sich selbst *gegen* sie und folglich *mit* ihr bestimmt. Hiermit ist das festgelegt, was als erstes substantielles Moment der Vernunft den Boden bereitet.

Vernunft, obgleich noch inhaltsleer, abstrakt und nur in der *Form* der Reflexion zu entdecken, beinhaltet schon jetzt die kategoriale Bestimmung, daß die Relation "*Ich=Ich*"[495] nur durch ein Vermittlungsverhältnis von Subjekt und Objekt zu denken ist. Dabei kann aber nicht stehengeblieben werden. Das insoweit vorausgesetzte abstrakte Selbstbewußtsein trägt seine eigene Widersprüchlichkeit durch den inhaltsleeren Charakter bereits in sich. Es beherbergt die objektive Seite, nämlich, daß es *allgemein sein soll* und die subjektive Komponente, seine Unmittelbarkeit. Diese Widersprüchlichkeit bringt die Aufhebung hervor: Das nunmehr *begehrende Selbstbewußtsein*[496] richtet sich auf den Gegenstand der Affektion, um sich darin zu befriedigen. Aber nicht nur *Affirmation* des Bewußtseins wird dadurch erreicht, sondern auch *Defizienz*. Denn in gleichem Maße, wie das Objekt außerhalb des Subjekts erkannt wird, offenbart sich der *Mangel* des Subjekts an eben diesem Objekt. Da das Selbstbewußtsein indes in der Lage ist, sich einen Begriff von der Objektivität zu machen - es ist *nicht Gegenständlichkeit*, *vielmehr Totalität* -, verleibt es sich das Objekt ein. Als Vorgang des entwickelten Selbstbewußtseins hat man es hier allerdings nicht mit einer *singulären* Negation des Objekthaften in seiner Eigentlichkeit zu tun.

Die *Versubjektivierung des Objekts* erweist sich gleichermaßen als Objektivierung des Subjekts[497] - indem die Selbständigkeit des begehrten Objekts vom Subjekt geleugnet werden muß, um dieses als Baustein seiner eigenen Verfaßtheit zu verwenden, bedeutet dies nichts anderes, als daß alle Objekte in der Subjektivität nur Bestand haben. Ohne den abstrakten Bezug zu den Objekten der außersubjektiven Welt würde das Selbstbewußtsein nicht in seiner Ubiquität erkannt werden können. Noch immer verläuft der Aneignungs- und Selbstbildungsprozeß des Subjekts *quasi-mechanisch*. Der *langweilige Wechsel von Begierde und Befriedigung derselben*[498] ermöglicht nur pendelnde Einübung in dem ständigen "Auf-sich-selbst-zurückgeworfen-werden" des Einzelnen.

---

495 Hegel, Jenaer Schriften, S. 2.55; ders., Enzyklopädie III, § 424 (S. 10.213).

496 Hegel, Enzyklopädie III, § 426 (S. 10.215).

497 Hegel, Enzyklopädie III, § 427 (S. 10.216 f.).

498 Hegel, Enzyklopädie III, § 429 (S. 10.218 f.).

Das Selbstbewußtsein käme, bestünde es auf dem Vorhaben, durch immer neue Versuche, sich Objekte bewußtseinskonstitutiv einzuverleiben, doch nie an ein Ende; es bliebe in seiner eigenen Unzulänglichkeit, nicht über die subjektivistische Verfahrensweise hinauszugehen, gefangen. Das Selbstbewußtsein tritt aber gerade dadurch aus der Sphäre des bloßen Begehrens heraus und erreicht eine andere höhere Stufe der Bewußtwerdung, daß ein anderes Selbstbewußtsein sich ihm als Unterschiedenes, ihm sowohl qualitativ gleiches, wie auch äußerlich und innerlich *Nichtidentisches seiner selbst*, entgegentritt. Die zentrale Eingangsbestimmung der Anerkennungsrelation zweier (idealtypischer) Selbstbewußtseine lautet hiermit:

> Es ist ein Selbstbewußtsein für ein Selbstbewußtsein zunächst unmittelbar als ein Anderes für ein Anderes. Ich schau in ihm als Ich mich selbst an, aber auch darin ein unmittelbar daseiendes, als ich absolut gegen mich selbständiges anderes Objekt. Das Aufheben der Einzelheit des Selbstbewußtseins war das erste Aufheben; es ist damit nur als besonderes bestimmt. - Dieser Widerspruch gibt den Trieb, sich als freies Selbst zu zeigen und für den Anderen als solches da zu sein, - den Prozeß des Anerkennens[499].

Für den Fortgang eines entwickelten Selbstbewußtseins, das sich aus der Triebhaftigkeit befreit, gerät die momentane Undurchdringlichkeit eines außerhalb stehenden anderen Selbstbewußtseins nicht zur absoluten Grenze der Emanzipation: der Andere wird zwar einerseits als Hemmnis des eigenen (eingeübt-triebhaften) Begehrens erfahren, andererseits liegt in der gleichgeordneten Entgegensetzung die Chance des Selbstbewußtseins zur Allgemeinheit zu kommen. Das Instrumentarium der vernunftgemäßen Behandlung des Anderen ist damit jedoch noch nicht vorgegeben, das Selbstbewußtsein kann nun also entweder in seine selbstgefällige Begierde zurückfallen oder versuchen, sich mit den Mitteln der Begierde den Anderen zum Untertan zu machen. Ersteres wäre indes eine Rückkehr zur Aussichtslosigkeit, letzteres bietet zumindest die Möglichkeit sich zu behaupten. Solange der Andere nur als Unmittelbarkeit, unabgeschwächt Entgegengesetztes gesehen wird, stellt sich diese Situation dem einzelnen Selbstbewußtsein als existenzieller Konflikt.

Im folgenden zeichnet *Hegel* den nun anhebenden Kampf der Selbstbewußtseine als wahres *Schlachtengemälde*[500]. In der Konfliktsituation erproben die anfangs auf Negation des Anderen bedachten Subjekte die Durchsetzungskraft eigener Begierde. Der Andere wird also zunächst vordergründig nicht als gleichberechtigtes Subjekt gedacht, sondern als nur *ebenbürtig* in der Aus-

499 Hegel, Enzyklopädie III, § 430 (S. 10.219).

500 Vgl. Hegel, Enzyklopädie III, § 430-433 (S. 219 ff.).

einandersetzung stehendes Gegenüber. Durch den erbitterten *Kampf auf Leben und Tod*[501] erhellt, daß die absolute Negation des Anderen in seiner Äußerlichkeit, nicht den (erhofften) Fortschritt in der Anerkennung eigener Freiheit und die Manifestation des Selbstbewußtseins nach sich zieht, sondern wiederum die Vereinzelung der Selbstbewußtseine verdeutlicht[502].

Das begehrende Selbstbewußtsein, an Gegenständen der sächlichen Welt zu fragwürdiger Stabilität gekommen, bleibt in der Bewegung aufs andere Subjekt der Konsolidierung seiner selbst unangemessen, ja untauglich. Einmal mehr wird offenkundig, daß die natürliche Seite des Selbstbewußtseins den Sprung zur Vernunft, als der Transzendierung aller Verhältnishaftigkeit, nicht zu tun vermag. Der Ausweg aus dem Dilemma des Selbstbewußtseins, entweder das Entgegenstehende zu negieren und damit nichts für sich selbst gewonnen zu haben oder vom Anderen abzulassen, dann jedoch den großen Mangel der subjektivistisch-gegenständlichen Verhaftetheit ständig vor Augen zu haben, bietet sich in Form einer relativen Lösung an: als *Verzicht*.

In die Anerkennungslehre wird damit das klassische Dogma der Sozialvertragslehren, der Tausch von Freiheit gegen Sicherheit, eingeführt[503]. Freilich ist sogleich zu betonen, daß es nicht darum geht, allen Selbstbewußtseinen gleichviel Freiheit abzunehmen, um ihnen im Staat rechtsverfaßte Sicherheit ihrer existenziellen Grundbedingungen zukommen zu lassen; der Widerspruch zwischen Freiheit und Anerkennung ist in der *Enzyklopädie* ungleich härter formuliert, wobei es auch um die Abgrenzung der antiken Idee des Staates und des modernen Verständnisses des Staates geht: Durch Verzicht des einen auf die Auslöschung seiner äußerlichen Existenz und damit der Sicherung des eigenen Lebens als Voraussetzung der Erlangung eines qualifizierten Selbstbewußtseins überhaupt und durch (relative) Anerkennung des Unterworfenen gegenüber dem Überlegenen.

Es entsteht ein *Verhältnis der Herrschaft und Knechtschaft*[504]. Staaten, die auf der Ungleichheit ihrer Subjekte aufbauen, sind denkbar und auch in der Geschichte durchaus nicht selten zu finden. Gleichviel, mit einem Gemeinwesen, das den Grundsätzen der Vernunft entspricht, haben solche Zwangsanstalten das *Wesentliche* nicht gemein; die Sklavenhaltergesellschaft ist der vermeintliche

---

501 Hegel, Enzyklopädie III, § 432 (S. 10.221).

502 Vgl. Siep, Anerkennung, S. 214.

503 Gough, Social contract, S. 2 ff.; zur Fortentwicklung der Sozialvertragslehren: Koller, Sozialkontrakt, passim.

504 Hegel, Enzyklopädie III, § 433 (S. 10.223).

äußerliche oder erscheinende Anfang der Staaten, nicht ihr substantielles Prinzip.

Freiheit wird hier zumeist noch mit natürlichen Bedingungen verknüpft, so wird der Mensch beispielsweise nur *dann für frei gehalten, wenn er als ein Freier geboren*[505] wird. Eigentümlicherweise ist es allein die *Arbeit* des Knechts, die ihm Anerkennung verheißt. Durch das Tätigsein kräftigt sich zwar in bestimmter Weise das Selbstbewußtsein des Unterworfenen, doch das ungleiche Verhältnis hebt sich dadurch nicht auf. Denn Arbeit hat wiederum nur Gegenständlichkeit zu ihrem Inhalt, bricht nicht den *Kern der Asymmetrie*, da das knechtische Selbstbewußtsein keinen dem herrschaftlichen Selbstbewußtsein *gleichgeordneten Maßstab* seiner selbst denken kann[506]. Durch die Evidenzerkenntnis des Relationalen verschafft sich die Vorstellung Raum, das Substantielle der Freiheit und des Selbstbewußtseins müsse sowohl dem Herrn wie dem Knecht eigen sein. Im Rekurs auf das Substantielle der Interaktion wird das installierte Über- und Unterordnungsverhältnis zunehmend fragwürdig. Die Bestimmung des Freien aufgrund seiner Natürlichkeit, die den Zufall ihrer Realisierung nicht überwinden konnte, setzt sich selbst als etwas anderes. Aus dem Erlebnis der Distanz von Unterworfenem und Überlegenem wird das Denken der Distanz von Freiheit an und für sich und gelebtem Subjektivismus. Der Bezug zum Substantiellen ihrer Gemeinsamkeit vermittelt sowohl demjenigen, der sich der Macht preisgab, als auch jenem, der sich in der Überlegenheit zu stabilisieren glaubte, tendenziell die Befreiung von der Abhängigkeit, in die beide als natürliche Wesen eingebunden waren:

> Das allgemeine Selbstbewußtsein ist das affirmative Wesen seiner selbst im anderen Selbst, deren jedes als freie Einzelheit absolute Selbständigkeit hat, aber, vermöge der Negation seiner Unmittelbarkeit oder Begierde, sich nicht vom anderen unterscheidet, allgemeines Selbstbewußtsein und objektiv ist und die reelle Allgemeinheit als Gegenseitigkeit so hat, als es im freien anderen sich anerkannt weiß und dies weiß, insofern es das andere anerkennt und es frei weiß[507].

Mithin realisiert sich der Prozeß vom *Ich=Ich* über die Stufen des *Ich gegen Andere* und *Ich dem Anderen über- bzw. untergeordnet* zum *Ich im und durch (das) Wir*. Die letztgenannte Sphäre der Anerkennung ist nicht nur die bloße Akzeptanz des Anderen, also das nichtbekümmerte Gewährenlassen des Gegenübers; vielmehr erweist sich hierin Anerkennung als ein konstitutives Ele-

505 Hegel, Enzyklopädie III, § 433 Z (S. 10.223).

506 Vgl. Bonsiepen, in: Hegel, S. 59 (66).

507 Hegel, Enzyklopädie III, § 436 (S. 10.226).

ment des eigenen selbstbewußten Status. Indem aus der *Verachtung* des Anderen mittels der Substanzerkenntnis *Achtung* wird, kann auch die eigene Natürlichkeit in ihrem Verhältnis zur Geistigkeit gedacht werden. Daher läßt sich auch behaupten, erst in der Vergegenwärtigung des Anderen als Gleichem und dem konstruktiven Verwenden dieser Erkenntnis zur Findung des Selbst, lagere sich das Geistige der Natürlichkeit nicht nur vor, sondern überwölbe sie - *das Ich läßt sich ohne das Wir für den Einzelnen nicht mehr verifizieren.* Der Grund des Selbst weist nunmehr (für alle als Substantielles nachvollziehbar) auf den Anderen zurück.

Es bedarf eigentlich keiner Hervorhebung, daß das individuelle Selbstbewußtsein natürlich durch die Etablierung des allgemeinen, auf gleichberechtigter Anerkennung beruhenden Selbstbewußtseins nicht verflüchtigt wurde. Im Gegenteil, erst durch die Reflexion des Anderen als grundsätzlich Ebenbürtigem emanzipiert sich der Einzelne in der Gemeinschaft[508]. Die Kampflage weicht einem intersubjektiven Verhältnis, das zwar auch mit dem Signum des Gegeneinander belegt werden kann, das jedoch - begreift es sich als vernünftig - dies als Wettbewerb der Freien und Gleichen zu veranstalten hat.

Hinsichtlich der Dimension des Geistigen ist indes durch diesen Entwicklungsstand des Selbstbewußtseins der Spannnungsbogen herausgearbeitet, der Gegenstand insbesondere der Rechtsphilosophie ist. Der Kern der Anerkennungsrelation in ihrer subjektkonstitutiven Bedeutung zeigt die kategoriale Möglichkeit vernunftgemäßer Koexistenz der Individuen. All jene Konflikte, die das Individuum fortan mit sich selbst, bzw. mit anderen auszutragen hat, ereignen sich auf der Folie der Vernunft als *allgemeinem Selbstbewußtsein*[509].

---

508 Vgl. Hösle, Hegels System II, S. 379.

509 Hegel, Enzyklopädie III, § 436 A (S. 10.226).

2. Interpersonalität und Konstitution des Rechts als Wirklichkeit

Die Interpretation der *Hegelschen* Rechtsphilosophie hat sich mit der Reichweite der Anerkennungsrelation als dem Recht begründend Mitgegebenen notwendigerweise auseinanderzusetzen, da diesem Aspekt der Vernunftkonstitution eine die gesamte Philosophie des Rechts transzendierende Rolle zukommt[510]. Ein Verständnis des Rechts als *Dasein der Freiheit* ohne die stete Vergegenwärtigung des sich wandelnden qualitativen Status der Intersubjektivität bliebe lückenhaft und würde der Textinterpretation unnötige Schwierigkeiten aufbürden. Um dem vorzubeugen, hat der Verfasser der *Grundlinien* ausdrücklich auf das Fundament der Rechtsphilosphie hingewiesen[511]. Die Beschäftigung mit dem Fortschreiten der Anerkennungsverhältnisse kann auch nicht mit Blick auf die §§ 57 und 71 der *Grundlinien* abgetan werden, in denen davon die Rede ist, das Recht und die Rechtswissenschaft, seien

> über den unwahren Standpunkt, auf welchem der Mensch als Naturwesen und nur als an sich seiender Begriff, der Sklaverei daher fähig ist, schon hinaus" bzw. dem "objektiven Geist (wäre) das Moment der Anerkennung schon vorausgesetzt[512].

Viel eher spricht der Rekurs auf das Anerkennungsverhältnis für die Vermutung, es handele sich hierbei um eine dynamische Struktur, die immer dann vergewissert werden muß, wenn von *Dissoziation* oder *Koexistenz* der Subjekte gehandelt wird. In diesem Sinne kann anhand einer Auswahl einiger solcher Berührungspunkte zwischen den Subjekten, der jeweils typische Gehalt der Intersubjektivität herausgearbeitet werden. In der Eingangsstufe der Rechtsphilosophie, dem *abstrakten Recht*, geht es um die Konstituierung des objektiven Rechts vermittels des Wirkens der Rechtsperson. Bereits aus den Einleitungsparagraphen der *Grundlinien* (insbesondere § 36) wird deutlich, daß es bei der Rechtsperson zwar um etwas vom Subjekt Abstrahiertes geht, daß aber die interpersonale Anerkennung als *Fortgang des vernunftgemäßen Selbstbewußtseins* an das intersubjektiv Gewonnene anschließt. Die Rechtsphilosophie liest sich hier wie eine Zusammenfassung des Status der gegenseitigen Anerkennung:

---

510 Siep, HS 9 (1974), 193 ff.; ders., Anerkennung, S. 285 ff.; Theunissen, in: Philosophie des Rechts, S. 317 ff.

511 Vgl. Hegel, Grundlinien, § 4 A (S. 7.48).

512 Hegel, Grundlinien, § 71 A (S. 7.153). Die Betonung liegt auf "*enthalten* und vorausgesetzt"!

Sei eine Person und respektiere die anderen als Personen[513].

Andere zu respektieren, beinhaltet das Gebot, sie nicht zu verletzen. Die interpersonale Anerkennung schreibt der Rechtsperson so die Grenze vor, die zu überschreiten widerrechtlich ist. Anerkennung ist in dieser, für die ganze Sphäre des abstrakten Rechts geltenden Umschreibung nur als Abgrenzung zum selbstbestimmten Bereich des Anderen zu denken.

Personengemeinschaften im Sinne von Korporationen gibt es nicht, die Person des abstrakten Rechts ist für sich. Nichtsdestoweniger ist das Gegenüber *notwendig*, um die Verläufe personaler Rechtshandlungen in das Gesamtkonzept von Recht einzubinden. Augenfällig wird dies an den Konstellationen des Vertrages und des Unrechts. Im Vertragsschluß vermittelt sich erstmals der *gleichberechtigte* Wille zweier Personen über einen Gegenstand, der der Äußerlichkeit zuzurechnen ist; es treten also zwei bestimmte Willen, zwei auf ein Drittes gerichtete Selbstbewußtseine miteinander in ein Verhältnis der Äquivalenz. Das Eigentum, das allein als Vertragsgegenstand in Betracht kommt, gelangt durch die Transponierung in die vertragliche Ebene der Rechtspersonen zu seiner wahren Bedeutung. Eigentum ist durch seinen singulären Bezug zu einer Rechtsperson nur ungenügend bestimmt, da es an der Anerkennung des Person-Eigentums-Verhältnisses durch den möglichen Widerpart, eine andere Rechtsperson, fehlt. Diese innere Bindung stellt sich erst in der erwiesenen Einheit der Vertragsinterpersonalität als das Wesenshafte des Eigentums insoweit vollständig dar. Das Hauptaugenmerk liegt indes nicht darauf, daß etwa das Eigentum als rechtlich-dogmatische Begrifflichkeit zu bestätigen wäre[514], vielmehr kommt es auf die *Konstitution der Rechtsperson* an. Objektives Recht besteht gerade für den Fall, daß das Dasein des einen Vertragspartners sich über das Eigentum im Selbstbewußtsein des anderen wiederfindet, vice versa. Zugleich ist augenscheinlich, inwieweit die interpersonale Bestandskraft des Vertragsschlusses von der *Willkür der Partner*[515] abhängt.

Interpersonalität wird (wie auch in der übrigen Rechtsphilosophie *Hegels*) grundsätzlich in ihrer Wirklichkeit durch die Besonderung des Willens des Einzelnen in Frage gestellt und bleibt daher bis in die Stufe der *Sittlichkeit* hinein ein mehr oder weniger flüchtiges Gut. Das beweist nicht die Brüchigkeit der Interpersonalität *an und für sich*, es zeigt lediglich den alltäglich erfahrbaren

513 Hegel, Grundlinien, § 36 (S. 7.95); vgl. Hösle, in: Philosophie des deutschen Idealismus, S. 1 (23 f.).

514 Vgl. Hösle, Hegels System II, S. 496 f.

515 Wannenmann, Mitschriften, § 34 (S. 59): "*intellektuelle Identifizierung der Parteiwillen*".

Widerspruch des Denkens zwischen Gewolltem und Gesolltem[516]. Nur durch die Distanz der Vertragspartner, die sich in der Abweichung vom vertraglich Geschuldeten niederschlägt, kommt es zur Distanz von allgemeinem und besonderem Willen[517]. Die *Distanzierung vom Anderen* wird im Unrecht zur *Negation des Anderen* in seiner Verfaßtheit als Besonderer bzw. Teil der (vernunftgemäßen) Allgemeinheit.

Charakteristisch für das Unrecht ist die *Defizienz des Anerkennungsverhältnisses*. Im *bürgerlichen Rechtsstreit* drängt kein rechtsbrecherischer Wille nur Distanzierung *vom* oder Negation *des* Anderen; die Kontrahenten nehmen irrtümlich an, sie seien im Recht. Die objektiv erfolgende Negation des besonderen Willen des Vertragspartners, wird vom Verletzer selbst nicht in ihrer interpersonalen Radikalität wahrgenommen, das allgemein vorausgesetzte interpersonale Verhältnis, das dem Recht Struktur verleiht, bleibt ohnehin durch beide Kontrahenten anerkannt und objektiv gültig.

Der Betrüger dagegen benutzt das Vertrauen des Betrogenen in die konkrete interpersonale Anerkennung, um sich gegen das Allgemeine derselben aufzulehnen[518]. Im Verbrechen schließlich wird der interpersonale Zusammenhang auf der konkreten Ebene (gegenüber dem Opfer) und auf der allgemeinen Ebene (gegenüber dem interpersonal abgesicherten abstrakten Recht) zerbrochen - weiter kann der Einzelne seine interpersonale Dissoziation nicht treiben[519]. Doch auch in der selbstgewählten Abwendung vom Recht erweist sich der Grundbestand der Interpersonalität als jedenfalls durch Willkür nicht objektiv hintergehbar. Ausgehend von der mittlerweile im abstrakten Recht verfestigten Beziehung der Rechtspersonen als entwickelte, vernünftige Selbstbewußtseine, behandelt das Recht den Straftäter auch seiner Vorausgesetztheit, seiner Vernünftigkeit nach und nicht nach Maßgabe der Willkür (Rache)[520].

Zeigt die Interpersonalität des abstrakten Rechts, daß die Defizite in der Anerkennung des Anderen immer zugleich Defizite in der Anerkennung des Rechts *an sich* bedeuten, kehrt die Person als nunmehr entstehendes *Subjekt* in

---

516 Taylor, Hegel, S. 229.

517 Vgl. Hösle, in: Anspruch und Leistung, S. 55 (87); Liebrucks, Sprache und Bewußtsein, S. 525 f.; Landau, in: Materialien, S. 176 (184).

518 Hegel, Grundlinien, § 88 (S. 7.177).

519 Hegel, Grundlinien, § 91 (S. 7.178), § 95 (S. 7.181 f.).; Vgl. Herzog, Prävention des Unrechts, S. 72 f.

520 Siep, in: Philosophie des Rechts, S. 255 (271); Primoratz, Banquos Geist, S. 38.

der *Moralität* in weitaus stärkerem Maße zu sich selbst zurück[521]. Die Relationen zwischen den Rechtssubjekten machen dem Verhältnis des Subjekts zu seiner Handlung und zum objektiven Willen (dem Recht) Platz. Der objektive Wille erscheint dem Subjekt zunächst als Substrat der Intersubjektivität entgegengesetzt, im Vermittlungsmedium des subjektiven Gewissens pendeln sich "Gut" und "Böse" in ihrer Alternativität ein[522].

Da sich das Anerkennungsverhältnis auf der Stufe des abstrakten Rechts in der Rechtsbewährung der Strafe als *unverzichtbare Basis des Objektiven* gegeben hat, muß sich das Subjekt in seiner Innerlichkeit bereits mit ihm als solchem auseinandersetzen. Die gestärkte Position des Rechts und damit die Konsolidation der allgemeinen Seite der Anerkennung, *nötigt* das Subjekt zur Stellungnahme. Und das Subjekt nimmt durch sein *Handeln* Stellung, der freie Wille tritt nach außen. Hier trifft er nicht nur auf die Zufälligkeiten der Gegenstandswelt, sondern auch auf konkrete (personal vordefinierte) Subjekte. Durch den Vollzug der Handlungen mischt sich der einzelne in die konkrete Lebenswelt und die dazu gehörenden Handlungszusammenhänge anderer ein.

Aufgrund der Zwecksetzung und Zielrealisierung kann es als seine Handlung nur das anschauen, was nicht nur in der bloßen gegenständlichen Äußerlichkeit seinem Willen unterworfen ist, sondern auch all das, was die konkrete Handlungsfreiheit anderer Subjekte berührt[523]. Dabei erscheint das andere Subjekt sowohl seiner *natürlichen* Seite nach, als unter die Folgen der Handlung zu Rechnendes, aber auch als Subjekt in seiner *existenziellen* Verfaßtheit als Freies, das der Handelnde im Unrecht prinzipiell nur mit Gewalt, Nötigung oder Täuschung seinem Zweck gemein machen kann. So sind die Handlungen im konkreten intersubjektiven Kontext in ihrer Realisierung und damit in ihrem Bezug auf das zwecksetzend agierende Subjekt von der Anerkennung der Betroffenen nicht unabhängig[524].

Die *Sittlichkeit* soll nun die differenzierten Fäden intersubjektiver Anerkennungsrelationen zu einem Punkt der Übereinstimmung zusammenführen. Programmatisch heißt dies nichts anderes als die *Identität der konkreten und abstrakten Intersubjektivität* mit dem Individuum herzustellen. Die Modi dieses Vermittlungsprozesses sind die Institutionen des Rechts[525], wie sie in der Ab-

---

521 Liebrucks, Sprache und Bewußtsein, S. 534.

522 Vgl. Hegel, Grundlinien, § 137 (S. 7.254 f.); Mertens, ARSP 74 (1988), 477 (485 f.).

523 Vgl. Hegel, Grundlinien, § 113 (S. 7.211).

524 Derbolav, in: Materialien II, S. 201 (206).

525 Vgl. Baermann, Sittlichkeit und Verbrechen, S. 80; Texier, HJB 22 (1987), 339 ff.

folge von Familie, Gesellschaft und Staat Gegenstand dieser dritten Stufe der Rechtsrealisierung sind. In der Familie kulminiert das Vorherrschen der konkreten Anerkennung im Vertrauensverbund der Familienmitglieder. Die möglichen Kollisionen der einzelnen Subjekte sind auf ein Minimum reduziert. Eine Anerkennung wird situativ durch den Bezug zum substantiellen Bestand der Liebe erlebt, die Bindungen sind somit Innerlichkeit und fühlender Gesinnung verschrieben[526]. Erst durch Reflexion der heranwachsenden Subjekte auf ihre sittliche Existenz kommt es zum Absterben der nunmehr als Hemmschuh eigenständiger Entwicklung vergegenwärtigten familiären Struktur. Das *natürliche* Element der Intersubjektivität, in eine Anerkennungsrelation hineingeboren zu sein, verliert sich an die Aufgabe, sich nun eigenständig - natürlich auf der Basis einer verfestigten *abstrakten Intersubjektivität* - um Anerkennung durch andere vergesellschaftete Individuen zu bemühen.

Zu allererst ist die Stufe der bürgerlichen Gesellschaft mithin die Sphäre der *Differenz*[527]; das Streben nach Anerkanntsein im konkreten Gegeneinander versinnbildlicht die radikale Prüfung des Individuums, seine Bedürfnisse mit denen anderer in ein *ausgewogenes Maß der Übereinstimmung* zu bringen. Die Reflexion auf das Allgemeine, das hinter den tagtäglichen Kollisionen liegt, erfolgt anfänglich mit dem Ziel, die Bedürfnisbefriedigung über den Bezug auf konkrete Intersubjektivität[528] zu instrumentalisieren. Der Status der bürgerlichen Gesellschaft hat insofern einiges mit der Struktur des *Herr-Knecht* - Verhältnisses gemeinsam: Der Andere wird als Individuum primär als Grenze eigener gesellschaftlicher Emanzipation erfahren[529]. Dieser individuelle Aneigungsprozeß wird durch andere Einzelne oder Gruppen empfindlich gestört, da auf die Ressourcen ob ihrer Verknappung nur begrenzter Zugriff möglich ist.

Die Erfahrung der Dissoziation verweist verstärkt auf die *Beständigkeit des Allgemeinen*, des von der Besonderheit individueller Zwecksetzung abstrahierenden. Mit dem Regulativen des Rechts, das die Substantialität jedem Rechtsgenossen zu Bewußtsein bringt, da er sich in seiner intersubjektiv gedachten Grundverfaßtheit hierin als Person wiedererkennt, wird die Separation vom Anderen überbrückt.

---

526 Baermann, Sittlichkeit und Verbrechen, S. 88; de Vos, HJB 19/20 (1984/1985), 235 (237 ff.).

527 Hegel, Grundlinien, § 181 (S. 7.338); vgl. Lambrecht, HJB 19/20 (1984/1985), 165 (167 f.).

528 Vgl. Hegel, Grundlinien, § 187 (S. 7.343 f.).

529 Vgl. Ottmann, HJB 21 (1986), 339 (343).

Recht verwirklicht sich über die grundsätzliche Erfahrung, auf ein qualitativ hochstehendes Niveau der Anerkennung angewiesen zu sein, um sich als freies gesellschaftliches Wesen von der eigenen Partikularität emanzipieren zu können. Die Erkenntnis der Pflicht, als das, *was sein soll*, öffnet auch den Blick auf das Positive eines Zustands, in dem Individualität und Intersubjektivität sich vereinheitlichen.

Im Staat schließlich wird die Freiheit des Einzelnen in ihrer maximalen Qualität durch die Übereinstimmung mit der sittlichen Substanz (*selbst Ergebnis interpersonaler Konstitution*) gekennzeichnet. Gleichzeitig ist das konkrete Anerkennungsverhältnis zwischen den Individuen zum Spiegelbild des Allgemeinen geworden. Die Gegensätze sind in der Tendenz aufgehoben:

> Der Staat ist die Wirklichkeit der konkreten Freiheit; die konkrete Freiheit aber besteht darin, daß die persönliche Einzelheit und deren besondere Interessen sowohl ihre vollständige Entwicklung und die Anerkennung ihres Rechts für sich (im Systeme der Familie und der bürgerlichen Gesellschaft) haben, als sie durch sich selbst in das Interesse des Allgemeinen teils übergehen und zwar als ihren eigenen substantiellen Geist anerkennen und für dasselbe als ihren Endzweck tätig sind, so daß weder das Allgemeine ohne das besondere Interesse (...), noch daß die Individuen bloß für das letztere als Privatpersonen leben und nicht zugleich in und für das Allgemeine wollen und eine dieses Zwecks bewußte Wirksamkeit haben[530].

In der Sphäre der *Sittlichkeit* wird die Natürlichkeit des Individuums als Motivator seiner Handlungen von der Orientierung am Recht verdrängt. Die *selbstischen* Zwecke des Einzelnen weichen in zunehmendem Maße der *adäquaten Erkenntnis* der Handlungszusammenhänge[531].

Thesenartig läßt sich das Werden der Anerkennung in *Hegel*s Rechtsphilosphie also folgendermaßen umreißen:

Die Anerkennung ist bereits der Vernunft *konstitutiv* und liegt damit dem Recht, wie überhaupt *jeder menschlichen Interaktion* zugrunde. Die Philosophie des Rechts setzt sich zum Ziel, in der Realisierung der Freiheit die *Entwicklungsmomente* des Individuums im Gemeinschaftsbezug aufzuweisen. Auf der Basis des allgemeinen Selbstbewußtseins der Subjekte differenzieren sich verschiedene Formen (Stufen) der Anerkennungsrelation aus, die jeweils über den Fortschritt der Vermittlung von Individuum und Intersubjektivität Auskunft geben. Durch stetiges Abstoßen der Individualität am Anderen, qualifiziert sich das Anerkennungsverhältnis zusehends. Aus dem abstrakten Respekt vor dem Anderen, wird der Respekt vor dem Anderen *in seiner konkreten gesell-*

---

530 Hegel, Grundlinien, § 260 (S. 7.406 f.); Siep, Anerkennung, S. 292 f.

531 Hegel, Grundlinien, § 147 (S. 7.295 f.).

schaftlichen Position und der gesellschaftlichen Verfaßtheit aller im Staat. Aus der *Gefühlsbindung* (Liebe) wird eine *Verstandesbindung* (Einsicht durch Gründe) und schließlich die *Bindung von Vernünftigen* (adäquate Erkenntnis). Die Identität des Freien kommt ohne vielfältige Vermittlung über den Willen anderer nicht zu ihrem Selbst.

VIII. Geschichte als Basis pragmatischen Erkennens

Die Frage nach der Historizität moralpragmatischen Handelns nimmt in jüngster Zeit im Problemkatalog der Praktischen Philosophie einen der ersten Plätze ein[532]. Im Kern geht es um den zu konkretisierenden Anteil des Geschichtsprozesses im Rahmen der Überführung des ethischen Begründungsverfahrens in dessen praktische Wirksamkeit, oder um es mit den Worten der Diskurstheorie zu sagen: um den Stellenwert der Historizität im Zusammenspiel von Begründungs- und Anwendungsdiskurs. Der Bogen der Argumentation spannt sich dabei im wesentlichen zwischen zwei exemplarischen Positionen auf: Begründungsstruktur und Anwendungsrealität sind in ihrer Vermittlung in den Horizont einer normativ gehaltvollen und damit den beiden Komponenten letztlich überlegenen Verweisungszusammenhangs *Lebenswelt*[533] eingestellt. Durch den anwendungsorientierten Rekurs auf die Lebenswelt (die neben ihrer Kulturalität auch auf den Geschichtsprozeß bezogen ist) gelingt es in jedem Einzelfall herauszufinden, welches Prädikat die jeweils problematische Handlung verdient[534].

Eine solche Auffassung setzt sich allerdings der Gefahr aus, das anwendungskritische Potential der Vernunftbegründetheit an die - wie auch immer zu definierenden - Wertaspekte der Lebenswelt zu verlieren oder umgekehrt die Lebenswelt schon im Ansatz nach den normativen Strängen der Vernunft zu strukturieren - mit der Folge einer Identität beider Kategorien[535].

---

532 Vgl. insbesondere die Auseinandersetzung zwischen Habermas, Theorie des kommunikativen Handelns, II, S. 171 ff.; ders., in: Rationalität, S. 218 ff) und Bubner, Geschichtsprozesse und Handlungsnormen, S. 173 ff; ders., in: Rationalität, S. 198 ff). Eine übersichtliche Zusammenstellung der groben Argumentationslinien gibt der Beitrag von Giusti, PhilR 38 (1991), 14 (36 ff.).

533 Habermas, in: Rationalität, S. 218 (225).

534 Habermas, Theorie des kommunikativen Handelns, II, S. 216 f.

535 Giusti, PhilR 38 (1991), 14 (45).

Demgegenüber versucht vorallem Bubner aufzuzeigen, daß die Reflexion auf institutionen- und lebensformgebundene geschichtliche Zusammenhänge dem handelnden Subjekt den Bezug zur Substantialität seines Verhaltens eröffnet[536]. Dem Ansatz eignet die Schwäche, die Historizität der Lebensform mit ihrer Vernünftigkeit in eins zu setzen[537]. Ein lebensformenunabhängiger und die konkrete Geschichtsperiode übergreifender - also vernunftallgemeiner - Begriff der Substantialität fehlt. Im Ergebnis wird somit der Universalisierungsanspruch der Moral aufgegeben und der Entstehung von Binnenmoralen das Wort geredet. Auch wenn sich die Diskutanten zum Teil einer neuartigen Terminologie bedienen[538], ist die auseinandergesetzte ethische Frage dagegen nicht neu, sondern bezieht sich, mitunter explizit[539], auf das Verhältnis von *Moralität* und *Sittlichkeit* im Sinne des *Hegelsch*en Systembaus der Rechtsphilosophie; jenes Verhältnis, dessen Bestimmung für *Hegel* Anlaß bot, das *kant*ische Verharren auf dem Standpunkt der *Moralität* als Rednerei von der Pflicht um der Pflicht willen[540] zu geißeln.

Vor diesem Hintergrund erscheint es besonders lohnend, die Ansicht *Hegel*s zur Bedeutung und Funktion der Geschichte im Prozeß der Wirklichwerdung des Rechts zu vergegenwärtigen.

1. Die Relativität der Zeit und die Reflexivität der Geschichte

Geschichte besitzt in der Konzeption *Hegel*s nicht die Gestalt einer mehr oder minder zufälligen Abfolge von zeitlich begrenzten Eigentümlichkeiten[541]. Eine Reflexion auf einzelne historische Ereignisse und periodische Entwicklungen könne zwar durchaus der moralischen Erbauung dienen, die *Eigentlichkeit* der Geschichte bliebe hierbei indes verdeckt. Die Gleichsetzung der Geschichte mit einem in sich ungeordneten Bestand an Erfahrungen scheidet für ihn daher ebenso aus wie die Annahme, aus denselben Erfahrungen leiteten sich lehrreiche

---

536 Bubner, in: Rationalität, S. 198 (203 ff).

537 Giusti, PhilR 38 (1991), 14 (42).

538 So ersetzt Habermas die Hegelsche Kategorie der Sittlichkeit durch den Begriff der "Lebenswelt", vgl. Habermas, in: Rationalität, S. 218 (224).

539 Zur Begriffsverwendung im näheren: Giusti, PhilR 38 (1991), 14 (45).

540 Hegel, Grundlinien, § 135 A (S. 7.252).
Vgl. Baum, HJB 22 (1987), 235 ff.; Givsan, HJB 22 (1987), 82 ff.; Zimmerli, HJB 22 (1987), 195 ff.

541 Vgl. Hegel, Vorlesungen über die Geschichte der Philosophie, S. 20.468 f.

und pragmatisch sinnvolle Schlüsse ab. Aus der Geschichte kann man insofern nur lernen, daß man aus dem Ablauf der Geschichte nichts gelernt hat.

> Im Gedränge der Weltbegebenheiten hilft nicht ein allgemeiner Grundsatz, nicht das Erinnern an ähnliche Verhältnisse, denn so etwas wie eine fahle Erinnerung hat keine Kraft gegen die Lebendigkeit und Freiheit der Gegenwart[542].

Als Ausgangspunkt läßt sich daher markieren, daß die Erarbeitung der Geschichtlichkeit nicht um ihrer selbst willen vonstatten gehen sollte. Zum anderen dreht es sich bei der Vergegenwärtigung von Geschichte nicht um die Betrachtung der Aspekthaftigkeit vergangener Ereignisse, sondern um die Beantwortung konkreter Fragen von gegenwärtigem Interesse. Worauf ist dann aber die Reflexion zu richten, wenn nicht auf das, was uns Heutigen an vergleichbaren Situationen und Handlungskontexten voraufliegt?

Gesucht wird nach den Kategorien der Verbindlichkeit, die uns nahelegen, wann eine Entscheidung bzw. eine Handlung richtig oder falsch, Recht oder Unrecht ist. Aufgrund der gegebenen Problemstellung, wie denn die sittlich gesollte Handlung zur begriffenen Wirklichkeit des Handelnden werde, sehen wir uns zunächst einem Ausgangskonflikt gegenüber: Auch wenn auf positiviertes und adäquat ausdifferenziertes Recht (als unmittelbar zu vermutender Vernünftigkeit der Rechts- und Sollensordnung) zurückgegriffen werden kann, ist dies eine für das konkrete Individuum abstrakte Ordnung. Solange sich der Einzelne in der Kollektivität der intuitiv-gewohnheitsmäßigen Erfassung des Sollens verhält, bricht weder für ihn noch für die rechtlich verfaßte Gesellschaft mit ihren juristischen Instanzen die zu überbrückende Kluft von *Moralität* und Substantialität auf.

Zugleich herrscht in einer so zu qualifizierenden Phase ein labiles Gleichgewicht. Da die individuellen Strebungen eine höhere Wirklichkeit besitzen als ein nur gewohnheitsmäßig erfahrenes Recht, hat sich das Recht, um zu gelten, in die individuelle Bewußtseinswelt vermittelnd einzuprägen. Dieser Einprägungsprozeß läßt sich als eine bestimmte Form des gesellschaftlichen Bewußtseins von der Selbstwerdung des Geistes charakterisieren[543].

Damit ist der Begriff der Geschichte gewonnen und zugleich das Verhältnis der Historizität zum Substantiellen bestimmbar geworden. Geschichte ist der die Vernunft in ihrer Wesentlichkeit erweisende Durchgang der Gegenwart durch die Vergangenheit.

---

542 Hegel, Vorlesungen über die Philosophie der Geschichte, S. 12.17.

543 Vgl. Kimmerle HJB 18 (1983), 69 (72 f.).

Indem somit der Geist einerseits die Realität, das Bestehen dessen, was er ist, aufhebt, gewinnt er zugleich das Wesen, den Gedanken, das Allgemeine dessen, was er nur war. Sein Prinzip ist nicht mehr der unmittelbare Inhalt und Zweck, wie er war, sondern das Wesen desselben[544]. Die Geschichte dient mithin als Reflexionsebene zur Entschlüsselung der Vernünftigkeit des konkreten Lebensvollzugs[545]. Eine solche Lesart der Geschichte ist in hohem Maße selektiv. Das Streben nach Erkenntnis des Substantiellen verbannt konkrete geschichtliche Ereignisse aus der Wesentlichkeit und macht geschichtsträchtige Individuen zu bloßen Akzidentien des stetigen Übergangs der Vernunft in die Wirklichkeit der vergesellschafteten Subjekte und Institutionen[546]. Der Geschichtsprozeß wird nicht als Katalog bestimmter pragmatisch bewährter Verhaltensmuster füherer Zeiten gedeutet. Überlieferte Erfahrungen vermitteln allenfalls eine zufällige Einsicht in das, was zu früheren Zeiten als vernunftgemäß gelten konnte.

Geschichte ist daher die Tat des zu sich selbst kommenden Geistes, das historische Material wird nicht nur gesammelt und bewahrt, sondern ohne Unterlaß bearbeitet und umgebildet[547]. Sofern man Geschichte als Datensammlung und die Verknüpfung dieser Daten zu einem Netzwerk von Einzelerfahrungen auffaßt, bleibt die Erkenntnis des Geschichtsprozesses der Vernunft, die in ihm waltet, unangemessen. Es kann nicht verwundern, daß sich *Hegel* mit diesem Alleinvertretungsanspruch der Philosophie gegenüber der Geschichte den Zorn der Geschichtsschreibung zugezogen hat[548]. Er hat diese Auseinandersetzung allerdings gesucht und sich vehement gegen eine unparteiliche Geschichtsschreibung ausgesprochen.

Der Status der Geschichte erscheint *Hegel* mit dem eines Richters vergleichbar: Dieser darf nicht auf die Seite der einen oder anderen Prozeßpartei treten, muß aber in der Entscheidung dem Recht zur Geltung verhelfen.

> Dies Erfordernis kann man Parteilichkeit für das Recht nennen und weiß diese hier sehr wohl von einer subjektiven Parteilichkeit zu unterscheiden[549].

---

544 Hegel, Vorlesungen über die Philosophie der Geschichte, S. 12.102.

545 Vgl. Winkler, HJB 17 (1981/82), 295 (303).

546 G. Schmidt, in: Logik und Geschichte, S. 147 (156).

547 Vgl. Hegel, Vorlesungen über die Geschichte der Philosophie, S. 18.21 f.: Die "Tradition ist nicht nur eine Haushälterin, die nur Empfangenes treu verwahrt und es so den Nachkommen überliefert".

548 Vgl. G. Schmidt, in: Logik und Geschichte, S. 147 (158 f.).

549 Hegel, Enzyklopädie III, § 549 A (S. 10.349).

Da der Geschichtsprozeß für die Vernunft Partei ergreift, hat sich auch die Geschichtsschreibung hierauf einzulassen - sofern sie etwas Gültiges, d.h. in der Gegenwart Wirkliches - aus historischen Abläufen herausdestillieren möchte. Die Zeit als üblicherweise einigendes Band jeder historischen Betrachtung tritt als Relatives hinter der die Zeitläufte durchwirkenden Vernunft zurück.

2. Geschichte als notwendiger Bildungsprozeß

Das Herausgehen der Gegenwart aus der Vergangenheit als Prozeß des Sichselbstbestimmens der Vernunft in der Wirklichkeit der individuellen Handlung gerät leicht in den Verdacht als eine blinde, naturgesetzliche Determiniertheit des Jetzt mißverstanden zu werden[550]. In ähnlicher Weise wie bei der Beschreibung des Realisierungsprozesses der Vernunft selbst, entsteht der Eindruck, man brauche der Entwicklung des Begriffs - gegebenenfalls aus gebührendem Abstand - nur zuzusehen und würde dem Schauspiel der Einprägung des Geistes in die Wirklichkeit gewahr. Tatsächlich erscheint der moderne Staat der Gegenwart dem *Weltgericht* als vernunftgerechtes Endprodukt einer mehrtausendjährigen stufigen Herausbildung der Vernunft[551]. Hinter all dem eine kritiklose Einstellung dem Geschichtsprozeß gegenüber zu vermuten, geht indessen fehl. Weder eignet der Geschichtlichkeit der Gegenwart ein determinatives Ablaufschema, noch erkennen wir die Richtigkeit unseres Handelns, ohne uns mit der Historizität unserer konkreten Lebenswelt auseinandergesetzt zu haben. Die Notwendigkeit des Geschichtsprozesses folgt den Gesetzen der Begriffslogik.

Selbstbestimmung im Durchgang durch die Entfremdung in sich selbst und Gewinn der Identität auf einer höheren Stufe der Vermittlung. Ziel ist es, die Zufälligkeit in der Besonderheit durch die Entgegensetzung zum Allgemeinen zu

---

Die Metapher "*Die Weltgeschichte als das Weltgericht*" (z.B. Enzyklopädie III, § 548 (S. 10.347) spielt auf Friedrich Schillers Gedicht "Resignation" an. Zu den inhaltlichen Implikationen dieses Rückgriff Hegels auf Schiller: Lucas, HJB 17 (1981/82), 82 passim.

550 Vgl. die durch Hösle, Hegels System II, S. 436 ff., unter der Kapitelüberschrift "*Die Blindheit des Geschichtsprozesses*" angerissenen Fragestellungen.

551 Vgl. das Schlußkapitel der Grundlinien, §§ 341-360 (S. 7.503 ff). Emphatisch heißt es in § 360 (S. 7.512): "*Die Gegenwart hat ihre Barbarei und unrechtliche Willkür und die Wahrheit hat ihr Jenseits und ihre zufällige Gestalt abgestreift, so daß die wahrhafte Versöhnung objektiv geworden, welche den Staat zum Bilde und zur Wirklichkeit der Vernunft entfaltet, worin das Selbstbewußtsein die Wirklichkeit seines substantiellen Wissens und Wollens in organischer Entwicklung (...) findet*".

minimieren und letztlich auszuschließen[552]. Eher kommt die dialektische Begriffsbewegung nicht zum Stillstand. Die Seite der Dialektik in der Geschichte wird aber gleichzeitig konterkariert durch die Geschichtlichkeit der dialektischen Entwicklung[553]. Die einzelnen Stufen der Begriffsallgemeinheit, der Dissoziation an sich selbst durch Entgegensetzung des Besonderen und der Vermittlung sind zwar in ihrer formalen Struktur von *An sich, Für sich* und *An und für sich* gleich, bewirken aber eine immer ausdifferenzierte Form der Gegenüberstellung von Vernunft und Wirklichkeit und führen schließlich auch zu einer gehaltvolleren Verknüpfung von Normativität und Faktizität, von Sein und Sollen.

Logik fungiert in dieser Hinsicht als innere Wirksamkeit der Geschichte, als ihr Selbstbewußtsein[554]. Diese stetige Qualifizierung des Verhältnisses von Sein und Sollen ist auf der Folie der Geschichtlichkeit der unmittelbare zeitgemäße Ausdruck der Veränderungsfähigkeit des jeweiligen Substantialisierungsstadiums, mit anderen Worten: der erreichte Grad der *Perfektibilität*[555]. Die Notwendigkeit, die in dieser Entwicklung steckt, versteht sich analog der Rechtfertigung der fortgeschrittenen Stufe aus den vorangegangen, den sozusagen "vergangenen" Stufen. Für die Ablösung existieren sowohl direkte Gründe (diese haben ihren Urspung in der unmittelbar zuvor durchlaufenen Phase des Begriffs) als auch indirekte Gründe (diese entstammen dem gesamten bis zu dem fraglichen Zeitpunkt durchlaufenen Begriffsstufen). Das Gegenwärtige hält insofern der Vergangenheit immer den Spiegel vor und erkennt so das Wesentliche seiner selbst - alle Geschichte ist nicht das *Entgegengesetzte*, sondern das *Andere* der Gegenwart[556].

Diese Rechtfertigung des Heute aus dem Gestern versteht sich nicht als naturgesetzliche Kausierung der Wirkung durch ihre Ursache(n). *Natur reproduziert nur Natur* - auch wenn sie für die Anpassung zellulärer Lebensformen an veränderte Umgebungsbedingungen sorgt. Der Zweck der Reproduktion ist nicht außer sich gesetzt, sondern immanent und damit als solcher nicht erkannt.

Die Entfaltung des Geistes als sich selbst entzweiende und wieder vermittelnde Totalität ist der tätigen Reflexion ihrer ganzen inneren Widersprüch-

---

552 Vgl. Soll, HJB 17 (1981/82), 156 (157); Hegel, Vorlesungen über die Philosophie der Geschichte, S. 12.75.

553 Schaeffler, Geschichtsphilosophie, S. 181.

554 Givsan, HJB 18 (1983), 83 (89).

555 Hegel, Vorlesungen über die Philosophie der Geschichte, S. 12.74.

556 Kimmerle HJB 18 (1983), 69.

lichkeit preisgegeben - worin letztlich *die* Chance des Individuums liegt, zu sich selbst zu kommen.

> Die Entwicklung ist auf diese Weise nicht das harm- und kampflose bloße Hervorgehen, wie die des organischen Lebens, sondern die harte unwillige Arbeit gegen sich selbst; und ferner ist sie nicht bloß das Formelle des Sich-Entwickelns überhaupt, sondern das Hervorbringen eines Zwecks von bestimmten Inhalte[557].

Auch wenn von Notwendigkeit i.S.e. Rechtfertigung des einen aus dem anderen zu reden ist, kommt es ohne die Beteiligung des Individuums am Vermittlungsprozeß der Vernunft nicht zu einer Substantialisierung der praktischen Lebensvollzüge. Die Instanz des individuellen Bewußtseins entscheidet über das Ob und Wie der Zusammenführung von Recht und Realität. Nicht passivische Hinnahme externer Regeln ist gefragt, sondern das tätige Beteiligen des Selbst an der Produktion sittlicher Lebenspraxis. Vernunft ist keine Einbahnstraße. Die Existenz eines Freiraums allerdings, der dem Individuum die Möglichkeit eröffnet, sich der Aneignung der Vernunft zu entziehen, kann *Hegel* nicht billigen; ja eine solche Möglichkeit muß ihm in höchstem Grade widersinnig erscheinen[558]. Dies hat *Hegel* den Vorwurf eingetragen, die kritische Funktion des individuellen Bewußtseins gehe schließlich dort verloren, wo *die Wirklichkeit der konkreten Freiheit*[559] die Einzelheit des Subjekts ablöse, im Staat[560]. Sicherlich ist nicht zu bestreiten, daß die staatliche Verfaßtheit die Substantialität hervortreten läßt und das einzelne Individuum vor dem Hintergrund in seiner Eigenheit verblaßt.

Eine Interpretation, die hieraus den Schluß zieht, *Hegel* rede einer historisch und faktisch manifesten Erscheinungsform eines konkreten Staates das Wort, verkennt, daß der Staat zwar der Idee (d.h. dem dialektischen Entwicklungsprogramm) nach die Vernünftigkeit der Verhältnisse zur Wirklichkeit fertigt, daß aber die Geschichte der Vernunft bzw. die Vernunft der Geschichte nicht im Preußen der zwanziger Jahre des letzten Jahrhunderts ihren Endzustand gefunden hat. Genausowenig wie sich der sittliche Staat der *Grundlinien* als ein etwa historisch gesonderter Abschnitt gegen die Stufe der bürgerlichen Gesellschaft ausspielen läßt, genausowenig läßt sich die Substantialität als historisch fungibles Oktroy innerhalb einer ansonsten vernunftallgemeinen *Sittlichkeit* verste-

---

557 Hegel, Vorlesungen über die Philosophie der Geschichte, S. 12.76.

558 Hegel, Vorlesungen über die Philosophie der Geschichte, S. 12.99.

559 Hegel, Grundlinien, § 260 (S. 7.406).

560 Vgl. die Polemik von Klever, HJB 21 (1986), 405 (408) über Hegels "*schroff elitäre Sakralisierung eines Super-Staates*".

hen[561]. Für den Fortgang der Geschichte, im eigentlichen: für den Fortgang der Gegenwart, ist daher das Bewußtsein der Veränderlichkeit aktuell vorfindbarer Geltungsstrukturen von nöten.

> Es ist das Wichtigste im Auffassen und Begreifen der Geschichte, den Gedanken dieses Übergangs zu haben und zu kennen[562].

Der Aufweis der Historizität der Geltungsstrukturen ist die *Selbstexplikation des Geistes*. Um in der Substantialisierung der Welt zu sich selbst zu kommen, muß das Geistige gedacht werden, ansonsten hätte es keine Objektivität. Der Fortschritt im Bewußtsein von der Realisierung der Freiheit bemißt sich nach dem Grad der tätigen Einsicht in den Geschichtsprozeß als Vernünftiges. Das Bemühen um reflexives Erfassen des Vernünftigen setzt sich um in die Einheit der Möglichkeit mit der Wirklichkeit.

Die Reflexionsdistanz des individuellen Bewußtseins prägt sich in den Handlungsvollzügen des täglichen Lebens aus und differenziert sich so. Die sensibilierte Vergegenwärtigung der Substanz ist damit Teil eines Bildungsprozesses[563], der sowohl die Gesellschaft als solche, als auch die in ihr lebenden Individuen mitreißt.

3. Geschichte und strafrechtliche Verantwortlichkeit

Die Bedeutung der Historizität für die Rechtsentwicklung drängt sich dem Leser der *Grundlinien* schon allein deshalb auf, weil die Rechtsphilosophie im Kapitel zur Weltgeschichte ihr Ende findet.

Bei näherem Hinsehen entpuppt sich der Geschichtsprozeß als Stufengang unterschiedlicher Rechtsordnungen[564]. Die Geschichte des Rechts fällt daher letztlich mit der Aufhebung der Besonderheit im Allgemeinen der Vernunft zusammen. Der Weltgeist als Weltgericht[565] beinhaltet den Zielpunkt, auf den alles Recht zuläuft; er versteht sich als globaler Universalismus der Substantialisierung[566]. Auf dem Wege zur vollständigen Aufgehobenheit des Beson-

---

561 Die Substantialisierung erfordert seitens des Individuums nicht Duldung, sondern Auseinandersetzung, vgl. G. Schmidt, in: Logik und Geschichte, S. 147 (162).

562 Hegel, Vorlesungen über die Philosophie der Geschichte, S. 12.102.

563 Hegel, Vorlesungen über die Philosophie der Geschichte, S. 12.81, 83, 101.

564 Deutlich bei: Schaeffler, Geschichtsphilosophie, S. 183 f.

565 Hegel, Grundlinien, § 341 (S. 7.503).

566 Hegel, Enzyklopädie III, § 549 (S. 10.347).

deren im Allgemeinen, existieren entsprechend der graduell unterschiedlichen Selbstunterschiedenheit des Begriffs verschiedene qualitative Level der Daseinsform von Recht. Es sind dies die Stadien der sittlichen oder wenn man so will, der geschichtlichen Unvollkommenheit.

> Gerechtigkeit und Tugend, Unrecht, Gewalt und Laster, Talente und ihre Taten, die kleinen und die großen Leidenschaften, Schuld und Unschuld, Herrlichkeit des individuellen und des Volkslebens, Selbständigkeit, Glück und Unglück der Staaten und des Einzelnen haben in der Sphäre der bewußten Wirklichkeit ihre bestimmte Bedeutung und Wert und finden darin ihr Urteil und ihre, jedoch unvollkommene Gerechtigkeit[567].

Für die Thematisierung der Geschichtlichkeit der Zurechnung heißt dies, Verzicht auf eine Darstellung des weltgeistigen Entwicklungsniveaus zu leisten. Die Fragen von *Ver*pflichtung und und Imputation sind Fragen eines noch *unaufgelösten* Spannungsverhältnisses von Indivuum und Recht, von *Moralität* und *Sittlichkeit*[568]. Selbstverständlich bleibt die Entwicklung der Entgegensetzung von Allgemeinem und Besonderen weiterhin Teil eines größeren Substantialisierungsprozesses. Uns interessiert allerdings eher jener Reflexionsrahmen der Geschichte, wie er sich in der Vermittlung der einzelnen Handlung mit dem rechtlich gebundenen Sollen darstellt.

4. Die Historizität in der Gesetzesanwendung

In der Phase einer ausdifferenzierten bürgerlichen Gesellschaft findet sich in jedem Konflikt des einzelnen Willens mit den Sollensanforderungen des Rechts in "kleiner Münze", was das Kennzeichen der Verrechtlichung der Realität und umgekehrt die Verwirklichung des Rechts ausmacht: in der Konstituieruung von Handlungsverantwortung soll der Handelnde der Substantialität gewahr werden.

Die Aneignung konkreten Sollens ist im Akt des Handelns kategorial aufweisbar, doch der Maßstab - das positivierte Recht - ist dem Einzelfall gegenüber noch spröde; das Recht bedarf der Flexibilisierung, um der Wirklichkeit des Individuums entgegenzukommen. Die Sprödität betrifft im wesentlichen den *formalen* Modus des postiven Rechts, der als Ausdruck des Allgemeinen als solcher in der Gesellschaft Bestand hat[569]. *Daß* es Gesetze geben muß, ist nunmehr unbestritten; welchen *Inhalt* sie in conreto haben sollen, ist indes nicht

---

567 Hegel, Grundlinien, § 345 (S. 7.505).

568 Hegel, Vorlesungen über die Philosophie der Geschichte, S. 12.90 f.

569 Hegel, Grundlinien, § 3 (S. 7.34); ders., Enzyklopädie III, § 529 A (S. 10.324).

ganz geklärt. Im Rahmen der materiellen Sinngebung, d.h. des Übergehens der Vernünftigkeit in die Wirklichkeit der bürgerlichen Gesellschaft, ist der Minimalgehalt, das vernunftrechtliche Substrat in Gesetzesform gegossen. Die Normen, die hierunter zu rechnen sind, entspringen deduktiv der Vernunftallgemeinheit und bilden das normative Gerüst der weiteren Gesetzgebung. Diese Klasse von Normen versinnbildlicht gleichzeitig im Geschichtsbewußtsein der Gegenwart die Abrenzung einer Rechtsordnung von einer anderen Rechtsordnung.

Auch wenn das sittliche Minimum der Rechtsordnungen sehr wohl miteinander verglichen werden kann - und sich in modernen Gesellschaften im wesentlichen decken wird - entspricht eine bestimmte Rechtsordnung regelmäßig (nur) der geschichtlichen Wirklichkeit eines partikularen *Volksgeistes*[570]. *Hegel* verwendet diesen Begriff des Volksgeistes einmal in Abgrenzung zu der staatslosen Existenz des Einzelnen und andererseits in Hinsicht auf den Weltgeist. Der Volksgeist umfaßt zunächst die geographischen, anthropologischen, kulturellen und politischen Besonderheiten einer bestimmten Menschengruppe (Volk oder Nation)[571]. Das macht indes nicht das Eigentliche des Volksgeistes aus[572]. Hinzu tritt seine Erscheinung, als Ausdruck der Einprägung des objektiven Geistes in die Wirklichkeit gelten zu können. Der Volksgeist ist damit ein welthistorisches Subjekt[573], aber aufgrund seiner historischen Beschränkheit - die im wesentlichen eine Beschränktheit der *Sittlichkeit*serkenntnis ist - nicht der Weltgeist selbst. Die Verbesonderung des welthistorischen Prozesses in einzelne Volksgeister führt also dazu, daß auch die vernunftrechtlich deduzierten Normen des positiven Rechts geschichtlichen Charakter aufweisen.

Sie tun dies aber lediglich bezüglich der Zeitpunkts ihrer Realisierung als kodifiziertes Recht, da die *Vernunft selbst* nicht durch die Geschichte relativiert werden kann[574].

Auch die zweite Stufe von positivrechtlichen Normen, d.h. jene, die vordergründig allein der Rationalität verpflichtet sind, aber gleichwohl insofern eine vernunftrechtliche Potenz besitzen, als sie sich nicht gegen ihre materiale Grundlage stellen können, ist gegenüber der Geschichte nicht indifferent. Wenn

---

570 Zur Begriffsgeschichte instruktiv: Bärsch, HJB 17 (1981/82), 181 (182 ff.).

571 Vgl. Geraets, HJB 17 (1981/82), S. 187 (189).

572 Das "*Völkische*" läßt sich nicht gegen das "*Geistige*" ausspielen. Andernfalls gelangt man zur verkürzt-totalitären Lesart eines Larenz, Rechtserneuerung, S. 5 ff.

573 Hegel, Vorlesungen über die Philosophie der Geschichte, S. 12.101.

574 Zutreffend Hösle, Hegels System II, S. 484 Fn. 111.

in Hinsicht auf die vorhin genannte Klasse von Normen konstatiert werden konnte, ihre materielle Kernaussage sei durch die geschichtliche Entwicklung nicht tangiert, so gilt dies für die Inhalte der an Rationalität orientierten Gesetze nicht. Existieren gute Gründe, um solche Normen in ihrem Regelungszweck zu diskreditieren, genügen diese Gesetze also nicht mehr dem Rationalitätskriterium, weil sie inhaltlich überholt sind, bilden sie nur noch überflüssigen Regelballast. In einem solchen Fall entspricht es nicht nur der Rationalität, vielmehr auch der Vernunft, diese Gesetze zu streichen bzw. durch andere Regelungen zu ersetzen[575]. Hier gewinnt der Geschichtsprozeß eine unmittelbare Bedeutung für die inhaltliche Bestätigung oder Kritik der Norm. Gleichzeitig heißt dies auch, daß im Rahmen der Gesetzesanwendung diese vernunft*kompatiblen*[576] Normen direkt den Bedingungen (geschichtlich) veränderter Wirklichkeit unterliegen.

Über eine dritte Gruppe von Normen schließlich kann die substantielle Geschichte nur wenig aussagen. Positives Recht, das bestimmte Sachverhalte in einer bestimmten Weise regelt, obschon der gleiche Sachverhalt auch anders hätte geregelt werden können, verfestigen ihre Geltung zwar in der Zeit ihres Kodifiziertseins, läßt indes jederzeit auch die Wahl einer alternativen Regelung zu. Gemeint sind die dezisionistischen Normen[577]. Ihre Rationalität bezieht sich weniger auf den *Grund* ihrer Kodifikation, sondern eher darauf, daß der betreffende Wirklichkeitsbereich *an sich* der Regelung bedurfte.

Falls solche Regelungen erst einmal gelten, entfalten sie allerdings mitunter weitreichende materielle Relevanz in anderen Normkontexten. So mag es für sich genommen gleichermaßen bevorzugenswert zu sein, ein Linksfahrgebot zu akzeptieren; wenn aber im Benutzen der linken Fahrspur ein Sorgfaltsverstoß liegt (§ 2 I StVO), der zu größerem Schaden geführt hat (§ 315c StGB), so kann sich der Täter schwerlich im Rückzug auf den bloß dezisionistisch gefaßten Inhalt exkulpieren. Aus der übergreifenden Bedeutung dieser Normen erwächst allenfalls eine gewisse systematische Rationalität, für den Bewußtwerdungsprozeß des Substantiellen kommt ihnen indessen nicht einmal eine akzidentielle Rolle zu.

575 Vgl. Hegel, Grundlinien, § 212 A (S. 7.365).

576 Hösle, Hegels System II, S. 484.

577 Vgl. Hösle, Hegels System II, S. 485 Fn. 113, der hier das Rechtsfahrgebot als Beispiel einer dezisionistischen Norm anführt.

Eine der hervorstechendsten Reflexionsleistungen der Geschichtlichkeit stellt die Umsetzung des abstrakten Rechts in das System des positiven Rechts dar[578]. Aus der näheren Bestimmung dieser Umsetzungsbedingungen erhellt *Hegel* das Verhältnis von Geschichte und Vernunft. Wie bereits verdeutlicht, lassen sich die beiden Begriffe inhaltlich nicht identisch setzen. In *Hegel*s Ausgangsthese zur Frage der Kodifikation rechtlicher Normen wird sowohl die Grenze gegenüber einer ageschichtlichen Rechtswissenschaft gezogen, als auch der Glaube an die ausschließliche Definitionsmacht der Geschichte gegeißelt.

In der Auseinandersetzung mit mit dem Staatsrechtler *von Haller*[579] wendet sich *Hegel* ausdrücklich dagegen, die Kodifikation zu einer Sache staatsmännischer Willkür und Beliebigkeit zu erklären. Dem Theoretiker des restaurativen Feudalismus hält *Hegel* vorallem vor, die Notwendigkeit und Vernünftigkeit einer Gesetzgebung als Ausfluß einer reifen historischen Situation nicht zu erkennen[580]. Aus der naturrechtlichen Position *Haller*s spreche der *bitterste Haß gegen alle Gesetze*[581]; dies lasse dem Bewußtsein für die fortschreitende Substantialisierung keinen Raum. Gegenüber *Savigny* vertritt *Hegel* die Ansicht, daß die positive Rechtswissenschaft sich nicht darauf verlassen kann, die mannigfachen geschichtlichen Daten und Erfahrungen könnten - wenngleich verdichtet zu historischen Erfahrungen - dem Gesetzgeber vor Augen führen, welche Inhalte dem positiven Recht inhärent sein sollten[582]. *Savigny*[583] gilt als hervorgehobener Vertreter der Historischen Rechtsschule, die die Geschichte zum ausschließlichen Prinzip der Rechtsgewinnung erklärt hat[584]. Sein Verständnis von Geschichtlichkeit des Rechts geht in eine andere Richtung als die Deutung *Hegel*s: Während bei *Savigny* der Eindruck entsteht, Recht entstehe aus der *organisch-geschichtlichen*[585] Tradition der Erfahrungen, die sich indes an lebensweltlichen Vorgegebenheiten (u.a. wirtschaftlicher, klimatischer, po-

---

578 Vgl. Bogdandy, Hegels Theorie des Gesetzes, S. 208 ff.

579 Carl Ludwig von Haller, 1768 - 1854, Hauptwerk: Restauration der Staatswissenschaft (1816-1834).

580 Hegel, Grundlinien, § 219 A (S. 7.373 f.); § 258 A (S. 7.402 ff.). Zur Polemik Hegels gegen Haller instruktiv: Jaeschke, in: Hegels Rechtsphilosophie, S. 221 (227 ff.).

581 Hegel, Grundlinien, § 258 A (S. 7.402).

582 Hegel, Grundlinien, § 3 A (S. 7.36 f.); § 211 A (S. 7.363).

583 Friedrich Carl von Savigny (1779 - 1861), Hauptwerk: Vom Beruf unserer Zeit für Gesetzgebung und Rechtswissenschaft (1814).

584 Vgl. Mittenzwei, Teleologisches Rechtsverständnis, S. 253 ff.

585 Diesen Begriff verwendet Jaeschke, in: Hegels Rechtsphilosophie, S. 221 (228).

litischer, sozialer Art) ausrichten[586], hält *Hegel* den Bezug auf eine naturhaft-organische Rechtsgenese für vernunftfeindlich und mithin ablehnenswert[587]. Die Ablehnung des Historismus ergibt sich zwanglos aus der Positionsbeschreibung der *philosophischen* Rechtswissenschaft in Abgrenzung zur *positiven* Rechtswissenschaft.

> Was die Philosophie als nicht reell erweist, von dem ist unmöglich, daß es in der Erfahrung wahrhaft vorkomme; und wenn die positive Wissenschaft sich auf die Wirklichkeit und Erfahrung beruft, so kann die Philosophie ihren Erweis der Nichtrealität eines von der positiven Wissenschaft behaupteten Begriffs ebenso nach der empirischen Beziehung aussprechen und leugnen, daß jenes, was die positive Wissenschaft in der Erfahrung und Wirklichkeit zu finden vorgibt, in ihnen gefunden werde[588].

Der Vorwurf *Hegel*s an die Adresse der Historischen Rechtsschule meint also nicht den Bezug auf das Geschichtliche des Rechts überhaupt, sondern vielmehr die Art und Weise, wie dieser Geschichtsbezug seitens der Rechtswissenschaft vorgenommen wird. Die Geschichtlichkeit des Rechts entzieht sich demnach einer Instrumentalisierung durch die praktische Rechtswissenschaft[589]. Keinesfalls entscheiden die Bedürfnisse des juristischen Standes über Kodifikation oder Nichtkodifikation des positiven Rechts[590]. Hieraus ergeben sich nun unterschiedliche Folgerungen für Gesetzgebung und Rechtsanwendung: Die Geschichtlichkeit des zu positivierenden bzw. des positivierten Rechts vermittelt sich als gesellschaftliches Bewußtsein vom Fortschritt der Vernunft in der Realität des sittlichen Lebens.

Jenen Instanzen, die mit der Kodifikation des positiven Rechts befaßt sind, fällt als dringlichste Aufgabe zu, für die Positivierung der aus der Vernunft selbst deduzierbaren Normen zu sorgen. Dies gilt als dauernder Anspruch an die Gesetzgebung, da die hierin liegende Zuspitzung des Allgemeinen zum Besonderen für den Rechtscharakter der gesamten verfaßten Rechtsordnung ein festes Fundament bilden muß. Im modernen Staat wird es allerdings nicht mehr so sehr darum gehen, den erreichten Bestand an vernunftabgeleiteten Normen um materiell neuartige Regelungen zu erweitern, sondern viel eher darum, den

---

586 Vgl. Mittenzwei, Teleologisches Rechtsverständnis, S. 260.

587 Bogdandy, Hegels Theorie des Gesetzes, S. 209.

588 Hegel, Jenaer Schriften, S. 2.511.

589 Vgl. zur Grundsätzlichkeit dieser Aussage: Hegel, Grundlinien, § 3 A (S. 7.35 ff.).

590 Hegel, Grundlinien, § 211 A (S. 7.363).

erlangten Standard zu sichern bzw. zu einem geringeren Teil auch zu spezifizieren[591].

Etwas anders stellt sich die Situation hinsichtlich der nur rational-vernunftkompatiblen Normen dar. Die Reflexion auf die im Bewußtsein der Normgeschichtlichkeit aufzuweisenden Vernunftpotentiale fällt um einiges schwerer, da die Reflexionsdistanz zwischen Anwendungsfall und Vernünftigkeit nicht auf beschwerlichem - aber immer noch "direktem" Wege (wie bei der vorher genannten Klasse von Normen) zu leisten ist, sondern in einer analogen Verfahrensweise die Betrachtung des Rationalitätsgehalts an die Frage der Vernünftigkeit koppeln muß. Problematische Anwendungsfälle werden sich hier in der Regel an den Brennpunkten des Aufeinandertreffens von nicht mehr (vollständig) rekonstruierbarer Rationalität und fortbestehender Vernunftkompatibilität der Regel ergeben[592].

Für die dritte Gruppe von Normen, den Normen des Dezisionismus ist eine Reflexionsleistung auf ihre Geschichtlichkeit weder verderblich noch förderlich. Für die praktische Rechtswissenschaft ist eine Verschiebung der Problematik auf die Anwendungsebene festzustellen. Dies heißt zunächst nicht, daß sich hier der Rekurs auf die Geschichtlichkeit zur Konstituierung des Zurechnungsurteils verbietet.

Gerade in der Verantwortlichkeit für die individuelle Handlung soll sich der Bezug zum Substantiellen, soll sich das Dasein des Rechts beweisen, hier wird in aktuellem Handlungsvollzug *die Prosa der Geschichte* geschrieben[593]. In dem Hin und Her zwischen der Realisierung selbstischer Zwecke und der durch die Vernunft eröffneten Einsicht in die Maßstäbe sittlichen Handelns, entsteht im tätigen Subjekt das Bewußtsein von der möglichen Abbildung der Substantialität in seiner Handlung.

> Was das Subjekt ist, ist die Reihe seiner Handlungen. Sind diese eine Reihe wertloser Produktionen, so ist die Subjektivität des Wollens ebenso eine wertlose; ist dagegen die Reihe seiner Taten substantieller Natur, so ist es auch der innere Wille des Individuums[594].

---

591 Ein gutes Beispiel für die Erweiterung des Grundkatalogs bildet indessen das Sozialstaatsprinzip (Art 20 I GG). Die Diskussion um die Verankerung eines Grundrechts auf geschützte Umwelt wird sich dagegen erst noch als vernunftrechtlich abgestützt erweisen müssen.

592 Die Diskussion um die Bestand oder Änderung des § 216 StGB dürfte hierfür ein Beispiel geben; vgl. Hoerster, in Sterbehilfe, S. 55 ff.; Tröndle, in ZStW 99 (1987), S. 25 ff.

593 Hegel, Vorlesungen über die Philosophie der Geschichte, S. 12.83.

594 Hegel, Grundlinien, § 124 (S. 7.233).

In der Handlung - auch und gerade in der motivierten Handlung[595] - erhält das Individuum immer wieder aufs neue die Möglichkeit der Einprägung des Substantiellen in sein Handeln zu reflektieren. In der Geschichte seiner Handlung vermag es die rechtliche Bedeutung seines Tuns oder Unterlassens zu erkennen. Bewußtsein der substantiellen Geschichtlichkeit des Rechts ist mithin dem Subjekt nichts Fremdes, Entgegenstehendes, sondern Bestandteil seiner sittlichen Existenz. Dies ist nicht zu verwechseln mit dem Konzept einer Charakterschuld, denn es geht vordergründig nicht um die *empirische* Geschichte eines konkreten Täters, sondern um die Erkenntnis des Wesenhaften jenes individuell vorfindbaren Verwirklichungsprozeß der Vernunft. Die Rechtsanwendung hat diese Reflexivität des Geschichtlichen in der Handlung des Täters zu beachten, sie ist ein (wesentlicher) Aspekt seiner Verschuldung, da sie die Übereinstimmung oder Dissonanz seines in der Tat zum Ausdruck gekommenen Weltentwurfs mit dem Eigentlichen seines Selbst abbildet[596].

In der flexibilisierten Umsetzung des positiven Rechts - um sozusagen die *andere Seite* der Zurechnung zu beleuchten - orientiert sich die geschichtsgerichtete Reflexion des Zurechnenden auf die Durchwirkungen der Vernunft innerhalb des positiven Rechts. Die Bedeutung dieser Reflexion ist dort umso größer, je näher die konkrete Zurechnungsfrage dem vernunftallgemeinen Potential einer beliebigen Norm ist. Dort wo die eigentlichen Fragen der Rechtsbegründung (d.h. der materialen Substanz des positiven Rechts) tangiert werden, darf sich kein Dezisionismus breit machen.

Eine problemorientierte Einsicht in die Spannung von Einzelfall und Gesetz sollte hier nur die Folge haben, die Sache der Normsetzungskompetenz des Gesetzgebers zu überantworten[597].

Durch den Rekurs auf das geschichtliche Moment der individuellen Handlung erfährt die Dogmatik im einzelnen Fall, wie aber auch in ihrer unmittelbaren theoretischen Reflexion ihrer Strukturen ihre eigene Entsprechung zur Substantialität. Der Vermittlungsprozeß zwischen allgemeinem und besonderem Willen läßt sich daher in der Zurechnungsdogmatik selbst verorten. Abgesehen von der

---

595 Hier geht Hegel über die Konzeption Kants hinaus, da die Innerlichkeit sehr wohl dem Allgemeinen entsprechen kann. Ja nicht nur dies: das Allgemeine konstituiert sich erst durch das -auch zuweilen leidenschaftliche- Handeln, vgl. Derbolav, in: Materialien II, S. 201 (210).

596 Hier liegt auch der hauptsächliche Grund für die Ansicht Hegels, daß allein ein Geständnis des Angeklagten vollen Schuldnachweis erbringen könne.

597 Beispielgebend sind hier die Normenkontrollverfahren, Verfahren auf Vorlage und Verfassungsbeschwerdeverfahren.

besonderen Bedeutung der Rationalitätskriterien innerhalb der Zurechnung, eröffnet *Hegel* hiermit eine neue Dimension normativen Selbstverständnisses der Strafrechtsdogmatik.

IX. Strafrechtsdogmatik als Spiegelbild des Substantialisierungsprozesses

Hegel weist der Rechtswissenschaft als solcher nur einen sehr begrenzten Status im Rahmen der Teilhabe an der *materiellen* Erfassung des Substantiellen zu. Andererseits sehen sich die Juristen mit der für die Einprägung der Vernunft in Staat und Gesellschaft zentralen Aufgabe konfrontiert, das positive Recht zu setzen und anzuwenden. In dieser Positionsbestimmung liegt nicht etwa der Eigendünkel des Philosophen *Hegel*. Vielmehr versteht sich die konturierte Trennung der Zuständigkeiten von Rechtsphilosophie und (positiver) Rechtswissenschaft vor dem Hintergrund der Begriffsbewegung des objektiven Geistes, der sich die Aufhebung der Wirklichkeit in Freiheit zum Ziel gesetzt hat. Insofern ist zu betonen, daß es ein Gegeneinander von positiver Rechtswissenschaft und Philosophie nicht geben darf, da ansonsten das positive Recht gegen die Vernunft ausgespielt werde.

> Die Rechtswissenschaft ist ein Teil der Philosophie. Sie hat daher die Idee, als welche die Vernunft eines Gegenstandes ist, aus dem Begriffe zu entwickeln oder, was dasselbe ist, der eigenen immanenten Entwicklung der Sache selbst zuzusehen. Als Teil hat sie einen bestimmten Anfangspunkt, welcher das Resultat und die Wahrheit von dem ist, was vorhergeht und was den sogenannten Beweis desselben ausmacht[598].

Die Textstelle macht zweierlei deutlich: Einmal wird von einer immanenten Entwicklung des Begriffs gesprochen, d.h. der positiven Rechtswissenschaft ist die Disposition über das Allgemeine des durch den freien Willen evozierten Rechts an sich versagt, zum andern hat sie aber das Ergebnis der Rechtskonstitution als ihr *Ausgangsmaterial* in die Wirklichkeit seiner Geltung zu *übersetzen*. Die negative Grenze der Rechtswissenschaft dient daher gleichzeitig ihrer positiven Definition als der Rationalität verpflichteter Organisator des in der *Sittlichkeit* zu gewinnenden positiven Rechts[599].

---

598 Hegel, Grundlinien, § 2 (S.7.30).

599 Vgl. Bogdandy, Hegels Theorie des Gesetzes, S. 93.

Und umgekehrt erfährt die Rechtsphilosophie als Repräsentant der idealiter alles durchwaltenden Vernünftigkeit ihre Bestimmung in der Wirklichkeit des positiven Rechts. Daraus ergibt sich indes kein starres Verhältnis eines "Vorher-Nachher". Kennzeichen der dialektischen Heraussetzung der positiven Rechtswissenschaft aus dem durch die Rechtsphilosophie vorgeprägten Begriffsmaterial ist der stetige Prozeß einer gegenseitigen Standortbestimmung, der in der konkreten Anwendung des positiven Rechts sein Existenzrecht einfordert.

Recht als Dasein der Freiheit bestimmt sich zu seiner Wirklichkeit, indem die Wirklichkeit mit dem positiven Recht vermittelt wird und so die Freiheit in der *Realität des konkreten Zurechnungsakts aufgehoben* ist. Die Spannung zwischen positivem Recht und Einzelfall avanciert somit zum unverzichtbaren Repertoir der Realisierung des Rechts als Freiheitsordnung: Eine bis in ihr Extrem vorangetriebene Gesetzgebung, läßt der Wirklichkeit keinen Raum und pervertiert die Substantialität zur Idee einer absoluten Erfassung jedes Handlungsvollzugs der Individuen. Durch die lückenlose Vorgabe des Gesollten würde aus der personalen Freiheit zur reflexiven Einsicht in die Substanz eine Unterwerfung des Sollens und damit eine Unterordnung der Rechtssubjekte unter die *blinde* Notwendigkeit des Kausalitätsprinzips. Andererseits eignet der Pflicht als bloßes *An sich* in ihrer Unmittelbarkeit kein Reflexionspotential, das individuell in der konkreten äußerlichkeitsstrukturierenden Handlung aufscheinen würde.

> Daß also dieser Formalismus ein Gesetz aussprechen könne, dazu ist notwendig, daß irgendeine Materie, eine Bestimmtheit gesetzt werde, welche den Inhalt des Gesetzes ausmache, und die Form, welche zu dieser Bestimmtheit hinzukommt, ist die Einheit oder Allgemeinheit[600].

Im Spannungsfeld der beiden Pole Substanz und individuelle Handlung unter den Bedingungen der *Sittlichkeit* kommt die Strafrechtsdogmatik zu ihrem eigentlichen Recht. Die von ihr gebildeten Vermittlungsbegriffe sind insofern ihrem Grunde nach nicht der Zufälligkeit wechselnder Ansichten ausgeliefert - obgleich diese als solche durchaus der Rationalität entsprechen können -, son-

600 Hegel, Jenaer Schriften, S. 2.461, wendet sich hier explizit gegen Kants Formulierung des Kategorischen Imperativs: "*Wenn die Frage, > Was ist Wahrheit?< an die Logik gemacht und von ihr beantwortet, Kant den belachenswerten Anblick gibt, daß einer den Bock melkt, der andere ein Sieb unterhält, so ist die Frage >Was ist Recht und Pflicht?<, an jene reine praktische Vernunft gemacht und von ihr beantwortet, in demselben Falle*" (S. 2.460).

dern werden durch ihre Kompatibilität mit der Vernunftstruktur des sich selbst bestimmenden freien Willens überprüfbar[601].

Dort wo es um die Feineinstellung eines feststehenden Begriffs geht - *Hegel* nennt hier explizit den konkreten Strafausspruch des Richters[602] - ist es das Recht der Wirklichkeit, auf die vernunftgemäße Definition der anzuwenden Norm zu vertrauen und unmittelbar zu entscheiden. Die Zurechnung selbst aber - und das wird aus der zentralen kategorialen Stellung der *Moralität* und ihrer mitzudenkenden Implikationen der *Sittlichkeit* deutlich - bedarf der Legitimation ihrer Grundstrukturen aus dem Gedanken des sich selbst als Dasein der Freiheit bestimmenden freien Willens.

Erst auf der Basis dieses aus der Manifestation der Substantialität in der Wirklichkeit selbst hervorgehenden abstrakt-materiellen Zurechnungsbegriffs ist es an der Dogmatik, ihr eigentliches Handwerk zu betreiben.

X. Grundkonstanten der strafrechtlichen Zurechnung nach dem rekonstruierten personalen, abstrakt-materiellen Handlungsbegriff Hegels

Vergegenwärtigen wir uns abschließend noch einmal in der Zusammenschau der verschiedenen Stufen der Begriffsentwicklung des objektiven Geistes in der Rechtsphilosophie die Essentialien des *Hegelsch*en Zurechnungsbegriffs: Der Durchgang durch die Stufen der Begriffsentwicklung hat die reichhaltige Vernetzung der verschiedenen Systemkategorien aufgedeckt. Die Vernetzung ist nicht beliebig, indes läßt sie sich aber auch nur äußerst unzureichend mit dem Topos der *Linearität* als vermeintlichem Entwicklungsgesetz erklären. Die Begriffsentwicklung ist daher auch nicht nur eine bloße Systematisierung des vorgefundenen Rechtsstoffes, wie es zuweilen vertreten wird:

> Durch die kontinuierliche Zuordnung der Mannigfaltigkeiten unter Zugrundelegung der grundkategorial bestimmten Relation, auf der sich die Objektivität dieser Zuordnungen aufbaut, wird jeder dieser besonderen Mannigfaltigkeiten eine Stelle in dem Netze aufeinander bezogener Reihen zugewiesen[603].

Anfangs- und Endpunkt der Begriffsbewegung sind terminologisch isoliert zu fassen, stehen indes gleichzeitig in einem sinndimensionalem Zusammenhang

601 Hegel, Jenaer Schriften, S. 2.511.

602 Hegel, Grundlinien, § 214 A (S. 7. 366 f.).

603 Tesar, Überwindung des Naturrechts, S. 40.

mit dem Vorher und dem Darüberhinaus ihrer selbst. Die Aufdeckung des Begriffsinhalts durch die Dialektik zeigt, daß sich Recht zur Freiheit nicht in einem unverstellt geradlinigen Fortgang verwirklicht. Die Rechtsrealisierung nimmt hingegen, so der Anspruch *Hegels*, alle Umwege und die damit verbundenen temporär verbundenen Unsicherheiten als unverzichtbare Bestandteile eigener Bewährung in Kauf; nicht nur das: - dem Begriff "Recht" als Manifestation des freien Willens selbst eignet stets *Perfektibilität*. Seine Entwicklung kommt ohne ständige Polarität der sich herausbildenden und gegenseitig widerstrebenden Begriffsmomente nicht aus.

Die Zurechnungslehre kann hier als Sinnbild eines die unterschiedlichen Begriffstadien einigenden Bandes sichselbstbestimmender Freiheit begriffen werden. Wenn von der *Moralität* als dem *Standpunkt der Differenz*[604] gesprochen wird, so ist damit zugleich das Grundgesetz der Substantialisierung als der sich an der Wirklichkeit bestimmenden Freiheit angesprochen. Diese freiheitsmaximierende Relationalität von Subjekt und Substanz prägt sich in den Handlungsvollzügen der Individuen als Spiegelbild einer in sich fortgehenden dreifachen Vermittlung über die Stufen der vorausgesetzten Unmittelbarkeit von Recht, der herausgesetzt-entgegengesetzten subjektiven Strukturierung des auf der personalen Basis aufsitzenden Lebensraums durch Handlung und des sich durch sittlich-reflektiertes Handeln tätig konstituierenden Rechts als mit sich selbst identische Ordnung der Freiheit.

1. Die Voraussetzung des Handelns

Geht man von der dialektischen Gestalt der *Grundlinien* aus, tritt das Recht in unterschiedlichen qualitativen Ausprägungen auf, die sich als Aggregatzustände des (freien) Willens auffassen lassen: Das Recht des abstrakten (oder formellen) Willens, das Recht des objektiven Willens sowie das Recht des sittlichen Willens. Zu dieser Stufung parallel verläuft die Entwicklung des Reflektionspotentials jeder Kategorie in Hinsicht auf deren Besonderung. Rechtspersonalität zeigt sich als Besonderung des abstrakten Rechts an sich selbst, Rechtssubjektivität als Besonderung des Rechts des objektiven Willens in der Form der strukturierenden Entgegensetzung, sittliche Rechtsindividualität als Reflexion der eigenen vernunftallgmeinen Konstitution (Substantialität) in der sich prozeßhaft fortentwickelnden Vervollkommnung sittlich-praktischer Lebenswelt.

---

604 Hegel, Grundlinien, § 108 A (S. 207).

Verantwortlichkeit kann nun nach *Hegel* erst dort in die Welt kommen, wo das Subjekt sich als vernunftallgemein Konstituiertes seiner eigenen Strukturierungsmöglichkeiten und deren Bezugspunkte überhaupt gewahr werden kann. Solange sich Recht und Unrecht indessen nur an sich selbst darstellen, solange kann ihr Dasein nur abstrakt, aber nicht als konkrete Handlungsmöglichkeit des Einzelnen begriffen werden. Das abstrakte Recht versteht sich also als insofern abstrakter-formeller Aufweis der je gegebenen Strukturen, die Freiheit erst ermöglichen und in ihrer nicht hintergehbaren formalen Struktur bewahren, die Grundkonstante also, auf die alles subjektive Handeln zugeschnitten ist, in deren Rahmen der Handlungsvollzug eingestellt ist.

Das die Personalität bestimmende Leitmotiv ist daher nicht mehr, aber auch nicht weniger als die im Anerkennungsverhältnis zu achtende freie Selbstständigkeit des Anderen. Gleichwohl herrscht kein Zustand selbstverträglicher Harmonie. Die Disharmonie lugt an allen Ecken und Enden der personalen Selbstbestimmung hervor[605] und verschärft sich zusehends[606]. Das Konfliktpotential ist vorgezeichnet, der noch möglich Zusammenbruch der Kategorie in ihrer Allgemeinheit abgebildet; jegliche aus sich selbst in das Andere ihrer selbst tretende Konflikt*strategie* fehlt indessen.

Wesensmerkmal der entwickelten Rechtspersonalität ist, daß sie das Recht *allein* als Maxime der Selbstgesetzgebung deutet, womit als abstrakter Begriff der Freiheit - und obschon als Definiens an sich wirkender Vernunft - aber zugleich sich selbst im Unrecht nur etwas zum Scheine vorgemacht wird. Auf dieser Grundlage ließe sich noch kein konkreter Vorwurf an andere richten, die Personalität ist zwar im Unrecht in sich auseinander-gesetzt und in der Strafe gegen das Unrecht letztlich ihrer Entzweiung entgangen, aber doch nur Unmittelbarkeit und daher ohne Entsprechung von Recht und Pflicht. Aus dem Grundsatz der Rechtsperson *Sei eine Person und respektiere die anderen als Personen*[607] folgt daher nicht unmittelbare gegenseitige Inpflichtnahme, sondern "nur" gegenseitige Achtung und auch Achtung vor sich selbst.

---

605 Schon die grundsätzlich vorhandene Möglichkeit der Entäußerung der eigenen realen Verfaßtheit durch den Suizid (die radikalste Form der vernunftwidrigen Selbstaufgabe) birgt die Infragestellung der personal-rechtskonstitutiven Selbstgesetztheit in sich: "*Verstehen kann man es wohl, aber nicht rechtfertigen*" (Hegel, Grundlinien, S. 152 (§ 70 hZ.).

606 Vgl. die sich in der Intensität der Infragestellung des Rechts steigernde Abfolge von unbefangenem Unrecht, Betrug und Verbrechen.

607 Hegel, Grundlinien, § 36 (S. 7.95).

> Erlaubt, jedoch darum nicht geboten, ist rechtlicherweise alles, was die Freiheit der anderen nicht beschränkt oder keinen Akt derselben aufhebt[608].

Die Scheidelinie von Recht und Nicht-Recht ist allerdings nicht identisch mit der Entgegensetzung von Recht und Un-Recht. Die Negation des Selbst als in der Totalität seiner äußerlichen Existenz real Konstituiertes ist zwar nicht Recht, aber gleichzeitig auch nicht Un-Recht, da Unrecht die Reflexion auf den in ihre Äußerlichkeit gelegten Willen anderer voraussetzt und es hieran fehlt, wenn die Personalität sich ihrer Qualität als Wirklichkeit beraubt. Es ist daher zwar kein moralisches Recht sich selbst zu töten anzunehmen, aber im selben Moment existiert auch keine Pflicht zum Weiter-Leben[609].

> Um sich zu retten, tötet der Mensch sich; um das Seinige nicht in fremder Gewalt zu sehen, nennt er es nicht mehr das Seinige, und so vernichtet er sich, indem er sich erhalten wollte, denn was unter fremder Gewalt wäre, wäre nicht mehr er (...).
> Indem sich aber so der Mensch das vollständigste Schicksal gegenübersetzt, so hat er sich zugleich über alles Schicksal erhoben; das Leben ist ihm untreu geworden, aber er nicht dem Leben; er hat es geflohen, aber nicht verletzt (..)[610].

Dies ergibt sich aus dem kategorialen Aufweis der Unterscheidung von Pflichten gegen sich selbst und Pflichten gegenüber anderen[611]. Als in sich "gedoppelte" (vernunftallgemeine und gleichzeitig real-äußerliche) Existenz verhält sich der einzelne notwendig zu sich selbst. Er erfährt die Anforderungen der Vernunftallgemeinheit also ebenso angesichts der nur auf ihn selbst gerichteten Handlungen. Das eröffnet jedem Individuum die Freiheit sich auch gegen seine längerfristigen Interessen entscheiden zu können; in jedem dieser Entscheidungsakte liegt die Reflexion auf das Vernunftgemäße, das nicht einfach statisch vorhanden ist, sondern - oftmals ein schmerzlicher Prozeß - durch das konkrete Handeln in die individuelle Wirklichkeit übersetzt werden kann. Selbstschädigung und Suizid sind daher Fälle autonomer Selbstverfügung.

Da Besonnenheit und Mäßigung[612] als Voraussetzungen der vernünftigen Selbsterhaltung im Bereich der Pflichten gegen sich selbst zu verorten sind,

---

608 Hegel, Nürnberger und Heidelberger Schriften, S. 4.234.

609 Vgl. Hegel, Grundlinien § 70, A, hZ (S. 7.151). Die These, es gebe eine Pflicht, Person zu sein, vermischt die Kategorien des abstrakten Rechts miteinander. So aber Hösle, in: Die Rechtsphilosophie des deutschen Idealismus, S. 1 (50 f.).

610 Hegel, Frühe Schriften, S. 1.350.

611 Vgl. Hegel, Nürnberger und Heidelberger Schriften, S. 4.258 ff. ; 267 ff.

612 S. 4.260 f.

können sie nicht Gegenstand des auf *Fremd*verletzung gerichteten Strafrechts sein[613].

2. Handeln als Voraussetzung

Dennoch ist die Definitionsmacht des abstrakten Rechts nicht ohne Widerhall in der Zurechnung. Sie gibt dem äußerlichkeitsstrukturierenden Subjekt den Gegenstand seiner Besonderung vor. In der Handlung als tätigem Gestalten macht es die Welt zu seiner Welt, das ihm Fremde zu seinem Eigenen. Hier ist sich das Subjekt seiner Möglichkeiten bewußt, der Unterschied von Recht und Unrecht ist ihm gewahr, es reflektiert auf die ungebrochene Freiheit, sich so oder so zu entscheiden, dies oder jenes zu tun oder zu unterlassen. In dem Maße, wie es die Realität der je auftretenden Unterschiedenheit von Vorstellungen des eigenen Wohls und des objektiven Rechts als eigene begreift, ist es sich selbst am nächsten. Tätige Reflexion und damit Bestimmung zur aus sich herausgesetzten Freiheit tritt an die Stelle passiv-verinnerlichten Verharrens - Selbsterkenntnis im Handeln.

Die Reflexion des Subjekts erschöpft sich dabei nicht in einer bloß rational abwägenden Betrachtung und Inzwecknahme des ihm entgegengesetzt fremden Äußeren. Zur zurechenbaren Wirklichkeit seines Verhaltens zählt die Reflexion auf die personale Konstitution seiner selbst. Gerade das unterscheidet die *Willkür* vom *Willen*, *Bewußtsein* von interpersonal konstituiertem *Selbstbewußtsein*. Die Grundkategorie abstrakt-materieller Zurechnung als moralische Vermittlung des Subjekts mit der vernunftallgemeinen Personalität unter den Bedingungen der äußerlich-gegenständlichen Welt repräsentiert daher das Eigentliche der Person in seiner Konkretion an der Realität seines ihm äußerlichen Seins.

Für die Beziehung zwischen Recht und Zurechnung ergibt sich daraus die *selbstbegründete Teilhabe der Zurechnungslehre an der Legitimation von Recht*. Das Recht des subjektiven Willens auf der Stufe der *Moralität* verhält sich damit zu der Allgemeinheit seiner selbst nicht im eigentlichen Sinne teleologisch[614]. Jedenfalls dann nicht, wenn man unter der teleogischen Struktur der Handlung

---

613 Hegel, S. 4. 233; Selbstbezügliche Tugendpflichten sind, da ihnen kein Anspruch seitens anderer korrespondiert, keine "realen Pflichten", ebenda, S. 4. 263.

614 Larenz, Zurechnungslehre, S. 68 ff. ist indes der Auffassung, das Zurechnungsurteil der Moralität ("objektive Zurechnung") repräsentiere ein teleologisches Urteil. Dadurch wird die rechtskonstitutive Seite aus dem Zurechnungszusammenhang ausgeblendet bzw. nicht ausdrücklich in Konnex zur rechtlichen Verantwortlichkeit unter positivem Recht gesetzt.

allein den Vorgang der Zwecksetzung, Mittelauswahl und Zielrealisierung in der Äußerlichkeit sieht. Der genannte Vorgang muß auf die vernunftbegründeten Ausgangsbedingungen seines Vollzug bezogen werden.

Verantwortlichkeit definiert sich demzufolge als konkretes Handeln auf ein selbstgesetztes Ziel hin vor dem Hintergrund kategorial erwiesener personaler Freiheit. Die Grundbestimmung des moralischen Handelns leitet sich aus dem vernunftallgemein vollzogenen Aufweis der Freiheitskategorie ab.

> Daß der Zeiger einer Uhr auf der Zahl 9 steht, nachdem er eine Stunde zuvor auf 8 gestanden hat, ist kein Ergebnis freier Kausalität und produktiven Handelns. Aber die Herstellung der Uhr ist produktiv, weil sie im Rahmen unserer Zweckwelt geschieht, die in jeder einzelnen Produktion gegenwärtig ist[615].

Zwecksetzungen sind sozusagen *personale Schöpfungsakte*. Mit den Kategorien der auf die Wahrnehmung des sinnliche Äußerlichkeit reduzierten Anschauung kommt man der komplexen Struktur der Handlung nicht bei. Es nimmt vor dem Hintergrund der *Hegelsch*en *Moralität* nicht wunder, daß das in der juristischen Zurechnungslehre exponiert diskutierte Kausaldogma[616] als Zurechnungskriterium auf den ersten Blick nur zwischen den Zeilen zu ahnen ist. Für den Handelnden ist die unmittelbar ihm entgegengesetzte Äußerlichkeit bar jeder Strukturierung und damit zunächst auch nur reine Zufälligkeit. *Hegel* radikalisiert die Polarisierung von Natur und Geist, der freie Wille des Rechts wird zur zweiten Natur. Dennoch eignet in abstracto der gegenständlichen Außenwelt, wie den Subjekten, die Relationalität. Es wäre ein Mißverständnis, den Dingen Wirkungsmächtigkeit zusprechen wollen, ihr Verhältnischarakter bleibt auf der Stufe einer bloß angestoßenen Beweglichkeit stehen. Menschliches Handeln ist demgegenüber von der Kategorie der tätigen Reflexion bestimmt, die den Gegensatz zur Außenwelt in ihrem Sinne zu erkennen und in die Handlungsvollzug zu integrieren fähig ist.

Zentrale Bedeutung für die Ausgangssituation des Handelns erlangt die Entgegensetzung der Fähigkeit zur Selbstbestimmung im Äußeren, Allgemeinen und die spröde Manigfaltigkeit der Äußerlichkeit selbst. Zwecksetzung als Prozeß vernunftbestimmter Selbstverwirklichung geht aber in die tätige Auseinandersetzung mit der vorgefundenen Wirklichkeit ein.

Der *Indifferente* konstituiert in seiner Welt keine Verantwortlichkeit. Passives Verharren, d.h. die Äußerlichkeit nicht mit der eigenen Zwecksetzung strukturieren zu wollen, ist für die Zurechnung eine bloße Neutralität, denn es läßt der

615 Kaulbach, Prinzip Handlung, S. 311.

616 Vgl. stellv. Lampe, in: Kaufmann-GedS, S. 189 ff.

Mannigfaltigkeit der dinglichen Welt *ihr* Recht. Hieraus läßt sich indessen nicht der Schluß ziehen, die moralisch-praktische Passivität des Individuums zur Außenwelt käme einem Unterlassen im strafrechtspraktischen Sinne gleich.

In seiner ausgearbeiteten Naturphilosophie verweist *Hegel* auf das Bewegungsgesetz der Vermittlung von Geist und Natur, das die Äußerlichkeit dem Subjekt nur dann erfahrbar werden läßt, wenn der Geist das Vorgefundene durchdringt und sich zu eigen macht. Die Zufälligkeit ist damit nur eine Hürde auf dem Weg der Selbstverwirklichung des moralischen Subjekts, nicht eine absolut gesetzte Grenze. Die Zweckrealisierung kann in unterschiedlichster Weise in der Äußerlichkeit vorzufinden sein. Denn die Auswahl der Mittel zur Strukturierung ist prinzipiell unbeschränkt, solange sie die Gesetze von Raum, Zeit und Bewegung beachtet. Die Naturgesetze lassen sich durch den Handelnden nicht außer Kraft setzen. Sie werden integrativer Bestandteil der Zweck-Mittel-Relation. Insofern ist es für die Klassifikation eines Geschehens als Handlung gleich, ob das Subjekt seine Intention durch Tun oder Unterlassen realisiert, solange nur das Handlungsziel in den *personalen Zweckbezug* mit eingebaut ist. Der Grund der Zurechnung liegt dieser Unterscheidung in der äußerlichen Vorgehensweise vorauf und besteht in der personalen Struktur des moralisch handelnden Subjekts, das - wie wir gesehen haben - mehr ist als der Ort der teleologischen Reduktion ihm äußerlicher Zufälligkeit.

> Das Werk ist die Realität, welche das Bewußtsein sich gibt; es ist dasjenige, worin das Individuum das für es ist, was es an sich ist, und so, daß das Bewußtsein, für welches es in diesem Werke wird, nicht das besondere, sondern das allgemeine Bewußtsein ist; es hat sich im Weke überhaupt in das Element der Allgemeinheit, in den bestimmtheitslosen Raum des Seins hinausgestellt[617].

Das Subjekt vertreibt den Zufall aus seiner Geschichte. Doch ist die kategoriale Differenz von Geist und Natur hierin immerzu präsent. Der Handelnde, obgleich er sich mit der Macht der Zufälligkeit auseinander-setzen muß, um zu sich selbst zu kommen, ist dennoch kein Opfer jenes Zufalls. Die Weichenstellung zwischen Wohl und Wehe seiner Zwecksetzung hängt nur von seiner und nicht von der Entscheidung des Glücks ab. Der beliebten Entlastungsstrategie, die eigene Verantwortlichkeit an den Zufall zu delegieren, eine Position, die gerne eingenommen wird, um die kleinen und großen Nachlässigkeiten des Alltags, aus dem Bereich der Verantwortung herauszulösen, tritt *Hegel* im Recht der Absicht entschieden entgegen:

---

617 Hegel, Phänomenologie des Geistes, S. 3.300.

> Es ist allerdings der Fall, daß bei der Handlung mehr oder weniger Umstände zuschlagen können: es kann bei einer Brandstiftung das Feuer nicht auskommen oder auf der anderen Seite dasselbe weiter greifen, als der Täter es wollte. Trotzdem ist hier keine Unterscheidung von Glück und Unglück zu machen, denn der Mensch muß sich handelnd mit der Äußerlichkeit abgeben. Ein altes Sprichwort sagt mit Recht: der Stein, der aus der Hand geworfen wird, ist des Teufels. Indem ich handele, setze ich mich selbst dem Unglück aus; dieses hat also ein Recht an mich und ist ein Dasein meines eigenen Wollens[618].

Die bloße Existenz des Zufalls negiert also nicht die Existenz der Zurechnung, denn die Freiheit des einzelnen bestimmt sich zur Wirklichkeit in seiner Handlung, liegt als *personale Möglichkeit seiner Tat zugrunde*.

Zur Strukturerkenntnis eigenen Bewirkens gehört auch, das Gefahrenmoment, d.h. das Ausufern der Zwecksetzung in den Bereich nicht mehr direkt indendierter (Neben)Folgen in den Handlungsentwurf mit einzubeziehen. Es wäre ohnehin illusionär zu glauben, der wohl überwiegende Teil der je möglichen Handlungen weise kein mehr oder weniger ausgeprägtes Zufallsmoment auf. Abweichungen vom vorgestellten Kausalverlauf sind daher eher Regel als Ausnahme. Die Kategorie einer ontisch bestimmten *Beherrschbarkeit* vermag daher nicht allzuviel zu beinhalten: Nur bestimmte ausgewählte Vorgänge sind von vorneherein nicht beherrschbar, demgegenüber können auch vermeintlich leicht übersehbare und kontrollierbare Vorgänge vollständig aus dem Ruder laufen. Jede für sich gesehen gänzlich unverdächtige Verhaltensweise kann durch den Einbau in die rechtsverletzende Zweckrealisierung zum Baustein des Unrechts werden. Auch die Folie der konkreten Intersubjektivität verhilft dem Zwecksetzenden nicht unbedingt zu einer Verfestigung der ihm äußerlichen Strukturen.

Neben die Mannigfaltigkeit des gegenständlich Äußeren tritt die Vielfältigkeit konkret möglicher intersubjektiver Verknüpfungen. Kategorial kann sich das Subjekt der Zufälligkeit des ihm Äußerlichen nicht preisgeben. Schon in der Konstitution des Selbstbewußtseins hat sich das Individuum am äußerlich Entgegengesetzten abzuarbeiten, um es schließlich zum Bestandteil seines Entwurfs zu machen. Wir haben es mit einer prozeßhaften Durchdringung der Äußerlichkeit zu tun, die im Vollzug des zunächst vorgesetzten Ziels, dieses bzw. die Mittel zu dessen Erreichung, ständig zu prüfen und gegebenenfalls auszuwechseln hat.

Die Wahrheit der Einzelheit ist das Allgemeine, und das heißt auch: die Stationen des Zweckvollzugs sind als Vorstufen des finis operis zugleich Punkte der Selbstvergewisserung des Handelnden in Hinsicht auf seine Handlung und

---

618 Hegel, Grundlinien, § 119 Z (S. 7.225).

deren Verwirklichungsbedingungen. Die personale Geltung des Subjekts in der Handlung reduziert sich somit nicht auf den einmaligen zeitlich fixen Akt von Zwecksetzung und Mittelauswahl - dies zu glauben wäre geradezu naiv. Das Prinzip der Subjektivität ist ihre Geschichtlichkeit. In der Handlung tritt diese Geschichtlichkeit in die Sphäre der Äußerlichkeit ein[619], ordnet sie nach der "*Tinktur des Geistes*"[620]. Um das Handlungsziel und damit sich selbst nicht aus den Augen zu verlieren, um in der realen Welt *weiterhandeln* zu können[621], greift der Handelnde auf das ihm konstitutive Reflexionspotential zurück, das einzig ihm die Einheit von Zweck und Äußerlichkeit zu vermitteln weiß:

> Das Handeln steht niemals vollständig unter dem Diktat einer kurzatmigen und kurzsichtigen Zweckrationalität, es dient mindestens nebenbei dem Offenhalten oder der Neueroberung von Handlungsspielräumen, der Erweiterung des Horizonts relevanter Erfahrungen. Die Reflexivität der Selbstantizipation erweist sich als praxeologischer Inbegriff von Freiheit[622].

Das bedeutet nicht, daß Zurechnung nur als Fiktion der Überschaubarkeit, Planbarkeit, Beherrschbarkeit gedacht werden kann. Entscheidend für das Zurechnungsurteil ist nicht nur eine experimentelle Konstruktion von zukünftiger Wirklichkeit, sondern das darüber hinausweisende Dabeibleiben des Handelnden bei seiner Zielrealisierung - eben ein "*kontinuierliches Manegement*"[623]. Durch die Reflexion von Mittel und Zweck wird der *Raum mit Zeit* vermittelt, erfährt durch Veränderung seine Endlichkeit[624]. Ein so geartetes, nach Effektivität und Wirksamkeit des personalen Ego in der Äußerlichkeit strebendes, mit einem Wort: gespannt-routiniertes, Handeln erhält das materiell Mitgegebene seiner selbst. Handlung als in diesem Sinne permanente Selbstaufforderung geht so über die immer auf sich selbst zurückfallende äußerliche Zufälligkeit hinaus, und verweist so auf die prinzipielle Richtigkeit des Handlungsentwurfs[625].

---

619 Vgl. Arendt, in: Handlungstheorien - interdisziplinär, S. 13 (58 ff.).

620 Hegel, Phänomenologie des Geistes, S. 3.296. Vgl. Wiehl, HS 6 (1971), 135 (149).

621 Vgl. Bubner, Geschichtsprozesse und Handlungsnormen, S. 233; Wiehl, HS 6 (1971), 135 (170).

622 Maier, HJB 22 (1987), 128 (130).

623 Tenbruck, in: Handlungstheorien - interdisziplinär, S. 89 (97).

624 Vgl. Hegel, Enzyklopädie II, § 258 Z.

625 Wiehl, HS 6 (1971), 135 (148).

3. Voraussetzung ist Handeln

Die intersubjektive Einbindung des Handelnden qualifiziert sich auf der Ebene der *Sittlichkeit* auch in der individuellen Strukturierung des rechtlichen Raums. Im Koordinatensystem der je erfahrbaren Substantialität ist alles das, was wir im *Für-sich* der Zurechnung als Handlung ansehen können, auf die intersubjektiv-rechtliche Seite der individuellen Existenz zu beziehen. In der *Sittlichkeit* zu handeln, heißt auf das Recht hin zu handeln. Hier zeigt sich dann auch, daß eine Verkürzung auf den ontologischen Gehalt der Handlung (die Zwecksetzung, Mittelauswahl als von der Geistigkeit der Handlungskonstitution trennbarer intellektualistischer Akt) im Bereich des Handelns unter (bzw. auf) Pflichten, zu einer Entgegensetzung des konkret Rechtlichen und des konkret Äußerlichen gelangen muß.

Wer die Personalität, die allgemeine Seite des Anerkennungsverhältnisses (die Vernunftallgemeinheit) nicht in begründendem Zusammenhang mit der zweckhaften Handlung bringt, vermag die Pflicht regelmäßig nur als etwas dem Subjekt Gegenüberliegendes, ihn Zwingendes zu denken. Aus dem Rechtsbezug des Verhaltens wird dann das externe Werturteil und Handlung wird vornehmlich nach ihren Folgen beurteilt.

Die Reduktion der Zurechnung auf durch Dritte sinnlich wahrnehmbare Wirkungsmacht in der Äußerlichkeit sieht die Rechtserheblichkeit des Handelns allein als normativen Widerhall individuellen Verhaltens an. *Hegel* indes bündelt rechtliche und natürliche Seite der Handlung im reflektierten Bewirken des Subjekts. Auf der Suche nach einer materialen Konstante des je verantwortlichen Handelns weiß sich auch das Konzept der subjektiven Handlungslogik mit dem hier vorgestellten Handlungsbegriff einig, wenn es gegen die Tendenz einer vermeintlich rationalen Verengung des Sinnstandards von Handlungen geht:

> Für ein weltoffenes und zeitoffenes Wesen ist es oberste Aufgabe, mit der Unsicherheit fertig zu werden. Das heißt zuerst einmal die äußere Erfolgsunsicherheit mittels Kenntnis und Einrichtung der natürlichen und sozialen Umwelt zu begrenzen. Doch ist schon der Erfolg des äußeren Handelns über die Zeit hinweg an die Lösung von Aufgaben der inneren Handlungsführung gebunden. Hier tun sich eigentümliche Probleme auf, weil die nötige Einarbeitung der inneren Zustände in das Handeln eben großenteils nur dadurch möglich ist, daß unbestimmten Zustandsempfindungen eine Handlungsbedeutung zugeschrieben wird: indem sie nach ihrem Antriebswert, ihrem Ertragswert usw. abgetastet und eingeordnet werden, entstehen aus bloßen Zustandsempfindungen umrissene Gefühle und Bedeutungen von 'objektivem' Eigengehalt. Nur durch solche Objektivierungen der subjektiven und fließenden Innengrößen werden ihre Auslegung und Steuerung überhaupt möglich. Insofern ist die Kultur, in der engeren

> und älteren Bedeutung objektivierter geistiger Bedeutungen, gleichzeitig das unvermeidliche Resultat und die notwendige Voraussetzung der inneren Handlungsführung. In den Kulturinhalten hat der Mensch seine vieldeutigen und vagen Innenzustände herausgestellt, und von diesen Herausstellungen her gewinnt er die Möglichkeit, den Fluß der inneren Eindrücke, Empfindungen und Antriebe auszulegen und zu beeinflussen. Es gehört deshalb zur spezifischen, von den Sozialwissenschaften befestigten Blindheit des heutigen Weltbildes zu glauben, Handlungssicherheit (alias Sinn, Identität usw.) ließe sich durch bloß strukturelle Maßnahmen sichern[626].

Auch das Zurechnungsurteil der sittlich-rechtlichen Sphäre hat also auf das Konstitutivum der handelnden Vernunft Rücksicht zu nehmen.

Der Handelnde bewirkt, indem er rechtlichen Zusammenhang seiner äußerlichen Wirksamkeit beilegt. Da das Subjekt nicht mehr nur auf das Allgemeine (das Recht des objektiven Willens) hin handelt, sondern aufgrund seiner Reflexion den moralisch relativen Wert seines Verhaltens in *lebendige Beziehung* zur konkreten Pflicht setzt[627], wird das Handeln aus Pflicht möglich.

Sittliches Handeln als tagtäglich geübte praktische Vernunft muß sich somit an der sich prozeßhaft durchsetzenden intersubjektiv-gebundenen Reflexion der Pflichten orientieren. Das Verhältnis des Individuums zur Pflicht ist im Handlungsvollzug nicht blinde Übernahme oder gar ein Oktroi, sondern kritische, sich selbst bewußte Reflexion in Hinsicht auf möglicherweise dem Recht nicht vermittelbare Interessen des eigenen Wohls. Insoweit gehört es auch zur gewillkürten Freiheit des Einzelnen, sich *gegen* das Recht und *für* das Wohl entscheiden zu können. In der Rechtsordnung hat das Subjekt aber entsprechend seiner intelligiblen Ausstattung um eine tätige Einsicht in das Pflichtgemäße aus Gründen zu bemühen - in der Definition des Handlungsziels bringt es sein vernünftiges Streben in Koordination zur eigenen kognitiven Kompetenz der Klugheit[628].

Am Ergebnis seiner Handlung muß es sich als Handelnder messen lassen. Wenn es sich zu - auf der Grundlage des allgemein Vernüftigen nicht mehr konsentierbaren - Handlungen entschließt und sein solipsistisches Ziel in seine Äußerlichkeit umsetzt, hat das Subjekt damit zu rechnen, auf eben dieser Basis

---

626 Tenbruck, in: Handlungstheorien - interdisziplinär, S. 89 (137).

Vgl. auch die Schütz'sche Strategie, "*den Motiven (der) Mitmenschen habhaft zu werden*" (Schütz, in: ders. / Parsons, Theorie sozialen Handelns, S. 21 [71]).

627 Vgl. Kuebart, HJB 22 (1987), 312 (315).

628 Höffe, in: Handlungstheorien - interdisziplinär, S. 617 (627).

seiner Teilhabe an der Konstitution der Vernunftallgemeinheit beurteilt zu werden[629].

Zurechnung unter den Bedingungen der *Sittlichkeit* bezieht sich demnach auf das individuelle Bewußtsein dessen, was in einer Rechtsordnung richtig oder falsch ist. Gesetzlichkeit der Pflicht und Rechtschaffenheit des gesellschaftlichen Individuums sind Korrelate: Rechtschaffenheit meint ganz im Wortsinne, der Einzelne bzw. die soziale Gemeinschaft schafft nur dann Recht, produziert für sich und andere verbindliche Orientierung, wenn er sein Handeln als tätige Realisierung der Pflicht versteht. Das Subjekt der *Sittlichkeit* läßt dabei die eigentümlich geniale Natur der herkulaneischen Tugendhaftigkeit hinter sich, da die Wirklichkeit der Individuen zählt und nicht die idealistische Projektion moralisch guter Problemlösung. Desweiteren ist Rechtschaffenheit nicht allein das Aufspüren der aristotelischen Mitte zwischen einem Zuviel und Zuwenig an Tugend; der Einzelne ist in *Hegels Sittlichkeit* nicht Durchschnitt[630]: Die je mögliche sittliche Bewältigung einer Handlungssituation wird dem Subjekt nicht als bloß Sinnergänzendes *beigelegt*, sondern in immer neuer autonomer Reflexion von Wohl und Pflicht *konstitutiv* vollzogen - Recht als Substantialität wird erst durch die gesellschaftliche Realität der sittlichen Handlung des Subjekts produziert[631].

> Aber das Gesetz handelt nicht, es ist nur der wirkliche Mensch, der handelt, und bei dem Werte der menschlichen Handlungen kann es nach jenem Prinzipe nur darauf ankommen, inwiefern er jenes Gesetz in seine Überzeugung aufgenommen hat.

Es bedarf zur Verantwortlichkeit nicht des Vorliegens einer bis ins letzte konkretisierten Kenntnis der gesetzlich formulierten Tatbestandsmerkmale. Denn daß etwas in einer typisierten Situation an sich Recht oder Unrecht ist, vermag das Individuum der *Sittlichkeit* auch ohne Gesetzbuch zu vergegenwärtigen, da es in der Lage ist, das Substantielle zu seinem Eigenen zu bestimmen. Anderseits ist es den rechtlichen Institutionen zur ständigen Aufgabe gemacht, den Regelkodex der praktischen Vernunft entsprechend zu präzisieren -

> Die objektive Wirklichkeit des Rechts ist, teils für das Bewußtsein zu sein, überhaupt gewußt zu werden, teils die Macht der Wirklichkeit zu

---

629 Hegel, Grundlinien, S. 419 (§ 270).

630 Vgl. Bogdandy, Hegels Theorie des Gesetzes, S. 181; Peperzak, HS 17 (1982), 97 (112 f.).

631 Vgl. Bal, HJB 22 (1987), S. 226 (233); Ritter, in: Materialien II, S. 217 (231 ff.).

haben und zu gelten und damit auch als allgemein Gültiges gewußt zu werden[632].

Praktische Vernunft muß sich dabei wohlausgewogen zwischen materieller Rückbindung der Norm an der Substantialität und der *deutschen Krankheit*, an ein Gesetzbuch die Forderung nach Vollendetheit zu stellen[633], bewegen. Die Rechtsordnung trägt das Risiko der verständlichen Formulierung, bevor dem Einzelnen das Risiko des Irrtums aufgebürdet werden kann[634]. Nur das reflektierte Gesetz besitzt Verpflichtungskraft. Für das handelnde Subjekt reduziert das Raster der Pflichten die Zufälligkeit der moralisch-rechtlichen Verantwortlichkeit.

Allein dort, wo konkrete Pflichten bestehen und gewußt werden können, läßt sich strictu sensu eine Zurechnung der Strukturierung der Außenwelt denken. Hierin liegt indes nur bedingt ein von außen an das Handeln herangetragene Werturteil über die Handlung bzw. den Handlungserfolg. Das Gesetz individuellen Handelns ist vom Subjekt her nur vollständig erfaßt, wenn es den *Willensbezug* zur Substantialität abbildet[635]. Die Zurechnungsfrage nimmt in der Rechtsordnung verstanden als Freiheitsordnung also dort ihren Anfang, wo die Pflicht in die Handlungskonstitution eingebaut wird - im Subjekt nämlich. Die Wirklichkeit der Zurechnung, verstanden als Dasein der Freiheit, bliebe ohne tätig in die Handlung umgesetzte Reflexion des Subjekts willkürlich, das positive Recht eine hohle Existenz:

> Worauf es ankommt ist, daß sich das Gesetz der Vernunft und der besonderen Freiheit durchdringe und mein besonderer Zweck identisch mit dem Allgemeinen werde, sonst steht der Staat in der Luft. Das Selbstgefühl der Individuen macht seine Wirklichkeit aus[636].

Der Rechtsordnung selbst fällt damit die Aufgabe zu, dem personal-selbstverantworteten Lebens- und Handlungsvollzug der Individuen zum Durchbruch zur Realität zu verhelfen, ohne sich selbst zu ihrem Vormund aufzuspielen.

---

632 Hegel, Grundlinien, § 210 (S. 7.361).

633 Hegel, Grundlinien, § 216 A (S. 7.369).

634 Eine Auffassung, deren Sinngehalt auch heute nicht bestritten werden kann, vgl. Naucke, Generalklauseln und Rechtsanwendung, S. 24.

635 Vgl. Brockard, Subjekt, S. 99 ff.

636 Hegel, Grundlinien, § 265 Z (S. 7.412).

Dritter Teil

I. Rückblick in die Geschichte des Zurechnungsbegriffs

Der rekonstruierte abstrakt-materielle Zurechnungsbegriff *Hegel*s bezieht seine normative Potenz aus der in ihrer Tendenz freiheitsmaximierenden Bestimmung der Handlung unter Rechtsgesetzen. Im konkreten Handlungsvollzug verbesondert sich das Allgemeine des freien Willens im Durchgang durch den natürlichen Willen zu seiner Wirklichkeit. Eine auf diese Weise vorgenommene materiale Verknüpfung von Zurechnung und Handlung repräsentiert gegenüber ihren historischen Vorläufern ein höheres Maß an Reflexion und begriffsbildnerischer Innovation und Emanzipation. Gleichwohl kann sich der Zurechnungs- und Handlungsbegriff nicht gegen sein eigenes Werden aus anderem stellen und in der Beschäftigung mit sich selbst in selbstgefällige und gleichgültige Ruhe fallen.

Was für die Entwicklung der Philosophie als dem Medium der Substantialisierung konkreter Wirklichkeit Geltung beansprucht, fällt auch der anspruchsvoll betriebenen Strafrechtswissenschaft als Aufgabe zu: Sich ihrer Vergangenheit zu entsinnen, um in der Gegenwart des Zurechnens ihren Standpunkt zu finden.

> Die Tat (scil.: des Geistes in der Geschichte, d. Verf.) hat einen vorhandenen Stoff zu ihrer Voraussetzung, auf welchen sie gerichtet ist und den sie nicht etwa bloß vermehrt, durch hinzugefügtes Material verbreitert, sondern wesentlich bearbeitet und umbildet. Dies Erben ist zugleich Empfangen und Antreten der Erbschaft; und zugleich wird sie zu einem Stoffe herabgesetzt, der vom Geist metamorphosiert wird. Das Empfangene ist auf diese Weise verändert und bereichert worden und zugleich erhalten[1].

Um den historischen und rechtsphilosophischen Stellenwert der *Hegelsch*en Zurechnungs- und Handlungslehre zu vergegenwärtigen, erscheint es daher zunächst einmal angebracht, sich ihre Vorläufer in Erinnerung zu rufen. Die Darstellung einiger ausgewählter Entwürfe hat sich dabei auf die Typik des jeweiligen Zurechnungsbegriffs zu beschränken und kann daher keine Vollständigkeit beanspruchen. Was allerdings nicht heißt, daß die Betrachtung der groben Entwicklungslinien für unser Thema von untergeordneter Bedeutung wäre: Die Feststellung *Radbruchs "Durch das Tor der Zurechnung hat die Handlung*

---

1 Hegel, Geschichte der Philosophie I, S. 18.22.

ihren Einzug in das Strafrechtssystem gehalten!"[2] vermittelt einen ersten Eindruck von der Dimension der Zusammenhänge.

1. Individuation im Zweck und die rechte Mitte

Nach inzwischen verfestigter Ansicht soll *Aristoteles* der erste gewesen sein, der - um eine Formulierung von *Hardwig*[3] zu gebrauchen -, *die Frage nach den Gründen der Zurechnung gestellt hat*. In der Tat hat sich der Schüler *Platons* an zahlreichen Stellen seines Werks mit Fragen der Zurechnung und Handlung aufs intensivste beschäftigt[4].

Der aristotelische Handlungsbegriff orientiert sich an einer Konstante, deren Relevanz maßgeblich aus dem philosophischen Grundverständnis dieses Philosophen herrührt - die Handlung muß zur Tugend in einem ausgewogenen Verhältnis stehen. Eine Handlung darf indes nicht schon dann als *tugendhaft* bezeichnet werden, wenn sie ein objektivsittliches *Gutes* trifft, mit ihm übereinstimmt. Im Unterschied zu *Platon*, der die Allgemeinheit der abstrakten Idee der seinshaften Einzelheit gegenüberstellte[5], definiert *Aristoteles* die gute Handlung aus der Sicht des *Handelnden*. Es gibt in diesem Sinne für den Handelnden keine allgemeine Pflicht, gegen die zu verstoßen einen Tadel nach sich zöge. Allein die *rechte Mitte*[6] zu treffen, reicht zur Qualifikation der Handlung als "gut" oder schlecht" nicht aus. Der Anteil des einzelnen an seinem Tun würde dadurch nicht ausgedrückt werden, denn das "objektiv Richtige" könnte auch durch reinen Zufall getroffen worden sein. *Aristoteles* entscheidet die Frage nach der Tugendhaftigkeit der Handlung daher auf anderer Ebene. Ihn interessiert zunächst die Instanz, die über das tätige Verhalten entscheidet; Handlungen sind seiner Ansicht nach dadurch charakterisiert, daß sie nicht zufällig die Außenwelt strukturieren, sondern auf das *bewegende Prinzip im Menschen* zurückgehen[7].

---

2 Radbruch, Handlungsbegriff, S. 85.

3 Hardwig, Zurechnung, S. 11.

4 Vgl. u.a. die Ausführungen zur Habitus, Handlung und Verantwortung, in: Nikomachische Ethik, I, Kap. 6; II, Kap, 5,6,9; III.

5 Platon, Politeia, VI 509b, 510b.

6 Nikomachische Ethik II, 1108b, 1109b; vgl. Hegel, Geschichte der Philosophie II, S. 19.224.

7 Aristoteles, Nikomachische Ethik III, 1110a: "Also muß man von "freiwillig" und "unfreiwillig" sprechen im Hinblick auf den Zeitpunkt des Handelns. Der Mensch handelt aber freiwillig. Denn das Prinzip, das die dienenden Glieder des Leibes bei sol-

Der Handelnde bestimmt zuallererst *selbst*, inwieweit er sich tugendhaft oder nicht tugendhaft verhält[8]. Ausschlaggebend ist hierfür, ob die konkret betrachtete Handlung sich in einen guten oder schlechten *Habitus* des Individuums einordnen läßt. Wie er sich im Einzelfall verhält, steht für gewöhnlich in der Macht des Handelnden - er hat grundsätzlich die Wahl zwischen Übermaß und Unzulänglichkeit, daher kann ihm sein Handeln auch zugerechnet werden[9]. Zurechnung und Handlung sind identisch, fehlt es an der Zurechnungsfähigkeit, fehlt es auch an der Handlungsfähigkeit[10]; handelt eine Person nicht, kann ihr insofern nichts zugerechnet werden[11].

Die Freiwilligkeit setzt ein zielgerichtes Überlegen voraus. Dieses folgt meist einem Wünschen. Der Beginn des Handlungsvollzugs liegt im Individuum selbst. Auf den Wunsch nach einem bestimmten Zustand (Zweck) folgt das Überlegen der Verwirklichungsschritte und die Entscheidung über die konkreten Mittel zur Zielrealisierung. Gemeint ist hier der tugendhafte, vom Menschen gesetzte Zweck, denn zweckhaft an sich kann auch das naturhaft Gegenständliche sein. Der Zweck wird allerdings nicht vom Handelnden autonom konstituiert.

> (Das) Hin und Her unserer Überlegung richtet sich nicht auf das Ziel, sondern auf die Wege zum Ziel. Ein Arzt überlegt sich nicht, ob er heilen soll[12].

---

chem Handeln bewegt, ist im Menschen, und immer da, wo das bewegende Prinzip im Menschen liegt, steht es auch in der Macht des Menschen zu handeln oder nicht zu handeln".

8 Vgl. Loening, Zurechnungslehre, S. 49, 91, der die Suche nach dem aristotelischen Prinzip des ethisch Guten, soweit es jedenfalls das Ethos und nicht die Vernünftigkeit (phronesis) betrifft, für gescheitert erklärt: "*so müssen wir bekennen, daß uns unser Philosoph gänzlich im Stich läßt*".

Die Selbstbestimmung des Einzelnen zeigt sich im übrigen auch in der aristotelischen Staatstheorie: Der Mensch kann sein Telos nur im Staat erreichen, die Gerechtigkeit ist nicht überirdisch, vielmehr Angelegenheit des Staatswesens.

Dazu Verdross, Abendländische Rechtsphilosophie, S. 42.

9 Vgl. Hegel, Grundlinien, § 150 A, hZ (S. 7.299 f.).

10 Aristoteles, Nikomachische Ethik, III, Kap. 2, 1110b.

11 An einer Handlung fehlt es bspw. wenn das Verhalten auf äußeren Zwang zurückzuführen ist, denn dann greift das "*bewegende Prinzip von außen her*" ein, vgl. Aristoteles, Nikomachische Ethik, III, Kap. 1, 1110b.

Wie Hardwig, Zurechnung, S. 14 zutreffend feststellt, muß der Zwang allerdings unwiderstehlich sein.

Es fällt auf, daß Aristoteles sehr genaue Kriterien zur Unterscheidung von freiwilligem Handeln und unfreiwilligem Verhalten angibt, indem er die psychischen Hintergründe (Begehren, Aufwallung, Wünschen, Meinen, Angst, Zorn, Lust u.a.) einzelner Verhaltensweisen auf ihren Gehalt an Wahlfreiheit untersucht.

12 Aristoteles, Nikomachische Ethik, III Kap. 5, 1112b.

Die Frage nach der Auswahl der Mittel ist zugleich die Frage nach dem Verhältnis der individuellen Entscheidung und ihren kausalen Verwirklichungsbedingungen. Nur das ist Handlung, was in der *Macht des Handelnden* steht[13]. *Aristoteles* begreift diese Macht als Beherrschung der Bedingungen zum *telos*, zum Ziel hin. Die Realisierung des Zwecks erfolgt regelmäßig durch wahrnehmbare Körperbewegungen, deren Wirksamkeit sich in der Veränderung der Wirklichkeit zeigt. Obwohl *Aristoteles* an anderer Stelle einen differenzierten Ursachenbegriff entwickelt hat, der vier verschiedene Unterarten aufweist, räumt er der Kausalität im Rahmen seiner Handlungs- und Zurechnungslehre eine nur marginale Rolle ein. Dies mag vorallem darauf zurückzuführen sein, daß die zur Erläuterung der Prinzipien ausgewählten Beispiele auf bestimmte Tätigkeiten rekurrieren.

Die Literatur kennt indes ein Beispiel, das *Aristoteles* zur Veranschaulichung seiner Auffassung von *Unterlassenskausalität* herangezogen hat. Da es als der *verhängnisvolle* -sechszeilige- *Urgrund für viele vergebliche Mühe und Arbeit der Strafrechtslehre*[14] gilt und darüber hinaus als signifikanter Fehler angesehen wird, der sich durch *Jahrtausende* wissenschaftlicher Betätigung *geschleppt* hat[15], soll es hier nicht ungenannt bleiben:

> ... was durch seine Anwesenheit Ursache dieses bestimmten Dinges ist, das geben wir zuweilen bei seiner Abwesenheit als Ursache des Entgegengesetzten an, wie z.B. die Abwesenheit des Steuermanns als Ursache des Umschlagens des Fahrzeuges, während die Anwesenheit desselben Ursache der Unversehrtheit des Fahrzeuges war[16].

Aristoteles setzt demnach die Abwesenheit des Steuermanns als *wirkende* Bedingung für die Havarie des Schiffes. Einmal abgesehen davon, daß er nicht konkretisiert, ob sich der Steuermann überhaupt an Bord des Schiffes befand, also die physischreale Möglichkeit des Eingreifens hätte, bezieht *Aristoteles* hier den Abwesenden positiv in die Situationsbeschreibung mit ein. Dabei verwischt er den auch für ihn prinzipiellen Unterschied von Vorgestelltem und Faktizität[17].

---

13 Aristoteles, Nikomachische Ethik, III Kap.5, 1112a.

14 Loening, Zurechnungslehre, S. 253.

15 Hardwig, Zurechnung, S. 19.

16 Zitiert nach: Hardwig, Zurechnung, S. 19.

17 Vgl. die zutreffende Kritik von Loening, Zurechnungslehre, S. 252 f.

An anderer Stelle betont Aristoteles gerade die Tatsache, daß der Mensch nur über das Macht hat, was in seinem faktischen Einflußbereich liegt: "... *wie die Skythen zur bestmöglichen Staatsverfassung kommen könnten, das überlegt sich kein Bürger aus Sparta. Denn nichts von alledem könnte von uns zustande gebracht werden*" (Nikomachische Ethik, III, Kap. 5.)

Ein kausalunabhängiges Kriterium, wie z.B. eine bestimmte Pflicht zum rettenden Tätigwerden wird hier im Rahmen der Unterlassungen nicht hinzugedacht. Dies müßte eine Pflicht des Unterlassenden gegenüber einem *Dritten* sein. Durch den Rückbezug der Tugendhaftigkeit auf den eigenen Habitus des Handelnden kann indessen eine solche Pflichtenstellung nicht indiziert sein[18]. Die Bindung der Pflicht an den individuellen Habitus und die Unbestimmt des Maßstabs "rechte Mitte" verhindern eine intersubjektive Substantialisierung der Pflichtenstellung. Der aristotelische Handlungsbegriff versagt hier.

Nun stünde für die Fahrlässigkeitstaten, die ja auch einer spezifischen Pflichtenkonstellation des Handelnden bedürfen, ein gleiches Defizit zu erwarten. Aristoteles geht einer solchen Konsequenz jedoch aus dem Weg: Er verlagert die Frage der Verantwortlichkeit für die Folgen nachlässiger Handlungen aus einer vorrechtlichen Sphäre, der Ethik, in das Recht. Hier sei nämlich - im Gegensatz zur Ethik - festgelegt, welchen Pflichten der Einzelne nachzukommen habe.

Es besteht mithin schon bei *Aristoteles* eine Trennung zwischen einer allgemein-begrifflichen, ethisch definierten Ebene der Handlung (tugendhaft-habituell) und der Sphäre des Rechtsverbindlichen, wobei aber festzustellen ist, daß die Beziehung zwischen Handlung und Unrecht in concreto nicht spezifiziert wird. Das unvermittelte Nebeneinander zeigt sich im Bereich der Fahrlässigkeitstat. Diese basiert für *Aristoteles* auf einer Form der Unwissenheit. Wie er im 3. Buch der *Nikomachischen Ethik*[19] entwickelt hat, gibt es verschiedene Formen der Unwissenheit, deren Vorliegen jeweils unterschiedliche Folgen hat. Ähnlich verhält es sich nun auf der Rechtsebene. Ein Rechtsirrtum negiert die Handlungsqualität[20] der Verursachung objektiv widerrechtlicher, aber mit fehlendem Tatbestandswissen herbeigeführter, Schäden wollte Aristoteles indes die Handlungsqualität nicht zur Gänze absprechen[21]. Allerdings sind seine Ausfüh-

---

18 Vgl. Aristoteles, Nikomachische Ethik, III Kap. 7, 1114a. Augenfällig wird das reduzierte Pflichtenverständnis am Beispiel der selbstverschuldeten Krankheit:

"*Dabei ist er unter Umständen sogar freiwillig krank: weil er nämlich ein liederliches Leben führt und nicht auf die Ärzte hört. Ursprünglich hätte es ihm freigestanden nicht krank zu sein (...)*".

Aristoteles kennt diesbezüglich im Unterlassensbereich nur "*Pflichten zum Maßhalten*", vgl. Hardwig, Zurechnung, S. 16

19 Aristoteles, Nikomachische Ethik, III Kap. 2 ff.

20 Vgl. die eingehende Darstellung bei Loening, Zurechnungslehre, S. 213 ff; interessanterweise konnte Aristoteles den Unterschied von Bewußtseinsstörung und Unkenntnis der rechtlichen Anforderungen definitorisch nicht recht auseinanderhalten.

21 Vgl. Aristoteles, Nikomachische Ethik, III, Kap. 7, 1113b. Hier schildert Aristoteles auch einen Fall der a.l.i.c.: "*Und selbst auf Unwissenheit steht Strafe, wenn angenom-*

rungen hierzu von Widersprüchlichkeiten durchzogen[22]; was indes angesichts der schwierigen Unterscheidung zwischen der allfälligen Macht äußerlicher Zufälligkeit und der zweckgerichteten Strukturierungsmacht des handelnden Individuums nicht verwundern kann[23].

War im Bereich der ethischen Handlung die zweckgerichtete Realisierung noch das Rückgrat der Erfolgsverursachung, tritt für den Bereich der Fahrlässigkeitstat das Unrecht nur als handlungs*begleitende* Folge ein. Die Freiwilligkeit und in specie der auf dem Habitus gründende Verschuldungsprozeß haben am Unrecht damit keinen individuell intendierten Anteil mehr.

Festzuhalten bleibt, daß die erste in Umrissen ausgearbeitete Zurechnungslehre bei *Aristoteles* bereits die Problembereiche der kommenden Strafrechtsdogmatik vorgezeichnet hat: Den Stellenwert der *Kausalität*; die Frage, ob die Pflichtenstellung bei Unterlassung und Fahrlässigkeit zur Handlung gehören soll; das Verhältnis von Handlung zu Unrecht, was wiederum auf das Problem einer zu begründenden *Vorrechtlichkeit* der zurechenbaren Handlung hinweist.

2. Der Handelnde zwischen ratio humana und ratio divina

Der Sprung über einen Zeitraum von 1500 Jahren mag etwas verwegen erscheinen, indes besagt er nicht, daß während dieser Zeitspanne die Entwicklung der Zurechnungs und Handlungsdoktrin zum Stillstand gekommen wäre. Allerdings finden sich im abendländischen Rechtskreis nur fragmentarische Ansätze. Sie basieren in der Hauptsache auf der Entgegensetzung der Begriffe *natura* und *physis*.

War letzterer ein Zeichen für die unabhängig von der Existenz der Götter bestehende Welt, versinnbildlichte die christliche Auffassung der Natur, daß alles auf einen Anfangspunkt rückbezogen war. Der Mensch kam in der Sprache der Theologen nur als *creatura* vor, deren Denken und Handeln substantiell vorherbestimmt war. Der Sündenfall veränderte die reine Teilhabe am Göttlichen, aus

---

men werden kann, daß jemand an dieser Unwissenheit nicht unschuldig ist. So wird dem Betrunkenen das Strafmaß verdoppelt (sic!, d. Verf.), denn das bewegende Prinzip ist in ihm selbst: es stand bei ihm, sich nicht zu betrinken".

22 Vgl. Hardwig, Zurechnung, S. 18 f.; Loening, Zurechnungslehre des Aristoteles, S. 222 ff.

23 Wenn das betreffende Verhalten eine Folge nach sich zieht, die "*wider alle vernünftige Erwartung (eintritt), so ist das ein unglücklicher Zufall*" (Nikomachische Ethik, V, Kap. 10, 1135b. Hier wird die Beurteilung des Verursachungszusammenhangs mittels Adäquanzurteil vorgenommen.

dem *homo primigenius* wurde der *homo lapsus*[24]. Überhaupt läßt sich die christliche Auffassung der unrechtmäßigen Handlung auf den Zentralbegriff der Sünde reduzieren: *peccatum originale* (Sündenfall) und *peccatum criminale* (Rechtsverstoß) stehen in innerer Verbindung[25]. Maßgebend war der *böse Wille*, der nicht unbedingt in der Realität manifestiert werden mußte, um Strafe nach sich zu ziehen[26]. In der Gleichsetzung des Verstoßes gegen *lex humana* und *lex divina (aeterna)* wurde das Grundgesetz der sozialen Existenz der Individuen gesehen. Nichts anderes meint auch *Augustinus*, wenn er das ewige Gesetz Gottes in der konkreten Gesetzesordnung abgebildet wähnt; das positive Recht erlangt so seine strikte Verpflichtungskraft für die Rechtsunterworfenen.

Die Allgegenwärtigkeit des Schöpfers machte also auch vor den Toren des Rechts nicht halt. Das Recht und die Gerechtigkeit sind nun nicht mehr Staatsangelegenheit wie noch in der Antike, sondern werden über die Zwischenstation des Dekalogs auf die Unveränderlichkeit des Schöpfungssinns hingeordnet.

Im Laufe einer zunehmenden Ausdifferenzierung des "Regelwerks" der *lex humana* wandten sich einzelne den Prinzipien der Rechtsordnung zu. Dies führte aber vorallem zu verschiedenen Fassungen einer an dem Gebot der Nächstenliebe orientierten Grundnorm des Rechts[27]. Spezifika einer Zurechnungslehre finden sich nicht, der bei *Aristoteles* erreichte Stand der Differenzierung hinsichtlich Freiwilligkeit und Unfreiwilligkeit, Kenntnis und Unkenntnis der Handlungsumstände, lag nun unter dem Dogma der Willensschuld verschüttet. So erscheint es nicht verwunderlich, daß sich eine *Neuformulierung* der Zurechnungslehre gerade am aristotelischen Gedankengut orientieren konnte. Der Historiker *Flückiger*[28] hat im Anschluß an die Vorarbeiten *Grabmanns*[29] darauf hingewiesen, daß die Renaissance des Aristotelismus im 12. und 13. Jahrhundert nicht allein eine Frucht des Stillstandes frühmittelalterlich-christlichen Naturrechts war. Über den arabisch-jüdischen Sprachraum verbreiteten sich die Originalschriften und Kommentierungen aristotelischer Werke auch in Europa, nachdem sie in die lateinische Sprache übersetzt worden waren.

---

24 Flückiger, Geschichte des Naturrechts I, S.285.

25 Vgl. Hardwig, Zurechnung, S. 23.

26 Welzel, Naturrecht und materiale Gerechtigkeit, S. 53; Hardwig, Zurechnung, S. 24 ff.

27 Verdross, Abendländische Rechtsphilosophie, S. 66 f., weist in diesem Zusammenhang insbesondere auf die goldene Regel des Anselm von Canterbury (1033-1109) hin: "*quod tibi fieri non vis, alteri ne feceris*".

28 Flückiger, Geschichte des Naturrechts I, S. 436.

29 Grabmann, Mittelalterliches Geistesleben II, 1936, S. 67.

Die Wirkungsmächtigkeit dieser Schriften läßt sich an den Maßnahmen ablesen, mit denen kirchliche Instanzen der Weiterverbreitung einen Riegel vorschieben wollten[30]. Diese konnten auf Dauer die Ausarbeitungen des heiligen *Thomas* nicht behindern, so daß er in den Jahren 1266 - 1272 mit den beiden ersten Büchern der *Summa theologica* ein umfassendes Zurechnungsmodell vorlegen konnte. Es basiert auf einer verknüpfenden *Zusammenschau* augustinischer und aristotelischer Lehrmeinungen. Was also für die offizielle Kirche der Häresie gleichkam - das Ideengut *Aristoteles*'-, führte *Thomas von Aquin* mit Grundannahmen der christlichen Lehre in eins. Ein Vorhaben, das auf den ersten Blick, ob der augenscheinlichen Inkompatibilität der miteinander konkurrierenden Weltentwürfe Skepsis nahelegen muß.

Für die hier zu skizzierende Zurechnungslehre erscheint der Grundkonflikt allerdings abgemildert, da *Thomas* eine *Stufung* seines Systems vornimmt. Er unterscheidet regelmäßig zwischen einer allgemeinen gottbezogenen Ebene, die das *Substantielle* vorgibt und einer konkreten auf den Einzelmenschen in seiner individuellen *Wirksamkeit* abgestimmten Ebene. So entsteht das Bild einer theologischen Überformung realen Seins. Der Mensch agiert nun nicht mehr als bloßes Anhängsel oder Verlängerung des göttlichen Willens oder ist in die strukturelle Alternativität von Sünde und göttlich Gutem verwickelt. *Thomas* erreicht dies durch Aufgabe des Absolutheitsanspruchs des Guten, an dem bislang jede Handlung, jedes Denken gemessen wurde.

Ermöglicht wird die Relativierung des Handlungswerts durch die Idee der *analogia entis*[31]. Sie besagt, daß auf der Grundlage des Seinscharakters der göttlichen Schöpfung wie auch der menschlichen Verhaltensweisen es nicht auf eine letztendliche Identität der göttlichen und individuellen Imperative ankommt, sondern daß sich immer nur *analoge* Bestimmungen ergeben[32]. In dieses Raster ordnet sich auch der Zweckbegriff ein. Das Substrat der göttlichen Durchdringung vermittelt jeder Geschöpflichkeit den ihr zukommenden Sinngehalt

---

30 Vgl. Flückiger, Geschichte des Naturrechts I, S. 436: 1231 verbot Papst Gregor IX. die Verwendung der Schriften des Aristoteles zur Naturphilosophie (Physik / Metaphysik) an der Pariser Universität.

31 Vgl. Arthur Kaufmann, Analogie und Natur der Sache, S. 20 ff; Alwart, Recht und Handlung, S. 17.

32 Summa theologica I qu. 13 a. 5: "*Es ist unmöglich, etwas von Gott und von den Geschöpfen in gleichem Sinne auszusagen. Jede Wirkung nämlich, welche dem Wirkvermögen der bewirkenden Ursache nicht voll entspricht, erhält nich eine vollständige Ähnlichkeit mit der Wirkursache, sondern nur eine mangelhafte. Es ist dann das, was in den Wirkungen (Geschöpfen) nur verteilt und in vielfacher Weise vorkommt, in der Ursache (d.h. in Gott) einfach und gleichartig*".

(*determinatio ad unum*). Genau an diesem Punkt setzt *Thomas* eine wichtige Gabelung, die die Unterscheidung von freiwilliger (*voluntarium*) und unfreiwilliger Handlung vorbereitet: Die Gegenstandswelt, konkret die unbelebte Natur, folgt dem ihr göttlich eingehauchten Zweck der Selbsterhaltung (*perfectio*) in blinder Weise. Dem Menschen ist der Sinn seines Daseins ebenfalls mit auf den Weg gegeben, aber anders als bei der Natur kann diese Sinnhaftigkeit auch in sein Bewußtsein treten. Die Teilhabe an der göttlich perfekten Ordnung ist der Person folglich in nuce eigen, die Realisierung hängt indesen vom ihrem *Streben* selbst ab. Auch hierin darf wieder ein Anklang an die Lehre der habituellen Verantwortlichkeit bei *Aristoteles* gesehen werden. Der Aquinate stellt dementsprechend das Gebot auf, sich im Vollzug der Handlungen selbst zu vervollkommnen und der durch Gott verkörperten Idealität des Seins immer näher zu kommen.

Hieraus leiten sich weitreichende Folgerungen ab: Zunächst verschafft *Thomas* dem handelnden Individuum einen selbstverantwortlichen Entscheidungsspielraum[33]. In der konkreten Situation ist es nun die Sache des Subjekts, welche Zwecke es sich zur Verwirklichung setzt. Es können Ziele sein, die der göttlich eingegebenen Grundverfaßtheit entsprechen, aber auch solche, die ihr zuwiderlaufen. Er verlegt also das *bewegende Prinzip* wieder in *die Person* selbst. Dadurch hat er den Anteil der göttlichen Vorgegebenheiten in der individuellen Handlung zwar reduziert, gleichzeitig aber deren Substantialität beibehalten. Die göttliche Substanz stellt darüber hinaus die Parameter zur Verfügung, nach der ein Handeln als gut oder schlecht eingestuft werden kann[34].

Handeln heißt daher per se schon: in Hinsicht auf die Verpflichtung zum Guten handeln[35], sich in ein Verhältnis zu Lob oder Tadel setzen. Was in der konkreten Situation dem Guten entspricht, kann das Subjckt durch Reflektion herausfinden. Dazu ist notwendig, daß auch das Reflektions*objekt* nicht der intellektuellen Erfassbarkeit enthoben ist, sondern in seiner Struktur dem *Wesen* des menschlichen Bewußtseins kommensurabel ist. Dadurch wird zum einen das Bewußtsein vom Pflichtgemäßen aus dem bloßen Wollen herausgehoben (Abkehr von der leeren Willenschuld) und zum anderen wird das Gesetz (*lex humana*) an der Vernunftbegabung der Gesellschaftsglieder ausgerichtet. Nicht mehr eine realitätsferne Vorgabe des göttlichen Willens entscheidet in unmittel-

---

33 Zum ideengeschichtlichen Status und zur Begründung der Willensfreiheit bei Thomas von Aquin, vgl. Welp, Willensfreiheit, 165 ff.

34 Flückiger, Geschichte des Naturrechts I, S. 442 f.

35 Thomas von Aquin, Summa theologica, prim.sec 19, 9.

barem Durchgriff über die Werthaftigkeit der Handlung. Zwischen Intellekt und Pflicht spannt sich ein gleichstrukturierter Bogen. Natürlich ist damit die prägende Kraft der *lex aeterna* nicht geleugnet[36].

Illustrieren läßt sich deren Verbindlichkeit an dem Stufenverhältnis von *lex aeterna* und *lex humana*: Auch wenn der göttliche Zweck allen Dingen innewohnt und der Mensch sich vom Tier durch die Vernunft, d.h. die Fähigkeit des Bewußtseins der Pflicht unterscheidet, ist ihm die konkrete Verpflichtung nur als *abstractum* kenntlich. In der Handlungssituation könnte er aus ihnen keine spezifische Anweisung zum richtigen Verhalten entnehmen, dazu dienen Gesetze, die ihrerseits also konkretisierte, in die reale Welt transponierte Desiderate der *lex aeterna* sind. Eine Abweichung des positiven Rechts von den Vorgaben der *lex aeterna* machte aus der *lex legalis* eine *legis corruptio*[37]. Zum Vorliegen einer zurechenbaren Handlung reichte es nun nicht, daß der Handelnde allein über die ontischen Verwirklichungsbedingungen Bescheid wußte, sein Wissen mußte sich auch auf die konkrete gesetzliche Pflicht richten *können*.

Der innerliche Vorwegnahme des Pflichtbezugs ist auch als *Möglichkeit* schon handlungsqualifizierend. Wenn der Handelnde prinzipiell *fähig und verpflichtet war* um die Rechtserheblichkeit zu wissen, konnte ihm eine Vernachlässigung dieser Pflichtbeobachtung nicht zum Vorteil gereichen[38]. Nicht jedes Berufen auf die Unkenntnis des Gesetzes, bzw. auch die Verteidigung, etwas (so) nicht gewollt zu haben, schloß die Zurechnung aus. Aus einer Kombination der beiden Handlungsmerkmale *tätiges Verursachen von Folgen in der realgegenständlichen Welt* (Kausalitätsstrang) und *Bewußtsein von Zwecksetzung und Mittelauswahl* (subjektiver Anteil an der Tat) ergeben sich vier mögliche Typen einer zurechenbaren Handlung:

(1) Bezweckung und Verursachung fallen zusammen; (2) Zwecksetzung ist erfolgt, der Zweck indes nicht realisiert worden; (3) der Handelnde hat etwas verursacht, es aber nicht bezweckt - hätte aber die Verursachung antizipieren können und schließlich (4) das Subjekt hat nichts bezweckt, nichts durch Tätigkeit verursacht und hätte dennoch etwas bewirken können und hätte auch wissen können, daß er dazu verpflichtet war[39].

Betrachtet man die Handlungstypen im einzelnen, so fällt auf, daß sich von der Begrifflichkeit alle heute als und mehr oder weniger problematisch bekann-

36 Vgl. Welzel, Naturrecht und materiale Gerechtigkeit, S. 58.

37 Welzel, Naturrecht und materiale Gerechtigkeit, S. 59.

38 Hardwig, Zurechnung, S. 29.

39 Vgl. die Zusammenstellung bei Hardwig, Zurechnung, S. 29.

ten Konstellationen in das thomistische Raster einordnen lassen: Unter die erste Kategorie fallen alle vorsätzlich begangenen Taten (dolus directus); unter die zweite kann der Versuch bzw. die Unterlassung subsumiert werden, die dritte Kategorie erfasst die fahrlässigen Delikte durch Tun (sowie die bedingt vorsätzlichen Taten), die vierte das fahrlässige Unterlassen. Hier tut sich allerdings eine Schwierigkeit auf. Zweifelhaft ist, ob die Konstruktion des potentiellen und damit vorwerfbaren Bezweckens mit dem thomistischen Finalmodell in Übereinstimmung gebracht werden kann. Ähnlich wie für *Aristoteles* war für den Aquinaten die Kausalität ein nicht sonderlich relevantes Attribut der Handlung.

Das Faktum der Zwecksetzung erhält sogar bei letzterem notwendig eine noch gesteigerte Bedeutung, da die gesamte Schöpfung auf das göttliche *telos* hingeordnet ist. Gerade im Bewußtsein der eigenen Verwirklichungsmacht offenbart sich das Streben des Menschen Gott ähnlich zu sein. Nimmt man mit *Thomas* an, die Zurechnung eines Geschehens könne auch erfolgen, ohne daß das Geschehen einerseits tätig bewirkt wurde und gleichzeitig auch eine negative Zwecksetzung fehlt, zeigen sich zwei auf das gleiche Ziel weisende Pflichten: Der Mensch soll nicht nur gute Zwecke realisieren, er soll auch schon Zwecke an sich setzen und nicht in Unaufmerksamkeit (bewußt oder aus Nachlässigkeit) verfallen. Dies mag für die sittliche Existenz des Einzelnen uneingeschränkt gelten. Die Übernahme dieses (sittlich)-vorrechtlichen Modells kann bruchlos und unter Einbeziehung der Unterlassung nicht gelingen. Das Recht nämlich kümmert sich nicht um das Untätigbleiben und schon gar nicht um die Beweggründe hierfür, die Handlung muß äußerlich wahrnehmbar sein[40].

In der Gesamtkonzeption des Aquinaten fällt dies allerdings nicht sonderlich ins Gewicht, da die Frage der Kausalität immer eine untergeordnete Bedeutung hatte. *Thomas* verschafft indessen auch im Bereich der Unterlassung neue Einblicke in die Begründung der Rechtspflicht: Da jeder Handlung schon als vorrechtliche Kategorie auch sozialerhebliche Wirkung zugeschrieben wird[41], ist damit der Grundstein einer spezifischen Pflichtenstellung gelegt, die nicht allein auf eine Verpflichtung zu selbstvervollkommendem Verhalten (gegenüber *Gott*) zielt, sondern auch die Handlungserwartung (gegenüber dem Anderen) mitein-

---

40 Thomas von Aquin, Summa theologica, II, 2 qu 58 Art.8.

41 Die Gemeinschaft wird vorallem über den in der Gerechtigkeitstheorie ausschlaggebenden Gedanken des "bonum commune" auf das individuelle Handeln bezogen. Im "bonum commune" findet die Leitidee der Vervollkommnung wieder ihren Niederschlag. Das allgemeine Wohl soll sicherstellen, daß die Individuen ihre in dieser Richtung gesetzten Ziele realisieren können, vgl. Verdross, Abendländische Rechtsphilosophie, S. 74 ff.

beziehen kann. Dies ist allerdings von *Thomas* nicht weiter ausgearbeitet worden.

Zusammenfassend läßt sich demnach sagen, daß auch bei *Thomas von Aquin* Handlungsbegriff und Zurechnung noch deckungsgleich sind. Durch die Unterscheidung von *Sittlichkeit* und Recht sind allerdings erste Differenzierungen zwischen Zurechnung zur Handlung und Zurechnung zum Recht bzw. Unrecht denkbar geworden. Sein wesentliches Verdienst ist es, die Entscheidung über das Handeln der Vernunft des Subjekts zugeordnet und die soziale Dimension der Handlung angerissen zu haben.

3. Wertbezug der Handlung durch Sozialität des Handelnden - Samuel Pufendorf

Das cartesianische Idealbild der Wissenschaft, die Universalwissenschaft, die eigentlich eher ein Universal*mathematik* sein sollte, wurde durch *Samuel Pufendorfs* Werk "*De iure naturae et gentium*" (1672) für den Bereich der Moral und des Rechts in Frage gestellt. Konnte man zur Illustration der Zeitstimmung unmittelbar vor *Pufendorf* bedenkenlos die Feststellung *Heisenbergs*[42], die Behauptungen der *Physik* seien sehr viel ernster gemeint als die der griechischen *Philosophie*, heranziehen, zerbricht durch die Trennung von *entia physica* und *entia moralia* auch der Absolutheitsanspruch des mechanistischen Weltbilds. Getreu der von Pufendorf konsequent eingehaltenen Methode des Dualismus kann alles Seiende nach Substanz und Modus unterschieden werden[43].

Während die *entia physica* die real-gegenständliche Welt bezeichnet, versteht *Pufendorf* unter den entia moralia die *werthaften* Beilegungen dieser Substanz[44]. Die Werthaftigkeit der *entia moralia* steht der Wertindifferenz der physikalischen Entitäten gegenüber.

Auch im Falle der menschlichen Handlung gibt es eine solche Unterscheidungsmöglichkeit. Da ist zunächst die *physische Seite* der Handlung[45] zu be-

---

42 Heisenberg, Physik und Philosophie 1959, S. 55.

43 Pufendorf, De iure naturae et gentium, I. Kap. V.

44 *impositio* entgegen *creatio* in Hinsicht auf die entia physica, vgl. Welzel, Naturrechtslehre, S. 21; ders., Naturrecht und materiale Gerechtigkeit, S. 147.

45 Pufendorf läßt nicht eindeutig erkennen, inwieweit er Tun und Unterlassen gleiche Handlungsqualität zuweist. Einerseits verwendet er den Begriff der "actio" für Tätigkeit und Untätigkeit gleichermaßen, andererseits führt er betreffend des Verhältnisses von Willen und Handlung, aber auch hinsichtlich der Verbindung von Handlung und Erfolg, den Begriff "effectus" ein. Während "actio" auf ein Tätigsein hindeutet, kann "effectus"

trachten. Sie beinhaltet nicht allein die Veränderung der Gegenstandswelt, zu ihr zählen auch die psychischen Vorgänge im Vorfeld der Handlung. Wesentlich ist aber, daß alle Geschehensabläufe aus einer willentlichen Impulsgebung resultieren. Um den Willens*inhalt* und die *Beweggründe* der Handlung geht es hierbei noch nicht. *Pufendorf* nennt diesen naturalistisch definierten Teil seiner Lehre die eigentliche Zurechnung (*imputatio*)[46]. In der objektiv verstandenen Verknüpfung von Ursache und Wirkung bleibt die individuelle Beziehung des Handelnden zum Geschehen noch außen vor. Ob das Geschehen dem verursachenden Subjekt auch zugerechnet werden kann, bestimmt sich in der Zurechenbarkeit (*imputativitas*). Sie gilt als die formelle Seite der Handlung und bildet die Grundlage für die anschließende Beurteilung der Handlung in moralischer Hinsicht.

Das ergibt folgendes Bild: Eine Handlung kann zwar materiell und abstrakt vorliegen, ihre Zurechenbarkeit aber individuell ausgeschlossen sein. Die willentliche Herbeiführung einer Körperverletzung ist Handlung; stellt sich heraus, daß der Willensimpuls durch äußeren Zwang oder Drohung hervorgerufen wurde, entfällt nicht die Handlung, sondern ihre Zurechenbarkeit. An der *imputativitas* mangelt es nach *Pufendorf*, wenn der Handelnde keine Tatherrschaft über die tatsächlichen physikalischen Abläufe hat[47]. Daneben auch, falls bestimmte Arten der Unkenntnis über die konkreten Umstände der Tat oder über ihren sozialen Sinngehalt vorliegen. Die Zurechenbarkeit einer Handlung läßt indes Abstufungen zu. Wenn sich der Handelnde die Unwissenheit selbst zuzuschreiben hat, wird die Zurechnung lediglich vermindert[48], was sich in einer niedrigeren Strafe ausdrückt.

Kann vom Vorliegen einer zurechen*baren* Handlung ausgegangen werden, ist die moralische Qualität derselben zu klären. Die Eigenschaft des Menschen,

---

vom Kausalurteil unabhängig betrachtet werden. Zur Problematik: Hardwig, Zurechnung, S. 43 f.

46 Vgl. Loening, Zurechnungslehre, S. X ff.; Hardwig, Zurechnung, S. 41.

47 Vgl. Welzel, Naturrechtslehre, S. 87.

48 Welzel, Naturrechtslehre, S. 87. In der Suche nach dem frei gesetzten Anfang eines Kausalverlaufs kann daher hinter den tatunmittelbaren Defektzustand zurückgegangen werden. Dies eröffnet die Möglichkeit, die Verantwortung für eine bestimmte Handlungsfolge dort zu suchen, wo das betreffende Subjekt sich selbst bewußt oder aus Nachlässigkeit in den Defektzustand versetzt hat. Die Unterscheidung von "außerordentlicher" und ordentlicher" Zurechnung die Begriffe stammen von Hruschka, ZStW 96 (1984), S. 661 (664) wird mittlerweile nicht nur im Bereich der a.l.i.c., sondern auch bei Täterschaft und Teilnahme zum Ausgangspunkt genommen; vgl. nur: Joerden, Strukturen, S. 87 ff.

eine Kulturperson zu sein[49], läßt seine Handlungen nicht im wertfreien Raum bestehen. Die Teilhabe an der *entia moralia* vermittelt dem Handelnden den Anspruch des Sollens, auf den er seine jeweiligen Verhaltensweisen hin auszurichten hat. In der Entscheidung über die Sollensanforderung ist ihm die Wahl zwischen Gut und Böse der Handlung überantwortet.

Damit wendet sich der bei der materiellen (physischen) Handlung vorgefundene psychische Impuls unter Einbeziehung von Wahlfreiheit und Pflichtbezug zu einer Entscheidung mit moralisch-werthaftem Inhalt. Nunmehr ist das Zurechnungssubjekt in seiner Handlung vollständig repräsentiert. Mit der Unterscheidung der physischen Seite der Handlung und ihrer moralischen Qualität hat *Pufendorf* der Zurechnungslehre neue Perspektiven eröffnet: Willkürlichkeit und Verursachung sind allgemeine und abstrakte Merkmale der Handlung, die eigentliche moralische (und rechtliche) Schuld an dem Geschehen wird erst bei Prüfung der Handlungsintention am Maßstab der beigelegten Wertkomponente feststellbar.

Die Trennung von Kausalstruktur und Wertgehalt der Handlung ist damit vorbereitet. Sie findet sich einige Jahrzehnte später in der Unterscheidung vom *imputatio iuris* und *imputatio facti* wieder[50].

4. Strikte Bindung des Zurechnungsurteils an die präventive Nützlichkeit der Zurechnung - Anselm Ritter von Feuerbach

Bislang ist der wechselseitige Bezug von Zurechnungsurteil und positivem Gesetz nur idealiter angesprochen worden. Im Anschluß an *Pufendorf* und *Daries* betonte insbesondere *Christian Wolff* (1679-1754) die Zurechnungsrelevanz der moralischen Qualität einer Handlung. Allerdings entwickelte sich der Rekurs auf die Wertaspekte des Handlungsbegriffs nicht in der Richtung einer verstärkten Aufarbeitung des *individuellvernünftigen Charakters* der Handlung. Vielmehr zeigt sich in der Tendenz eine Ablösung des Werturteils vom Zurechnungssubjekt. Maßgeblich wurde die nunmehr *externe* Sichtweise des Zurechnungszusammenhangs.

---

49 Vgl. Hegel, Geschichte der Philosophie III, S. 20.230, 20.304.

50 Hruschka, ZStW 96 (1984), 661 (692 ff.), zeichnet die Begriffsentwicklung nach und weist vorallem auf die im Anschluß an Pufendorf stattfindende Ausdifferenzierung des Zurechnungsurteils hin, die gewisse Grundzüge unseres Straftatsystems schon erkennen läßt.

Dies gipfelte in der These *Wolffs*, letztlich entscheide die öffentliche Sicherheit und Ordnung über die Legitimation eines bestimmten Zurechnungsurteils[51]. Damit war der Boden für die Verquickung von präventiver Straftheorie und Zurechnungslehre bereitet. Diese Entwicklung konnte auch ein *Kant*[52] nicht aufhalten, der ausgangs des 18. Jahrhunderts die Umrisse einer vernunftbegründeten Zurechnung vorlegte. So schrieb er in der *Kritik der praktischen Vernunft*:

> Die Autonomie des Willens ist das alleinige Prinzip aller moralischen Gesetze und der ihnen gemäßen Pflichten; alle Heteronomie der Willkür gründet dagegen nicht allein gar keine Verbindlichkeit, sondern ist vielmehr dem Prinzip derselben und der Sittlichkeit des Willens entgegen[53].

Autonomie contra Heteronomie des Zurechnungsurteils? *Feuerbach* jedenfalls wählte das Letztere. Liest man die von *Feuerbach* verfaßten Huldigungen an den *Königsberger Weisen*[54] kann diese Entscheidung indes Anlaß zur Verwunderung geben. Auch in der Sache selbst, der Konstituierung des Zurechnungsurteils, versichert er sich der Grundlegungen *Kants* mit den Worten:

> Es ist diese Kantische Vorstellungsart, welche ich aber nicht, weil sie die Kantische, sondern weil sie die einzig wahre ist, auch zu der meinigen gemacht habe[55].

Feuerbach legt eine eigensinnige Interpretation der durch Kant eingeführten Trennung von intelligiblem und empirischem Charakter vor. Nimmt man die Ausführungen *Kants* in der Kritik der reinen Vernunft und der Kritik der praktischen Vernunft einmal zusammen, so ergeben sich für die menschliche Handlung folgende Essentialia: Die Autonomie des Willens, deren Definition bereits eingeführt wurde, läßt sich für die konkrete Zurechnungsfrage (die identisch ist mit der Frage nach der Handlungsqualität) in eine positive und eine negative Seite zerlegen.

---

51 Vgl. Frank, Wolffsche Strafrechtsphilosophie, S. 82.

52 Kant, Metaphysik der Sitten, S. 227: "*Zurechnung (imputatio) in moralischer Bedeutung ist das Urteil, wodurch jeman als Urheber (causa libera) einer Handlung, die alsdann Tat (factum) heißt und unter Gesetzen steht, angesehen wird*"; Kritik der praktischen Vernunft, S. 57.

53 Kant, Kritik der praktischen Vernunft, S. 144.

54 Feuerbach, Kritik des natürlichen Rechts, XXV, lobt überschwenglich, mit "*inniger Verehrung*" und "*tiefer Dankbarkeit*", die Verdienste, die der "*große Denker um Philosophie und Menschheit, Welt und Nachwelt*" sich erworben hat.

55 Feuerbach, Revision der Grundsätze I, S. 320 Anm.

Seine positive Bestimmung erhält der freie Wille durch die vernunftgemäße Selbstgesetzgebung (oder: *freie Selbstproduktion*[56]), seine Ausschlußfunktion ergibt sich aus der Unabhängigkeit vom Wirken sinnlicher Triebfedern[57]. Der praktischen Umsetzung dieser Grundverfaßtheit eignet nun die Differenz von Intelligibilität und empirischem Charakter. Sicher ist die Seite des realen Seins, sind die Erfahrungen, Gefühle, etc. nicht aus dem konkreten Vollzug der Handlung wegzudenken, die Tat kann insoweit nicht verkürzt und wirklichkeitsfremd als *reine* Folge exklusiver Freiheit verstanden werden. *Kant* vermochte nachzuweisen, daß der natürliche Wille in der Handlung auf das Verwirklichungsgesetz der autonomen Freiheit zurückgeht[58]. Dem a priori der Vernunft ist die Entscheidung zwischen pflichtgemäßer und pflichtwidriger Handlung anheimgestellt. Hier liegt auch der moralische *Verschuldungs-* bzw. Zurechnungsgrund[59]. *Feuerbach* schreibt jener *transzendentalen* Freiheit, ebenso wie auch *Kant*, das Vermögen zu, allein die *unbedingte Ursache* einer Erscheinung zu sein[60]. Den entscheidenden Schritt allerdings, die Verlängerung der Autonomie als Grundgehalt der realen Handlung ins Recht, vollzieht *Feuerbach* nicht mehr.

Die kritische Position *Kant*s, der die Gültigkeit jeder (rechtlichen) Norm von der Zustimmung des Subjekts abhängig macht, wird von Feuerbach aufgegeben, ohne nach einer Aufhebung des an sich freien Willens im Durchgang durch die natürliche Realität der individuellen Handlung zu suchen[61]. Für ihn endet die

---

56 Zur Begrifflichkeit: Kaulbach, Prinzip der Handlung, S. 205 f.

57 Vgl. Kant, Grundlegung der Metaphysik der Sitten, S, 446;

58 Riedel, Urteilskraft und Vernunft, S. 122 ff.

59 Kant, Kritik der praktischen Vernunft, S. 174: "*Ein Gegenstand der praktischen Erkenntnis, als einer solchen, zu sein, bedeutet also nur die Beziehung des Willens auf die Handlung, dadurch er, oder sein Gegenteil, wirklichgemacht würde, und die Beurteilung, ob etwas ein Gegenstand der reinen praktischen Vernunft sei, oder nicht, ist nur die Unterscheidung der Möglichkeit oder Unmöglichkeit, diejenige Handlung zu wollen, wodurch, wenn wir das Vermögen dazu hätten (worüber die Erfahrung urteilen muß), ein gewisses Objekt wirklich werden würde. Wenn das Objekt als der Bestimmungsgrund unseres Begehrungsvermögens angenommen wird, so muß die physische Möglichkeit desselben durch freien Gebrauch unserer Kräfte vor der Beurteilung, ob es ein Gegenstand der praktischen Vernunft sei oder nicht, vorangehen*".

Vgl. Grünhut, Zurechnung, S. 80; Kaulbach, Prinzip Handlung, S. 206.

60 Feuerbach, Revision der Grundsätze II, S. 100.

61 Hegel, Grundlinien § 99 Z (S. 7.190): "*Das Recht und die Gerechtigkeit müssen aber ihren Sitz in der Freiheit und im Willen haben und nicht in der Unfreiheit, an welche sich die Drohung wendet*".

Sittlichkeit, endet die *Moralität* an den Grenzen des positiven Rechts[62]. Da das *Begründete nicht weiter gehen (könne) als der Grund*[63], habe die transzendentale Freiheit nur dort ihren Platz, wo es nicht um Naturgesetz und Erfahrung gehe. Die Trennung von Moral und Recht wird bei *Feuerbach* so radikal durchgeführt, daß von der kantisch definierten Selbstgesetzlichkeit allein ihre *empirischen Attributionen* zur Grundlage der Zurechnung hergenommen werden. Die Folgen für die Zurechnungslehre sind nicht weniger einschneidend. Der Verfasser des bayerischen StGB von 1813 kennt keinen limitierenden Schuldgrundsatz mehr, im Gegenteil:

> Nun aber ist eine Person umso gefährlicher für den Staat, es sind umso häufiger und umso gewisser Rechtsverletzungen von derselben zu besorgen, je mehr und je stärkere sinnliche Triebfedern zur Hervorbringung von Rechtsverletzungen in ihr vorhanden sind. Es steigt also da die Gefahr für das Recht, wo die eigentliche moralische Häßlichkeit der Tat, die Schuld verringert wird[64].

Mit der Eliminierung der Autonomie aus der Zurechnungslehre auf einer Stufe steht die Aufgabe des Vergeltungsgedankens. Denn was noch bei *Kant* als eherner - *rigoristischer*[65]- Grundsatz galt, die Zweckfreiheit der Strafe, wird nun ins Gegenteil verkehrt und zum Mittelpunkt des kriminalpolitischen Konzepts erklärt[66]. Wenn das Zurechnungssubjekt zur Vornahme oder Nichtvornahme der strafrechtswidrigen Handlung nur qua Motivation oder Demotivation gelangt, hat die Zurechnung allein nach der *Motivationsfähigkeit* (Feuerbach: *Zurechnungsfähigkeit*[67]) zu fragen.

Der Täter muß grundsätzlich durch die Strafdrohung psychisch beeinflußt werden können, der Grad seiner Beeinflußbarkeit spiegelt sich in seinem *Begehrungsvermögen* zur Tat hin oder von der Tat weg. *Grünhut* beschreibt diese *Identität von Zurechnungsfähigkeit und Abschreckbarkeit*[68] treffend als (ein)

---

62 "*Diese moralische Freiheit bezieht sich also bloß auf die moralische Gesinnung, so wie sie bloß um dieser Willen angenommen wird. Sie ist die moralische Gesinnung selbst und hat keine andere Bedeutung*", so Feuerbach, Revision der Grundsätze II, S. 100.

63 Feuerbach, Revision der Grundsätze II, S. 107.

64 Feuerbach, Revision der Grundsätze I, S. 32.

65 Grünhut, Zurechnung, S. 95: "*In der Tat wird der Rigorismus des Kantischen Vergeltungsstrafrechts erst in der durch Feuerbach gewiesenen irdischen Zweckbestimmung erträglich*".

66 Vgl. Grünhut, Zurechnung, S. 96 ff..

67 Feuerbach, Revision der Grundsätze II, S. 376 ff.

68 Feuerbachs Abschreckungstheorie basierte auf der Vorstellung, daß der Gesetzgeber durch geeignete Strafbestimmungen dafür Sorge tragen muß, das Quantum der Rechtsverletzungen seiner Bürger zum Zwecke der Sicherung eines ausgewogenen Maßes an

Verfahren, das Zurechnungsfähigkeit auf Abschreckbarkeit und Verschulden auf Sichnichtabschreckenlassen zurückführt[69]. Handlungsbegriff und Zurechnunglehre nehmen den Bestimmungsgrund der Strafe zum Inhalt. Die Handlung ist nicht viel mehr als ein die Deliktsmerkmale des Tatbestands ordnender Begriff[70]. Die vor *Feuerbach* unternommenen Definitionsversuche hinsichtlich der Unterscheidung von Handlung und Verbrechensbegriff bleiben für ihn ohne Wirkung.

Eine Klassifikationsfunktion fällt dem Handlungsbegriff *Feuerbach*s lediglich insoweit zu, als Verhaltensweisen, die nicht auf einem Willensimpuls beruhen, d.h. nicht innerpychisch motiviert sind, also z.B. erzwungene oder Reflexhandlungen, nicht mehr der rechtlichen Handlung unterfallen[71] - es fehlt hier an der Motivierbarkeit.

Die autonom-selbstverantwortete Entscheidung des Zurechnungssubjekts für Recht oder Unrecht ist in Feuerbachs Strafrechtslehre nicht mehr Gegenstand des Handlungsbegriffs.

II. Stationen einer selektiven Rezeption - *Hegel der Vater des strafrechtlichen Handlungsbegriffs* ?[72]

Die von Feuerbach propagierte Ent*personalisierung* des Handlungs- und Zurechnungsbegriffs überließ die Strafrechtsdogmatik der Instrumentalisierung durch den Gesetzgeber im Sinne präventiver Nützlichkeit. Die hiermit einhergehende Entwertung der Handlung als materialer Grundkonstante strafrechtlicher Zurechnung[73] kontrastiert dramatisch mit dem historisch gleichzeitig durch *Hegel* entwickelten umfassenden Konzept einer personal-freiheitsprinzipierten

---

individueller Freiheit so gering wie möglich zu halten. Durch die Strafdrohung soll auf die Psyche des potentiellen Täters eingewirkt werden (durch das Zwangsmoment eines demotivierenden Übels = Strafe) und seine innere Begierde zur Rechtsverletzung neutralisiert bzw. in Normtreue umgekehrt werden; vgl. Feuerbach, Kritik des natürlichen Rechts, S. 259.

Bubnoff, Handlungsbegriff, S. 19: "Rechtsschutzanstalt".

69 Grünhut, Zurechnung, S. 101.

70 Radbruch, Handlungsbegriff, S. 78.

71 Vgl. Feuerbach, Revision der Grundsätze II, S. 45.

72 Das Wort stammt von Radbruch, Handlungsbegriff, S. 101.

73 Vgl. Radbruch, Handlungsbegriff, S. 81 f.

Rechtsordnung. Die Rechtswissenschaft hatte somit die historische Chance, entweder das von Feuerbach vorgelegte Präventionsmodell zur Grundlage ihres weiteren Wirkens zu machen oder die *Hegelsch*en *Grundlinien* für die Strafrechtsdogmatik fruchtbar werden zu lassen. Voraussetzung des letzteren, war (und ist) allerdings die rezeptive Sichtung und eine daran anschließende Konkretisierung des durch *Hegel* gelegten Fundaments.

Die Rezeptionsinteressen von Fachphilosophie und Jurisprudenz sind, jedenfalls was die Rezeption der *Hegelsch*en Rechtsphilosophie betrifft, von einem sinnfälligen Gegensatz geprägt: Während das philosophische Interesse an der Zurechnungslehre der *Grundlinien* nur gering auszufallen scheint[74], hat die Strafrechtswissenschaft - und nicht nur *diese* juristische Disziplin - in der *Hegelsch*en Rechtsphilosophie immer wieder begriffliche Anleihen genommen. Neben der ohnehin auch heute noch andauernden Debatte über das Verhältnis von Strafbegründung und Präventionsidee, sind es vorallem die Bereiche des Handlungsbegriffs, der objektiven Zurechnung des tatbestandlichen Erfolgs und des Notstands, in denen nach herrschender Auffassung die *Hegelsch*e Philosophie unmittelbar ihren Niederschlag gefunden habe. Geht man der Frage nach, welcher Stellenwert der *Hegelsch*en Zurechnungslehre innerhalb der Entwicklung des materiellen Strafrechts zukommen soll, stößt man zunächst auf die nahezu einhellige Feststellung, *Hegel* komme das historische Verdienst zu, die Handlung in den Mittelpunkt der strafrechtlichen Verantwortlichkeit gerückt zu haben[75].

Im allgemeinen wird dabei *Hegel* sogar das Verdienst einer Neuordnung der strafrechtlichen Zurechnungslehre auf die Rechnung geschrieben[76]. Mitunter ist dann die Rede von der angeblichen "Gewaltherrschaft der Hegelianer", die schicksalsgleich über ein Strafrecht hereingebrochen sei, das zuvor noch *den verschiedensten Tendenzen und Ansätzen Spielraum* gelassen habe[77]. Alles in allem herrscht also die Auffassung vor, man habe sich das Strafrecht der Jahr-

---

74 Vgl. die Bestandsaufnahme bei Giusti, HS 22 (1987), S. 51.

75 Vgl. Jakobs, Strafrecht, 6/3; Otter, Funktionen des Handlungsbegriffs, S. 85 ff.; Küpper, Strafrechtsdogmatik, S. 90.

76 Vgl. Radbruch, Handlungsbegriff, S. 85: Die strafrechtlichen Anhänger Hegels hätten "*den bisher namens- und gestaltlos im Systeme umhergeisternden Handlungsbegriff zur Materialisation gezwungen*"; vgl. Otter, Funktionen des Handlungsbegriffs, S. 30.

77 Vgl. Landsberg, Geschichte der deutschen Rechtswissenschaft III, S. 383; Loening, ZStW 3 (1883), 219 (256): Die Hegelsche Philosophie habe sich das Strafrecht seit 1840 "*in raschem Siegeslaufe (...) vollständig unerthänig gemacht*".

zehnte von 1830 bis 1870 fest in hegelianischer Hand vorzustellen[78]. Schon zum Ausgang des 19. Jahrhunderts allerdings scheint von dieser prägenden Wirkung nicht mehr allzuviel übrig zu sein. Spätestens seit *Liszt* ist sich die Strafrechtswissenschaft darüber einig - bis auf wenige Ausnahmen[79] -, die Handlungs- und Unrechtslehre *Hegels* bereits weit hinter sich gelassen zu haben[80]. Vor dem Hintergrund einer starken Tendenz des Enchangements von traditionell vernunftrechtlicher Strafrechtsbegründung und flexibilisierter Zweckdienlichkeit des Strafrechtsapparats vollzieht sich hier auch die Umorientierung im Bereich der Zurechnungslehre:

Angeregt durch die rasch voranschreitende Positivierung des Rechtsstoffes konzentrierte sich die Strafrechtsdogmatik zunehmend auf das Gesetz. Die Ausdifferenzierung des Zurechnungsinstrumentariums verlangte insofern nach Begriffen, die einerseits der hohen Komplexität rechtlicher Regelwerke entsprachen und andererseits die Vielfältigkeiten der Wirklichkeit in sich aufzunehmen geeignet waren.

> ... die nächste Aufgabe der Strafrechtswissenschaft; in rein juristisch-technischer Betrachtung, gestützt auf die Strafgesetzgebung, Verbrechen und Strafe als begriffliche Verallgemeinerungen ins Auge zu fassen; die einzelnen Vorschriften des Gesetzes, bis zu den letzten Grundbegriffen und Grundsätzen aufsteigend, zum geschlossenen System zu entwickeln (...). Als hervorragend praktische Wissenschaft, stets für die Bedürfnisse der Rechtspflege arbeitend und aus dieser immer wieder neue Befruchtung schöpfend, muß die Rechtswissenschaft die eigentliche systematische Wissenschaft sein und bleiben; denn nur die Ordnung der Kenntnisse im System verbürgt jene sichere, immer bereite Herrschaft über alle Einzelheiten, ohne welche die Rechtsanwendung stets Dilletantismus bleibt (...)[81].

Der *Hegelsch*e Handlungsbegriff kam nach vorherrschender Meinung nun für ein solches Unterfangen aus mehreren Gründen nicht mehr in Betracht:

(1) Die Identität von Handlung und Zurechnung bedeute gleichzeitig auch die Identität von Handlung und Verbrechen im straftatsystematischen Sinn[82]. Der Handlungsbegriff sei daher zurechnungstechnisch nicht weiter operationalisier-

78 Vgl. Liszt Strafrecht (21/22), S. 54; Eb. Schmidt, Geschichte, S. 294. Zum Ganzen: Frommel, Präventionsmodelle, S. 163 ff.

79 Beispielsweise: Larenz, Zurechnungslehre, passim.

80 Zur "Zusammenbruchsthese": Frommel, Präventionsmodelle, S. 165, 168.

81 Liszt, Strafrecht (21/22). S. 1.

82 Vgl. Otter, Funktionen des Handlungsbegriffs, S. 32.

bar, da alle Zurechnungskriterien und Verbrechensmerkmale in eine diffusen, ungegliederten Gemengelage eingehen würden[83].

(2) Das Handlungskonzept der *Grundlinien* erweise sich als lückenhaft, da es lediglich vorsätzliche Handlungen für zurechenbar erkläre und die Fahrlässigkeitstat nicht kenne[84].

(3) Modernes Strafrecht könne nicht auf die (personale) Sinnintentionalität der Handlung als Charakteristikum der Zurechnung abstellen, sondern habe den *äußerlich gefährlichen Vorgang* zu bewerten[85] (Stichwort: Risikostrafrecht).

(4) Strafrechtsdogmatik habe es mit *positivem Recht* zu tun; das Gesetz sei indes auf der *Moralitäts*stufe, in der *Hegel* die Zurechnungslehre entfaltet, bedeutungslos, bzw. noch nicht einmal existent.

Während der dritte Einwand die tatsächlich grundlegende Unterscheidung zwischen *Zuschreibung* im Rahmen eines Risikostrafrechts und *Zurechnung* im Rahmen eines an der Maximierung personaler Freiheit orientierten Rechtssystems benennt, bestrifft die übrige Kritik die Frage der vermeintlich mangelnden bzw. sogar für unmöglich gehaltenen Transponierbarkeit des abstrakt-materiellen Handlungsbegriffs *Hegel*s in die praktisch arbeitende Strafrechtsdogmatik. Die letztgenannten Einwände, nimmt man sie jeweils für sich, besitzen eine zutreffende und eine unzutreffende Seite: Zutreffend ist, daß die *Hegelsch*e Rechtsphilosophie, speziell die Passagen der Zurechnungslehre in der *Moralität* nicht als unmittelbar anwendungsfertiges straftatsystematisches Modell gelesen werden können. Das konnte auch gar nicht die Absicht des Verfassers der *Grundlinien* sein, denn ihm ging es nicht um die Kreation einer - um mit *Liszt* zu reden - flexibilisierten Ordnung *über alle Einzelheiten*[86], sondern um die substantiellen, d.h. hier: unhintergehbaren Grundlagen der Zurechnung, so wie sie sich aus dem Durchgang und der zunehmenden Bestimmung des freien Willens in der Wirklichkeit der Handlungsvollzüge ableiten.

Daraus ergibt sich gleichwohl das Problem, daß ein solches Konzept der Handlung der Strafrechtsdogmatik abstrakt-materiell zwar vorgegeben ist, aber nicht *geradewegs* Feinstrukturen der Zurechnung - so wie sie zur individuellen Zurechnung eines Verhaltens unerläßlich sind, liefert. Der einzelne Zurechnungsakt und die ihn grundierende Systematik normativ aufgeladener, aber dennoch variabler Begrifflichkeit lassen sich indes weder identisch mit dem Allgemeinen

83 Jakobs, Strafrecht, 6/3 m.w.N.

84 Vgl. jüngst Roxin, Strafrecht AT I, S. 137.

85 Jakobs, Strafrecht, 6/4.

86 Liszt, Strafrecht (21/22). S. 1.

ihrer selbst (dem abstrakt-materiellen Handlungsbegriff) setzen, noch gegen ihr *An sich* ausspielen. Vielmehr ist es *Sache* der Rechtswissenschaft, das von der Philosophie noch unbestimmt gelassene weiter zu *verzweigen* und so auch die Substanz in der Wirklichkeit selbst fortzuentwickeln[87]. Die Begründungslast für die *konkrete Dogmatik* liegt damit bei der Strafrechtswissenschaft.

Ein Blick auf die Rezeptionsgeschichte der Jahre 1830 bis 1890 zeigt nun, auf welche Weise das *Hegelsch*e Gedankengut - und damit die auf dem Subjekt basierende Zurechnungslehre des deutschen Idealismus - sich in der strafrechtlichen Diskussion zusehends verflüchtigt hat: Die Rechtsphilosophie *Hegel*s scheint auf den ersten Blick für die sich zu Beginn des 19. Jahrhunderts rapide ausdifferenzierende Strafrechtswissenschaft ein vielversprechendes Konzept bereitzustellen. Den Forderungen der Kriminalpolitik nach einer legitimatorischen Rückbindung sowohl des Verbrechensbegriffs wie auch der Zurechnungslehre käme der Anspruch *Hegel*s, eine Rechtsphilosophie der im und durch das Recht verwirklichten Freiheit zu entwerfen, eigentlich gut zupaß. Versprach die Unrechts- und Handlungslehre doch ein vollständiges System zu liefern, an dessen integrativer Leistung (qua einheitlichem Begründungsmodus) auch die Rechtsdogmatik hätte teilhaben können.

Beste Ausgangsbedingungen für die Umsetzung in die Strafrechtspraxis - sollte man meinen. Der tatsächliche historische Befund stellt sich allerdings - wie oben bereits angedeutet - anders dar: Wie insbesondere *Frommel* nachgewiesen hat[88], kann die (oftmals allzu idealisierende)[89] These der Wirkungsmächtigkeit *Hegelsch*er Rechtsphilosophie für das Strafrecht nicht länger aufrechterhalten werden. Dem Rekurs auf die philosophische Grundlegung kommt mit zunehmenden Abstand von *Hegel*s Todesjahr in den Strafrechtslehrbücher der Hegelianer *Hälschner* und *Berner* immer weniger Bedeutung zu[90]. Dies kann sowohl jeweils für den straftheoretischen, wie auch den strafrechtsdogmatischen Bezug der Autoren auf *Hegel* Geltung beanspruchen. Die sicherlich un-

---

87 Vgl. Hegel, Jenaer Schriften, S. 2.509 f. zum Verhältnis von positiver und philosophischer Rechtswissenschaft.

88 Präventionsmodelle, S. 163 ff.

89 Man lese nur die Vorrede Lassons zu seinem System der Rechtsphilosophie (1882): "*Bei der großen Masse, bei Gelehrten wie bei Ungelehrten, hat sich das Urtheil festgestellt, dass Hegels Lehre Trug und Täuschung, sein Verfahren unwissenschaftlich und willkürlich sei, und ungestraft darf jeder dürftige Anhänger auf fremden Credit hin das Andenken des Mannes beschimpfen, der den Fremden wol auch noch heute neben Kant als der bedeutendste und charakteristischste Vertreter des deutschen Gedankens erscheint.*"

90 Vgl. Frommel, Präventionsmodelle, S. 167.

bestreitbar hohe Popularität der Lehrbücher *Hälschners* und *Berners* - immerhin publizierte *Berner* in nur 41 Jahren 18 Auflagen - rührt vorwiegend aus der Praktikabilität der Lehrbücher her[91], nämlich der Übersichtlichkeit der Gestaltung und der umfassenden Bearbeitung des Allgemeinen und Besonderen Teils des Strafrechts. Die Strukturierung der Rechtsmaterie stand im Vordergrund, die Positivierung schritt in unerhörtem Tempo fort (allein in den Jahren von 1838 - 1869 lösten 19 Partikularstrafgesetzbücher das gemeine Recht ab). Als *durch und durch lichtvolle* Vorlage[92] galt dabei das Bayerische StGB von 1813, für dessen Fassung *Feuerbach* verantwortlich zeichnete.

Die Feuerbachsche Konzeption hatte (wie bereits festgestellt), sowohl was die Zurechnungslehre, aber auch was die Unrechtslehre betrifft, recht wenig mit der Rechtsphilosophie eines *Hegel* gemein. Das offensichtliche Nebeneinander verschiedener Legitimationskonzepte von Strafrecht legt die Vermutung nahe, daß es dem Rezeptionsinteresse der Strafrechtswissenschaft weniger um die abstrakte Richtigkeit des jeweils hinter der Zurechnungslehre stehenden philosophischen Ansatzes zu tun war, sondern es ihr im Grunde darum ging, welches Modell der Expansion flexibler Zurechnungsbegriffe am wenigsten Widerstand entgegensetzte[93]. Der Leitidee geschmeidiger Handhabung der Zurechnungskriterien entspricht auch der selektive Charakter der Hegel-Rezeption (insbesondere schon durch die sog. "Hegelianer"[94]). Der von ihnen in vielfältigen Variationen unternommene Versuch, die abstrakt-begriffliche Zurechnungslehre der *Moralität* auf direktem Wege in die konkret-begriffliche Strafrechtswissenschaft einzubauen, führte ins strafrechtsdogmatische Abseits:

Abegg geht in seinem Lehrbuch von 1836 unter Bezugnahme auf *Hegel* davon aus, daß Handlung und Zurechnung sich decken. Die strafrechtlich relevante Handlung wird dabei als positivrechtlich qualifiziert, der personale - sozusagen vorrechtliche - Anteil der Handlung fällt aus dem Zurechnungsbegriff, der zugleich Unrechtsbegriff ist, heraus[95]. Ebenso wie *Binding* versteht *Abegg* die

---

91 Vgl. Frommel, Präventionsmodelle, S. 166.

92 Berner, Strafrecht (18), S. 25.

93 Vgl. Loenings Antrittsrede "*Über geschichtliche und ungeschichtliche Behandlung des deutschen Strafrechts*", ZStW 3 (1883), 219 (260 ff.); vgl. Frommel, Präventionsmodelle, S. 167 f.

94 Ein Sammelbegriff; in der einschlägigen Literatur meist gebraucht für: Abegg, Hälschner, Temme, Michelet, Berner, Köstlin, Binding und mit Abstrichen hinsichtlich Luden, Buri und Bar.

95 Vgl. Bubnoff, Handlungsbegriff, S. 53 f.

Handlung als Synonym für das Verbrechen[96]. Eine Differenzierung zwischen Handlung und Zurechnung (sowie Verbrechen) wird dadurch verunmöglicht. *Radbruch* verdeutlich das Dilemma, vor dem der Versuch einer Übertragung *Hegelsch*er Begrifflichkeit in ein praktisch-wirksames, effektives System der Straftat steht:

> Die Handlung soll sich mit der Zurechnung zur Schuld decken. Das Verschulden wird mithin zum Begriffsmerkmal der Handlung. Läßt sich nun aber das Verschulden nicht ohne die Rechtswidrigkeit konstruieren, so geht mit dem Verschulden auch sie in den Handlungsbegriff ein. Handlung ist dann nur die schuldhafte rechtswidrige Handlung, sie ist mithin ein Synonym des Verbrechens, verliert ihren Platz unter den Verbrechensmerkmalen und muß deshalb aus der Lehre vom Verbrechen, der Analyse des Verbrechensbegriffs, kaum eingetreten, wieder ausscheiden[97].

Terminologischer Gleichklang - strukturell-inhaltliche Differenz

Setzt man die *Moralität*skategorien Vorsatz und Absicht mit ihren gängigen strafrechtsdogmatischen Begriffspendants gleich, mußte verwundern, daß die Fahrlässigkeitstat als Handlung keinen Platz im *Hegelsch*en System zugewiesen bekommen konnte. Von Handlung = Schuld = Zurechnung = Unrecht konnte so eigentlich konsequenterweise nur dort gesprochen werden, wo ein vorsätzliches vollendetes Begehungsdelikt vorlag. Die Beschäftigung mit historischer Literatur setzt sich im allgemeinen der Gefahr aus, aufgrund des in die Interpretation eingebrachten Vorwissens und des vorgeprägten Informationsbedürfnisses mehr oder anderes in die zu deutenden Begrifflichkeiten hineinzulegen, als dies der Autor seinerzeit beabsichtigt hatte. Eine Gefahr allerdings, die, wollte man sie gänzlich vermeiden, eine Verwertung von Texten unmöglich machen würde. Um der jeweiligen Textaussage indes soweit wie möglich gerecht zu werden, sollte der Interpret sich um eine angemessene Berücksichtigung der Intention des Autors kümmern. Daneben muß die Frage nach dem systematischen Zusammenhang, in den die Textpassage eingebunden ist, erlaubt sein.

Zuletzt schließlich hat eine Übertragung bestimmter Begrifflichkeiten aus einem Sachkomplex in einen anderen, die strukturellen Verschiedenheiten zu beachten, gegebenenfalls zu überbrücken. Auch die juristische Lesart der *Hegelsch*en Rechtsphilosophie darf insofern gewisse Grundbedingungen der Textana-

---

96 Abegg, Lehrbuch, S. 104 f.

97 Radbruch, Handlungsbegriff, S. 88.

lyse nicht aus den Augen verlieren[98]. Und der Text macht es auch dem verständigen Juristen nicht leicht, mit ihm umzugehen. Nicht nur im Ausnahmefall verstehen sich die Begriffe anders, als es die universitäre Ausbildung dem Leser vermittelt hat[99]. Das wird besonders im Bereich der vermeintlich strafrechtsspezifischen Wortverwendung deutlich:

Generationen von Strafjuristen haben sich mit der Problematik herumgeschlagen, daß in *Hegel*s *Moralität*skapitel zwar viel von Vorsatz und Absicht gehandelt wird, aber zur Frage der Zurechnung der Fahrlässigkeitstat keine eindeutige Stellungnahme zu finden ist[100]. Symptomatisch sind die Mißverständnisse *Liepmanns*[101] und *Radbruchs*:

> Falls nicht etwa die dunklen Ausführungen des übrigens an der dialektischen Begriffsbewegung in keiner Weise teilnehmenden § 116 seiner Rechtsphilosophie die Fahrlässigkeit im Auge haben. Es tritt hier sonst die gleiche Vernachlässigung der kriminellen Fahrlässigkeit zutage, die seiner Einteilung in das (strafbare) `Verbrechen' und das (nur zum Ersatz verpflichtende) `unbefangene Unrecht'vorgeworfen wird[102].

Radbruch vermisst offensichtlich zwei Dinge: Zum einen vermutet er, *Hegel* meine mit dem *unbefangenen Unrecht* eigentlich die Deliktsform des Vergehens. Diese existiert bei *Hegel* - wie bereits gezeigt wurde - eben nicht als *Vorstufe* des Verbrechens, sondern kann höchstens aus diesem selbst abgeleitet werden. Desweiteren übersieht *Radbruch*, daß es *Hegel* in der Handlungslehre gar nicht um eine strafrechtsdogmatisch unmitttelbar heranzuziehende Auffächerung verschiedener Deliktsformen (Fahrlässigkeit, Vorsatz, Unterlassung, Tun, etc.) gegangen ist, sondern allein um die Herausarbeitung der Zurechnungskategorie *als solche*. Terminologischer Gleichklang bedeutet hier also keineswegs, daß Inhalt und Struktur des *An-sich* der Zurechnung ungeprüft als das Identische der Straf-

---

98 Anschauliche Beispiele zu dem problematischen Verhältnis von philosophischer Textvorlage und juristischer Lesart bietet Schild, Österr. Z. öffentl. Recht 29 (1978), 5 (7, 29 ff).

99 In diesem Zusammenhang sei nur an die Stufung des abstrakten Rechts in Eigentum, Vertrag, Unrecht erinnert. Beispielsweise: Eigentum als das sich an sich differenzierende Unmittelbare der Rechtspersonalität hat mit dem Eigentumsbegriff des BGB höchstens den Aspekt eines individuellen Herrschaftsrechts (Vgl. Palandt BGB Überbl. v § 903 Anm. 1) gemeinsam. Unter den abstraktpersonalen Hegelschen Eigentumsbegriff sind indes alle Verfügbarkeiten über das sich selbst Äußerliche zu verstehen, also auch die eigene natürliche Existenzweise, der Körper usw.

100 Vgl. Bubnoff, Handlungsbegriff, S. 45, 56 f., 63 ff., jeweils m.w.N.; Larenz, Zurechnungslehre, S. 52 f.; Lasson, Rechtsphilosophie, S. 498 ff.; E.A. Wolff, in: Radbruch-GedS, S. 291 (292); Roxin, Strafrecht AT I, S. 137.

101 Liepmann, Einleitung, S. 4.

102 Radbruch, Handlungsbegriff, S. 101 Fn. 1.

rechtsdogmatik übernommen werden könnten. Die Alternative zu dieser Art der Rezeption bestände in dem Versuch, eine Vermittlung zwischen abstrakt-materiellem Handlungsbegriff und konkreter Zurechnungsdogmatik zu leisten - eine schöpferische Übertragung also, die die deduzierten materiellen Standards in funktionstüchtige Zurechnungskriterien umsetzt und auf diese Weise die Personalität der Handlung in der Wirklichkeit des Handlungsvollzugs als *Wesen*tliches zum Tragen bringt.

Für die *Hegelsch*e Zurechnungslehre wurde eine solche Vermittlungsstrategie auffälligerweise[103] nur gelegentlich in den Mittelpunkt der Debatte gestellt[104]. Der "Hegelianer" *Berner*, dessen Handlungs- und Zurechnungslehre nachgesagt wird, sie beinhalte die konsequent-weitgehendste Verteidigung der Handlung als dem Systemoberbegriff der Verbrechenslehre überhaupt[105] (- Handlung als das *feste Knochengerüst*[106]), beanspruchte für sich, die praktischen Interessen der Strafrechtswissenschaft mit der *neueren Philosophie* in fruchtbare Übereinstimmung gebracht zu haben[107]. Er entwirft dazu das Bild einer Einheit von *Recht, Moral und Politik* im Prinzipiellen des vorausgesetzten *Willens*[108]. Aus dem Prinzipiellen in die Spezialwissenschaft fortzuschreiten, dies hatte *Berner* sich zum Ziel gesetzt.

Sehen wir uns näher an, was er unter dem aller kriminalistischen Zurechnung vorausgesetzten Willensbegriff versteht. Entsprechend Berners eigenem Anspruch (und in Folge seiner Klassifizierung als *Hegelianer*) sollte man erwarten können, zur Definition des zurechnungskonstituierenden Willens einen Rekurs auf die hier einschlägige Stufe der *Hegelsch*en *Moralität* vorzufinden. Sowohl in den *Grundlinien der criminalistischen Imputationslehre* von 1843, wie auch in der vier Jahre später erscheinenden *Lehre von der Theilnahme* zeichnet sich aber ein gänzlich anderes Verständnis des Begriffs *Wille* ab. Das *Recht des subjektiven Willens*, das durch seine äußerlichkeitsstrukturierende Entgegensetzung zum

---

103 Wo doch die Rechtsphilosophie Hegels mit dem Anspruch auftritt, das Recht als Dasein der Freiheit aufzuweisen, vgl. aber auch Hösle, Hegels System II, S. 416, der davon ausgeht, Hegel sei gerade derjenige, der "wie kaum ein anderer die praktische Philosophie theoretisiert" habe.

104 Vgl. Berner, Imputationslehre, S. 46 f.; Larenz, Zurechnungslehre, S. VI ff.; Schild, Nachwort, S. 753 (880 ff.).

105 Vgl. Otter, Funktionen des Handlungsbegriffs, S. 32; Küpper, Strafrechtsdogmatik, S. 88; Radbruch, Handlungsbegriff, S. 95 f.

106 Berner, Strafrecht (5), S. 114.

107 Berner, Imputationslehre, S. 46.

108 Berner, Imputationslehre, S. 46.

Recht des objektiven Willens den Sachverhalt konstituiert, der dem Handelnden als sein Werk zugerechnet werden kann, spielt bei Berners Willensbegriff keine erkennbare Rolle:

> Was der an sich seiende Wille ohne Verdienst, ohne Bewußtsein, unmittelbar von der Natur hat, das hat der an und für sich seiende errungen und erkämpft, und behauptet sich darin mit der Klarheit des Selbstbewußtseins. Der an und für sich seiende Wille ist weit über jedem Verbrechen erhaben; der nur an sich seiende steht gewissermaßen noch unter demselben, reicht noch nicht an dasselbe heran.
> (Schließlich sei) der an und für sich seiende Wille zwar durchaus zurechnungsfähig, aber - weil er mit der sittlichen Nothwendigkeit zusammenfällt - jeder Unthat unfähig, so daß auch mit ihm die criminalistische Imputationslehre nichts zu schafffen hat. Es kann somit die Freiheit, um welche es sich im Strafrecht handelt, nur die formelle sein, (...) die Willkür[109].

Die personal-konstitutive Seite der Freiheit bleibt also vor den Grenzen der Strafrechtsdogmatik. Die Anstregungen der Begriffsentwicklung von Recht als Dasein der Freiheit, die vernunftbestimmten Vorleistungen in Selbstbewußtsein, Rechtspersonalität und Rechtssubjektivität - all dies hat die juridische Imputationslehre nicht zu interessieren[110]. Der Sinngehalt der strafrechtlichen Zurechnung reduziert sich auf die (formelle) Möglichkeit der Wahl zwischen verschiedenen Alternativen, denn ansonsten müsse man den Widerspruch akzeptieren, daß der unrechtlich Handelnde auch seiner materiell begriffenen Freiheit entsprechend handele[111]. Der Autor der *Imputationslehre* übersieht hierbei, daß der Zurechnungsgrund, der aller Verantwortung voranliegt, aus der selbstkonstitutiven Freiheit des Individuums hervorgeht[112]. An dieser Freiheit hat auch der Straftäter teil. Wird der materielle Gehalt der Freiheit indes geleugnet, so kann dies auch nicht ohne Einfluß auf die Strafbegründung bleiben: *Berner* müßte konsequenterweise den Schluß ziehen, daß das Strafrecht den Verbrecher eigentlich nicht, oder allenfalls nur in beschränktem Maße, als vernünftiges Wesen ansehen dürfte. Der Ansatz *Berners* wirft hinsichtlich seiner Inkonsistenz insoweit mehr Fragen auf, als er beantworten kann.

---

109 Berner, Imputationslehre, S. 15 f.

110 Vgl. auch Schild, Nachwort, S. 753 (881 f.).

111 Die Abweichungen von der abstrakt-materiellen Grundkonstante der Handlung dokumentieren sich auch an anderen Stellen der Imputationslehre, die auf den Zusammenhang zwischen moralischer und juridischer Zurechnung eingehen, vgl. Berner, Imputationslehre, S. 46 f.

112 Vgl. Schild, Nachwort, S. 753 (881, 883), der nachweist, daß Berners Konzeption insofern von einem Wechsel zwischen verschiedenen Auffassungen über den Gehalt des Begriffs *freier Wille* geprägt sind.

Im Ergebnis stellt sich heraus, daß *Berner* an der entscheidenden Nahtstelle des Übergangs von abstrakt-materieller zu juridischer Zurechnung, der Deutung des *freien Willens* nämlich, keine Vermittlung leistet, sondern auf einen sinnreduzierten Zurechnungsbegriff wechselt. Die im Werk des Strafrechtswissenschaftlers *Berner* auslaufende Bemühung um eine integrale Zurechnungslehre ging unmittelbar über in eine Zeitstimmung, die der *spekulativen Begriffsbildung (vollends) überdrüssig wurde*[113].

III. Der lange Abschied vom Handlungsbegriff

Die weitere Entwicklung des Handlungsbegriffs läßt sich grob durch vier Etappen hindurch verfolgen, die jeweils durch Betonung eines bestimmten Handlungsmoments gekennzeichnet sind:

1. Erste Stufe: Die vermeintliche Schneidigkeit des naturalistischen Handlungsbegriffs

Die Wurzeln der kausalen Handlungslehre gehen auf den *Nichthegelianer*[114] *Luden*[115] zurück. Dieser hatte bereits 1836 jene Begrifflichkeiten geprägt, die über ein halbes Jahrhundert später die Protagonisten des kausalen Handlungsbegriffs *Liszt*[116] und *Beling*[117] zu einem Lehrgebäude ausgebaut haben, dessen Grundstrukturen noch heute die Arbeit des Strafjuristen vorprägt[118]. Die kau-

---

113 Frommel, Präventionsmodelle, S. 168.

114 Ausdrücklich so bezeichnet von Roxin, Strafrecht AT I, S. 137.

115 Luden, Abhandlungen II, S. 215: Sein Handlungsbegriff umfaßt einerseits die Körperlichkeit und die Willentlichkeit der Ursachensetzung ("*Tätigkeit des Menschen, d.h. (die) Bewegung seiner körperlichen und intellektuellen Kräfte*"), desweiteren die Wirkung der Ursache auf den Erfolg hin ("*Wirksamkeit gewisser Kräfte oder Gesetze der Natur, wodurch die Erscheinungen hervorgebracht*" werden); vgl. Radbruch, Handlungsbegriff, S. 110, der darauf hinweist, daß Luden auch die Unterteilung in Tatbestand, Rechtswidrigkeit und Schuld schon vorweggenommen hat.

116 Liszt, Strafrecht (21/22), S. 115 ff.

117 Beling, Lehre vom Verbrechen, S. 7 ff.; vor Beling waren es vorallem Bar (Lehre vom Kausalzusammenhang, 1871) und Buri (Causalität, 1873), die die spätere Lehre begrifflich vorbereitet hatten; die Entwicklungslinien sind z.T. bei Bubnoff, Handlungsbegriff, S. 128 ff. bzw. Radbruch, Handlungsbegriff, S. 110 ff. nachgezeichnet.

118 Zur Funktionsweise: Naucke, Strafrecht, S. 240 ff. Hohmann, System trestneho cinu, passim.

sale Handlungslehre, die sich selbst einer naturalistisch-naturwissenschaftlichen Sichtweise der grundlegenden Zurechnungsstruktur *Handlung* verpflichtet sah, sollte für die Zeitspanne von etwa 1890 bis in die frühen zwanziger Jahre dieses Jahrhunderts hinein, auf dem Gebiet des Handlungsbegriffs und des Verbrechensaufbaus die herrschende Auffassung darstellen. Die Konzeption der kausalen Handlungslehre verhalf einem *neuen Typus* von Strafrechtsdogmatik zum Durchbruch:

Es ging, wie *Liszt* in der 1. Auflage seines Lehrbuchs schrieb, insbesondere um *schneidige Begriffe*, die an der Leitidee einer *hervorragend praktischen* Wissenschaft zu orientieren seien[119]. Ihre Anfänge fielen nicht umsonst in eine historische Periode, die von einer gewissen Ermüdung bezüglich einer mit Letztbegründungsanspruch auftretenden Philosophie befallen war und ihr Gesicht durch den ausufernden Positivismus erhielt[120].

Eine Zeit, in der *Nietzsche*[121] von der *mechanistischen Welt-Auslegung* noch (oder: wieder) einiges erwartete. Die Zeitläufte zogen auch am Strafrecht nicht wirkungslos vorbei. Alles drängte auf eine Neuordnung der Rechtsmaterie. Das Programm der Erneuerung leitete *Beling* ein: Er vertrat noch einen extrem naturalistischen Handlungsbegriff[122]. Die eigentliche Handlung spannt sich zwischen den Polen *Willkürlichkeit* und *Körperbewegung* auf, der hieran sich anschließende Kausalverlauf zum Erfolg hin, ist nicht mehr *Teil* der Handlung, sondern ihre *Folge*.

Der Handlungswille ist von seiner Beschaffenheit her inhaltlich neutral[123]. Durch die Heraushebung der Körperbewegung als Handlungsmerkmal mußte sich *Beling* indessen erhebliche Probleme im Bereich der Unterlassungstaten einhandeln. Der Erklärungsversuch, beim Unterlassen handele es sich um die *Zurückhaltung der motorischen Nerven*[124] konnte nun wahrlich nicht überzeugen, da die hineininterpretierte Aktivität (*Zurückhalten*) in der Realität des Unterlassenden nicht vorzufinden ist. Dementsprechend gering schätzte *Beling* auch das vortatbestandliche Klassifikationspotential seines Handlungsbegriffs ein; die-

119 Liszt, Strafrecht (21/22), S.2.

120 Das Verdienst, dies nachgewiesen zu haben, kommt im Bereich des Strafrechts insbesondere Welzel zu (Naturalismus und Wertphilosophie, S. 29 ff.).

121 Nietzsche, Jenseits von Gut und Böse, S. 36.

122 Bubnoff, Handlungslehre, S. 143; Jescheck, in: Eb. Schmidt-FS, S. 139 (142).

123 Beling, Lehre vom Verbrechen, S. 14.

124 Beling, Lehre vom Verbrechen, S. 15.

ser sei letztlich ein *blutleeres Gespenst*[125]. Für ihn stand die Ausarbeitung der Straftatsystematik im Vordergrund, der spezifische Bedeutungsgehalt der Handlung kam in seinem Modell ohnehin nur über die Tatbestandsebene vermittelt zur Geltung[126]. So fiel dem Handlungsbegriff lediglich die Funktion zu, die Konstellationen auszusondern, die durch die fehlende Willkürlichkeit charaktisiert sind, wie etwa Reflexbewegungen.

Erst *Liszt* wies dem Handlungsbegriff eine für die Strafrechtsdogmatik weichenstellende Funktion zu. Der *Systemgedanke* stand dabei im Vordergrund. Die Handlung wird als ein *Allgemeinbegriff* eingeführt, sie bestimmt Verhaltensweisen des Alltags der *Gattung* nach. Wenn erwiesen ist, daß eine Handlung ihrer allgemeinen Erscheinungsweise nach vorliegt, wendet sich der Strafjurist der *differentia specifica* zu, d. h. er wertet die Handlung ihrer Art nach[127]. Rechtliche Würdigung und vortatbestandliche Erfassung des Zurechnungsgegenstandes *Handlung* sind demzufolge streng voneinander getrennt. Der Handlungsbegriff ist vorrechtlich und gleichzeitig entnormativiert, denn er repräsentiert vortatbestandlich (= "vorrechtlich" i.S. *Liszts*!) lediglich eine ontische Erscheinung und entbehrt jeglicher Rückbindung an einen zurechnungsbegründenden materialen Begriff von "Handlung"[128].

Tatbestandsmäßigkeit, Rechtswidrigkeit und Schuld erscheinen als *Attribute* der Handlung[129]. Ihrem Grundbegriff nach ist die Handlung somit:

> willkürliches Verhalten zur Außenwelt; genauer: Veränderung, d.h. Verursachung oder Nichthinderung einer Veränderung (eines Erfolges), der Außenwelt durch willkürliches Verhalten[130].

Hatte *Liszt* zu Beginn seiner Ausarbeitungen zum Handlungsbegriff noch auf die Erforderlichkeit einer Körperbewegung hingewiesen, läßt sich an der soeben genannten Definition das Bemühen um eine Einbeziehung der Unterlassung erkennen. Die einzelnen Elemente sind etwas näher zu betrachten: Die Willkürlichkeit einer Handlung muß selbst Ursache genannt werden können, die Betätigung des Willens soll demzufolge nicht auf eine Kausierung zurückgeführt werden dürfen. Doch bei *Liszt* ist der Wille nicht Ausdruck des Personganzen in der

---

125 Beling, Lehre vom Verbrechen, S. 17.

126 Vgl.Bubnoff, Handlungslehre, S. 143; Jescheck, in: Eb. Schmidt-FS, S. 139 (143).

127 Liszt, Strafrecht (21/22), S. 115; ders., in: Strafrechtliche Vorträge I, S. 212 (239).

128 Kritisch bereits Radbruch, Handlungsbegriff, S. 154.

129 Bubnoff, Handlungsbegriff, S. 137.

130 Liszt, Strafrecht (21/22), S. 116.

jeweiligen Handlung, er findet sich reduziert auf den bloßen Willens*impuls*, auf den die Außenweltveränderung zurückgeht.

Der Freiheitsbegriff des deutschen Idealismus ist hier völlig verschwunden, *Liszt* seziert den Kausalverlauf retrospektiv vom Erfolg aus. Da seiner Meinung nach auch die auftretende Körpermotorik und Muskelinnervation auf eine Bedingung zurückgehen muß, vermutet er die Ursache in dem psychischem Apparat des Menschen. In erster Linie verhält sich ein Subjekt, weil es einer von der Außenwelt implantierten Motivation folgt. *Die Grundannahme Liszts kommt ohne die Entscheidungsfreiheit des Einzelnen aus.*

> Mit der Willensfreiheit hat die hier geforderte Willkürlichkeit nichts zu tun[131].

Dies erinnert stark an den von Bergson[132] beschriebenen Typus einer Handlung, deren charakteristische Motivation die bloße Fortsetzung des Äußeren im Inneren (verstanden als psysikalisch-chemische Perpetuierung eines angestoßenen rein naturgesetzlich definierten Sachverhalts) darstellt.

Um indessen nicht hinter die gesicherten Standards der Aufklärung zurückzufallen, akzeptiert letztendlich aber auch *Liszt*, daß der Beginn der Kausalrelation nicht in der *causa causae*, sondern in der *causa libera* gefunden werden muß[133]. Jenes Minimum an Willensfreiheit sei in der *Eigenart des Handelnden im Denken, Empfinden und Wollen*[134] zu unterstellen. Hiervon darf man sich aber nicht allzuviel versprechen, denn auch der gegenständliche Bereich auf den der Wille sich ausdehnt, den er erfaßt, ist auf die Hervorrufung des *psycho-physischen* Akts beschränkt. Alles was über die Muskelanspannung hinausgeht, bleibt für den Willen unberücksichtigt. Der Handelnde braucht also den Erfolg zu keiner Zeit *gewollt* (intendiert) zu haben, der Handlungsbestandteil *Verursachung des Erfolgs* ist rein objektiv zu bestimmen. Der Erfolg als Veränderung der Außenwelt, die sinnlich wahrnehmbar sein muß, besitzt auf der Handlungsebene keinerlei *rechtliche* Implikationen; der Gesetzeswortlaut ist konstitutiv für das Zurechnungsurteil, die dem Gesetz voraufliegenden Prinzipien personaler

---

131 Liszt, Strafrecht (21/22), S. 116. Die Geringschätzung der Willensfreiheit des Straftäters ist auch das Wesensmerkmal der lisztschen Straftheorie. Strafe als *Prävention durch Repression* ist nur effektiv durchführbar, wenn der einzelne durch die Strafe motivierbar ist. Entfällt die Möglichkeit der Motivation, bleibt für Liszt allein die *Unschädlichmachung* (Strafrecht (21/22), S. 13). Das Konzept von Strafe als Motivation und Demotivation war gleichwohl nicht neu, vgl. Hohmann, JURA 1991, 121 (123 f.).

132 Bergson, Essai, S. 125 f.

133 Zur Begrifflichkeit: Joerden, Strukturen, S. 14, 20 ff.

134 Liszt, Strafrecht (21/22), S. 116.

Zurechnung bleiben ausgeblendet. Eine solch radikale Beschneidung des Willensanteils an der Handlung erscheint *Liszt* angemessen, um der Trennung von Versachungs- und Schuldzusammenhang die entsprechende Konsistenz zu sichern. In der Handlung wird der Konnex von gewillkürtem Verhalten und Erfolg mit *extremer naturalistischer Betrachtungsweise*[135] vollzogen, der subjektive Anteil am Erfolg, also jene Aspekte, die den Inhalt des Willens ausmachen, wie Vorsatz und Fahrlässigkeit, sind hier Gegenstand der Schuld[136]. Die Entwicklung eines Gattungsbegriffs, in dem die Artmerkmale schon angelegt sein mußten, denn schließlich sollte die Handlung *zur Wertung hinleiten*[137], geriet hier an ihre - im wörtlichen Sinne - *natürliche* Grenze.

Das objektivistisch-kausale Konzept enthielt auf der Handlungsebene in Wahrheit keine Verbindungselemente zur Verbrechenslehre; weder die *Willkürlichkeit* noch die *Erfolgsverursachung* weisen ex ante auf eine Einbindung in rechtliche Vorgegebenheiten hin. Sollte die Handlung aber ihrem Charakter als *Grundbegriff* gerecht werden, mußte sie als *Substrat* eine Ableitung auch ihrer *Attribute* ermöglichen.

Deutlich wird das Defizit der kausalen Handlungslehre im Hinblick auf die straftatsystematische Repräsentation des Handlungsinhalts im Vorsatz: Nach *Liszt* setzt sich der Vorsatz aus drei Aspekten zusammen, nämlich der Willensbetätigung, der Vorausssicht des Erfolges und der Vorstellung der Kausalität bzw. im Fall der Unterlassung das Bewußtsein der Nichthinderung des Erfolges[138].

Das erste Element erinnert an den Willensanteil, der dem Handlungsbegriff unterlegt wurde. Hieraus müßten nun alle Konkretionen entnommen werden können. Um das Verhältnis von psychischem Willensimpuls und Vorsatz darzustellen, bedient sich *Liszt* der Formulierung, daß die Willensbetätigung durch die Vorstellung des Erfolges begleitet sei[139]. Diese Begriffsverwendung deutet schon den Kern des Problems an: Offensichtlich versteht *Liszt* die Tatbestandspriorität seines Handlungsbegriffs nur als rein logische, sprich *wertfreie* Erscheinung[140]. Der subjektivindividuelle Bezug der Handlung auf den Erfolg ist ein Aspekt der Schuld. Aber er ist es offenkundig doch nur zufällig, denn aus

135 Bubnoff, Handlungsbegriff, S. 141.

136 Vgl. Beling, Lehre vom Verbrechen, S. 7.

137 Liszt, Strafrecht (21/22), S. 115 Anm. 1.

138 Liszt, Strafrecht (21/22), S. 165.

139 I.S.d. "*Wissentlichkeit*" des Erfolgs: Liszt, Strafrecht (21/22), S. 164.

140 Liszt war eben "*Logiker, nicht Teleologiker*", Radbruch, Handlungsbegriff, S. 153.

der motivierten Muskelinnervation kann nicht die *Spur* einer Erkenntnis eigener Verantwortlichkeit erwachsen - die Wirklichkeit des *aus Freiheit bewirkenden* Zurechnungssubjekts wird nicht kategorial erfaßt.

Allein die Tatsache, *daß* etwas geschehen ist, läßt sich dem Handelnden wohl nicht zum Vorwurf machen. Zwischen Handlung und Verbrechen besteht damit kein *innerer, intentional (oder gar personal geprägter) Zusammenhang*, beides steht vielmehr unvermittelt *nebeneinander*. Hieran gerät das gesamte Konzept ins Wanken, denn weshalb es vor diesem Hintergrund gerade der *Handlung* als Grundkategorie bedürfen soll, ist nicht ersichtlich.

Ein anderer Punkt, an dem die kausale Handlungslehre *Liszts* in ernsthafte Schwierigkeiten geriet, läßt sich anhand seiner Stellungnahmen zum Unterlassen aufweisen. Nach der Abkehr von dem Kriterium der aktiven Körperbewegung, vertrat *Liszt* die Auffassung, Handeln sei auch das willkürliche *Unterlassen* einer Körperbewegung. Wenn aber auch das Unterlassen der *Muskelanspannung* einen spezifischen Willensimpuls voraussetzt, wie kann dann der fahrlässig Unterlassende überhaupt handeln?[141]

Vom Kriterium der Kausalität ging *Liszt* schließlich selbst ab. Der Streit um die Kausalität der Unterlassung erschien ihm als *einer der unfruchtbarsten*, die die Strafrechtswissenschaft je geführt hat[142]. Im Unterlassen käme es stattdessen auf die Handlungserwartung an[143]. Der hierdurch erzeugten *normativen Spannung* qua Entgegensetzung von naturalistischem Grundgerüst der Handlung und an das Bestehen einer Sozialität gebundenen Erwartung hielt der kausale Handlungsbegriff indes nicht mehr stand.

---

141 Vgl. Radbruchs Kritik an Liszt, Handlungsbegriff, S. 131 ff.

142 Liszt, Strafrecht (21/22), S. 128.

143 Liszt, Strafrecht (21/22), S. 127, wobei er die Erwartung gegenüber dem Handelnden als Analogon zur Kausalität verstand. Die Analogie erstrecke sich auf die Fallkonstellationen, die mit der "*Unterbrechung des Kausalzusammenhangs*" ähnlich seien.

2. Zweite Stufe: Die ontologische Gegenposition des Finalismus[144]

a. Der Schluß vom Sein auf Sollen als Grundlage der strafrechtlichen Zurechnung

Die von *Nicolai Hartmann* eingangs seiner *Grundlegung der Ontologie* mit skeptischer Zuversicht aufgeworfene Frage,

Warum eigentlich sollten wir zur Ontologie zurückkehren?[145],

hat *Welzel* für den Bereich des Strafrechts mit dem Hinweis auf die hiermit gewonnenen - nicht nur vielversprechenden, sondern - *ewigen Wahrheiten*, die dem Zugriff des Gesetzgebers prinzipiell entzogen seien, beantwortet[146]. Schon in der Frühphase ihrer Konstituierung versuchte *Welzel* die Kategorialität der finalen Handlungslehre in den *Seinsgesetzen* der menschlichen Existenz auf eine breite philosophisch und naturwissenschaftlich abgesicherte Basis zu stellen.

Der Niedergang der kausalen Handlungslehre wurde durch das Aufkommen des Finalismus[147] somit nicht allein in Hinsicht auf das in letzterem aufscheinende erhöhte dogmatische Problemlösungspotential beschleunigt. Die Vertreter eines kausalen Handlungsbegriffs hatten auch dem Begründungsentwurf des Finalismus, seiner Rückbindung an eine auf die Strukturen des Seins überhaupt orientierten Betonung des *subjektiv-individuellen Moments* der Handlung, nichts entsprechendes entgegenzusetzen. Durch die Beschreibung der willentlich kausalen Herbeiführung des Erfolgs als Naturgesetzlichkeit verschaffte sich die kausale Handlungslehre zwar ein -jedenfalls empirisch - nicht hintergehbares Fundament, das insoweit durchaus auch mit dem ontologisch-vorrechtlichen Status des Finalismus vergleichbar ist, nur eben blendete sie von vorneherein,

---

144 Zu den Vertretern der finalen Handlungslehre sind zu zählen: Welzel, Strafrecht, S. 33 ff.; ders., Vom Bleibenden, passim; ders., ZStW 58 (1939), 491 ff.; Hirsch, ZStW 93 (1981), 831 ff.; Armin Kaufmann, in: Welzel-FS, S. 395f.; Küpper, Strafrechtsdogmatik, S. 44 ff.; Maurach, Strafrecht, S. 161 ff.; Niese, Finalität, S. 13 ff.; Schaffstein, in: Welzel-FS, S. 557 ff.; Stratenwerth, Strafrecht, Rn. 147 ff; Zielinski, Unrechtsbegriff, S. 79 ff.

145 Nicolai Hartmann, Grundlegung der Ontologie, S.1.

146 Welzel, Naturalismus und materiale Gerechtigkeit, S. 198; die euphorische Stimmung wird allenfalls durch den Hinweis, die "Überwindung des Positivismus in uns" werde nicht leicht sein, etwas abgeschwächt.

147 Die erste Skizze der finalen Handlungslehre, die indes schon die Grundlagen für die weitere Differenzierung enthielt, findet sich bei Welzel, ZStW 51 (1931), 703 ff. Eine instruktive Darstellung der Entwicklung des Finalismus gibt Hirsch, ZStW 93 (1981), 831 ff.; zur Person und wissenschaftlichem Werdegang Welzels: Loos, in: Rechtswissenschaft in Göttingen, S. 486 ff.

sozusagen begriffsnotwendig, Teile der ontologischen - und so ist zu ergänzen: Teile der *personalen* - Struktur der Handlung aus[148].

Obschon also eigentlich zu erwarten stand, daß zumindest eine Diskussion um die zutreffende Bestimmung der handlungskonstituierenden *Seins*kategorie (Kausalität oder Finalität) anheben würde, läßt sich von Seiten der kausalen Lehre lediglich der Versuch registrieren, mit der Behauptung, Finalität sei immer schon im Begriff der *Willkürlichkeit* mitgedacht worden, den Konflikt zu entschärfen. Dennoch blieb die von *Welzel* und seinen Nachfolgern beanspruchte seinskategoriale Grundlegung der finalen Handlungslehre nicht ohne Kritik. Da auch in der Auseinandersetzung um die dogmatische Leistungsfähigkeit - zumeist verkappt - der Bezug auf die These der sachlogischen Vorgegebenheiten des (Straf)-rechts nicht ausgeblieben ist, soll das Hauptaugenmerk zunächst auf die Begründungsstrukturen des Finalismus gelenkt werden.

b. Intentionalität und Sachlogik

Der Rekurs *Welzels* auf die der Handlung eignende Seinsgesetzlichkeit als final überdeterminiertes Verhalten beruht nicht eigentlich auf der materialen Wertethik *Nicolai Hartmanns*, wenn dieser auch zuweilen als der *Gewährsmann Welzels* apostrophiert worden ist. *Welzel* selbst hat mehrfach und mit Entschiedenheit die Existenz eines *Reichs irrealer Sinnqualitäten* abgelehnt und betont, daß es ihm nicht um eine strafrechtliche Verifikation der Lehre von den Seinsschichten gehe, sondern es ihm allein um die nichtsdestotrotz aussagekräftige Analyse der Handlungsstruktur durch *Nicolai Hartmann* und dessen frühe Ontologie (bis 1930) zu tun war.

Das Auftauchen solcher Mißverständnisse wird indessen vor dem Hintergrund einer bis auf Nuancen gleichlautenden Begriffsverwendung beider Autoren, insbesondere was die konkreten Umstände der Finaldetermination betrifft, verständlich. So übernahm *Welzel* von *Nicolai Hartmann* den Begriff der Finalität und ersetzte damit den anfänglich verwendeten Terminus von der *Sinnintentionalität*[149]. Allerdings darf die Ursache der Unklarheiten über den konkreten

---

148 Damit ist selbstverständlich nicht gemeint, daß die Zweckintentionalität einer Handlung gleichbedeutend ist mit dem in ihr repräsentierten personalen Kategorialität. Das eben unterscheidet selbstbewußt vernunftbegründetes Handeln von bewußtem Handeln; vgl. Kimmerle, Sein und Selbst, S. 265 ff.

149 Interessanterweise ersetzte Welzel nach dem Aufkommen der Kybernetik dann zuletzt doch die inzwischen "mißdeutige" Finalität wieder durch diesen Begriff, vgl. Küpper, Strafrechtsdogmatik, S. 50.

Stellenwert der *Hartmann*'schen Philosophie in *Welzels* Modell der finalen Handlung wohl eher in seiner *eklektizistischen Theoriebildung* vermutet werden:

Neben dem Bezug auf naturgesetzliche Konstanten (Kausalität)[150], anthropologische Grundverfaßtheiten[151], Ergebnisse der Denkpsychologie[152] und (späterhin auch) der Kybernetik[153], treten die philosophische *Wesensschau* (Phänomenologie)[154] sowie der erwähnte Rekurs auf bestimmte Teilbereiche der Ontologie *Nicolai Hartmanns*. Aus verschiedenen Forschungsrichtungen kommend, verdeutlichen die genannten Ansätze für *Welzel* allesamt die Evidenz der sachlogischen Struktur der vorsätzlichen Handlung: Auch für ihn war das Vorliegen einer kausalen Verknüpfung von Ursache und Wirkung der Ausgangspunkt der Zurechnungsfrage (die vortatbestandlich als mit der Frage nach der Handlungsqualität identisch gesehen werden muß).

Wie schon vor ihm *Honig*[155] diagnostizierte er die *offene Krise*[156], die spätestens seit der durch *Sauer*[157] 1921 vollzogenen Ablösung der naturalistischen durch die *juristische* Verursachungslehre (Theorie der adäquaten Kausalität), über die kausale Handlungslehre hereingebrochen war. *Sauer* hatte auf der Basis der Vorarbeiten von *Traeger*[158] herausgestellt, daß einer Verhaltensweise nur dann die Qualität einer Ursache zukomme, wenn sie *typischerweise* geeignet sei, den Erfolg zu bewirken[159]. Der bloße Nachweis gewillkürter Herbeiführung des Erfolgs genügte hiernach zur Konstituierung des Zurechnungsurteils nicht mehr, durch ein das naturalistische Kausalurteil ergänzendes Werturteil konnte er in seiner Bedeutung nachträglich disqualifiziert werden. Damit war das Dogma der Gleichwertigkeit aller Bedingungen für den Erfolgseintritt nicht mehr als alleiniges Kriterium der Handlung aufrechtzuhalten. *Welzel* zog aus diesem Auseinanderklaffen von naturalistischer und juristischer Betrachtungsweise nun nicht

---

150 Vgl. Welzel, ZStW 51 (1931), 703 (706 f.).

151 Vgl. Küpper, Strafrechtsdogmatik, S. 47 Anm. 21.

152 Insbesondere: Hönigswald, Denkpsychologie, S. 148 f., 256 ff.; Vgl. auch Linke, Wahrnehmungslehre, S. 55 ff.

153 Jakobs, in: Welzel-FS, S. 307; Kratzsch, Verhaltenssteuerung, S. 228.

154 Küpper, Strafrechtsdogmatik, S. 47, nennt hier ausdrücklich die Phänomenologie Husserls.

155 Honig, in: Frank-FG I, S. 174.

156 Welzel, ZStW 51 (1931), 703.

157 Sauer, Strafrecht, S. 443.

158 Träger, Kausalbegriff, S. 38 ff.

159 Sauer, Strafrecht, S. 443.

etwa den Schluß, der *Adäquanzgedanke* müsse an die Stelle der *äquivalenten* Kausalität treten. Denn im Gegensatz zu dem an der Typizität ausgerichteten Verursachungsbegriff der Adäquanztheorie, der den Anforderungen einer Realkategorie wegen seiner juristischen Einfärbung nicht entsprechen könne, beinhalte der naturalistische Kausalbegriff unzweifelhaft einen verifizierbaren ontologischen Kern[160].

Die erste vorausgesetzte sachlogische Struktur innerhalb der Handlung ist für *Welzel* folglich auch nicht die Finalität, sondern der Kausalnexus. Insofern bleibt er hier ganz in der Tradition der von *Nicolai Hartmann* ausgeführten These von der *Offenheit und Überformbarkeit* des Kausalverlaufs[161], die dieser zur Basis seines Handlungskonzepts erklärt hat. In einem unverändert dahinfließenden Strom simultaner Elemente, der von sich aus weder Anfang noch Ende, Unterbrechung noch Verzögerung aufweise und jede beliebige Bedingung in seinen richtungslosen Verlauf integriere, käme es aus sich heraus unter keinen denkbaren, d. h. hier realen, Umständen zu einer Determination, die lenkend die Realität gestalte.

Im Gleichklang der an sich selbst gleichen kausalen Momente schlägt für die Freiheit keine Lücke[162]. Einer solchen bedarf es auch gar nicht, denn einem Kausalverlauf als solchen ist nicht anzusehen, ob er aus einer anderen Sphäre des Seins Determinanten empfangen hat. Unter Anspielung auf die kantische Kausalantinomie - auch Kausalität aus Freiheit bleibe der Sache nach naturlistische Kausalität - sehen sich sowohl *Welzel* als auch *Nicolai Hartmann* der Auffassung verpflichtet, daß der Kausalnexus ein Grundgesetz der Natur darstelle, an dessen Geltung der Erkenntnisapparat des Subjekts nicht vorbeikomme[163]. Der Handelnde hat sich demnach auf die Kausalstruktur einzulassen. Und nicht nur der Handelnde: Jede Verhaltensweise verläuft hier notwendigerweise auf der Folie der Ursache-Folge-Verknüpfung. Betrachtet man isoliert diese Verknüpfung ließe sich noch nicht sagen, ob nun menschliches Verhalten oder ein Naturvorgang für die Wirkung ursächlich waren. Denn alle gesetzten Bedingungen gingen unterschiedslos in die Kausalstruktur ein, ließen sich in ihrer Gleichwertigkeit nur mit äußeren - explizit rechtlichen - Maßstäben individualisieren und somit dem Zurechnungsurteil unterlegen.

---

160 Vgl. Welzel, ZStW 51 (1931), 703 (706 f.); Honig, in: Frank-FG I, S. 174 (178 f.).

161 Nicolai Hartmann, Teleologisches Denken, S. 121 ff.

162 Vgl. Nicolai Hartmann, Teleologisches Denken, S. 123.

163 Vgl. Welzel, ZStW 51 (1931), 703 (705); Nicolai Hartmann, Grundlegung der Ontologie, S. 15.

Folgt man jedoch der *Welzel*schen Arbeitshypothese, muß nach einem Kriterium gesucht werden, das zugleich folgende Bedingungen erfüllt: Es darf keine rechtlichen Implikationen enthalten (Verdikt der Vor*rechtlichkeit*), seine Allgemeingültigkeit muß auf nicht disponiblen Grundlagen aufruhen (Sachlogik) und schließlich soll sich das Kriterium nicht auf eine bloße inhaltsleere Abbildung der Willkür beschränken, sondern die Steuerungsfunktion in der Erfolgsrealisierung ausreichend verdeutlichen können. In der *Finalstruktur* sah *Welzel* diesen Anforderungen genüge getan. Die Forschungsergebnisse der neueren Psychologie ließen sich zu dem Befund verdichten, jeder menschlichen Handlung sei die Intentionalität charakteristisch[164]. Unter Intentionalität ist hier die gedankliche Antizipation von Zweck und Mittel zum Zweck des jeweiligen Handlungsvollzugs zu verstehen. Fast gleichzeitig entwickelte *Nicolai Hartmann*, die auch späterhin unverändert gebliebene, Kategorie der *Handlungsfinalität*. Schon Aristoteles hatte die Strukturen der Finalität in seiner *Metaphysik* untersucht und kam zu dem Schluß, daß das menschliche Handeln durch zwei Akte gekennzeichnet sei: Von einem vorgegebenen, nicht: vorgestellten, Zweck (*Eidos*) verläuft zunächst eine Bewegung zum (handlungsbereiten) Subjekt (*Noiesis*), die entgegen des Kausalverlaufs von Ursache zu Folge, die Vorbedingungen (*Mittel*) der Erfolgsverwirklichung (*Zweckrealisation*) nacheinander konstruiert. Das Subjekt vollzieht nunmehr in umgekehrter Richtung den eigentlichen Akt der Zweckrealisation, indem es Schritt für Schritt die Vorbedingungen zum Erfolg rekonstruierend vollzieht, bis daß der gesetzte Zweck verwirklicht ist (*Poiesis*).

Freilich läßt sich angesichts des aristotelischen Modells noch nicht von einer intentionalen Zwecksetzung sprechen. Die Genese des Zwecks geht nicht von einer individuellen Projektion eines Zielpunktes aus. Im *Zweck* liegt vielmehr der Anfang der Bewegung. Erst wenn der über die Rückkopplung der Mittel zum Zweck eigentlich Handelnde den Realvollzug des Ziels in bestimmten Verhaltensweisen umsetzt, könnte von einer intentionalen Überlagerung der Zweckverwirklichung gesprochen werden.

Vergleicht man nun die von *Aristoteles* aufgewiesene Finalstruktur mit dem Inhalt des Willkürlichkeitsbegriffs der kausalen Handlungslehre, so ist, gemessen am Maßstab einer intellektuell-individuellen Teilhabe an der Zwecksetzung, erkennbar, worin der strukturelle Unterschied zwischen Willkür und Finalität im letztgenannten Sinne besteht. Das Kriterium der Willkürlichkeit abstrahiert vom

---

164 Die Bedeutung der Intentionalität im Bereich der Psychologie wurde zuerst von Brentano, Psychologie I, passim, hervorgehoben.

Akt des Zwecksetzens[165], die *aristotel*ische Finalität gibt dem Einzelbewußtsein den Zweck vor, der Handelnde ist bloße Durchgangsstation der Zweckhaftigkeit und auch in der Realisierung des Zwecks kann er die Zweckhaftigkeit seines Verhaltens nicht als eigenes erkennen.

Der Zweck ist damit nicht eigentlich *aus ihm selbst herausgesetzt*. Das Fehlen einer Einbeziehung der Zwecksetzung ist gemeinsames Kennzeichen aller vertretenen kausalen Handlungsbegriffe: Unabhängig davon, ob die Kausalstruktur mit[166] oder ohne[167] Einbeziehung des Erfolges in die Willkürlichkeit bestimmt wird, enthält der Willensakt nur den Bezug des Willens auf etwas dem Handelnden konkret-formal *Äußerliches*; konkret ist die Willensrichtung, da sie sich auf ein bestimmtes (Handlungs-)Objekt ausrichtet, als gleichzeitig formal muß sie bezeichnet werden, weil es der Willkürlichkeit an einer inneren Bezugnahme auf das Verwirklichte fehlt. Auch die Vertreter eines *final-kausalen Handlungsbegriffs* begreifen die Finalität lediglich in der reduzierten Form des *Etwas-wollen*[168].

Die mangelnde Berücksichtigung des individuell in die Handlung Hineingelegten bei *Aristoteles* rührt von der verkürzten Darstellung der noietischen Phase her. Es bleibt unklar, weshalb die Zweckerreichung im Erfolg dem Wollen des Einzelnen entsprechen kann bzw. bei Betrachtung ex-post, entsprochen haben soll. Durch die Vorschaltung eines dritten (wie die Selektion der Mittel) ebenfalls noietischen Akts, konnte *Nicolai Hartmann* schon die Zwecksetzung als individuell-intentionale *Leistung des Handelnden* beschreiben. Der Ausgangspunkt der Handlung lag damit wieder im Subjekt. Im einzelnen unterscheidet die finale Handlungslehre demnach eine zweiaktige noietische Phase sowie die einaktige poietische Phase (den realen Handlungsvollzug). In ihrer zeitlichen Aufeinanderfolge sind dies konkret folgende:

> Setzung des Zwecks im Bewußtsein mit Überspringung des Zeitflusses, als Antizipation des Künftigen; Selektion der Mittel vom gesetzten Zweck aus im Bewußtsein (rückläufige Determination); Realisation durch die Reihe der seligierten Mittel; rechtläufiger Realprozeß außerhalb des Bewußtseins[169].

---

165 Vgl. Welzel, Das neue Bild, S. 3.

166 Radbruch, Handlungsbegriff, S. 132; Finger, Strafrecht I, S. 409 f.

167 Liszt, Strafrecht (21/22), S. 115 ff.

168 Zutreffend daher Otter, Funktionen des Handlungsbegriffs, S. 68.

169 Nicolai Hartmann, Teleologisches Denken, S. 69; Welzel, ZStW 51 (1931), 703 (716 f.); ders., Das neue Bild, S. 2.

In der Zweiphasigkeit ist zum einen die Nachordnung der Zielverwirklichung hinter die innerpsychisch gearteten Zwecksetzung zu erkennen, zum anderen ergibt sich hieraus auch das Aufeinanderbezogensein der beiden Vorgänge. Wenn auch die Kategorialanalyse somit zwei sachlogische Strukturen ergeben hat, stehen die Kategorien doch in einem unterschiedlichen qualitativen Kontext: Die Seinsgesetzlichkeit der Kausalität, die sich sozusagen in ihrem Ansichsein selbst erschöpft und die Sinnintentionalität, die zwar auch der Realität angehört, indes über sich selbst (in die Sphäre der Kausalität) hinausgeht und durch die finale Überformung (*Hartmann*) bzw. finale Überdetermination (*Welzel*) einen teleologischen Sinnzusammenhang stiftet[170].

Diese Sinnhaftigkeit der Handlung bezieht sich auf den Vorgang der intentionalen Prägung als solchen, welche Zwecke sich der Handelnde setzt, ist *nicht* mehr Gegenstand der Handlung. Durch die Intentionalität ist damit allerdings ein Anknüpfungspunkt geschaffen, der eine Entscheidung über die *rechtliche* Bewertung des Geschehenen ermöglichen kann. Der Wertungsakt liegt indes erst auf der Ebene des Unrechts; der Handlung ist als als vorrechtliche Seinskategorie gleich, wie ihre intentionale Zielrealisierung zu bewerten ist. Die interpersonale Dimension in der Konstitution der zurechenbaren Handlung bleibt außen vor, sie gehört zumindest nicht zur sachlogischen Struktur der Handlung. Die radikale Entsagung an jegliche materialnormativen Einprägungen im Bereich der Handlung wird dem Leser anhand der Beispiele für final gesteuerte Tätigkeiten in *Welzels* Lehrbuch eindringlich vor Augen geführt, wo dem *Unzuchttreiben* und *Spazierengehen*, der sachlogisch identische Handlungsstatus verliehen wird[171].

Es differieren eben allein die *Inhalte* der Zwecke. Die Gleichsetzung alltäglicher und noch dazu völlig unverdächtiger Handlungen mit in Straftatbeständen umschriebenen Verhaltensweisen durch die beiderseitige Reduktion auf das vermeintlich *Wesentliche* der Handlung, hat eine Vielzahl von Kritikern auf den Plan gerufen[172]. Das Fundament der finalen Handlungslehre wird vorallem in Hinsicht auf folgende Punkte in Zweifel gezogen: Kann der Finalität die Rolle einer Seinskategorie zukommen und ist sie deshalb auch schon eine vorrechtli-

---

170 Welzel, ZStW 51 (1931), 703 (719); ders., Um die finale Handlungslehre, S. 7; ähnlich auch Armin Kaufmann, Unterlassungsdelikte, S. 67.

171 Welzel, Strafrecht, S. 36 f.

172 Vgl. Schönke-Schröder/Lenckner StGB (24) Vorbem. §§ 13 ff., Rn. 31; Roxin, Strafrecht AT I, S. 139 ff.

che Struktur? Und weiter: Erklärt die finale Handlungslehre die Handlung vollständig?

Einwände gegen die Begründungsstruktur des Finalismus könnten sich zunächst aus dem wechselnden Bezug *Welzels* auf verschiedene philosophische Ansätze bzw. empirische Wissenschaften ergeben. Die Vorgehensweise *Welzels* wäre sicherlich dann legitim, wenn er die genannten Theorien nur als einfachen Beleg für die Richtigkeit seiner Thesen bemühen würde. Denn wenn von verschiedenster Seite (sozusagen von *Kant* über *Marx* bis zur Kybernetik)[173] der in Rede stehende sachlogische Charakter der final überdeterminierten Kausalität bestätigt würde, könnte dies als ein eindrucksvoller Nachweis für deren Allgemeingültigkeit angesehen werden. Dem ist in der Tat so. Durch den selektiven Zugriff auf andere Gedankengebäude vermeidet es *Welzel*, von einer grundsätzlichen Kritik an *diesen* Lehren selbst betroffen zu sein. *Klug* hat herausgearbeitet, daß die Trennung der Seinsschichten bei *Nicolai Hartmann* auch den Schluß darauf zulasse, der Vorsatz sei (zumindest auch) ein Ausdruck des seelischen respektive geistigen Seins, was wiederum nahelege, der Vorsatz gehöre zur Schuld[174] und nicht wie *Welzel* meint, zur tatbestandmäßigen Handlung. Die Auslegung der *Hartmann*schen Ontologie eröffnet indes m. E. beide Möglichkeiten, so daß der Streit um das richtige Verständnis nicht unbedingt zu Lasten *Welzels* gehen darf.

Der weitergehende Einwand *Klugs*, die Finalität sei als ontologische Kategorie nicht mit tradierten wissenschaftlichen Methoden verifizierbar, geht ins Leere. *Klug* unterstellt nämlich, daß die These von der sachlogischen Vorausgesetztheit der finalen Überdetermination als *Sacherklärung* zu gelten habe, die einem gesonderten *Verifikationszwang*[175] unterliege. Nicht zuletzt *Arthur Kaufmann*[176] hat im Anschluß an *H. Mayer*[177] hiergegen das Argument ins Feld geführt, eine nicht-empirische, d.h. eine auf den *Sinn*gehalt eines Sachverhalts zielende, Aussage, wie sie der Finalismus für sich beansprucht, könne nicht mit den Maßstäben der *exakten Wissenschaften*, gemessen werden.

---

173 So jedenfall die Deutung von Küpper, Strafrechtsdogmatik, S. 45.

174 Klug, in: Emge-FS, S. 33 (37).

175 Klug, in: Emge-FS, S. 33 (47).

176 Arthur Kaufmann, in: H. Mayer-FS, S. 79 (85).

177 H. Mayer, in: Weber-FS, S. 137: "Juristische Einsichten bewahrheiten sich immer nur durch die Bewährung im systematischen Zusammenhang".

Auch *Roxin*[178] hat insoweit die ontologische Struktur der *finalen* Handlung einer ausführlichen Kritik unterzogen. Ausgehend von der Ansicht, die Diskussion der unterschiedlichen Handlungslehren habe die praktische Bedeutungslosigkeit der Handlung als Systemoberbegriff erwiesen und nachgerade zu einer Situation geführt, in der dem Handlungsbegriff lediglich noch ein *architektonisch-ästhetischer Wert* zukomme, wendet er sich den Grundkonstanten der finalen Handlungslehre zu.

Als positiven Aspekt der Ablösung des kausalen durch den finalen Handlungsbegriff führt *Roxin* zunächst an, daß die Hinwendung zum Subjekt der Zurechnung dem rechtstaatlichen Charakter des modernen Strafrechts Rechnung trage. Als wesentliche Verdienste nennt er daher die durch den Finalismus vorangebrachte Diskussion zu den dogmatischen Problemen der Abgrenzung von Täterschaft und Teilnahme und der Versuchsstrafbarkeit[179]. Indessen erweise sich die Fehlerhaftigkeit der *Welzel*schen Konzeption in ihrer behaupteten Wertfreiheit, denn es sei evident, daß Zwecksetzungen allein von der Rechtsordnung vorgegeben würden. Zur Untermauerung dieser Ansicht vertritt er die These, Rechtserscheinungen wohne keine *kausale Struktur* inne. Offensichtlich setzt er damit ontologische Struktur und Naturgesetzlichkeit als ein und dieselbe Erscheinung. Die Vermutung bestätigt sich anhand des von ihm zur Beweisführung herangezogenen Falls:

> Es gibt ein altes Beispiel, das meist angeführt wird, um den naturalistischen Handlungsbegriff ad absurdum zu führen: die Definition der Beleidigung als Erregung von Schallwellen und als Verursachung von Sinnesreizungen im Gehör des Betroffenen. Das ist gewiß lächerlich: Aber wenn ich nun die Beleidigungshandlung kennzeichnen wollte als eine auf Trommelfellerschütterungen abzielende finale Überdetermination von Schallwellen - wäre das weniger lächerlich ?[180].

Aus der Bestimmung des Verhältnisses von intentionaler Sinngebung und kausaler Grundstruktur bei *Welzel* läßt sich ablesen, daß Finalität in ihrem Ausgangspunkt als generellabstrakte Erscheinung der Handlung verstanden wird. Das meint zunächst nichts anderes, als daß es einen jeder Handlung zukommenden Status gibt, der sie von bloßem Verhalten abhebt. Dieser erste Schritt beinhaltet für den Juristen daher auch noch keine *weitergehende* Aussage; er lediglich schafft eine Systematisierung vorrechtlicher Erscheinungen. Nun ist die

---

178 Roxin, ZStW 74 (1962), 515 ff; ähnlich: Henkel, Rechtsphilosophie, S. 301 ff.

179 Roxin, ZStW 74 (1962), 515 (524); Kritisch zur Leistungsfähigkeit des Finalismus in Bezug auf die Unrechtsbegründung beim Versuch: Zaczyk, Unrecht der versuchten Tat, S. 94 ff.

180 Roxin, in: ZStW 74 (1962), 515 (525).

fragliche Handlung aber gerade ein Produkt der ins äußere Wirken transponierten Innerlichkeit und zwar nicht nur in der Weise, daß sich der Handelnde etwas gedacht hat, was sich von ihm aus betrachtet mehr oder minder zufällig realisiert. Die Intentionalität verlängert sich handlungskontituierend nur dann in die Außenwelt, wenn das Subjekt im Wollen eine Antizipation des Künftigen vornimmt. Für die Handlungsqualität kann es dahinstehen, welchen konkreten Inhalt die Vorwegnahme des Ziels hat.

Gleichwohl ist entscheidend, daß überhaupt ein individueller Anteil qua Zwecksetzung in der Handlung erkennbar ist. Damit stellt sich die Frage, was nun eigentlich den spezifischen Sinn der Handlung ausmacht. Die finale Sinngebung impliziert nun einerseits mehr als bloße naturalistische Willkürlichkeit, anderseits aber weniger als den über die Personalität des Handelnden herzustellenden konkreten Unrechtsbezug. Für den Handelnden kommt es zur Erreichung seines Zwecks auf eine diesem Zweck angemessene (eben *zweckmäßige*) Gestaltung der realen Bedingungen seiner gegenständlichen Äußerlichkeit an. Die Auswahl der individuell als erforderlich erachteten Mittel zur Zweckerreichung vollzieht sich dabei in Ansehung der vorgefundenen respektive prognostizierten Umstände, wozu auch erkennbare Nebenfolgen zu rechnen sind[181].

Dabei spielt insbesondere das Wissen über die Kausalstruktur der Außenwelt eine herausgehobene Rolle. Muß das Zurechnungssubjekt in dem prozeßhaften Verlauf von Zwecksetzung und Mittelwahl allzuviele Unsicherheitsfaktoren ("Zufälligkeiten") in seinem Handlungsentwurf mitberücksichtigen, kann dies zu Modifikationen der konkreten Zwecksetzung führen, gegebenenfalls muß auch auf andere Realisationsmittel zurückgegriffen werden. All diese innerpsychischen Vorgänge basieren auf einem ausgewogenen Einsatz von praxeologischem Erfahrungswissen, das der Handelnde angesammelt hat. Situativ wird die Vornahme einer Handlung, die nach eigener Sichtweise des Individuums diesem Erfahrungswissen entspricht, sich ihm auch immer als *sinnvolle* Verwirklichung seines gesetzten Ziels darstellen.

---

181 Welzel, Das neue Bild, S. 2. Durch die Einbeziehung möglicher Nebenfolgen in die Entscheidung über Art und Weise der Zweckverwirklichung differenziert sich auch die im eigentlichen "eingleisig" verlaufende Zwecksetzung, denn es kann angesichts der Prognostizierung unerwünschter Nebenfolgen dazu kommen, daß "*der auf Zielverwirklichung gerichtete Handlungswille gleichzeitig auf die Vermeidung der Nebenfolgen*" geht. Die Idee der Berücksichtigung der Nebenfolgen führt bei Welzel unmittelbar zur Begründung der Finalität auch des bedingten Vorsatzes. Krit. hierzu: Hardwig, Zurechnung, S. 86 f.; Alwart, Recht und Handlung, S. 124; Schmidhäuser, ZStW 66 (1954), 34 ff.; Baumann/Weber, Strafrecht, S. 209.

Genausowenig wie die Existenz der Kausalstruktur durch die Aufzählung ihrer einzelnen Glieder auf dem langen Weg von Ursache zur Wirkung in Frage gestellt werden kann, genausowenig kann die ontische Qualität der Finalität daher dadurch geleugnet werden, daß man die intentionalen Bezugspunkte in den realen Verwirklichungsbedingungen aneinanderreiht.

Nach allem sind Kausalität und Finalität nur insoweit gleichzusetzen, daß es ihnen beiden an einem *kategorialen Bezug* zur Sphäre des Rechts mangelt. Was *Roxin* mit dem genannten Fallbeispiel bezweckt, ist denn auch nicht ein - wohl nur schwerlich zu führender - Nachweis der fehlenden Vorgegebenheit der Finalität, sondern vielmehr der Versuch, aufzuzeigen, daß ein dogmatisch tauglicher Handlungsbegriff ohne Anreicherung mit rechtlichen Aspekten nicht zu haben ist. *Welzels* Konzeption läßt sich nur auf den ersten Blick mit dem Einwand treffen, die Konstellation des *Tatbestandsirrtums* zeige, daß es eine *Identität* von *ontischer* Finalität und *rechtlichem* Vorsatz nicht geben könne[182]. Eine solche Identität ist so auch von den Vertretern des Finalismus zu keiner Zeit behauptet worden[183]. Finale Handlung und *Tatbestands*vorsatz meinen daher von ihrem Inhalt her etwas Variantes, obgleich dennoch die gemeinsame Wurzel der Begrifflichkeiten der sachlogischen Struktur der Finalität zuzuschlagen ist. Die in der Handlung vorzufindende Zwecksetzung ist bei rechtlicher Betrachtung, die im Unterschied zur ontischen Seite natürlich nur qua Werturteil erfolgen kann, nicht mehr bloß eine Erscheinung individuell bestimmter Gegenstandsveränderung.

Sie wird in ihrem Gemeinschaftbezug erst sichtbar, wenn der finalen Handlung der *Spiegel des Sollens* vorgehalten wird. Mit der Verlagerung des Rechtsbezugs auf die Stufe des Unrechtsurteils bereitet sich die finale Handlungslehre indessen strukturelle Probleme, die auf den Handlungsbegriff durchschlagen. Dies wird am Beispiel der Fahrlässigkeitstat und der Unterlassung besonders deutlich.

---

182 Roxin, ZStW 74 (1962), 515 (525); Henkel, Rechtsphilosophie, S. 302.

183 Zur Unterscheidung: Welzel, Strafrecht, S. 64; vgl. Hirsch, ZStW 93 (1981), 831 (849); H. Mayer, in: Weber-FS, S. 137 (145).

(1) Finalität und Fahrlässigkeit

In der einschlägigen Literatur werden die Probleme der finalen Handlungslehre mit der Fahrlässigkeitstat breit auseinandergesetzt[184]. Dies liegt nicht zuletzt an den Wandlungen, die der Begriff der Finalität in diesem Bereich durchgemacht hat. Sah *Welzel* anfangs noch in der Verbindung von fahrlässiger Handlung und Tatbestandserfolg eine nicht reale, aber *mögliche finale Beziehung* (*potentielle* Finalität), ging er zeitweise sogar von einer *rein kausalen* Deutung der Fahrlässigkeitshandlung aus[185], um schließlich den Deliktserfolg aus der Intentionalität des Handelnden ganz zu verbannen[186].

In der letzten Auflage seines Lehrbuchs konnte mithin auch der Begründer der finalen Handlungslehre nicht umhin festzustellen, *das fahrlässige Delikt zunächst nicht richtig in den Griff bekommen*[187] zu haben. Da dem Finalismus bis heute an der Entwicklung eines allgemeinen materiellen Handlungsbegriffs gelegen ist, der sich nicht allein in inhaltsleeeren Oberbegriffen (*Verhalten*) erschöpft, kam von vorneherein eine Beschränkung des Handlungsbegriffs allein auf die vorsätzlichen Begehungsdelikte nicht in Betracht.

Eine solche Reduktion des Anwendungsbereichs hätte auch zu einer Reduktion der Funktion eines Handlungsbegriffs in toto geführt. Also mußte die finale Handlungslehre immer darum bemüht sein, die Kategorialität ihres Modells für *alle* strafrechtlich relevanten Verhaltensformen zu erweisen. Es gilt also zu überprüfen, ob die der finalen Handlungslehre nachgesagten Schwierigkeiten in der Erfassung auch fahrlässiger Verhaltensweisen sich im Laufe ihrer Entwicklung abgebaut bzw. verflüchtigt haben.

(a) Die Teilung der Handlung, oder: aktuelle und potentielle Zwecktätigkeit

Zu Beginn der Ausarbeitung der finalen Handlungslehre hatte es den Anschein, das Kriterium der Zwecksetzung, verstanden als Antizipation von Ziel und Mitteln zu dessen Erreichung, könne seinen Bezugspunkt allein in den *Vorsatz*de-

---

184 Vgl. Arthur Kaufmann, JuS 1967, 145 (148, 150); Jescheck, ZStW 93 (1981), 3 (16 f.); Engisch, in: Kohlrausch-FS, S. 141 (155); Baumann/Weber Strafrecht, S. 204 ff.

185 Welzel, ZStW 58 (1939), 491 (559).

186 Welzel, Strafrecht, S. 130; ders., JuS 1966, 421 (424). Seither die vorherrschende finalistische Fahrlässigkeitsauffassung, vgl. Weidemann, GA 1984, 408 (425 f.).

187 Welzel, Strafrecht, S. 129; Jescheck, ZStW 93 (1981), 3 (17): "Verlegenheitslösung".

likten finden. So ließ sich denn auch nur dieses Verständnis durch die umfänglichen Rekurse *Welzels* auf Ontologie, Phänomenologie und Denkpsychologie wirklich stützen. Gerät das Ziel des in die Realität umgesetzten Wollens aus dem Blick des Handelnden, wird auch die Auswahl der Mittel überflüssig.

Kennzeichen der Fahrlässigkeitstaten ist aber nun gerade die fehlende Antizipation des *Erfolgs* in seiner konkreten Gestalt aufgrund bloßer Nachlässigkeit, oder das bewußte Vertrauen darauf, daß in specie der als real mögliche Folge erkannte Zweck vermieden werden kann und soll. Wie sollte folglich eine Intention in Richtung des Schadenseintritts angenommen werden können (denn dieser bedurfte es für die Zurechnung als Handlung), wenn die Intention auf das Gegenteil ging? Natürlich hatte sich auch *Welzel* diese Frage bei der Erarbeitung seines Handlungskonzepts vorgelegt und sich zu deren Beantwortung auf eine Konstruktion zurückgezogen, die einige Jahre vor seiner ersten Grundlegung der finalen Handlungslehre, wenn auch in anderem ideengeschichtlichen Kontext, schon einmal zur Einbeziehung der fahrlässigen Verhaltensweisen in den Handlungsbegriff bemüht wurde: die individuelle Erkennbarkeit des Erfolges als Möglichkeit[188].

Die dialektisch-spekulative Bestimmung, die *Larenz* dem Begriff verlieh, verstand *Welzel* jedoch als Balast, den es zurückzulassen gelte[189]. So wurde aus der Vorwegnahme des Handlungsziels die Vorhersehbarkeit desselben und aus der sinnhaften Setzung die sinnhafte Setzbarkeit[190]. Das bloße Möglichsein der Zwecksetzung ging indes nicht gut mit der postulierten Seinskategorialität der Finalität zusammen. Wenn es zur Konstituierung des finalen Handlungsbegriff schon ausreichen sollte, daß der Handelnde lediglich mit der *Fähigkeit* zur Kausalsteuerung ausgestattet war, aber dabei nicht steuernd in deren realen Ablauf

---

188 Larenz, Zurechnungslehre, S. 75 ff.; Diese Kontruktion hatte indes schon eine gewisse Tradition: Vgl. Köstlin, Revision, S. 226; Michelet, System der Moral, S. 57.

189 Welzel, ZStW 51 (1931), 703 (719 Anm. 30).

190 Welzel, ZStW 51 (1931), 703 (720): "*Als eigene Tat oder Handlung einem Subjekt zugehörig und in diesem Sinne objektiv zurechenbar ist jeder tatbestandlich festgelegte Erfolg, der vom Täter sinnhaft gesetzt oder dessen Abwendung vorhersehbar und sinnhaft setzbar war*". Bemerkenswert auch, daß Welzel hier noch von Tat "oder" Handlung spricht, was nahelegt, daß die "Handlung" als Obergegriff doch noch nicht völlig feststand. Bis 1947 hatte sich dies geändert; in der 1. Auflage seines Lehrbuchs (Strafrecht, S. 22) findet sich die Finalität der Handlung als "Oberbegriff" folgendermaßen definiert: Sie sei "*das Moment (...), das aber bei der vorsätzlichen Handlung als wirkliche Zwecktätigkeit realgestaltender Faktor (aktuelle Finalität), bei der fahrlässigen Handlung als mögliche Zwecktätigkeit nur Bezugsmoment ist (potentielle Finalität)*".

eingreifen mußte, konnte ein Unterschied zwischen *Finalität* und *Willkürlichkeit* nur schwerlich aufrechterhalten werden[191].

Sollte nicht der Anspruch auf Schaffung eines leistungsfähigen Handlungsbegriff gänzlich aufgegeben sein, mußte sich die Zielantizipation des handelnden Subjekts auf etwas *anderes* beziehen als den Erfolg.

(b) Die Finalität der nachlässigen Handlung, oder: Die Vorverlegung der Intentionalität

Die Ausweglosigkeit der Dualität von aktueller und potentieller Finalität erkannte auch *Niese*, der als Anhänger des finalen Handlungsbegriffs 1951 die Wende in der Begrifflichkeit einleitete[192]. Er wies auf die jeder sachlogischen Fundierung der Handlungslehre zuwiderlaufende Annahme hin, die an sich irreale (bzw. die *noch nicht* reale) Möglichkeit des Erfolgseintritts sei Kern der Intentionalität des Fahrlässigkeitstäters. Die Alternative zu dem Dilemma, entweder das Projekt eines allgemeingültigen Handlungsbegriffs aufzugeben, oder von der Strafbarkeit eines realiter nicht gesteuerten Geschehens ausgehen zu müssen, bestand in der Vorverlegung des intentionalen Bezugspunktes in der Realität des zu bewertenden Sachverhalts. Somit richtete sich die Zwecksetzung des Handelnden nun nicht mehr auf den durch unsachgemäßes Überholen in einer unübersichtlichen Straßenkurve hervorgerufenen, aber nicht gewollten *Unfall*, sondern auf das *Überholen selbst*; der Jäger, der auf der Treibjagd versehentlich den Treiber, der sich eigentlich an einem anderen Ort befinden sollte, anstatt des Hasen trifft, intendiert das Ziel (Erlegung des Hasen), wählt die erforderlichen Mittel aus (munitioniertes funktionstüchtiges Gewehr) und visiert nach waidmännischer Kunst das Ziel an. Mit dem Abfeuern der Kugel hat er alles seiner Intention entsprechende getan[193]. Die Verletzung des Treibers spielt in seinem Handlungsentwurf *keine* Rolle. Durch diese Konstruktion wird verdeutlicht, daß das durch die sorgfaltswidrige Handlung konstituierte Rechtsver-

---

191 Daß Welzel mit der genannten Sichtweise der fahrlässigen Handlung der kausalen Handlungslehre nicht entrinnen konnte, zeigt seine Ansicht, daß der "*entscheidende unerwünschte*" Erfolg des fahrlässigen Begehungsdelikts "*wirklich nur blind verursacht sei*" (ZStW 58 [1939], 491 [559]). Den Hintergrund dieser Auffassung bildete die zu jener Zeit bis in die frühen 50er allgemein vertretene Meinung, nicht die Verletzung der Sorgfaltspflicht (unter Einbeziehung des Erfolges) mache das Unrecht der Fahrlässigtat aus, sondern allein der Deliktserfolg.

192 Niese, Finalität, S. 53; vgl. auch die Kritik seitens Maihofer, Handlungsbegriff, S. 44 f.

193 Vgl. Welzel, NJW 1968, 425.

hältnis kein Bestandteil der Handlungs*wirklichkeit* des Täters ist[194]. Die Disjunktion zwischen den intentionalen Zielpunkten (beim Vorsatzdelikt der Erfolg, beim Fahrlässigkeitsdelikt das sorgfaltswidrige Verhalten) führte indes nicht zu einer Klärung der Fronten. Dies lag sicherlich zum Teil daran, daß die Gegner der finalen Handlungslehre in ihrer Kritik von der unzutreffenden Gleichsetzung von Finalität und Vorsatz ausgingen.

Und dennoch zeigt ein genauerer Blick auf die Verschiebungen, die sich im Gefüge des Verhältnisses von Handlung und Unrechtsstufe durch die Vorverlegung des Handlungsziels ergeben haben, daß der Finalismus im Bereich der Erklärung der Fahrlässigkeitshandlung ein *strukturelles* Defizit nicht verbergen kan. Zunächst einmal klingt es überzeugend und im Sinne der finalistischen Konzeption auch bruchlos nachvollziehbar, daß sich die Intentionalität des Handelnden nicht auf ein bestimmtes Ziel auszurichten braucht. Intendiert werden können daher gleichermaßen Zwecke, die rechtlich bedeutsam sind bzw. als Unrecht bewertet werden, wie Zwecke, die rechtlich unbedeutend, ja noch nicht einmal sozialerheblich, sind.

Die eigentliche Stärke des finalen Handlungsbegriffs wird von seinen Anhängern in dieser Hinsicht besonders hervorgehoben[195]. Das klingt nach einer Trennung von Handlung und Verbrechensbegriff, die selbst den hohen Anforderungen *Liszts* an die Rechtswissenschaft als jener *eigentlich systematischen Wissenschaft*[196] genügen könnte. Gleichviel: Stärken und Schwächen liegen oft beieinander und so ist der Vermutung nachzugehen, ob nicht die *ontische Generalität* des Finalismus, die möglicherweise bestehende Verschränkungen von Handlung (verstanden als Realkategorie) und Recht, unberücksichtigt läßt.

Kennzeichnend für das Verständnis der finalen Handlung seit den Modifikationen der frühen fünfziger Jahre ist die strikte Trennung von sachlogischer Eingangstufe (Handlung) und Wertungsstufe (Unrecht). Diese *Trennungsthese* wird im allgemeinen in die Bemerkung eingekleidet, das Strafrecht müsse sich davor hüten, auf allzu früher dogmatischer Stufe dem Normativismus Tür und Tor zu öffnen. Der Handlungsbegriff habe Handlung daher nach der vorfindba-

194 Zur somit bezeichneten "*Achillesferse*" der finalen Lehre: Kindhäuser, Intentionale Handlung, S. 187 m.w.N.

195 Küpper, Strafrechtsdogmatik, S. 62 f.

196 Liszt, Strafrecht (21/22), S. 2: Ohne diese Systematik bliebe die Juristerei "*stets Dilettantismus*".

ren Wirklichkeit zu beschreiben und nicht *normativistisch* als *rein juristisches Kunstprodukt* zu verstehen[197].

Handlung ist demzufolge tatbestandsunabhängig[198]. Systematisch wird der Brückenschlag von Handlungsstufe zur Wertungsstufe aber relevant: Soll die Handlung nicht unvermittelt neben dem Unrecht stehen, müssen *Verbindungs*strukturen bestehen. Nach der Ansicht der Finalisten wird das dogmatische Aufsitzen des Unrechtsbegriffs auf der Handlung durch ein Verhältnis von Generalität und Spezifität markiert. Der allgemeinen, realen Seinskategorie (Handlung) folgt die gesamte rechtliche und individuelle Konkretion (Tatbestand, Rechtswidrigkeit und Schuld). Finalität (*Seins*größe) ist rechtlich gewendet *Vorsatz* und damit eine *Größe des Sollens*[199].

Beim Fahrlässigkeitdelikt ist noch offen, wie die Finalität hier rechtlich gewendet werden kann, um sich als Größe des Sollens zu entfalten. Denn wenn sich die Intention lediglich auf eine gewillkürte actio bezieht, die als solche in ihrem An sich selbst indes nicht als tatbestandsmäßig, rechtswidrig und schuldhaft herbeigeführter Erfolg gewertet werden kann, bleiben die Verbindungselemente zwischen Handlung und schuldhaftem Unrecht außen vor. Die Zwecksetzung "Überholen in einer unübersichtlichen Kurve" läßt sich ohne Kunstgriffe eben nicht als Abstraktion von "Körperverletzung" bzw. "Tötung" deuten. Nicht anders stellt es sich bei dem in der Literatur ausgiebig abgearbeiten Fall der ahnungslos-nachlässigen Krankenschwester[200] dar: *Welzels* Ansicht, hier liege zwar eine finale Injektion, indessen keine finale Tötungshandlung vor, verkennt, daß es zur Wirklichkeit der Handlung gehören muß, was aus der Injektion wird.

Man kann es sich leicht machen und behaupten, daß es für die Handlungsqualität unerheblich sei, ob sich nun in der Zwecksetzung auch eine Intention des rechtserheblichen Erfolgs feststellen lasse oder eben nicht[201]. Nur gelangt man mit dieser Ansicht wieder zu einem Konzept der Handlung, das den Erfolgseintritt als bloß kausierte Folge begreift[202]. Eine Sichtweise, die in der -

---

197 Stellvertretend: Hirsch, in: UniKöln-FS, S. 399 (402); apodiktisch: Otter, Funktionen des Handlungsbegriffs, S. 198: "*Die Handlungslehre ist ein rein ontologisches Problem*".

198 Küpper, Strafrechtsdogmatik, S. 53; Stratenwerth, SchwZStR 81 (1965), 179.

199 Weidemann, GA 1984, 408 (411).

200 Welzel, Das neue Bild, S. 3: Eine Krankenschwester verabreicht einem Patienten ahnungslos eine zu starke, tödlich wirkende Morphiumspritze.

201 Vgl. Welzel, JuS 1966, 421 (424).

202 Ähnlich: Arthur Kaufmann, in: H. Mayer-FS, S. 879 (95); E.A. Wolff, Handlungsbegriff, S. 14.

wohl unbeabsichtigten - Favorisierung des Kausalmonismus sogar noch hinter jene kausalen Handlungslehren zurückfällt, die in die Willkürlichkeit immerhin den Erfolgsbezug mit eingebaut hatten. Denn das Schicksal der weiteren Kausalität nach der Vornahme der intendierten Handlung bleibt hier den Mächten der Äußerlichkeit und damit dem Zufall überlassen.

(2) Unterlassungsfinalität - die finale Überdetermination des Nichts?

Die bislang angerissenen Schwierigkeiten der finalen Handlungslehre im Umgang mit strafrechtlich relevanten Verhaltensweisen, die nicht gerade einer vorsätzlichen Begehung entsprechen, verschärfen sich weiter, wenn man den Blick dem Unterlassungsdelikt zuwendet.

Vergegenwärtigen wir uns noch einmal die Elemente des finalen Handlungsbegriffs, so zeigt sich, daß die Existenz einer Unterlassungshandlung schon am Fehlen der Kausalsteuerung scheitert. Die Kausalstruktur hängt bei *Welzel* ebenso wie bei den Vertretern der kausalen Handlungslehre von der Ingangsetzung und Beherrschung einer Ursache-Folgen-Kette ab, dieser Prozeß soll aber *allein* durch eine Körperbewegung angestoßen werden können[203]. Das gipfelt in dem Befund:

> Ontologisch gesehen ist die Unterlassung, da sie ja die Unterlassung einer Handlung ist, selbst keine Handlung"[204].

Nun fragt sich vorab, ob denn der ontologische Bezug, wie wir ihn in der finalen Lehre dargestellt sehen, tatsächlich einen solch grundsätzlichen Unterschied zwischen *Unterlassen* und *Handlung* zu begründen vermag. Eine gewisse Skepsis wird hier durch eine kurze Passage in der Dissertation *Gössels* verursacht; dort heißt es, daß der finale Handlungsbegriff sowohl Tun als auch Unterlassung umfasse. Ein Unterschied bestehe allein hinsichtlich der Form der Zweckverwirklichung[205]. Beim vorsätzlichen Unterlassungsdelikt jedenfalls ist der gleiche innerpsychische Zwecksetzungsvorgang real möglich, wie im Fall des vorsätzlichen Begehungsdelikts: Der Täter setzt sich beispielsweise den Zweck, seinen

---

203 Welzel, Strafrecht, S. 200 ff; Otter, Funktionen des Handlungsbegriffs, S. 122; Armin Kaufmann, in: Weber-FS, S. 219 (220); Unterlassungsdelikte, S. 67.

204 Welzel, Strafrecht, S. 200; Armin Kaufmann, Welzel-FS, S. 393 f.; Hirsch, ZStW 93 (1981), 831 (851); das meinen im übrigen auch die meisten Kritiker der finalen Handlungslehre: Stellv. Jescheck, in Eb. Schmidt-FS, S. 139 (148 f.); Baumann/Weber, Strafrecht, S. 209.

205 Gössel, Wertungsprobleme, S. 112; er hat diese Auffassung später nochmals wiederholt: ZStW 96 (1984), 321 (327).

ihm mißliebigen Bruder für geraume Zeit an einem Ort festzuhalten. Ob er dieses Ziel nun damit erreicht, daß er selbst hinter dem Bruder die Türe verschließt, oder, nachdem die Tür von selbst ins defekte Schloß gefallen ist und sich von innen nicht mehr öffnen läßt, entsprechend lange Zeit untätig verharrt, erscheint von der Realisierung des Zwecks her wirklich eine allein von den Verwirklichungsbedingungen und deren individueller Reflektion abhängige Frage.

In der *Zwecksetzung* kann also der behauptete ontologische Unterschied *nicht* begründet sein. *Welzel* sieht ihn, wie es vor ihm schon *Radbruch* festgestellt hat[206], in dem Verhältnis von *a* zu *non-a*, oder: in der Ausschließlichkeit von Position und Negation[207]. Die Unterscheidung beruht nicht auf einer fehlenden Sinnintentionalität der (Unterlassungs-)Handlung, es soll an einer *Kausalstruktur* der Unterlassung mangeln, auf die sich die finale Sinngebung beziehen könnte[208], genauer: es mangelt an einem *Urheber*. Hinter einem solchen Verständnis steckt der tradierte Lehrsatz[209], der im übrigen auch die heutige Diskussion beherrscht[210], Handeln und Unterlassen seien deshalb einander wesensfremd, da derjenige, der weder Körperbewegung noch Energieeinsatz in die realobjektive Außenwelt transponiere, den Dingen ihren Lauf lasse (*ex nihilo nihil fit*).

Der Unterlassende könnte auch aus dem fraglichen Geschehen hinweggedacht werden, ohne daß sich am Eintritt des Erfolges etwas änderte. Vom Standpunkt eines neutralen Beobachters aus läßt sich gerade dieser Sachverhalt als ein gesetzmäßiger Zusammenhang formulieren, der auf einem Wahrscheinlichkeitsurteil basiert: Denkt man sich die Vornahme der gebotenen Handlung zum realen Geschehensablauf hinzu, muß der Erfolg mit an Sicherheit grenzender Wahrscheinlichkeit ausgeblieben sein[211]. Für gewöhnlich wird diese Art der Gesetz-

---

206 Radbruch, Handlungsbegriff, S. 140.

207 Welzel, Strafrecht, S. 200; Gallas, ZStW 67 (1955), S. 9.

208 Armin Kaufmann, in: Weber-FS, S. 219 (220).

209 Vgl. Joerden, Strukturen, S. 48.

210 Vgl. Jakobs, Strafrecht, 29/15 ff.; a. A. Herzberg, Unterlassung, S. 169 ff. u. JZ 1988, 573 (575), der mit einem *negativen Handlungsbegriff* ["*vermeidbares Nichtvermeiden in Garantenstellung*"] die Unterlassungskonstellation zur Grundform der Handlung macht; krit.: Gössel, ZStW 96 (1984), S. 321 ff.

Ein einheitliches Moment in Unterlassung und Handlung ["Bewirken"] sehen indessen nur wenige: E.A. Wolff, Kausalität, S. 37; Arthur Kaufmann, in: H. Mayer-FS, S. 79 (104); Kahlo, GA 1987, 60; hiergegen: Sangenstedt, Garantenstellung, S. 236 ff.

211 Herrschende Meinung: BGHSt 6, 1; NJW 1987, 2940; Lackner StGB Vor § 13 Rndr. 12; dementgegen stellt die Risikoerhöhungslehre haftungsausweitend auf die mögliche

mäßigkeit ob ihrer Irrealität als *hypothetische* bzw. *QuasiKausalität* bezeichnet[212]. Daß die Frage nach der Zurechnung sich hier nicht im Felde eines gedachten naturalistischen Zusammenhangs von Nichtstun und Erfolg konstruieren läßt, dürfte evident sein. Im Rahmen der Diskussion des *sozialen* Handlungsbegriffs ist gerade dieser Aspekt hervorgehoben worden[213].

Die finale Handlungslehre übernimmt diese naturalistische Betrachtungsweise aber und zeigt damit, daß die Steuerung des Kausalgeschehens qua Finalität immer durch positiven Einsatz von Energie (Körperbewegung)[214] von statten gehen soll. Da indes die herrschende Meinung, dem Prinzip nach aber auch die Risikoerhöhungslehre[215], auf die von den Begehungsdelikten gewohnte Kausalstruktur nicht verzichten wollen, lehnt sich auch die finale Handlungslehre an die hypothetische Konstruktion an und bezeichnet den individuellen Handlungsanteil in begrifflicher Spiegelung als *Quasi-Finalität*[216]. Die alternative Reihung [Finalität » Kausalität] und [Quasi-Finalität » Quasi-Kausalität] brachte dann allerdings das Problem mit sich, daß eine nur *potentielle* Zwecksetzung schwerlich mit dem Tatvorsatz auf der Tatbestandsebene in eins gehen kann. Eine Differenzierung der kombiniert noietisch-poietischen Phase in einen Akt der Zwecksetzung, der Mittelauswahl einerseits und die Zweckrealisierung andererseits hätte aufzeigen können, daß die Realität der Unterlassung, jedenfalls unter ontischem Blickwinkel, nur insoweit eine andere als die des Tuns ist, wie sie den körperbewegtem Energieeinsatz entbehrt. Doch offensichtlich sollte der Prozeß der sinnintentionalen Handlung nicht in ontisch variante Teile zerfallen.

Verminderung des Erfolgsrisiko durch die Rettungshandlung ab: Brammsen, MDR 1989, 123 ff.; Stratenwerth, Strafrecht, Rn. 1028.

212 Vgl. zur Begrifflichkeit und der damit indizierten Problematik: Hohmann/Matt, JURA 1990, 544 (548 f.).

Vgl. AK-Seelmann § 13 Rn. 58; Armin Kaufmann, Unterlassungsdelikte, S. 61 ff.; dagegen sprechen Engisch, Kausalität, S. 30; Spendel, JZ 1973, 137 (139); Puppe, ZStW 91 (1980), 863 (899 ff.) auch hier von "Kausalität"; vgl. auch Arthur Kaufmann, in: H. Mayer-FS, S. 79 (105).

213 Vgl. E.A. Wolff, Handlungsbegriff, S. 24. Zur Veranschaulichung des Gemeinten ist auf das Beispiel von Bloy, ZStW 90 (1978), 609 (623) hinzuweisen: "*Eine Person, die so weit vom Ort des Geschehens entfernt ist, daß sie nicht rettend eingreifen kann, unterläßt die Rettung nicht, so daß die Unterlassungssituation überhaupt erst durch die besondere, (...) wechselseitige Abhängigkeit von Schutzverweigerung durch eine Person und Gefährdung einer anderen, begründet wird*".

214 Zur Begrifflichkeit: Welp, Vorangeganges Tun, S. 109 ff.

215 Da auch sie auf Wahrscheinlichkeitswerte der Verwirklichungschance zurückgeht.

216 Vgl. Welzel, Strafrecht, S. 200; Dohna, Verbrechenslehre, S. 21.

Armin Kaufmann[217] hat der finalen Handlungslehre daher auch die Konsequenz nicht ersparen können, daß es das vorsätzliche Unterlassungsdelikt i.S.e. aktuell finalen Überdetermination nicht geben kann. Die Frage der Intentionalität stelle sich hier gänzlich anders, da im Unterlassungsbereich anstatt eines *Wollens* der Unterlassung, zutreffender von einem *Bewußtsein* der Unterlassung gesprochen werden müsse. Täte man das nicht, sei in Kauf zu nehmen, daß derjenige besser gestellt würde (da er unvorsätzlich handelte), der ohne große Überlegung bzw. völlig gedankenlos dem Geschehen seinen Lauf ließe. Der Gleichgültige dürfe aber nicht belohnt werden. Aus dieser Prämisse folgert auch *Welzel*:

> Was wir als `gewollte' Unterlassung zu bezeichnen pflegen, ist in Wahrheit ein bewußtes Unterlassen, nämlich eine Unterlassung im Bewußtsein, handeln zu können: Der Unterlassende weiß, daß er den Ertrinkenden retten kann. Doch erfüllt auch die unbewußte Unterlassung, d.h. die Unterlassung in Kenntnis des Zieles der möglichen Handlung, aber ohne Kenntnis der eigenen Tatmacht, den Unterlassungsbegriff ebenso: Der Untätige sieht den Ertrinkenden, macht sich aber nicht bewußt, daß er retten kann[218].

Der Unterlassungstäter muß die Nichtvornahme der geboten Handlung demnach auch *steuern* können. Wenn es aber darauf ankommt, ob er das Unterlassen der Rettungshandlung *beherrschen*[219] konnte, setzt dies seine grundsätzlich gegebene Handlungsfähigkeit voraus. Der Täter hatte objektiv die Möglichkeit, Gegenmaßnahmen zum Abbrechen des Schadensverlaufs zu ergreifen. Wenngleich Handlung (verstanden als *Tun*) und Unterlassung sich ontologisch ausschließen sollen, weisen sie nach Auffassung der Finalisten trotzdem das sie verbindende Element der vorausgesetzten *Handlungsfähigkeit* auf[220]. Sicherlich wird durch den Gedanken der Handlungsfähigkeit ein Begriff zur Verfügung gestellt, der gleichermaßen in Tun und Unterlassen loziert werden kann, da er der Ausgangsposition jeglichen finalen Verhaltens beigelegt ist.

---

217 Armin Kaufmann, in: Weber-FS, S. 207 ff. / 224 ff.

218 Welzel, Strafrecht, S. 201.

219 Armin Kaufmann, Unterlassungsdelikte, S. 35 ff.

220 Armin Kaufmann, in: Weber-FS, S. 231; Welzel, Strafrecht, S. 205; krit. zur "Beherrschbarkeit" in diesen Fällen: Gallas, ZStW 67 (1955), S. 1 (11 Anm. 33); Küpper, Strafrechtsdogmatik, S. 57, der auf das aktuelle Bewußtsein des Unterlassungstäters abstellt, "mitbewußter Nichtverwirklichungswille"; Grünwald, in: H. Mayer-FS, S. 281 (295 f.).

Hinsichtlich der somit konstatierten Überlegenheit dieses Begriffs über jenen des *Verhaltens*[221] ist der finalen Handlungslehre darüber hinaus aber die Zustimmung zu versagen, da die vorgenommene Begriffsbildung nicht überzeugt. Die Handlungsfähigkeit kann die Vorbedingung einer realen Handlung sein, muß es aber nicht. Angesichts des Zurückschneidens der finalen Überdetermination auf das vorausgesetzte Minimum von Tun und Unterlassen, fühlt man sich wiederum an den Willkürbegriff der kausalen Handlungslehre erinnert. Hier wird die Unterlassung eben als *gewillkürtes Verhalten* verstanden. Eine Unterscheidung ist nicht mehr zu leisten.

Daneben stimmt die Begrifflichkeit selbst nicht; weil die Fähigkeit objektiv eine bloße Möglichkeit ist, taucht sie in der ontologischen Welt nicht als Realität auf. Höchstens dann, wenn ein Tun zur Erfolgsverwirklichung führt. Aber auch in diesem Fall kann erst durch das Vorliegen der Handlung auf die Fähigkeit zu ihrer Vollziehung geschlossen werden, eine Tautologie. Beim Unterlassen muß selbst das Bestehen dieser Möglichkeit erst noch konstruiert werden, da es an der Handlung fehlt, jedenfalls aus der Sicht der Finalisten. Daneben ist der Hinweis *E. A. Wolffs*[222] in diesem Kontext nicht von der Hand zu weisen, *Fähigkeit* meine eine Eigenschaft und *Handlung* einen Akt. Beides kann miteinander wohl zu tun haben, ein Oberbegriff läßt sich in der Handlungs*fähigkeit* indessen nicht erkennen.

Die Ausarbeitung eines systematisch stimmigen Oberbegriffs von Tun und Unterlassen fällt der finalen Handlungslehre aber auch aus einem anderen Grunde schwer: Bereits anhand der Stellungnahmen dieser Lehre zu der Konstituierung der Fahrlässigkeitshandlung ist gezeigt worden, daß der Weg der Abstrahierung von jeglichem Rechtsbezug im Handlungsbegriff in die *Sackgasse des Kausalmonismus* führt. Das Problem des Finalismus, das vermeintliche Fehlen eines Kausalstrangs vom Unterlassenden zum Erfolg mit der Einführung der Quasi-Finalität zu parieren, einmal dahingestellt: Daß in der Unterlassung ein vortatbestandliches Phänomen zu sehen ist, das die Zurechnung auszulösen vermag, bestreitet auch die finale Handlungslehre nicht.

In die Vortatbestandlichkeit gehen indes nur Quasi-Kausalität und Quasi-Finalität ein. Wie beim Fahrlässigkeitsdelikt so fehlt auch hier der unterlassungs-

---

221 Der Begriff des "Verhaltens" wird heute weitgehend als Oberbegriff von Tun und Unterlassen abgelehnt: Schönke/Schröder-Stree StGB (21) §§ 13 ff. Rn. 138; and.: Baumann/Weber, Strafrecht, S. 191.

222 E.A. Wolff, Handlungsbegriff, S. 15; für die Beherrschbarkeit ergibt sich hier nichts anderes, vgl. ders., Radbruch-GedS, S. 291 (300); Gallas. ZStW 67 (1955), 1 (11 Anm. 33).

konstituierende Rechtsbezug als Ausdruck interpersonaler verbindlichen Handelns. Ein solcher Bezug könne auch nicht in der Definition der Unterlassung angeführt werden, denn eine Gemeinsamkeit von Tun und Unterlassen läßt sich erst auf der hiervon getrennten normativen Stufe erreichen[223]. Die Quasi-Finalität bleibt reine Innerlichkeit (natürlicher Willen), weder Sozialerheblichkeit noch Rechtsbezug scheinen in ihr auf, obwohl sich wie bei kaum einer anderen Fallgruppe der Erfolg erst über die materiale Beziehung im Anerkennungsverhältnis herstellt, die im Falle der Unterlassung voneinander in Abhängigkeit begriffen werden müssen.

Die finale Handlungslehre entbehrt mithin der vollständigen Darstellung der Handlungsimplikationen: Ihre Stellungnahme zur Handlung beim Fahrlässigkeitsdelikt sowie die auf sie zurückgehende Bildung eines Oberbegriffs im Bereich der Unterscheidung von Tun und Unterlassen, lassen Defizite hinsichtlich der Erfassung personaler Wirklichkeit in der Form intersubjektivrechtlicher Handlungsrepräsentanz erkennen. Die ontische Struktur wird z.B. beim Fahrlässigkeitsdelikt derart reduziert (Steuern der [sorgfaltswidrigen] Handlung), daß die behaupteten Unterschiede zum Kausalmonismus sich verwischen. Indem Fahrlässigkeitshandlung und Unterlassensfinalität nur auf Teilbereiche des Geschehensablaufs hin orientiert werden, gelingt die beanspruchte Spiegelung aller Unrechtsmomente in der Handlungsstufe nicht vollständig. Der Bezug von Handlung zur *Wertungsstufe* wird durch diese Verkürzungen undeutlich; die Linien der *sozialen* Dimension in Hinsicht auf Handlung- bzw. der Handlungsfolgen nachzuziehen, bleibt der juristischen Wertungsstufe allein vorbehalten. Der Handlungsbegriff ist seiner personalen Substantialität beraubt.

3. Dritte Stufe: Die Handlung als neutraler Begriff

Die Entwicklungslinien des sozialen Handlungsbegriffs sind um einiges schwerer nachzuzeichnen, als dies bei kausaler und finaler Handlungslehre aufgewiesen werden konnte. Markieren die naturalistische und die finale Sichtweise der Handlung doch zwei relativ klar voneinander zu trennende Standpunkte, deren Auseinandersetzung vornehmlich um die Frage der Qualität und zurechnungsspezifischen Bedeutung der menschlichen Handlung als Ausübung von Zwecktätigkeit kreiste - eine Diskussion, die immerhin die deutsche Strafrechtsdogmatik auf Jahrzehnte beherrscht hat und deren Ausläufer bis in die heutige Zeit re-

---

223 Hierzu: Schmidhäuser, in: Radbruch-GedS, S. 268 (278).

gistriert werden können[224]. Demgegenüber hatten es die Vertreter einer sozialen Handlungslehre mit einer doppelten Schwierigkeit zu tun: Einerseits waren auch sie gehalten im Streit um den Stellenwert des Handlungswillens Position zu beziehen, darüber hinaus standen sie vor der Aufgabe, das in der Diskussion zutage getretene *Defizit an Sozial- bzw. Rechtsbezüglichkeit* der vorhergehenden Handlungsbegriffe - in einem neuen - respektive erweiterten - Konzept der Handlung aufzuarbeiten. Ebenso wie der Intellektualismus *Welzels* als Reaktion auf die von der Subjektivität der Handlung abstrahierende kausalmonistische Lehre in der Folge von *Liszt* und *Beling* zu verstehen ist, setzte die soziale Handlungslehre gerade zu einem Zeitpunkt ein, als die Gegensätzlichkeit von Finalismus und kausaler Handlungslehre in Hinsicht auf die tatbestandliche Handlungsqualität sich zu verhärten drohte.

Nun war das Problem des Sozialbezugs der Handlung als solches zugestandenermaßen keine Erfindung der sozialen Handlungslehre. Bereits 1904 beschäftigte sich *Radbruch* mit der *Frage nach dem Handlungsbegriff*, die er sinnfälliger Weise wie folgt aufwarf:

> Welche Beziehung zwischen Wille und Tat ist vereinbar mit den Eigenschaften Rechtswidrigkeit, Schuldhaftigkeit und Strafbarkeit?[225].

Die Antwort hierauf fiel allerdings höchst unterschiedlich aus. Teilweise wurde die soziale Dimension ausdrücklich für den Handlungsbegriff disqualifiziert[226], bisweilem schwang sie unpräzisiert in den Definitionen der Handlung mit[227]. Durch die Vorverlegung der Handlung als primär zu untersuchendes *vortatbestandliches* Merkmal der Straftat gerieten für die Vertreter der kausalen Handlungslehre schon vom Ansatz her Aspekte des Rechtlichen genauso wie Aspekte des subjektivindividuellen Anteils des Täters an den Rand des Handlungsbegriffs.

Die Kategorie der *Verbrechens* bot sich insoweit als Sammelbecken aller ausgeschiedenen Wertungsaspekte an, was im Ende der kausalen Handlungslehre wohl zu Recht die Kritik eintrug, sie vertrete lediglich einen *reduzierten* Begriff der strafrechtsrelevanten Handlung[228]. Die Herstellung eines nicht allein verbrechenssystematisch geprägten Konnex zwischen willentlicher Tathandlung und

---

224 Vgl. jüngst: Küpper, Strafrechtsdogmatik, S. 200 ff.; Skeptisch: Schmidhäuser, JZ 1986, 109 (116).

225 Radbruch, Handlungsbegriff, S. 74.

226 Mezger, Strafrecht (1), S. 109;

227 Radbruch, in: Frank-FG I, S, 161 f.

228 E.A. Wolff, Handlungsbegriff, S.9, 11.

rechtlicher bzw. sozialer Umformung konnte auch dem Finalismus nicht gelingen: Die Konstituierung eines *Zwei-Schichtenmodells*[229], in dem die Grundlage der Zurechung durch den rein ontologischen Zusammenhang von innerer, willentlicher Zwecksetzung und Realisierung derselben in der Außenwelt gebildet wird, auf die dann in einem weiteren Schritt eine Wertungsstufe folgt, verdeutlicht nicht die materielle Verknüpfung zwischen willensgetragener Handlung als subjektszentriertem Vorgang und rechtlicher Bewertung.

Die Ebene der Rechtswidrigkeit erscheint als eine vom Subjekthaften abgelöste objektiv-allgemeine Instanz. Der innere Bezug des handelnden Individuums zur Rechtssphäre kommt ebenfalls nicht in der finalen Determination des Kausalverlaufs zum Tragen - die finale Handlung ist sachlogisch, sprich: vorrechtlich -, sondern wird erst jenseits des Handlungsbegriffs als reduzierter Aspekt des Unrechtsbewußtseins loziert. Im Ergebnis gelangte man auf diese Weise zwar zu *bereinigten* Systemstufen, nämlich der finalsachlogischen, die Kausalität strukturierenden Handlung des Zurechnungssubjekts; ihre Einbettung in die von von der Rechtsordnung entsubjektiviert aufgestellte Unrechts-Ebene und schließlich zur Schuld, die nach der inneren Einstellung des Handelnden zur konstatierten Rechtsverletzung fragte. Handeln heißt für das Individuum mithin allein Zwecksetzung in der von der Sozialität abstrahierenden Außenwelt. Letztlich entscheidend ist also, welcher Stellenwert dem vom Subjekt in seiner Handlung intendierten *Sollensbezug* im Rahmen des Zurechnungsurteils zukommen soll. Damit ist zugleich die Ausgangsfrage der sozialen Handlungslehre aufgeworfen.

Der Versuch einer Systematisierung, der inhaltliche Klarheit über die Kriterien des sozialerheblichen Handelns erbringen soll, sieht sich zunächst einer Vielzahl von unterschiedlichen Ansätzen gegenüber, die teils aufeinander aufbauen, sich teils überschneiden oder unvermittelt nebeneinander stehen und denen einzig die Begriffsverwendung (Bezug auf die soziale Dimension der Handlung) gemeinsam zu sein scheint[230]. So verdient beispielsweise für *Eb.*

---

229 Vgl. Küpper, Strafrechtsdogmatik, S. 53 unter Bezugnahme auf Welzel, NJW 1968, 426; ders., Vom Bleibenden, S. 10 Anm. 20.

Welzel, ZStW 58 (1939), 491 (496) schreibt -wenn auch späterhin nicht weiter konkretisiert- der handlungsqualifizierenden finalen Determination des Geschehensablaufs eine Integrationswirkung für das sozial Erhebliche ("*die im praktischen Handeln gegebene Wirklichkeit des sozialen Lebens*") zu: "*Machen wir endlich einmal Ernst mit dem so oft betonten Gedanken, daß die rechtliche Wirklichkeit die Wirklichkeit des praktischen Lebens ist*". Vgl. Eb. Schmidt, in: Engisch-FS, S. 339 (340 Fn. 5).

230 Als Vertreter einer sozialen Handlungslehre werden u.a. bezeichnet: Eb. Schmidt, SJZ 1950; 290 f.; Engisch, in: Kohlrausch-FS, S. 339; Maurach/Zipf, Strafrecht AT, S.

Schmidt jegliches willensgetragenes Verhalten, das durch seine Auswirkungen die Lebenssphäre von Mitmenschen berührt und sich unter normativen Aspekten als soziale Sinneinheit darstellt das Handlungsprädikat; *Engisch* beschreibt Handlung als *willkürliche(s) Bewirken objektiv bezweckbarer sozialerheblicher Folgen*[231]; für *Jescheck* wiederum kann als Handlung schlichtweg jedes *sozialerhebliche menschliche Verhalten* gelten[232]; *Maihofer* bestimmt die Handlung als *für den Menschen bezweckbares Verhalten mit objektiv berechenbarem sozialen Erfolg*[233]; *Wessels* schließlich ist der Auffassung, Handlung sei *das vom menschlichen Willen beherrschte oder beherrschbare sozialerhebliche Verhalten*[234].

Eine Rubrizierung der im einzelnen vertretenen Varianten unter dem Topos der *Sozialerheblichkeit* menschlicher Verhaltensweisen[235] vermag die Einzelansätze zwar allgemeinbegrifflich unter einen gemeinsamen Nenner zu bringen, dem zu unterstellenden materiellen Gehalt wird ein solches Vorgehen in keiner Weise gerecht; eine dogmatisch leistungsfähige und aussagekräftige Definition, die gleichermaßen die Varianz der vertretenen Auffassungen in sich aufnehmen könnte, ist bei dieser Ausgangslage zunächst nicht zu sehen[236]. Daher erweist sich auch die gemeinhin behauptete Eignung des Gedankens der *Sozialerheblichkeit* als Unterscheidungskriterium vorallem zwischen finaler und sozialer Handlungslehre[237] als fragwürdig. *Die* soziale Handlungslehre gibt es also nicht.

Es zeichnen sich indes Strukturierungsmöglichkeiten ab, wenn man die Argumentation der sozialen Handlungslehren im einzelnen im Lichte der unternommenen Abgrenzungsversuche zu kausaler und finaler Handlungslehre untersucht. Ähnlich wie die finale Handlungslehre aus der Kritik am Kausalmonismus hervorgegangen ist und so ihre Position in Abarbeitung des vorgefundenen Entwurfs erst Zug um Zug innovativ formulieren konnte, müssen auch die sozialen

---

203 ff.; Maihofer, Handlungsbegriff, S. 65 ff.; ders., in: Eb. Schmidt-FS, S. 156 ff.; Jescheck, in: Eb. Schmidt-FS, S. 139 ff.; Bloy, ZStW 90 (1978), 609 ff.; Wessels, Strafrecht AT, S. 24.

231 Engisch, in: Kohlrausch-FS, S. 141 (164).

232 Jescheck, Strafrecht, S. 177.

233 Maihofer, in: Eb. Schmidt-FS, S. 156 (182).

234 Wessels, Strafrecht AT, S. 24.

235 Küpper, Strafrechtsdogmatik, S. 60.

236 Vgl. Schönke/Schröder-Lenckner StGB (24) Vorb. §§ 13 ff. Rn. 33.

237 Vgl. nur: Wessels, Strafrecht AT, S. 24, nach dessen Definition das einigende Band der sozialen Handlungslehre im Rekurs auf die soziale Relevanz des menschlichen Tuns oder Unterlassens zu finden ist; krit. Otter, Funktionen des Handlungsbegriffs, S. 74.

Handlungslehren als flexible Reaktion auf vorhergehende Handlungsbegriffe verstanden werden. Die historische Entwicklung belegt dies: Die meiste Zeit dieses Jahrhunderts existierten kausale, finale und soziale Handlungslehren nebeneinander. So läßt sich im stetigen Auf und Ab der Diskussion um den "richtigen" Handlungsbegriff allenfalls eine Blütezeit der sozialen Handlungslehren in den sechziger Jahre feststellen.

a. Die Angleichung von Kausalstruktur und extern-sozialem Standpunkt bei Eb. Schmidt

Wenn auch die Ansichten über das Geburtsdatum der sozialen Handlungs*lehre*n auseinandergehen[238], steht jedenfalls fest, daß durch *Eb. Schmidt* die Frage nach der *sozialen Qualifikation* der Handlung systematisch zuerst aufgeworfen wurde[239]. Im Fortgang seiner Stellungnahmen zur Bedeutung der Sozialerheblichkeit läßt sich insbesondere veranschaulichen, welche Sprengkraft diesem Aspekt für die Anreicherung und spätere Überwindung der kausalen Handlungslehre zuzuschreiben war. Was *Eb. Schmidt* später selbst als *Loslösung vom Naturalismus* bezeichnete[240], nahm mit einer *fast unscheinbaren* Formulierung seinen Lauf[241]. Schon mit der zaghaft vollzogenen Veränderung der Blickrichtung auf mögliche Bezüge zwischen gewillkürter Verursachung und sozialer Sphäre begann der Kausalmonismus an einer entscheidenden Stelle in eine seitdem unumkehrbare strukturelle Begriffskrise zu geraten. Die Erfassung der Handlung als soziales Phänomen ließ die übrigen Termini der kausalen Handlungslehre (Willkürlichkeit und Körperlichkeit des Handlungsvollzugs) ins Wan-

---

238 Nach Bloy, ZStW 90 (1978), 609 (611) soll die Entwicklung der sozialen Handlungsbegriffe im Jahre 1939 mit Eb. Schmidts Monographie "Der Arzt im Strafrecht", S. 75 Anm. 29, anheben, wohingegen wohl mit Maihofer, in: Eb. Schmidt-FS, S. 156 (158) davon auszugehen ist, daß die Basisdefinition der sozialen Handlung, als "*soziales Phänomen in seiner Wirkungsrichtung auf die soziale Wirklichkeit hin*" schon 1922 in seiner Bearbeitung des Lisztschen Lehrbuchs geleistet worden ist; vgl. auch: Eb. Schmidt, Die militärische Straftat und ihr Täter, 1936, S. 22 f.

239 H. Mayer, in: Weber-FS, S. 137 (147).

240 Eb. Schmidt, in: Engisch-FS, S. 339 Anm. 2.

241 Maihofer, in: Eb. Schmidt-FS, S. 156 (158); Im Unterschied zu Liszt, der trotz der sonderlichen Konsequenz, daß sein erfolgsbezogener kausaler Handlungsbegriff auch die Zeugung des Täters unter den Straftatbestand subsumieren ließ, nicht von der rein naturalistischen Betrachtungsweise abgerückt ist, erweiterte Eb. Schmidt die bislang geltende Formel um das Prädikat "sozial": "*Veränderung der sozialen Außenwelt durch willkürliches Verhalten*"

ken geraten. Die naturalistische Lehre erkannte in der Handlung einen Vorgang, der sich vollständig erklären ließ, ohne daß sowohl das personale wie auch das *finale* Element Rekurs genommen werden mußte. Demzufolge erschöpfte sich auch die Willkür der Handlung in ihrer Bedeutung als genuin *psychologisches* Faktum.

Ein Verständnis der menschlichen Ursachensetzung, das nicht weiter reicht als bis zur Klassifikation der Handlung als *sinnlich wahrnehmbare Veränderung der physikalischen Außenwelt*, vermag mit einer nicht durch die Körpersinne wahrnehmbaren Veränderung der nichtphysikalischen Lebenswelt nichts anzufangen - jedenfalls soweit es um den Aufweis von Handlungsstrukturen geht. Daraus folgt, daß der Einbezug des sozialen Handlungsmoments die Modifikation des Willkürbegriffs notwendig machte: Die vom Willen des Zurechnungssubjekts in Gang gesetzte Kausalreihe bis hin zum Erfolg verkörpert zugleich den Ausdruck handelnd konstituierten Sollensbezugs.

Die praktisch-dogmatischen Auswirkungen der *fast unscheinbaren* Kursänderung lassen sich an zwei Beispielen, die *Eb. Schmidt* selbst zur Veranschaulichung seiner Auffassung gewählt hat, skizzieren: Um eine beliebige Verhaltensweise aus der Masse des Alltäglichen hervorzuheben, sei sie auf ihre *objektiv-soziale Sinnhaftigkeit* hin zu überprüfen[242]. Diese liege vor, wenn sich das fragliche Geschehen dem Instrumentarium juristischer Wertung *zugänglich* erweist. Soziale *Vergemeinschaftung* der Individuen[243] hebe ihre Tätigkeiten über den isolierten Subjektstatus des Einzelnen hinaus; auch wer in Verkennung dieses Tatbestandes denke, für sich selbst zu handeln, könne den sozialen Status seiner Handlung nicht ungeschehen machen. Die Charakteristik der Sozialbezüglichkeit weise überdies auf die Rechtserheblichkeit der Verhaltensweise hin[244]. *Eb. Schmidt* beschreibt Handlung als soziales Phänomen mit ihren Ausläufern bis in die Sphäre des Rechtlichen.

Eine erste dogmatische Nutzanwendung ergab sich für ihn anläßlich der Diskussion um die Tatbestandsmäßigkeit des *lege artis* durchgeführten ärztlichen Heileingriffs[245]. Die Konkretisierung des Sozialbezugs des Heileingriffs bemesse sich in diesem Kontext nach den *Anschauungen, Erfahrungen und Ge-*

---

242 Die Betonung liegt hier auf "*objektiv*-sozial": Eb. Schmidt, in: Engisch-FS, S. 339 (341).

243 Eb. Schmidt, in: Engisch-FS, S. 339 (341).

244 Eb. Schmidt, in: Engisch-FS, S. 339 (341).

245 Eb. Schmidt, Der Arzt im Strafrecht, S. 75 ff.; ders., in:44. DJT I, Teil 4; ders., in: Engisch-FS, S. 339 (345 ff.).

wohnheiten der sozial verfassten Gemeinschaft[246]. Der operative Eingriff unterliege hiernach zunächst einmal den tradierten und erprobten Regeln der ärztlichen Berufskunst, nach deren Maßgabe eine sachgerechte Heilbehandlung die Sinnbedeutung des Nicht-Tatbestandsmäßigen in sich trage (*Heiltendenz*)[247]. Der Handlungssinn verkehre sich selbst dann nicht in sein Gegenteil, wenn der Eingriff zwar *lege artis* vollzogen sei, es aber an der Einwilligung des Patienten in die Heilbehandlung fehle; eine Anwendbarkeit der Köperverletzungstatbestände des StGB scheitere hier nicht an der fehlenden Handlungsqualität.

Die entgegenstehenden Sinnbedeutungen (sachgerechter Eingriff vs. Verletzung des Selbstbestimmungsrechts müßten auf anderer Ebene ausgetragen werden[248]. Der Begriff der *Heiltendenz* bedeutet bei *Eb. Schmidt* mehr als nur die hierin enthaltene Wertung, ärztliche Heileingriffe seien in der Regel tatbestandslos. Es geht ihm darum aufzuweisen, daß *lege artis* durchgeführte ärztliche Maßnahmen *per se* nicht der soziale Sinngehalt einer Körperverletzung inne wohnt. Nimmt der Arzt beispielsweise unter Einhaltung der spezifischen medizinischen Regeln einen schweren operativen Eingriff vor, der zwar höchst risikoreich verlaufen kann und dessen Ausgang bis zu einem gewissen Grade ungewiß ist, kann ein Mißlingen der Operation - auch wenn erhebliche Schädigungen durch sie verursacht wurden - ihm nicht als Körperverletzungs- bzw. Tötungshandlung zugerechnet werden. In bewußter Abgrenzung zu einer zurechnungsindizierenden Verknüpfung von ärztlicher Handlung und Gesundheitsschaden nach Art der kausalen Handlungslehre qualifiziert sich im vorliegenden Fall das Verhalten des Arztes nicht als Tun. Vielmehr hat es dieser, medizinisch völlig richtig handelnde Arzt nicht vermocht, den schädigenden Erfolg vom Patienten abzuwenden; es liege demnach begrifflich ein Unterlassen vor, dessen Strafbarkeit nunmehr davon abhänge, ob der betreffende Mediziner seiner Garantenpflicht zu sachgerechter Operation nachgekommen ist. Die Problematik sei dogmatisch zufriedenstellend auf der Ebene der tatbestandlichen Handlung zu lösen, die Rechtswidrigkeit als Prüfungsstufe bliebe damit außen vor.

Durch die Schwerpunktveränderung der Betrachtungsweise, im Sinne einer Verschiebung des Zurechnungsmodus auf den sozialen Sinngehalt der jeweiligen Handlung, gerät das Kausalmoment der Verursachung so weit aus dem Blickfeld, daß sich nunmehr auch das Phänomen der Unterlassung besser erfassen läßt. *Eb. Schmidt* begreift den von ihm entwickelten sozialen Handlungsbegriff

---

246 Eb. Schmidt, in: Engisch-FS, S. 339 (341).

247 Eb. Schmidt, Der Arzt im Strafrecht, S. 75 f.; Vgl. Bloy, ZStW 90 (1978), 609 (614).

248 Eb. Schmidt, in: Engisch-FS, S. 339 (346).

dann auch als Leit- und Ordnungsbegriff: Handlung ist insofern führender Topos, als nicht auf ein sozialerhebliches *Verhalten* abgestellt wird, sondern die tatbestandsmäßige Handlung sowohl Tun als auch Unterlassen beinhalten kann. Während beim Tun die Frage nach der sozialen Sinnhaftigkeit des Verhaltens indes in der Vielzahl der Fälle dem Juristen keine sonderlichen Probleme bereitet, sind es gerade die unechten Unterlassungsdelikte, die ausnahmlos gerade über ihren Sozialbezug (*alles in Richtung der Erfolgsanbwendung sachgemäß Erforderliche zu tun*)[249] konstituiert werden. *Eb. Schmidt* nimmt also für sein Modell der Handlung in Anspruch, nicht nur einen formell-systematischen Oberbegriff für die Sphären des Tuns und Unterlassens zur Verfügung zu stellen, ihm kommt es insbesondere auf deren *materiellen* Zusammenhang an[250].

Die Bestimmung des sozialen Sinngehalts

Eine Kritik hat sich daher zunächst einmal mit der Begründungsbasis der gezeigten Konzeption von Handlung auseinanderzusetzen. In Anlehnung an den von *Radbruch* konstatierten Sinn der *faktischen Lebensverhältnisse*[251], zieht *Eb. Schmidt* als Maßstab der *sozialen Sinnhaftigkeit* die Denkform der *Natur der Sache* heran[252]. Auffallend ist dieser ausdrückliche Bezug auf die *Natur der Sache* schon allein wegen der damit in den Blick genommen sachlogischen Strukturen, die ja auch *Welzel* seiner finalen Handlungslehre unterlegt hat[253]. Ohne an dieser Stelle auf den theoretischen Status der *Natur der Sache* und ihren vermeintlichen Schwebezustand zwischen *hintergründig-tiefsinniger Zauberformel*[254] und *Leerformel*[255] eingehen zu wollen, muß nach der zurechnungsrelevanten Konkretisierung dieses Maßstabs für die Sozialerheblichkeit gefragt werden. *Eb. Schmidt* verspricht sich vom Rekurs auf die *Natur der Sache* lediglich eine Orientierung, die noch ausreichend Spielraum für eigenständige Wertungsvorgänge des juristischen Entscheidungsträgers bereithalten muß. Der

---

249 Eb. Schmidt, Engisch-FS, S. 339 (350).

250 Bloy, ZStW 90 (1978), 609 (616).

251 Radbruch, in: Laun-FS, S. 15.

252 Eb. Schmidt, in: Engisch-FS, S. 339 (351 f.).

253 Eb. Schmidt, in: Engisch-FS, S. 339 (351 Anm. 19) nimmt sogar selbst Bezug auf Welzel, in: Niedermeyer-FS, S. 279 ff.

254 ironisierend: Eb. Schmidt, in: Engisch-FS, S. 339 (352); Klug, in: Tsatsos-FS, S.613 f.

255 Ekkehard Kaufmann, JuS 1987, 851.

Vorgang der dogmatischen Beurteilung eines Lebenssachverhalts laufe entlang einer *der sozialen Wirklichkeit vernünftig entsprechende(n) soziale(n) Sinnerfassung*[256], wobei primär die soziale Sinnhaftigkeit offenzulegen sei und erst dann die konkrete rechtlich abschließende Wertung vorgenommen werden dürfe.

Die Sozialbezüglichkeit ist mithin *vorrechtlich* der Handlung schon mitgegeben, unter bestimmten Bedingungen können sich rechtliche Erwägungen daran anknüpfen. Im Ansatz erinnert diese Stellungnahme an Welzels Auffassung der sachlogisch vorgegeben Strukturen des Seins, die prinzipiell unabhängig von der *gesetzgeberischen Willkür* feststehen sollen und nur punktuell auf rechtliche Wertungen verweisen würden[257]. Wenn also soziale Ebene und rechtliche Ebene auseinanderfallen, läßt sich zwar jedes rechtliche Verhalten auf seine ihm eigene soziale Sinnhaftigkeit zurückführen, umgekehrt aber verlängert sich eben nicht *jedes* sinnhaft-soziale Tun oder Unterlassen in den rechtlichen Bereich. An der Unterscheidung einer intersubjektiv gebundenen moralischen bzw. moralwidrigen Handlung von einer intersubjektiv-rechtlich relevanten und zurechenbaren Handlung fehlt es. *Welzel* löste die Verschiedenartigkeit seiner straftatsystematischen Stufen *finale Handlung* und *juristische Wertung* durch das Aufeinanderbezogensein von Handlung einerseits und Unrecht andererseits - durch die Verknüpfung von Handlungsunwert und Erfolgsunwert.

Die Aspekte der Sozialwidrigkeit des Handelns waren somit Folgeerscheinung der intellektualistisch verstandenen Finalität und nur in diesem beschränkten Sinne konnte *Welzel* von der Handlung als *sozialer Sinneinheit* sprechen. *Eb. Schmidt* verfährt ähnlich: Er zieht zwar den spezifischen Sozialsinn zum Handlungsbegriff, der (sozialindizierte) rechtliche Unwert der Handlung wird indes erst in der rechtlichen Subsumtion der Handlung unter den fraglichen Tatbestand an das Geschehen herangetragen. Folgerichtig handelt der Arzt, der den Heileingriff lege artis durchführt, auf den vorgefundenen sozialen Zusammenhang seiner beruflichen Tätigkeit und damit auf die Heilung des konkreten Patienten hin. Mißglückt die Operation trotz der beachteten Regeln und/oder liegt keine wirksame Einwilligung des Patienten in den Eingriff vor, beeinträchtigt dies die Tatbestandslosigkeit der Operation nicht. Konsequent ist *Eb. Schmidt* der Auffassung, für den Fall der fehlenden Einwilligung sei der Gesetzgeber aufgerufen, einen Straftatbestand zu schaffen, der ärztliches Verhalten mit dem sozialen Sinngehalt *Eigenmächtigkeit* [im Rahmen der Heilbehandlung] pö-

---

256 Eb. Schmidt, in: Engisch-FS, S. 339 (351).

257 Welzel, Naturrecht und materiale Gerechtigkeit, S. 198.

nalisiere[258]. Die Trennung von sozialer Sinnhaftigkeit und strafrechtlicher Relevanz ist dennoch bereits *konzeptionell* nicht hinreichend aufgewiesen. Dies liegt nicht zuletzt am variantenreichen Rückbezug auf die Denkweise der *Natur der Sache*. Einerseits läßt die Bezugnahme auf *Radbruchs faktische Lebensverhältnisse* vermuten, daß der Sinngehalt klar erkennbar und ohne Zuhilfenahme juristischer Handwerkskunst operationalisiert werden kann, andererseits zeigt die Anspielung auf *Dahms* teleologischen Begriff der *Natur der Sache* die ganze Flexibilität, mit der *Eb. Schmidt* den Handlungsbegriff ausgestattet sehen will. Der soziale Sinn einer Verhaltensweise wird sich gemeinhin nicht allein aus den vor- und a-rechtlichen Lebens- und Berufsverhältnissen einzelner Gruppen bzw. gesellschaftlicher Korporationen bestimmen, sondern durch die rechtliche Strukturierung weiter Bereiche mitgeprägt werden. Recht, zumal positives Recht, ist demnach schon maßgeblich für den sozialen Erwartungshorizont der Individuen mitverantwortlich. Gerade bei dem von *Eb. Schmidt* zur Veranschaulichung der Trennung von Sozialwidrigkeit und Rechtswidrigkeit gewählten Beispiel der de lege artis vollzogenen, aber ohne Einwilligung des Patienten durchgeführten, Operation, zeigt sich die *Vernetzung* sozialer und rechtlicher Regeln.

Der Nachweis, was im einzelnen noch sozialwidrig, im anderen Fall aber bereits rechtswidrig ist, kann auf dieser Basis nicht überzeugend gelingen. Ein dogmatisch leistungsfähiger Handlungsbegriff, dem die Aufgabe zufallen soll, als Eingangspforte des Straftatsystems, eine erste Auslese der zurechnungsrelevanten Konstellationen zu treffen, bedarf eindeutiger Konturen. In der mangelnden Trennschärfe zwischen der Handlungsebene (Hineinwirken in das soziale Zusammenleben) und der Unrechtsebene (Hineinwirken in die Sphäre des Rechtswidrigen) liegt folglich ein entscheidendes Manko des sozialen Handlungsbegriffs von *Eb. Schmidt*.

Dies geht wesentlichen auf das Konto der Favorisierung des *objektivsozialen Sinngehalts*[259]. Zwar abstrahiert diese Begriffsbestimmung relativ eindeutig von jeglichen subjektiven Momenten der Handlung. Die Konstitution sozialer Wirklichkeit hängt nicht von den Vorstellungen und Intentionen ab, die das Individuum mit seiner Handlung verbindet. Der Begründer der sozialen Handlungslehren vermittelt dies unter Rückgriff auf einen von *Frank*[260] gebildeten Fall:

---

258 Eb Schmidt, in: Engisch-FS, S. 339 (346).

259 Eb. Schmidt, in: Engisch-FS, S. 339 (340);

260 Frank, Strafrechtliche Fälle, S.40.

> Der 20jährige große Bruder, des Französischen durchaus kundig, paukt seinen 8jährigen Schwesterchen, das kein Wort französisch versteht, ein, daß es seine Musiklehrerin, um ihr eine besondere Freude zu machen, mit den Worten "Bon jour, madame la cocotte" begrüßen solle[261].

Für die Handlungsqualität spiele es nun weder eine Rolle, daß das Kind den sozialen Sinn seiner Worte nicht erfassen konnte, noch spiele die Tatsache eine Rolle, daß der erwachsene Bruder nicht unmittelbar selbst die Begrüßungsformel ausgesprochen hat - allein der ehrkränkende Inhalt entscheide. Beurteilt man den Sachverhalt nach den Grundsätzen der finalen Handlungslehre, würde auch hier von einem final determinierten Geschensablauf gesprochen werden können: Ob der Äußerung ein spezifischer sozialer Sinn eigen ist, interessiert nicht, denn es kommt für die Handlungsqualität lediglich darauf an, daß das Kind genau diese Äußerung in ihrer konkreten Wortfolge aussprechen wollte. Dies ist ebenso der Fall, wie die willentliche Steuerung des Ablaufs durch den Bruder. Problematisch wird die beabsichtigte Ausblendung der Willensstruktur aber im Bereich der Versuchsstrafbarkeit. Mit dem von *Eb. Schmidt* vertretenen Ansatz ließe sich das Werfen eines scharfkantigen Steins nur schwerlich mit einem spezifischen sozialem Sinn etikettieren. Der Grund des Wurfs (sowie sein -verfehltes- Ziel) ergibt sich erst, wenn der zwecksetzende Wille hinzugedacht wird. *Eb. Schmidt* erkennt dieses mögliche Dilemma seiner Konzeption und versucht unter Einbeziehung der *möglicherweise* (!) vorliegenden *allseitig anerkannten Herkömmlichkeit*[262] einen Ausweg zu formulieren.

Sein sozialer Handlungsbegriff begibt sich damit auf gefährliches Terrain: Der geschickte Täter, der den üblicherweise mit seiner Handlung verbundenen positiven sozialen Sinngehalt für seine strafwürdigen Zwecke ausnutzt, würde trotz bestehendem Tatvorsatz und unmittelbarem Ansetzen nicht sozialwidrig gehandelt haben. Der Individualität der Entscheidung zum Handeln und der Einprägung der Personalität in den Tatverlauf wird hier keine Rechnung mehr getragen. Aus der externen Perspektive geht es um die Verortung des zu untersuchen Verhaltens in einem entindividualisierten Raster des sozial Üblichen.

---

261 Eb. Schmidt, in: Engisch-FS, S. 339 (342)

262 Eb. Schmidt, in: Engisch-FS, S. 339 (345): "*Die Böllerschüsse, die in manchen Odenwalddörfern herkömmlicherweise das in die Kirche ziehende und aus der Kirche kommende Brautpaar ehren sollen, werden von allen jungen Leuten, die da mitmachen, so und nicht anders gewollt und verstanden*". Man ist versucht zu fragen, was aus dem Sinngehalt der Handlung wird, wenn eben doch jemand mit anderer Intention die Schüsse auf ein bestimmtes Ziel hin abfeuert.

b. Der neutrale Handlungsbegriff Jeschecks

Jescheck[263] entfernt sich in vielerlei Hinsicht von den grundlegenden Ausführungen *Eb. Schmidts* zum Handlungsbegriff. Prinzipiell weist er auf die dogmatische Aufgabe eines Handlungsbegriffs hin, dieser müsse
1. die Gesamtheit der *Arten menschlichen Wirkens*, die für das Strafrecht von Belang sein können, abbilden können (Klassifikationsfunktion);
2. prinzipiell wertfrei sein und sich deshalb jedes Vorgriffs auf Rechtswidrigkeit und Schuldstufe enthalten (Definitionsfunktion) und
3. all jene Verhaltensweisen von vorneherein ausscheiden, die mit Sicherheit keinem Straftatbestand unterfallen können (Abgrenzungsfunktion)[264].

Die Notwendigkeit der genannten Funktionen selbst, meint *Jescheck* aus der Kritik an den Fehlern der kausalen und finalen Handlungslehre ableiten zu können. Sowohl Finalismus als auch Kausalmonismus repräsentierten verkürzte Sichtweisen, die wesentliche Aspekte der Handlung vernachlässigen würden. Am Beispiel der Unterlassung werde offenkundig, daß der Täter hier keinen Verwirklichungswillen in die Realität umsetze, geschweige denn die Kausalstruktur zwecksetzend steuere[265]. Dies könne allenfalls zur Seinsstruktur des Begehungsdelikts zu zählen sein. Den Gedanken *Armin Kaufmanns*[266], auf die Potentialität des Handeln können als gemeinsames Merkmal von Tun und Unterlassen abzustellen, verwirft *Jescheck* mit dem Argument, dies führe zum Verlust des subjektiv-intendierten Handlungsziels, also zum Verlust der Finalstruktur[267].

Als Hauptkritikpunkt am kausalen Handlungsbegriff führt er aus, der handelnde Mensch dürfe nicht mit anderen in der Natur vorfindlichen Kausalkräften gleichgesetzt werden. Die Dimension der Zwecksetzung, die das Individuum als Zurechnungsobjekt hiervon unterscheide, sei Grundbedingung der Handlung

---

263 Jescheck, Strafrecht, S. 199 ff.; ders., in: Eb. Schmidt-FS, S. 139 ff.

264 Jescheck, in: Eb. Schmidt-FS, S. 139 (140 f.); Nach Otter, Funktionen des Handlungsbegriffs, S. 77, soll noch eine "Verbindungsfunktion" hinzu kommen. Diese kann in der Zusammenführung objektiver und subjektiver Aspekte der Handlung in der Konzeption Jeschecks vermutet werden; sie ist aber bereits in den drei genannten Funktionen jeweils mitenthalten.

265 Jescheck, Strafrecht, S. 199.

266 Armin Kaufmann, Unterlassungsdelikte, S.66 f.

267 Jescheck, in: Eb. Schmidt-FS, S. 139 (149).

selbst[268]. Wenn die Handlung daher ihrer Klassifikationsfunktion nachkommen soll, sind die jeweils zutreffenden Komponenten der bestehenden Handlungslehren aufzunehmen. Aufgrund der strukturellen Erklärungsdefizite von Finalismus und Kausalmonismus hinsichtlich der Unterlassungstat, sei eine Ergänzung der genannten Handlungskomponenten durch ein Moment *normativrechtlicher* Provenienz zu suchen, nämlich das Moment der rechtlichen Handlungs*erwartung*[269].

Die Handlung als soziales Phänomen, als *Beziehung des menschlichen Verhaltens auf die Umwelt*[270], konstituiere sich indessen nicht durch bloße Addition dieser drei Komponenten, sondern leite ihren sozialerheblichen Sinngehalt aus der Synthese von Kausalstruktur und Finalstruktur ab. Der synthetische Begriff der Handlung wird durch den aktualisierten Sozialbezug eines jeden Tun und eines jeden Unterlassens zum strafrechtlichen Begriff. *Jescheck* spricht in diesem Zusammenhang sogar von der Handlungslehre als *reinem Rechtsbegriff*[271]. Während also noch *Eb. Schmidt* die Sinngebung der Handlung per Vergemeinschaftung des Individuums vorrechtlich verstanden wissen wollte, bricht mit *Jescheck* eine neue Phase eines vorwiegend normativen, Handlungsbegriffs an. Die Erfassungsbreite der Handlungslehre gewinne durch die fruchtbare Verbindung der genannten Momente erst an Kontur: die Verhaltensweisen, denen es an kausaler Bewirkung, finaler Regung oder Bezug auf die rechtliche Erwartung (Unterlassung) mangelt, können als strafrechtlich irrelevante Vorgänge ausgeschieden werden.

Obwohl die Handlung nach *Jescheck* immer schon mit gewissen rechtlichen Implikationen gedacht werden muß[272], darf sie den Unterschied zwischen Unrecht und Recht und auch der daran anschließenden Schuldstufe nicht verwischen. *Rein* ist der strafrechtliche Handlungsbegriff nicht zuletzt deswegen, weil er in seiner materiellen Ausgestaltung nicht auf die objektivexterne rechtliche Bewertung vorgreifen soll. Der Handlungsbegriff habe der Unrechts- und Schuldlehre *freie Bahn*[273] lassen - die Strafrechtsdogmatik bekomme festen

---

268 Jescheck, Strafrecht, S. 197 f. unter Bezugnahme auf Schmidhäuser, in: ZStW 66 (1954), S. 27 (28 ff.).

269 Jescheck, in: Eb. Schmidt-FS, S. 139 (150); wobei es an anderer Stelle heißt, die Handlungserwartung müsse nicht "*notwendigerweise rechtlich*" begründet sein, ders., Strafrecht, S. 201.

270 Jescheck, Strafrecht, S. 200.

271 Jescheck, in: Eb. Schmidt-FS, S. 139 (152).

272 Vgl. Bloy, ZStW 90 (1978), 609 (631).

273 Jescheck, in: Eb. Schmidt-FS, S. 139 (154).

Stand erst auf der Grundlage eines klar umrissenen Handlungsbegriffs, gegenseitige Einflüsse müßten zu diesem Zweck vermieden werden.

Auch diese Konzeption der zurechnungserheblichen sozialen Handlung setzt sich der Kritik aus. Zum einen regen sich Bedenken dahingehend, ob der Handlungsbegriff Jeschecks tatsächlich einer Synthese aus Finalität und Kausalität entspricht (1), desweiteren erscheint fraglich, inwieweit der Handlungsbegriff als neutrale Instanz gesehen werden kann (2).

(1) Auf den ersten Blick wirkt der Gedanke, die Erfassungsbreite des Handlungsbegriffs durch Einbeziehung aller in der post-*beling*schen Ära diskutierten Handlungskomponenten auf eine ausladende Basis zu stellen, überzeugend. Systematisch bringt dies auf der Ebene der ins Auge gefaßten qualitativen Klassifikation zunächst auch allein Vorteile. Das Entweder-Oder zwischen Hervorhebung des Kausalmoments (*Liszt/Beling*), Favorisierung der Finalstruktur (*Welzel*) bzw. Betonung der (objektiven) Sozialerheblichkeit (*Eb. Schmidt*)[274], wird bei *Jescheck* zum Sowohl-als-auch und damit nur *scheinbar* aufgehoben. Die bis dahin problembehaftete Struktur der Unterlassung kann nunmehr über das Moment der rechtlichen Erwartung, die sich an den Einzelnen wendet, in die Handlung aufgenommen werden. Dieser Grad an Klassifikation ließe sich indessen auch durch eine additive Nacheinanderschaltung der kausalen, finalen und rechtlich-sozialen Betrachtungsweise erreichen. Zweifelhaft ist demnach, warum gerade eine *Synthese* der Momente den Handlungsbegriff ausmachen soll. Wie zu Beginn der Arbeit definiert wurde, basiert die Synthese auf der logischen Vorausgesetztheit zweier sich entgegenstehender und dennoch aufeinander bezogener Stufen, These und Antithese. Folgt man dem Modell *Jeschecks*, so müßten sich Finalität und Kausalität einer Handlung auf der ontologischen Ebene gegenüberliegen[275]. Nun ließe sich sagen, die naturalistisch betrachtete Verursachung eines Schadens als Verbindung von Ursache und Wirkung stelle das Allgemeine der Handlung, das *An sich* ihres Begriffs dar. Die zweite *Seite* der Handlung wäre dann nach Jescheck in der der Kausalkette zugeordneten Zwecksetzung des Subjekts, im *Für sich* der Handlung, zu sehen. Einmal abgesehen von der Frage, ob das Moment der Finalität in seiner Entgegensetzung zum kausalen Moment strukturell überhaupt zu seiner Selbstaufhebung in der

---

274 Später auch Maihofer, Handlungsbegriff, S. 72, gegen dessen Auffassung sich Jescheck, in: Eb. Schmidt-FS, S. 139 (153) ausspricht.

275 Jescheck, Strafrecht, S. 200.

Idee des Sozialbezugs führen kann[276], hat man Synthese als etwas materiell *anderes* als These und Antithese zu begreifen. Betrachtet man aber die Beispiele, die *Jescheck* zum Beleg der Leistungskraft seines Handlungsbegriffs anführt, zeigen sich Zweifel an der Konsistenz der Aufhebung[277].

Zunächst gilt ihm die Fallgruppe der im Alltag automatisiert vorgenommenen Handlungen, wie die Teilnahme am Straßenverkehr, als Beispiel zur Veranschaulichung der Defizite der finalen Handlungslehre. Von Finalstruktur sei hier nicht auszugehen, der soziale Sinn ergebe sich anderweitig und zwar aus der Tatsache, daß das betreffende Verhalten einen Schaden verursacht habe[278]. Dort wo also die Finalität nicht mehr zur Definition einer Handlung ausreicht, wechselt *Jescheck* auf das Kausalmoment. Ähnlich beim Unterlassen: Nachdem offensichtlich ist, daß weder Kausalität i.S.d. kausalen Handlungslehre (Ingangsetzen eines Kausalverlaufs?), noch zweckgesetzte Steuerung des Kausalverlaufs (der Täter will eben untätig bleiben und allem seinen Lauf lassen) vorliegen, führt *Jescheck* eine weitere, spezifisch auf den Unterlassungsbereich zugeschnittene, Komponente ein (*rechtliche Handlungserwartung*). Der Zusammenhang dieses Elements mit der kausalfinalen Strukturierung der sozialen Wirklichkeit und sein Stellenwert in der Gewinnung des synthetischen Handlungsbegriffs bleibt undeutlich.

Von einer Synthese im streng genommenen Sinn ist also nicht zu sprechen. Auf der Grundlage dieses Befunds verdunkelt sich aber auch der beanspruchte materielle Gehalt des entwickelten Handlungsbegriffs. Denn will er mehr sein als bloßes Auffangbecken verschiedener Einzelaspekte menschlichen Verhaltens, bedarf es der Herausarbeitung des *Aufeinanderbezogenseins* der Komponenten. Dies kann nicht allein mit der Behauptung unternommen werden, jedes der Handlungsmomente habe im einen oder anderen Fall für die Herstellung der Sozialbezüglichkeit eine hervorgehobene Funktion. Die von *Jescheck* für seinen Handlungsbegriff in Anspruch genommene klassifikatorische und definitorische Leistungsfähigkeit gründet sich auf die Tatsache, daß Handlung aus einem Nebeneinander unterschiedlicher, ja gegensätzlicher, Erfassungsmodi besteht, die je nach Fallkonstellation unter Zurückstellung der restlichen Aspekte entscheidendes zur Definition der Sozialerheblichkeit des Verhaltens beitragen.

---

276 Wie sollte aus der rein ontologischen Qualität und der intellektualistisch-reduktionistisch verstandenen Zwecksetzung, die sich in ihrer Dingbezüglichkeit völlig erschöpft, die soziale Dimension aufscheinen.

277 Vgl. Bloy, ZStW 90 (1978), 609 (633); Otter, Funktionen des Handlungsbegriffs, S. 121 f.

278 Jescheck, in: Eb. Schmidt-FS, S. 139 (148, 152).

Im Prozeß der Gewinnung des sozialen und damit rechtlichen Sinngehalts einer bestimmten Verhaltensweise muß stets eine Auseinandersetzung um die letztlich den Sozialgehalt auslösende Kategorie stattfinden. Insofern ist durch die formale Zusammenführung der finalen und kausalen Handlungslehre in *Jeschecks* Ansatz nichts gewonnen, da mit ihrer *Integration* in sein Konzept auch die Unzulänglichkeiten jeder Lehre eingekauft werden. Die Synthese bleibt damit allenfalls ein systematisierender Oberbegriff.

(2) Die Zielsetzung *Jeschecks*, einen strafrechtlichen Handlungsbegriff zu konzipieren, ist aus der zutreffenden Kritik an dem reduktionistischen Handlungsverständnis von kausaler und finaler Handlungslehre geboren. Gleichzeitig kann auch er die bei *Eb. Schmidt* anklingende Verwobenheit von Sozialwidrigkeit und Rechtswidrigkeit nicht in klar umrissene und voneinander trennbare Begrifflichkeiten auflösen. Unterlassungen sind insoweit dem *Allgemeinbegriff* der Handlung einzuverleiben, als in ihnen eine Enttäuschung rechtlicher Erwartungen zu erblicken sei. Dies wirft die Frage auf, woraus sich die rechtliche Erwartungen in Hinsicht auf ihr *handlungskonstitutives* Wirken eigentlich ableiten. Aus der Kausal- und Finalstruktur mit Sicherheit nicht. Man könnte versucht sein, die Erwartungshaltung gegenüber dem Unterlassungstäter, daß dieser rettend einschreite, als soziale Erwartung zu qualifizieren. Im Anschluß hieran wäre dann zu erörtern, weshalb eine bestimmte Handlung, die wider die soziale Erwartung verstößt, eine rechtlich definierte Garantenstellung/-pflicht auszulösen vermag. Ein solcher Zweischritt würde dem Ansatz *Eb. Schmidts* nahekommen, der die Sozialwidrigkeit generell als *Indiz* für die Rechtswidrigkeit begriffen hat. Aus der Beschreibung seines Modells ist hingegen ein Nacheinander von sozialer und rechtlicher Erheblichkeit eines Verhaltens nicht abzulesen; *Jescheck* setzt sozialen und rechtlichen Inhalt der Erwartung bezüglich der beim Unterlassen tatbestandskonstitutiv erforderlichen Garantenpflicht gleich[279] und räumt damit selbst ein, dieser *Vorgriff auf den Unrechtstatbestand* stelle einen *Mangel an letzter Abgrenzbarkeit* dar.

Angesichts der zentralen Funktion, die dem Aspekt der rechtlichen Handlungserwartung in seiner Konzeption zukommt, kann *Jescheck* die These der Neutralität nicht mehr ernsthaft aufrechterhalten[280]. Die Gratwanderung zwischen einem dem Unrecht naturalistisch oder sachlogisch vorgegebenen Hand-

279 Jescheck, in: Eb. Schmidt-FS, S. 139 (152).

280 Vgl. Bloy, ZStW 90 (1978), 609 (631).

lungsbegriff und einer Handlungslehre, die (teilweise) mit Pflichtwidrigkeitskategorien identisch ist, muß insoweit als gescheitert angesehen werden[281].

c. Die objektivistisch-hypothetische Handlungslehre Maihofers

Auch *Maihofer* verschreibt sich der Entwicklung eines allgemeinen Handlungsbegriffs, der zugleich objektiv und final, personal und sozial[282] sein soll. Schon aufgrund dieser Polyvalenz bereitet es Schwierigkeiten, ihn in der Tradition einer bestimmten Handlungslehre zu sehen[283]. In einem Durchgang durch die *Reste naturalistischer Betrachtung* in kausaler, finaler und sozialer Handlungslehre, an dessen Ende die Absage an die tradierten Handlungskomponenten Körperlichkeit (reale Objektivation), Willkürlichkeit (kausale Dertermination) und Willentlichkeit (finale Determination) steht[284], versucht *Maihofer* nachzuweisen, daß nur ein *geistiger* Handlungsbegriff den Anforderungen der Klassifikation, Definition und Abgrenzung gerecht werden könne[285].

Unter Anspielung auf die Begriffsverwendung *Welzels* sieht er die charakteristische *Geistigkeit* der Handlung in dem Vermögen des Menschen sein Leben und seine Umwelt nicht als beliebigen Kausalfaktor, sondern sehend zu gestalten[286]. Von Handlung könne vor diesem Hintergrund gesprochen werden, wenn ein objektiv beherrschbares Verhalten mit Richtung auf einen objektiv voraussehbaren sozialen Erfolg vorliege[287]. Die Unterscheidung von bloßem Verhalten und Handlung mache sich an drei Momenten fest:

(1) Der Erfolg der Handlung ist voraussehbar; (2) Das Geschehen kann durch den Handelnden beherrscht werden und dies unter Beachtung der Grenzen des

---

281 Andererseits fast beschwörend Jescheck, in: Eb. Schmidt-FS, S. 139 (152): "*Der strafrechtliche Handlungsbegriff ist und bleibt ein reiner Rechtsbegriff*".

282 Maihofer, in: Eb. Schmidt-FS. S. 156 (178).

283 H. Mayer, in: Weber-FS, S. 137 (147) ist der Auffassung, Maihofer knüpfe an die kausale Handlungslehre an; Otter, Funktionen des Handlungsbegriffs, S. 75, hingegen sieht Maihofer eher in der Nähe der finalen Grundbestimmungen der Handlung.

284 Maihofer, in: Eb. Schmidt-FS. S. 156 (169).

285 Maihofer, in: Eb. Schmidt-FS. S. 156 (159, 170 ff.).

286 Maihofer, in: Eb. Schmidt-FS. S. 156 (170): "*Diese dem Menschen `als Menschen' eigentümliche Potenz zur intellektuellen und voluntativen Antizipation des `Laufs der Dinge' ist der Grund aller möglichen Berechnung und zwecktätigen Steuerung der Folgen menschlichen Tuns oder Lassens auf vorgestellte und vorgesetzte Ziele hin*".

287 Maihofer, in: Eb. Schmidt-FS. S. 156 (178).

"Menschenmöglichen" sowie (3) die Handlung muß einen Bezug zur sozialen Außenwelt aufweisen[288].

Die Voraussehbarkeit des Handlungserfolges, die *Maihofer* als intellektuellallgemeine Fähigkeit des Menschen sieht, stellt die Verbindung zwischen handelnden Subjekt und Schadensereignis her. Nach einem objektiv gehaltenen Typizitätsurteil wird die Voraussicht auf den Erfolg nach seiner grundsätzlichen Möglichkeit bestimmt. Eine Möglichkeit, die vom Individuum *abstrahiert* und vom *durchschnittlichen Menschen* in der konkreten Vortatsituation erkannt werden kann. Der Aufgabenbereich dieser, wie *Maihofer* es nennt, *objektiven Finalität*[289], ist jenem der Kausalität vergleichbar - es soll eine erste haftungsindizierende Verknüpfung hergestellt werden.

Die *objektive Zweckläufigkeit* avanciert so zum Grundmuster der Handlung; nach der Vorstellung *Maihofers* führt dies unmittelbar zur Befreiung der Handlung vom Kausaldogma[290].

Weiteres konstitutives Element der Handlungsstruktur ist die Beherrschbarkeit des Geschehensablaufs. Die Beherrschbarkeit tritt als voluntative zur intellektuellen Komponente der Vorhersehbarkeit hinzu und ergänzt diese. Sie verlängert sozusagen die Voraussicht in die praktische Umsetzung der Handlung hinein. Auch dieses Kriterium ist objektivistisch definiert: Es gilt der Maßstab der potentiellen Mächtigkeit über den Handlungsablauf[291]. Ein final determinierter Kausalverlauf trete lediglich beim Vorliegen des direkten Vorsatzes auf, ansonsten herrsche die potentielle Finalität vor. Die Potentialität ist nach Maihofer auch das Allgemeine und Primäre, so daß die aktuelle Finalität nur eine Ausnahmeerscheinung, eine Besonderheit der potentiellen Finalität darstelle. Schließlich werden intellektuelle und voluntative Seite der Handlung nochmals ihrer Objektivität rückversichert am Moment der *personalen Objektivität*. *Maihofer* versteht hierunter in Abgrenzung zu subjektiv-finalen Handlungskomponenten bei *Welzel*, das vom Subjekt der Handlung abstrahierte Allgemeine, das Menschen*mögliche*[292]. Es soll verdeutlichen, daß es allein um das geht, was Menschen überhaupt zu leisten vermögen[293].

---

288 Maihofer, in: Eb. Schmidt-FS. S. 156 (179 ff.).

289 Der Begriff geht auf Maihofer selbst zurück, Systematik der Fahrlässigkeit, S. 170.

290 Maihofer, ZStW 70 (1958), 169.

291 Maihofer,in: Eb. Schmidt-FS. S. 156 (179) erläutert dies am Beispiel der Reflexbewegung, deren Folgen typischerweise nicht beherrscht werden könnten.

292 Maihofer,in: Eb. Schmidt-FS. S. 156 (177).

293 Maihofer,in: Eb. Schmidt-FS. S. 156 (177).

Bislang wurde zwar von der individuellen Handlungsperspektive abstrahiert, aber es ging nicht eigentlich um die Auswirkungen des Handelns im sozialen Umfeld, sondern darum, dem Täter den Spiegel des leistungsfähigen Durchschnittsmenschen vorzuhalten, um die rechtliche Perspektive dem Handelnden gegenüber zu eröffnen. Nun weitet sich der Blick auf die Handlungsfolgen für die soziale Allgemeinheit. Dies geschieht ebenfalls von einem *externen* Beobachterstandpunkt aus und auch hier dominiert die bloße Möglichkeit: Es geht nicht darum, daß der sozialerhebliche Erfolg tatsächlich eingetreten sein muß,

> sondern allein auf die Richtung des Verhaltens auf einen im Rahmen des objektiv Voraussehbaren und Beherrschbaren liegenden möglichen Erfolg[294].

Anders als *Jescheck*, hat *Maihofer* das erklärte Ziel seinen Handlungsbegriff von jedweden subjektiv-finalen, ja überhaupt individuell geprägten, Momenten freizuhalten. Er verlagert den Maßstab *außerhalb* des Handelnden, letzterer ist nur noch Bezugspunkt der *Zurechnung zur Handlung*, er wird gemessen an dem, was ein durchschnittlicher Mensch in seiner Situation an seiner Stelle hätte wissen können, hätte voraussehen können, hätte steuern *(beherrschen)* können. Der Handlungsbegriff wird insofern von der statistisch zu ermittelnden Wahrscheinlichkeit durchzogen. Wenn *Maihofer* das *objektiv Menschenmögliche* als das eigentlich Personale bzw. *Geistige* seines Handlungsbegriffs charakterisiert, versteht er Personalität als den *kleinsten gemeinsamen Nenner* hinsichtlich der Frage, wie zu einem bestimmten Zeitpunkt und in einer bestimmten Situation vom Zurechnungssubjekt zu handeln war.

In der Transponierung des Personhaften auf den Durchschnittswert aller Mitmenschen, findet der individuelle Handlungsentwurf keinen Platz[295]. Dort wo er in der Erkenntnis seines Handelns und im Vollzug derselben seiner eigenen Teilhaftigkeit an der Personalität des Rechts durch Bestimmung an dem ihm Äußerlichen gewahr werden soll, erkennt er nur seine *Über- oder Unterdurchschnittlichkeit*. Hierin liegt ein gutes Stück Wirklichkeitsverlust[296].

---

294 Maihofer,in: Eb. Schmidt-FS. S. 156 (180).

295 Es geht also nicht nur um einen Verlust der "*aktuellen Willentlichkeit*", wie Kindhäuser, Intentionale Handlung, S. 192, meint, vielmehr soll auch die in der individuellen Handlung nach außen gebrachte Personalität nicht mehr als nur "Durchschnitt" sein.

296 E.A. Wolff, in: Radbruch-GedS, S. 291 (300); ders., Handlungsbegriff, S. 37 f. Anm. 22); ihm folgend: Bloy, ZStW 90 (1978), 609 (638).

4. Vierte Stufe: Die Handlung als tatbestandsmäßiges Verhalten

Fast scheint es, als hätte sich die Suche nach einem vortatbestandlichen Begriff der Handlung mittlerweile von selbst erledigt. Über hundert Jahre Diskussion um die richtige Handlungslehre münden in die gleichermaßen resignierende wie repräsentative Feststellung: Der Handlung komme weder eine materielle vortatbestandliche Relevanz noch lasse sich die Handlung in strafrechtsdogmatisch effektive Kriterien ausbuchstabieren[297].

> Die Würfel der strafrechtlichen Dogmatik fallen deshalb nicht in der Handlungslehre[298].

Dieser Situationsbeschreibung der strafrechtlichen Zurechnungslehre könnte durchaus zugestimmt werden, wenn damit allein intendiert wäre, daß die konkrete Zurechnung einer konkreten Tat nach den Regeln eines differenzierten dogmatischen Instrumentariums zu erfolgen hätte. Hinter dieser vermeintlichen Selbstverständlichkeit verbirgt sich indessen die Vorstellung, Strafrechtsdogmatik ließe sich auch ohne das Begriffsmaterial eines abstrakten, vortatbestandlichen Handlungsbegriffs betreiben. Das Straftatsystem, bestehend aus Tatbestand, Rechtswidrigkeit und Schuldstufe hat sich von seiner Grundlegung emanzipiert, die Handlung *interessiert* daher lediglich *innerhalb des Systems* als ein insofern subsumtionsfähiges Phänomen menschlichen Verhaltens[299].

Die Verselbständigung des tatbestandlichen Zurechnungsurteils vom Handlungsbegriff ist keine aktuelle Erscheinung - wenngleich sie mit der normativen Aufladung der objektiven Zurechnung zu einer Superkategorie[300] des strafrechtlichen Zurechnungsinstrumentariums gegenwärtig ihren Höhepunkt erreicht hat -, sondern das Ergebnis einer langfristigen Entwicklung. Die Anfangsgründe dieser Entwicklung liegen im Dilemma des Kausalmonismus, dessen naturalistische Verknüpfung von Ursache und Erfolg, Willensimpuls und Rechtsgutsverletzung, die Zurechnung auf die tatbestandliche Ausführungshandlung hin orientierte[301]. Die tatbestandsausfüllende gewillkürte Körperbewegung schafft die

---

297 Vgl. Otter, Funktionen des Handlungsbegriffs, S. 201; Roxin, ZStW 74 (1962), 515 (548 f.), heute anders: ders., Strafrecht AT I, S. 148; Schönke-Schröder/Lenckner StGB (24) Vorbem. §§ 13 ff. Rn. 37 m.w.N.

298 Schönke-Schröder/Lenckner StGB (24) Vorbem. §§ 13 ff. Rn. 37.

299 Ausdrücklich: Schönke-Schröder/Lenckner StGB (24) Vorbem. §§ 13 ff. Rn. 37.

300 W. Frisch, Tatbestandsmäßiges Verhalten, S. 31

301 Es geht nur noch um das "Veranlassen" der Rechtsgutsverletzung: Liszt, Strafrecht (21/22), S. 11.

Einheit von Handlung und Erfolg in der Straftat[302]. Diese Einheit wurde manifest durch das Unterlegen eines Strangs äquivalenter Kausalität; eine Kategorie, die im Ergebnis - konsequent angewendet - zu einer hypertrophen Zurechnung führen mußte[303]. In der Folgezeit erhob sich insoweit heftige Kritik und führte zu einer zweiten Front - neben der Diskussion um den Handlungsbegriff -, an der die Aussagen des Kausalismus radikal in Frage gestellt wurden.

Zunächst noch selbst im Gewande einer Kausalitätstheorie, ging es dem Adäquanzgedanken um die Separation von adäquaten Ursachen (generell geeignete Bedingungen) und inadäquaten Ursachen (zufällige Bedingungen) des Erfolgseintritts[304]. Dieser Ansatz entpuppte sich als ein mixtum compositum aus naturalistischen, empirio-probabilistischen und jurisch-wertenden Komponenten[305] - die Möglichkeit eines *philosophischen* Ursachenbegriffs wurde von ihr verworfen[306]. Ihre Grundüberlegung bestand darin, daß das Strafrecht in den Tatbeständen des Besonderen Teils nicht die Verursachung an sich zum Gegenstand hat, sondern allein auf typische, d. h. statistisch und erfahrungsgemäß verifizierbare, Formen der Erfolgsherbeiführung zugeschnitten ist. Gerade das Typizitätsurteil gibt Anlaß zur Kritik. Zunächst einmal liegt die Kausalität zwischen fraglicher Handlung und Erfolg regelmäßig schon vor; die Adäquanztheoretiker stellen also im nachhinein erst fest, ob es sich bei der im Erfolg realisierten Bedingung auch um eine "generell mögliche" Bedingung (Ursache) gehandelt hat. Rechtsgüter sind indes wohl immer der Gefahr ausgesetzt gewesen, bevor sich der Verletzungserfolg realisiert hat[307]. Damit ergibt sich für den Aussagegehalt des Adäquanzurteils nicht allzuviel: Unzählige Verhaltensweisen des Alltags sind generell zur Herbeiführung bestimmter Erfolge geeignet, die für die Deliktsverwirklichung in Betracht kommende Typizität (als objektiv-tatbestandliches Zurechnungskriterium) läßt sich daher ex-post unschwer feststellen. Diese Verknüpfung wird der Wirklichkeit des Geschehens jedoch dann

---

302 M.E.Mayer, Causalzusammenhang, S. 7 f.

303 Stellvertretend: Hall, in: Grünhut-EG, S. 213 (215 f.); Engisch, Kausalität, S. 18 ff.

304 Vgl. Kries, ZStW 9 (1889), 528 (532 f.); Wolter, GA 1977, 257.

305 Zu den wertenden Aspekten: Wolter, GA 1977, 257 (259 ff.); Roxin, in: Honig-FS, S. 133 (136); Engisch, Kausalität, S. 48 ff.; Ebert/Kühl, JURA 1979, 561 (566); die Lehre blieb in der strafrechtlichen Judikatur ohne Anerkennung, im Zivilrecht gilt sie indessen bis heute unbestritten (RGZ 42, 291; BGHZ 2, 138; 57, 27. In der Lehre werden Varianten der Adäquanztheorie gegenwärtig u.a. von Maurach/Zipf, Strafrecht AT I, § 18 Rn. 30 ff. und Wolter, GA 1977, 257 ff. vertreten.

306 Maurach/Zipf, Strafrecht AT I, § 18 Rn. 30.

307 Vgl. Arzt/Weber, LH 2 Rn. 77; Baumann/Weber, Strafrecht, S. 229.

nicht mehr gerecht, wenn der Erfolgseintritt im konkreten Fall gerade einmal auf dem bloßen Zufall beruht[308]. Und umgekehrt: Ein im allgemeinen deliktsuntypisches, d.h. ein (fast) in jeder Hinsicht für ungefährlich prognostiziertes Verhalten, kann dennoch dazu geeignet sein, den Erfolg zu kausieren[309].

Freilich läßt sich der Versuch unternehmen, das zur Erstellung des Adäquanzurteils notwendige nomologische Wissen in seiner Basis zu verbreitern, wie es angesichts der unzureichenden Grundierung eines Adäquanzurteils in der "*allgemeinen Lebenserfahrung*"[310] auch bis dato versucht worden ist[311]. Je weiter aber die extern vorgenommene Rekonstruktion des situativ handelnden Durchschnittsmenschen in der Konkretion fortgetrieben wird, umso eher gerät die Wirklichkeit der individuellen Erfolgsverursachung aus dem Blick. Ist das in der Handlung repräsentierte Erfahrungswissen des Täters auf einem höheren als dem Durchschnittslevel anzusetzen, wirkt sich dies zu seinen Gunsten aus. Der überdurchschittlich vorgebildete bzw. vorbereitete Täter wird privilegiert[312].

Bliebe ein Ausweg: Die Einbeziehung des individuellen Täterwissens in das Typizitätsurteil[313]. Ein solches Vorgehen entzieht allerdings dem Ansatz der Adäquanztheorie die Basis, denn wenn letztlich der Kenntnisstand des Handelnden über die Zurechnung entscheidet, hat sich der objektive Maßstab erledigt;

---

308 Zutreffend schon Engisch, Kausalität, S. 43, der darauf hinweist, daß "*zu allgemein gestellte Tendenzfragen (wie etwa die Frage nach der Eignung des Abbrennens von Feuerwerk für die Tötung von Menschen) unbeantwortbar sind*"; Vgl. E.A. Wolff, Kausalität, S. 20.

309 Vgl. Jakobs, Strafrecht, 7/34. Das von Schönke/Schröder-Lenckner StGB (24) Vorbem §§ 13 ff Rn. 88 hiergegen ins Feld geführte "*Gegenbeispiel: tödlicher Messerstich ins Herz*" ist wenig überzeugend, da es nicht die Richtigkeit des Typizitätsurteils beweist, sondern allein die Tatsache, daß der Tod durch den Messerstich eingetreten ist.

310 Bockelmann, Aufsätze, S. 96; Mezger/Blei, Strafrecht (15), S. 77.

311 Differenzierung der objektiv-nachträglichen Prognose durch Rekurs auf die Besonderheiten des Verkehrskreises: P. Frisch, Fahrlässigkeitsdelikt, S. 93; Burgstaller, Fahrlässigkeitsdelikt, S. 56; Roeder, Sozialadäquates Risiko, S. 52.

Eine Wahrscheinlichkeitsprognose dürfte desweiteren aber unabhängig von den empirischen Implikationen wegen der ungenügenden Konkretisierungsmöglichkeiten Probleme im Strafverfahren aufwerfen; Wolter, GA 1977, S. 257 (261) weist daher mit gutem Grund auf die in diesem Kontext u.a. virulenten Problemzonen der Abgrenzung von Vorsatz und Fahrlässigkeit, Vorbereitung und Versuch hin.

312 Vgl. Wolter, GA 1977, 257 (260)

313 Dies wird auch teilweise unternommen; stellvertrend: Maurach/Zipf, Strafrecht AT, § 18 Rn. 33: "*Auch nach der Adäquanztheorie macht sich des Mordes schuldig, wer einen anderen zu einer Flugreise überredet, obwohl er allein weiß, daß eine Zeitbombe im Flugzeug eingebaut ist: Hätte der unbefangene Beobachter zusätzlich zu seinem Erfahrungswissen (Berechnung der Brennzeit usw.) über das Tatsachenwissen des Täters verfügt, wäre für ihn das konkrete Geschehen (die Detonation während des Fluges) selbstverständlich, mithin adäquat gewesen*".

dann ist jeder Einzelfall ein typischer Fall. Dogmatische Friktionen bleiben nicht aus. Die falsch verstandene Individualisierung des Zurechnungsurteils greift auf Tatbestandsvorsatz bzw. subjektive Fahrlässigkeitsmomente vor, da das Täterwissen in seinen Einzelheiten nun schon eine Kausalitätsfrage ist. Die Konsequenz wird erst bei den heutigen Vertretern der Adäquanztheorie sichtbar: Die Abweichung des realen vom vorgestellten Kausalverlauf erscheint nicht als Frage des subjektiven Tatbestandes[314], sondern als Problem der objektiven Zurechnung[315]. Einen Schritt weiter in der Verselbständigung der Zurechnungsfrage ging die sog. Relevanztheorie, die eine *scharfe Trennung von Kausalgedanken und Haftungsgedanken*[316] anstrebte.

Sie kann als erstes eigenständiges Erklärungsmodell der objektiven Zurechnung gelten[317], denn die Relevanztheorie versteht sich nicht mehr als Kausalitätstheorie, sondern als *normative Restriktion* äquivalenter Kausalität[318]. Gegenüber der Äquivalenztheorie hat sie den Vorteil, daß sie einesteils auf der Kausalebene die Bereichsweite der c.s.q.n.-Formel nicht einschränkt, anderseits aber die Beschränkung des Haftungsrahmens vorzeichnet, ohne erst auf ein Korrektiv im Rahmen der Schuldstufe angewiesen zu sein. Die Schwierigkeiten der Adäquanztheorie werden von der Relevanztheorie vermieden, da sie nicht auf ein prognostisches Verfahren zurückgreift und der Eingrenzung der relevanten Kausalbedingungen unterlegt; vielmehr bestimmt sie das spezifisch relevante Zurechnungskriterium nach den Voraussetzungen des jeweiligen Tatbestandes und dient damit vorwiegend der fallbezogenen *Auslegung* der in Frage stehenden Norm. Einige Vertreter der Relevanztheorie halten indes die Entwicklung eines gesetzesübergreifenden Zurechnungsinstrumentariums für vordringlicher[319]. Wenn sie insoweit als "*Basistheorie für die Lehre der objektiven Zurechnung*"[320] gesehen wird, so trifft dies nur sehr beschränkt zu: Eine einheitliche

---

314 Dreher/Tröndle StGB § 16 Rn. 7; RGSt 51, 311; BGHSt 1, 279; 7, 329; 23, 133 (135).

315 Maurach/Zipf, Strafrecht AT, § 23 Rn. 28 f.; Schmoller, ÖJZ 1982, 449 ff.,487 ff. Wessels, Strafrecht AT, S. 77 (allerdings auf der Grundlage der von ihm vertretenen Relevanztheorie); Kratzsch, Verhaltenssteuerung, S. 309 ff.

316 Mezger/Blei, Strafrecht (15), S. 77.

317 Proebsting, ZStW 42 (1921), 740 (743); Wessels, Strafrecht AT, S. 52.

318 Ebert/Kühl, JURA 1979, 561 (566); Schönke/Schröder-Lenckner StGB (24) Vorbem §§ 13 ff. Rn. 90.

319 Wessels, Strafrecht AT, S.52.

320 Wessels, Strafrecht AT, S.52.

Fundierung hat die Relevanztheorie bislang nicht nachweisen können[321]; wegen der begrifflichen Indifferenz der *Relevanz* ist sie naturgemäß geeignet, als lediglich *formales Prinzip*[322] den Hintergrund für eine ganze Bandbreite von zurechnungseinschränkenden Kriterien abzugeben[323].

Der eigentliche Grundstein zur Abkoppelung der Zurechnungsfrage von der vortatbestandlichen Handlung wurde indes von *Honig*[324] gelegt. Der Begriff *objektive Zurechnung* scheint zunächst nur eine Übersetzung des traditionsreichen Terminus der *imputatio facti* darzustellen. *Honig*[325] selbst stellt den Bezug zu den Definitionen von *Larenz*[326], *v. Calkers*, *Lobes* und *Allfelds* her. Nimmt man *Larenz* beim Wort, so hat auch und gerade *Kant* schon den Unterschied von objektiver Zurechnung (*imputatio facti* - Zurechnung zur Tat) und Zurechnung zur Schuld (*imputatio iuris*) zur Grundlage seines Zurechnungsbegriffs gemacht[327]. Davor wurde die *imputatio facti* allerdings anders verstanden[328]. Der Begriff erweist sich damit als ebenso schillernd, wie jener der *objektiven Zurechnung* selbst[329]. Eine Auseinandersetzung dieser verschiedenen Stellungnahmen hielt *Honig* allerdings zur Formulierung eines Minimalkonsens nicht für erforderlich; die Legitimation des Zurechnungsurteils aus der personalen Verfaßtheit der Zurechnungssubjekte ist nicht mehr die Sache der Strafrechtsdogmatik.

Philosophie ist zwar interessant, aber in der Praxis der Zurechnung mühsam und hinderlich:

> Wir lassen im folgenden jede philosophische Grundlegung beiseite, so interessant es auch wäre, dem von Larenz entwickelten Gedanken von der kantischen Philosophie aus nachzugehen und darzulegen, daß Naturnotwendigkeit und Freiheit und damit zugleich der Kausal- und der Zweckbegriff auf ein und dieselbe Erscheinung bezogen werden können. Wenngleich wir hiermit eine philosophische Fundierung des von

---

321 Vgl. Wolter, GA 1977, 257 (262); Schönke/Schröder-Lenckner StGB (24) Vorbem §§ 13 ff. Rn. 90.

322 Blei, Strafrecht (18), S. 104.

323 Weshalb nicht zuletzt die Rechtsprechung auf Relevanzgesichtspunkte mitunter maßgebliche Rücksicht genommen hat, vgl. BGHSt 11,1 ("Radfahrerfall"); 31, 96 (98); 32, 25.

324 in: Frank-FG I, S. 174 ff.

325 in: Frank-FG I, S. 174 (179 Anm. 2).

326 Zurechnungslehre, S. 60 (Anm.2), S. 70 (Anm. 2).

327 Zurechnungslehre, S. 60.

328 Vgl. nur die Übersicht bei Hruschka, ZStW 96 (1984), 661 (692 ff.).

329 Vgl. Armin Kaufmann, in: Jescheck-FS, S 251 (252 m.w.N.).

uns im folgenden vertretenen Standpunktes gewinnen würden, kommt es uns doch gerade darauf an, den Begriff der objektiven Zurechnung unabhängig von jeder philosophischen Einstellung aus den allgemein anerkannten Grundsätzen der allgemeinen Rechtslehre abzuleiten[330].

Klare Worte. Mit ihnen ist die Entwicklung der fortan zuweilen durch den innovativen Zusatz "*neuere*"[331] ergänzten Lehre der objektiven Zurechnung präzise vorgezeichnet. Nach *Honig* tritt zum Kausalurteil das *weitere selbständige, völlig unabhängige* Urteil über die objektive Zurechnung[332]. Als Begründung für die postulierte *Unabhängigkeit der Haftungsfrage* fungiert das Scheitern der Adäquanztheorie, die Wertungsproblem und ontische Kausalstruktur auf gleicher Stufe kombinierte[333]. Der Preis, der für diese Unabhängigkeit der objektiven Zurechnung zu zahlen war, bestand - und besteht auch heute noch - in der Anerkennung der c.s.q.n. - Formel. Der aufgrund der Äquivalenztheorie festgestellte Sachverhalt durchläuft komplett den normativen Filter objektiver Zurechnung. Dabei werden die einzelnen Elemente des Kausalverlaufs in axiologischer Hinsicht durchgesehen. Erster Untersuchungsgegenstand ist die Ursache. *Honig* handelt den Einwand, auch die bisher vertretenen Kausaltheorien hätten dem Ursachenbegriff nur gewillkürtes Verhalten zugrundegelegt, mit der Bemerkung ab, gerade dies zeige schon die Notwendigkeit der strikten Trennung ontischer Quantitäten und juristischer Qualitäten[334]. Wenn aber die "*Gesamtheit der Bedingungen*" Gegenstand des Kausalurteils ist, stellt sich die Frage, wie aus dieser gleichrangigen Masse von Faktoren das Zurechnungssubjekt individualisiert werden soll. Der Begründer der objektiven Zurechnung stellt hier auf den zu konkretisierenden "*Wirkungszusammenhang*" zwischen menschlichen Verhalten und Erfolg ab[335]. Vom Erfolg her - sozusagen retrospektiv[336] - wird unter

---

330 Honig, in: Frank-FG I, S. 174 (181 f.).

331 Schönke/Schröder-Lenckner StGB (24) Vorbem §§ 13 ff Rn. 91, wobei nicht ganz deutlich wird, was nun eigentlich als *ältere* Lehre der objektiven Zurechnung gelten darf.

332 Honig, in: Frank-FG I, S. 174 (179, 182).

333 Honig, in: Frank-FG I, S. 174 (182).

334 Vgl. Finger, Strafrecht, S. 275: "*Der Versuch metaphysischer Begründung des Ursachenbegriffs gehört nicht in das Strafrecht dasselbe hat an das von der Philosophie gewonnene Resultat anzuknüpfen*".

335 Honig, in: Frank-FG I, S. 174 (183).

336 Vgl. Finger, Strafrecht, S. 276.

Rückgriff auf die teleologische Eigenart der menschlichen Handlung zweckhaft in die Außenwelt zu wirken[337], der Verursacher ermittelt.

Die bei *Liszt* noch formal vorhandene Unterscheidung von *Handlung* (Gattungsbegriff) und *Ausführungshandlung* (Verwirklichung der Tatbestandsmerkmale) ist zugunsten der *tatbestandsmäßigen Handlung* verschwunden. Die Ausführungshandlung wird überdies zur Grundlage des ganzen Straftatsystems[338]. Aber damit ist nicht etwa nur eine Umschichtung der Handlung oder eine normative Anreicherung kausalmonistischer Strukturen gemeint - die tatbestandsmäßige Handlung schrumpft auf die Willensbetätigung zusammen. *Honig* verwendet -insoweit konsequent - dann auch vorwiegend den Begriff des Verhaltens[339], der sich ohne strafrechtsphilosophiegeschichtliche Belastungen variabler einsetzen läßt.

In der Folgezeit hat sich die Zurechnungslehre umso stärker auf den Bereich des (objektiven) Tatbestands konzentriert, je tiefer die Krise der Handlungsbegriffe die Strafrechtsdogmatik zeichnete.

Insbesondere der Niedergang der finalen Handlungslehre führte zur Aufwertung der objektiven Zurechnung[340]. Mittlerweile sind die hierunter rubrizierten dogmatischen Ansätze Legion[341]. Der ungebrochene Trend zur Spezifikation des Zurechnungsinstrumentariums läßt Versuche, sich systematisch der Grundlagen der Zurechnungslehre zu vergewissern, nur schwerlich zu, da das Streben nach effektiven fallgruppenorientierten Zurechnungskriterien die Sicht auf das Unverfügbare verstellt. Was *Schmidhäuser* im Hinblick auf die Diskussion der finalen Handlungslehre festgestellt hat, gilt daher auch hier:

---

337 Honig, in: Frank-FG I, S. 174 (184): "*Zurechenbar ist demnach derjenige Erfolg, welcher als zweckhaft gesetzt gedacht werden kann*". Vgl. Roxin, in: Honig-FS, S. 133 (134).

338 Honig, in: Frank-FG I, S. 174 (195): "*Nach meiner Auffassung enthält die Frage nach der Tatbestandsmäßigkeit nicht eine Haftungsbeschränkung, sondern sie schafft überhaupt erst das Beurteilungsobjekt und damit die Grundlage der Haftung. Sie ist das Fundament und nicht das Korrektiv des Handlungsbegriffs*".

339 Honig, in: Frank-FG I, S. 174 passim.

340 Daher wird die Berechtigung dieser Zurechnungskategorie auch heute noch von den Vertretern des Finalismus vehement bestritten, vgl. Hirsch, in: Uni Köln-FS, S. 399 (407): "*Die Lehre von der objektiven Zurechnung veranschaulicht, wie eine einseitige normative Methodik dazu führt, daß die Phänomene, um die es geht, nicht mehr herausgearbeitet und dadurch Sachverschiedenheiten verwischt werden*".

341 Vgl. nur: Schönke-Schröder/Lenckner StGB (24) Vorbem. §§ 13 ff. Rn. 91 ff.

...man ist in der Diskussion immer mehr in das Dickicht von Differenzierungen geraten, die schließlich einen überraschenden Eigenwert bekommen und die Grundstrukturen vielfach aus dem Blick verdrängt haben[342].

Fazit:

Der skizzenhafte Durchgang durch die verschiedenen Handlungsbegriffe hat gezeigt, daß die am Kausalmonismus neuerer Prägung (*Liszt / Beling*) orientierten Ansätze die materielle Dimension der Personalität der Handlung als Grundbegriff der strafrechtlichen Zurechnung zugunsten einer auf bloße Wahlfreiheit reduzierten Willkür aufgegeben haben.

Der Finalismus hingegen erweitert zwar den Begriff der Handlung um die hierin liegende Intentionalität, läßt aber aufgrund des Rekurses auf deren sachlogische Komponente die in der Definition der personalen Vernünftigkeit liegende Strukturierung der Lebenswelt, als einer *interpersonalen Verbindlichkeitssphäre* außer Betracht.

Die Konzeptionen der sozialen Handlung schließlich integrieren die Sozialbezüglichkeit als Ausdruck gesellschaftlich-faktischer Bindungsmodalitäten in den Zurechnungsmodus. Der Sozialbezug diffundiert so in die Partikularität des Gruppeninteresses (*Eb. Schmidt*), wird vom Recht nicht mehr unterschieden, sondern in der Tendenz als mit diesem identisch gesetzt (*Jescheck*) oder entindividualisiert den substantiellen Schuldvorwurf, da er dem Täter den Spiegel der Durchschnittlichkeit des Gesollten vorhält (*Maihofer*).

Die Personalität als Grundkonstante einer vernunftprinzipierten strafrechtlichen Zurechnung mit dem begründeten Ziel der Stärkung individueller Handlungsverantwortung findet sich in den genannten Handlungslehren weder als allgemeiner Begriff noch in seiner konkret dogmatisch umgesetzten Form.

Der Aufweis der kategorialen Verbindungen zwischen dem abstraktmateriell Vorausgesetzten der Zurechnung als Handlung und dem konkreten Zurechnungsinstrumentarium des Straftatsystems ist als Projekt der Strafrechtswissenschaft weitgehend verabschiedet.

---

342 Schmidhäuser, Schultz-FG, S. 61 (70 f.).

Vierter Teil

I. Strafrechtsdogmatik - ein Kompromißformular ?

> Wirksame juristische Kunst besteht darin, daß ein sachgemäßes und lebensnahes Judiz taktvoll, d.i. mit Rücksicht auf die gesicherte Dogmatik, eingesetzt wird. Originelle Lösungen sind durchsetzbar, wenn sie nach anerkannten Regeln erarbeitet und präzise auf Vorarbeiten und gültige Parallelfiguren bezogen werden. Die aus der Beherrschung des Stoffs und seiner Regeln fließende Souveränität garantiert in der Person des Könners, daß neue Probleme "im Geiste des geltenden Rechts" gelöst werden.
>
> Soweit das Idealbild[1].

Der Wechsel von der Grundlagendiskussion der strafrechtlichen Zurechnung zu einer an Problemfällen orientierten wissenschaftlichen Auseinandersetzung ist begleitet von einer zunehmenden Funktionalisierung und Flexibilisierung des dogmatischen Begriffsapparats. Wie wir aus der Entwicklung des strafrechtlichen Handlungsbegriffs ersehen, kann die fortgetriebene Ausdifferenzierung des Argumentationsstandards der Strafrechtsdogmatik jedoch in ein strukturelles Dilemma führen: Während das Problemlösungspotential mit dem zunehmenden Einsatz nicht nur deskriptiver, sondern normativer Begriffe immens gesteigert werden kann, wird gleichzeitig der materielle Gehalt der ins Feld geführten Argumente verflüchtigt.

> Normative Begriffe schaffen, mit anderen Worten, Raum für angemessene strafrechtsdogmatische Regeln, aber sie füllen diesen Raum nicht aus[2].

Das, was auf den ersten Blick als beeindruckend variantenreiche, hochgradig ziselierte Argumentation erscheint, stimmt bei näherem Hinsehen dann ob seinem bloß formelhaften und damit letztlich beliebigen Charakter bedenklich[3]. Hier vermittelt lediglich der Rekurs auf die funktionale Einbindung der Zurechnungskriterien ein Mindestmaß an Argumentationssicherheit und -stetigkeit. So steht denn auch die *systematische* Ordnung und Verortung der Begriffe im Vordergrund. Im Zusammenhang mit der heutzutage im allgemeinen gering geschätzten Bedeutung des strafrechtlichen Handlungsbegriffs ist die Kategorie der *objekti-*

---

1 de Lazzer, in: Esser-FG, S. 85.

2 Neumann, ZStW 99 (1987), 567 (573).

3 Der Verlust an synthetischem Denken in den Einzelwissenschaften und auch in der Philosophie gehört nach Meinung Hösle's, Die Krise der Gegenwart, S. 14 ff., zu dem allfälligen Zeitphänomen der Flucht in das Spezialistentum.

ven Zurechnung hierfür beispielgebend: Sie steht bereit, alle jene Zurechnungskriterien aufzunehmen, die nicht mehr in Vorsatzstufe, Rechtswidrigkeit und Schuld unterzubringen sind[4]. In ihrer Charakteristik hat sich damit eine tiefgreifende Wandlung vollzogen: Ursprünglich entwickelt als materieller Begriff individuell-personaler Zweckhaftigkeit der tatbestandlichen Handlung[5], sodann formuliert als juristisch-wertender Gegenbegriff zum naturalistisch-positivistischen Zurechnungsverständnis[6], ist die objektive Zurechnung des Tatbestandserfolgs heute lediglich noch eine Begriffshülse, die sich als Zurechnungskategorie allein noch über die Gesamtheit ihrer Binnenkriterien definieren läßt[7]: Die Festlegung der Voraussetzungen, unter denen ein Erfolg als Werk eines bestimmten Täters angesehen werden darf[8].

Das Vordringen in die Feinheiten juristischer Argumentationstechnik läßt mit den ursprünglichen Begriffen zusehens auch die ursprünglichen Fragestellungen zurück. Der Fortgang der Entwicklung - dies ließ sich anhand der Diskussion zum Handlungsbegriff und zur objektiven Zurechnung beobachten - setzt dabei nicht unbedingt eine konsentierte Klärung der Grundbegriffe voraus, sondern verlagert tendenziell die aus der Abstraktion mitgebrachten ungelösten Fragen in die *Konkretion*.

Nun ließe sich gegen diesen Sprung in die Einzelheit nichts einwenden, wenn es dahinstünde, ob eine offene Frage nun im unmittelbaren Durchgriff auf Prinzipien auf der Ebene ihrer Konkretion oder durch weichenstellende Vor-Entscheidung im Bereich des abstrakt-materiellen Grundbegriffs der Handlung gelöst wird. Dies erscheint jedoch fraglich: Zum einen bewirkt der aufgewiesene Verlust eines abstrakt-materiellen Grundkonzepts der Zurechnung den weitgehend *disponiblen* Zugriff auf Prinzipien, zum anderen ist auch die systematische Leistung einer solchen Verfahrensweise geringer einzustufen, da die *konzeptionelle Einbindung* des zur Problemlösung eingeführten Arguments fehlt. Eine Strafrechtsdogmatik, die sich *in diesem* Sinne als *normative* Wissenschaft versteht, ist auf dem Wege sich institutionell von ihren materiellen Grundlagen zu

---

4 Nur vereinzelt regen sich, zumeist geboren finalistischer Sicht, Bedenken gegen diese Anreicherung der objektiven Zurechnung durch Entreicherung anderer Systemkategorien, vgl. Armin Kaufmann, in: Jescheck-FS, S. 251 (253).

5 Vgl. Larenz, Zurechnung, S. 50 f.

6 Honig, in: Frank-FG, S. 174 (184).

7 Vgl. Armin Kaufmann, in: Jescheck-FS, 1985, S. 251 ff. m.w.N.

8 Stellvertretend: Roxin, Strafrecht AT1, § 10 Rn. 55.

verselbständigen. Sie reflektiert lediglich noch auf sich selbst und schöpft ihre Identität aus der wirkungsvoll in Szene gesetzten Problemlösungskompetenz.

> Insofern also eine Rechtswissenschaft dadurch positiv ist, daß sie sich an das Meinen und wesenslose Abstraktionen hält, so hat ihre Berufung auf die Erfahrung oder auf ihre Bestimmung der Anwendbarkeit auf die Wirklichkeit oder auf den gesunden Menschenverstand und allgemeine Vorstellungsart oder gar Berufung auf Philosophie nicht den mindesten Sinn[9].

Es steht indes zu vermuten, daß der Drang nach effektiver Denk und Arbeitsweise, der der Strafrechtsdogmatik eignet - ja eignen muß[10] - selbst den nur *deklamatorischen* Bezug auf philosophisch konsentierte Grundkonstanten erschwert. Mit dem im zweiten Teil der vorliegenden Arbeit rekonstruierten Material der *Hegelsch*en Rechtsphilosophie läßt sich eine Gegenposition formulieren, die es zur Aufgabe macht, ausgehend vom Verhältnis der philosophischen und positiven Rechtswissenschaft, den materiellen Ausgangspunkt der Zurechnungslehre zu kennzeichnen und hieraus Begründungs- und Legitimationszusammenhänge des Straftatsystems zu entwickeln.

II. Grundzüge einer personalen Handlungs- und Zurechnungslehre

Die Zielsetzung der Untersuchung besteht also in der Hauptsache darin, die in der *Hegelsch*en Rechtsphilosophie auf der Stufe der *Moralität* nur angerissene Handlungs- und Zurechnungslehre in einer werkimmanenten Interpretation und unter Zuhilfenahme der Essentialien der gesamten Philosophie *Hegel*s zu einem abstrakt-materiellen Handlungsbegriff zu *verdichten*.

Entsprechend der Auffassung von Rechtsphilosophie als einer auf die Einprägung der Vernunft in die Wirklichkeit des Rechts gerichteten *praktischen* Philosophie ist damit gleichzeitig der Anspruch des abstrakt-materiellen Zurechnungskonzepts auf seine Verlängerung in die strafrechtliche Dogmatik ausgedrückt. Es würde den Rahmen der Arbeit sprengen, wollte der Verfasser an dieser Stelle etwas leisten, was weitergehen würde als eine allgemeine Bestimmung des strafrechtlichen Zurechnungsbegriffs.

So kann am Abschluß der Deduktion des personalen Handlungsbegriffs aus der Rechtsphilosophie *Hegel*s nur eine Skizze stehen, die die Fäden des abstrakt-

---

9 Hegel, Jenaer Schriften, S. 2.516.

10 Vgl. de Lazzer, in: Esser-FG, S. 85 (102).

materiellen Handlungsbegriffs aufnimmt und das hierin repräsentierte Substantiell-Allgemeine auf einen Grundriß der individuell-handlungsprinzipierten strafrechtlichen Verantwortlichkeit zuspitzt. Dabei gilt es drei Momente gedanklich mitzuführen:

1) Eine personale Handlungslehre hat jene Mängel zu vermeiden, die insbesondere in der Kritik der kausalen, finalen und sozialen Handlungslehre herausgearbeitet worden sind.
2) Auf der Basis des bereits aufgewiesenen abstrakt-materiellen Grundbegriffs der Handlung (Handlung als Grundelement der gesamten Verbrechenslehre) muß ein straftatsystematisch operationalisierbares Konzept der Handlung drei weitere Funktionen erfüllen:
(a) Der Begriff der Handlung soll von vorneherein all jene Verhaltensweise aussondern können, die eindeutig unterhalb der Schwelle strafrechtlicher Relevanz liegen[11] (*Grenz*funktion).
(b) Handlung muß sich auch als *konkret*-materieller Zurechnungsbegriff nicht nur als formaler Oberbegriff von Tun und Unterlassen, Vorsatz und Fahrlässigkeit verstehen lassen, sondern ein *einigendes normatives Band* bereitstellen, daß alle diese Begehungsweisen der Straftat repräsentieren kann (dogmatisch-systematische *Grund*funktion)[12].
(c) Der darzustellende Handlungsbegriff hat eine solche materielle Verbindung auch zwischen den drei groben Stufen des Straftatsystems Tatbestand, Rechtswidrigkeit und Schuld herzustellen (*Verbindungs*funktion)[13].
3) Darüber hinaus soll auch dem konkret-materiellen personalen Handlungsbegriff noch ein innovatives Potential zu eigen sein, daß es erlaubt, auf aktuell diskutierte Zurechnungsfragen eine ausreichende Antwort geben zu können.

1. Personales Handeln als zurechenbares Bewirken einer Fremdverletzung

Handlung als personal konstituierte, daher intentional verfaßte Strukturierung rechtlicher Wirklichkeit, abstrahiert die materialen Bedingungen des Verhältnisses von Individuum und dem von ihm in Selbstvollzug reflektierten Kontext in-

---

11 Vgl. Maihofer, Handlungsbegriff, S.7

12 Vgl. Otter, Funktionen des Handlungsbegriffs, S. 41.

13 Vgl. Maihofer, Handlungsbegriff, S. 7 f.; Otter, Funktionen des Handlungsbegriffs, S. 42.

tersubjektiv-substantieller Eingebundenheit. Das Konstituens dieses Abstraktums muß sich, da es gerade die *praktische Lebenswelt* des Einzelnen in sich bergen soll und dem Subjekt nicht als ihm fremdes, sondern als die Essenz seiner realen Existenz erscheint, im Sein aufweisen lassen.

Wo ließe sich dieser Anspruch trefflicher einlösen als auf dem Felde der Zurechungslehre, deren Programm sich im Sinne der kategorialen Annäherung von Denkbestimmung und realer Seinsbestimmung[14] verdeutlicht.

Straftat als Zurechnungszusammenhang erfordert zunächst einmal die Entfaltung der material vermittelten Strukturen des Handlungsbegriffs in der Realität seines Geltens. Die anläßlich der Generierung des abstrakt-materiellen Konzepts der Handlung gewonnene Einheitlichkeit des Begriffs darf indes anläßlich eines solchen Unterfangens nicht wieder in ihre Komponenten zerrissen werden, da es entsprechend der dialektischen Entwicklung des Begriffs zu seiner Wirklichkeit eines *Weiter*denkens des Handlungsbegriffs bedarf und nicht einer Isolation einzelner Begriffsmomente. Anläßlich der kurzen Darstellung der Versäumnisse während der Rezeptionsphase der *Hegelsch*en Rechtsphilosophie in der Strafrechtswissenschaft wurde gezeigt, daß das eklektizistische Herausgreifen bestimmter Begriffsmomente (wie z.B. "Vorsatz" auf der Stufe der *Moralität*) zu Mißverständnissen in der Interpretation führen *mußte*, da der Bedeutungs- und Ableitungszusammenhang in dem der Begriff nun einmal steht, nicht berücksichtigt worden ist.

Die im abstrakt-materiellen Handlungsbegriff definierten Zurechnungsstandards sind aber an der *konkreten Realität* des Individuums zu messen. Indem wir das Zurechnungsurteil als Veranschaulichung des Wechselspiels zwischen Durchsetzung des individuellen Wohls (Zweck) und Substantialität (Recht als vernunftallgemeiner, intersubjektiv gebundener Kontext daseiender Freiheit) verstehen, lassen sich die verschiedenen Aggregatzustände dieser Relation aufzeigen.

In der Ausarbeitung des abstrakt-materiellen Handlungsbegriffs ist deutlich geworden, daß rechtliches Handeln sich nicht in der bloßen Addition einer ontologisch vorgegebenen, willentlich bezweckenden Tätigkeit und einer *extern* definiert hinzutretenden Pflichtenstellung erschöpft, sondern daß im je zurechenbaren Handeln bereits *konstitutiv* jene qualifizierte Intersubjektivität mitgedacht

---

14 Vgl. Pazanin, HJB 25 (1990), 235, 240.

werden muß, die man als Rechtspersonalität des Individuums bezeichnen kann[15].

Im Rechtszustand prägt sich die qualifizierte Intersubjektivität in die konkreten Lebensweltzusammenhänge der Individuen ein. Die durch das kodifizierte Recht und das Gewohnheitsrecht historisch vernunftgemäß auszudifferenzierenden Sollensanforderungen stehen nach der vorgestellten Konzeption im Grundsatz in *keinem* Widerspruch zur individuellen Handlungsfreiheit, sie sind vielmehr *Ausdruck* derselben. Die somit notwendig vorauszusetzende Einbindung des Einzelnen in den handlungsreflektierten Kontext der Anderen gehört zur Kategorialität der Zurechnung und ist mithin aus dem individuell in Gang gesetzten Bewirkungszusammenhang nicht herauszulösen. Bewirken ist damit *materieller* Inbegriff von Tun und Unterlassen.

Sowohl die Vertreter der kausalen Handlungslehre als auch die Finalisten gehen demgegenüber von einer definitiv nicht qualifiziert intersubjektiv konstituierten Wirklichkeit des Handelnden aus: Entweder die Unterlassung fällt aus dem naturalistischen Erklärungsmuster heraus (es zählt die muskelenervierte äußerlich wahrnehmbare Ursachensetzung)[16] oder das Unterlassen ist bezwecktes rechtliches Nullum[17]. Beiden ist eines gemeinsam: Der im Unterlassen zu Tage tretende Pflichtenbezug des Handelnden wird zum sachlogisch kausalen oder finalen - eben "vorrechtlichen" - Handlungsstrang *hinzu*gedacht - aus dem abstraktmateriellen Begriff der Handlung selbst ergibt er sich jedenfalls nicht.

So erscheint die Garantenpflicht als etwas extern an das Verhalten des Unterlassungstäters Herangetragenes. Dabei bleibt unberücksichtigt, daß der Handelnde (der Unterlassende) selbst die qualifizierte intersubjektive Abhängigkeit des Opfers von seinem rettenden Tun zum normativ ausschlaggebenden Sinn seiner Handlung gemacht hat[18]. Besonders deutlich wird dies am Beispiel der Garantenstellung aus *Ingerenz*. Durch die gefahrschaffende Vorhandlung konstituiert der Täter des unechten Unterlassungsdelikts ein aus den üblichen intersubjektiven Beziehungen bzw. Beeinträchtigungen herausgehobenes Abhängigkeitsverhältnis.

---

15 Den defizitären, weil allein auf die Bezweckung ausgerichteten, Standpunkt der finalen Handlungslehre, kritisieren auch Arthur Kaufmann, in: Schuld und Strafe, 1983, S. 11 (45) und E.A. Wolff, in: Radbruch-FS, 1968, S. 291 (294).

16 Vgl. Dritter Teil der vorliegenden Arbeit, III., 1..

17 Vgl. Dritter Teil der vorliegenden Arbeit, III, 2. b (2)

18 Vgl. Matt, Kausalität aus Freiheit, Teil 3.

Der Grund der Handlung reduziert sich schließlich nicht auf die *Mittel* ihres Vollzugs, da die Bestimmung des Zufälligen zur Realität des Handelnden als zeitlich und räumlich fortgehende, sich vereinheitlichende Struktur der Vermittlung von Inhalt des Willens, Operationalisierungsbedingungen der zu versubjektivierenden Äußerlichkeit und Verwirklichungszustand des Zwecks, definiert wird. Der Handlungsentwurf prägt die Welt auch dort zugunsten des subjektiven Wohls, wo der Handelnde die Seite seiner ihm eigenen äußerlichen Existenz nicht zur Vornahme einer von sich selbst und von anderen sinnlich erfahrbaren Bewegung instrumentalisiert. Wie schon in der Deduktion des abstrakt-materiellen Handlungsbegriffs gezeigt, geht konkretes Handeln in das Raster des konkreten intersubjektiven Zusammenhangs ein: Durch Nichtstun wird die Verletzung eines anderen bewirkt, wenn die vorgefundene (oder erwartete) Situation das Kriterium des *Handeln auf einen anderen* als qualifiertes Vertrauensverhältnis zur Auslösung von rettender Aktion zu verstehen ist[19]. Die Pflicht, es einem anderen zum Besseren zu wenden, ist daher nicht ubiquitär und die pure *Philanthropie* ist kein Zurechnungkriterium[20].

Der einer Garantenstellung (Garantenpflicht) zugrundeliegende intersubjektive Bindungsmodus ist somit auch mehr als lediglich *Sozial*bezüglichkeit des Verhaltens. Der durch die sozialen Handlungslehren angesprochene Aspekt der Sozialerheblichkeit[21] vermag das Eigentliche der Pflichtenstellung nicht hinreichend genau zu bezeichnen, da es weniger um die *faktische* Einbettung des Handelnden in eine wie auch immer verfaßte Sozialität geht, sondern um einen konkret zu bezeichnenden Status *rechtlicher Intersubjektivität.*

Dieser Status der Bindung muß sich für den Handelnden im Vorfeld des Bewirkens durch Unterlassen als bereits konstituiert (qua Integration des zu Rettenden in die zweckhaft gestaltete Wirklichkeit) erfahren lassen. Die Not des anderen ist also gerade dann keine bloße Zufälligkeit, wenn sie schon zum in Vollzug gesetzten Zweck des Unterlassenden gehört (was sich als *Abhängigkeit* des Opfers vom Täter beschreiben läßt, weil dem Verletzten der freie Umgang

19 Vgl. zur strafrechtspraktischen Wirksamkeit dieser Annahme: Hohmann/Matt, JURA 1990, 544 (549).

20 Vor diesem Hintergrund muß der Schutzzweck des § 323c StGB (Unterlassene Hilfeleistung), der unabhängig von einer herausgehobenen intersubjektiven Bindung demjenigen eine Hilfspflicht auferlegt, der sich in der Nähe des Verunglückten befindet, hinsichtlich seiner Legitimation als Strafvorschrift kritisch beurteilt werden. Ein "Allgemeininteresse an solidarischer Schadensabwehr" (Lackner StGB § 323c Rndr.1) dürfte eher ein Gegenstand von moralischer und nicht (straf)rechtlicher Verpflichtungskraft sein.

21 Vgl. Dritter Teil der vorliegenden Arbeit, III., 3.

mit seiner existenziellen Verfaßtheit genommen wird) und / oder die Zufälligkeit der Situation durch intersubjektiv frei gefaßte Übereinkunft zur rechtlichen Einstandspflicht gebunden wird[22]. Das Rechtsgebot steht daher dem Rechtsverbot *nur* dort gleich, wo es dessen abstrakt-rechtliche Unverbrüchlichkeit repräsentiert[23].

Auch im Hinblick auf die mit dem unechten Unterlassungsdelikt in Hinsicht auf die intersubjektive Qualität des Bewirkens *strukturell* verwandte Fahrlässigkeitstat läßt sich von einer dogmatisch-systematischen Grundfunktion des gefundenen Handlungsbegriffs ausgehen[24]: Sofern wir Handlung als Akt personaler Strukturierung der Äußerlichkeit und Allgemeinheit verstehen, ist damit gleichzeitig ausgedrückt, daß menschliches Bewirken in jeder konkreten Handlung ein bestimmtes Verhältnis zur Zufälligkeit des ihr Äußerlichen herstellen muß. Handeln ist folglich Auseinandersetzung mit der - personaler Zweckverwirklichung oftmals spröde gegenüberstehenden - Naturgesetzlichkeit. Der Zufall ist im Handlungsentwurf und in der tatsächlich vorgenommenen Handlung repräsentiertes "*Dasein meines eigenen Wollens*"[25].

Die Diffusion personaler Wirklichkeit als in den Ausläufern der subjektiv-personalen Zwecksetzung enthaltenes Moment des qualitativen Umschlagens von Zufälligkeit in Notwendigkeit und umgekehrt, erscheint bei *mangelnder Reflexion* eigener intersubjektiv-rechtlicher Verfaßtheit (Fehleinschätzung der materialen und sinnlich erfahrbaren Reichweite eigener Wirkungsmacht) im Falle der Verletzung der personalen Integrität anderer, dem Handelnden in der Regel *allein* als Zufall, nicht als Notwendigkeit seiner selbst.

---

22 Die bekannten Garantenpflichten aus Ingerenz, freiwilliger Übernahme (vertragliche, also intersubjektiv konsentierte Herstellung eines Abhängigkeitsverhältnisses für den Notfall), Gesetz (sofern rechtspositiv gebundene Substantialität) und Gefahrengemeinschaft (sofern ihr intersubjektiver Konsens über die Einstandspflicht im Notfall eigen ist) lassen sich demnach aus dem abstrakt-materiellen Handlungsbegriff deduzieren. Da aber Hilfspflichten - wegen ihrer strukturellen Nähe zur Moral - nur über ein qualifiziertes intersubjektives Abhängigkeitsverhältnis zu Rechtspflichten konstituiert werden können, ist ihre Vorhandensein im strafrechtlich relevanten Bewirkenszusammenhang der Handlung nachzuweisen. Bloße temporär befristete Gemeinschaft mit anderen Individuen löst lediglich moralische Einstandspflichten aus; vgl. zu dieser Problematik die Hegelsche Unterscheidung von Pflichten gegen sich selbst und Pflichten gegenüber anderen, Nürnberger und Heidelberger Schriften, S. 4.228 ff. / 4.258 ff. / S. 4.267 ff.

23 Vgl. Hegel, Grundlinien § 38 (S. 7.97).; Hösle, in: Anspruch und Leistung, S. 55 (67).

24 Vorsätzliches Handeln kann als der Inbegriff personal intendierter, zufälligkeitsreduzierender Äußerlichkeitsstrukturierung gelten und bedarf mithin an dieser Stelle keiner besonderen zurechnungslegitimierenden Ausführungen. Insoweit ist auf den Zweiten Teil der Arbeit, II. zu verweisen.

25 Hegel, Grundlinien, § 119 Z (S. 7.225).

Der im Rechtssinne fahrlässig Handelnde trägt dennoch - oder besser gesagt: gerade deshalb - die Verantwortung für sein Tun oder Unterlassen: Die unvollständige Reflexion der Zwecksetzung verkörpert einen *bewußten* Akt der Immunisierung gegenüber den Folgen eigenen Handelns - ein Konstrukt der Selbsttäuschung. Das Subjekt nimmt sich selbst einen Bestandteil seiner intersubjektivrechtlichen Existenz. Jene aus Willkür zugunsten des eigenen Wohls sich selbst verordnete Sorglosigkeit wird in der Fahrlässigkeitstat zum allgemeinen Gesetz des Handelns erhoben und blendet den konkreten Anderen aus dem Handlungsentwurf aus, obgleich sich das intersubjektive Anerkennungsverhältnis in Form der Sorgaltsnorm verfestigt findet und als Substantielles auch in actu rekonstruierbar war.

Die Entlastungsstrategie kann daher nicht als gültige Universalisierung der Handlungsmaxime anerkannt werden und führt zur Zurechnung zum Unrecht. Der Handelnde erfährt durch den Vorgang der Zurechnung, wie er sich im selbstgerichteten Zweckvollzug zur Wirklichkeit gebracht hat und in welchem Ausmaß die der Handlung zugrundeliegende reduzierte Reflexion - zudem noch meist positivrechtlich indiziert - ein unvernünftigwiderrechtliches Bild eigenen Zweckvollzugs spiegelt.

Das Fahrlässigkeitshandeln erschöpft sich mithin nicht in einem "Weniger" an deliktisch orientiertem *Willen* und auch nicht in einem erst auf zweiter Stufe rechtlich zu würdigenden sachlogisch vorgegebenen *finalen* Akt. Das Unrecht und damit der Zurechnungsgrund des Fahrlässigkeitsdelikts entspringt der egozentrierten Zweckverwirklichung unter gleichzeitiger Ausblendung intersubjektiv verfestigter und allgemein reflektierter Bindungsstrukturen. Insbesondere die finale Handlungslehre erfaßt daher die personale Wirklichkeit der Fahrlässigkeit nur partiell.

Nach allem kommt dem personalen Handlungsbegriff auch für die Zurechnung des Vorsatz- und Fahrlässigkeitsunrechts eine *Grundfunktion* zu. Handlung ist hiernach nicht einfach "Oberbegriff" von Tun und Unterlassen, Vorsatzdelikt und Fahrlässigkeitstat, sondern *materielles Rückgrat der Zurechnung* all dieser Erscheinungsformen des Bewirkens einer Rechtsgutsverletzung. In diesem Zusammenhang muß konsequenterweise auch eine Verkürzung des Handelns auf den kausalmonistischen Verursachungsgedanken abgelehnt werden. Dabei kommt es gar nicht so sehr darauf an, daß das Erklärungsmodell des Kausalismus heute schon aus naturwissenschaftlicher Sicht auf eminenten Widerspruch stoßen muß[26], entscheidend für die geringe zurechnungstechnische Bedeutung

26 Vgl. bereits Frank, Das Kausalgesetz und seine Grenzen, passim.

der Kausalität im Bewirkenszusammenhang ist ihr einseitiger, gegenstandsbezogener Charakter.

Im Rahmen der Erörterung des grundsätzlichen Verhältnisses von freiem Willen und vermittels Handlung zu instrumentalisierender naturgesetzlich verfaßter Äußerlichkeit[27] wurde herausgearbeitet, daß der sich in der Handlung verwirklichende freie Wille zwar nicht über die kausalen Strukturen hinwegsetzen kann, er diese aber in der Handlung notwendig in seinen Handlungsentwurf, in den Entwurf von personaler Wirklichkeit, mit einbauen *muß*[28]. Die in jeder Handlung versinnbildlichte Heraussetzung der individuell verfaßten, intersubjektiv konstituierten Freiheit *prägt* erst die zuvor und ansonsten für das Handeln irrelevante Äquivalenz der naturgesetzlich verbundenen Gegenstandswelt im Hinblick auf ein erst so je mögliches *Bewirken*[29]. *Insofern* strukturiert der Unterlassende die vorgefundene Äußerlichkeit in vergleichbarer Weise wie der *aktiv* Handelnde. Die Auseinandersetzung um die Rolle der Kausalität für die Erklärung des Tuns und Unterlassens verliert somit einiges von ihrer vermeintlich vorhandenen Zurechnungsrelevanz.

2. Die personale Dignität des Straftatsystems

Das jedem Juristen bekannte Straftatsystem (*Tatbestand*, *Rechtswidrigkeit* und *Schuld* in ihrer typischen Aufeinanderfolge) wird gemeinhin als eine besondere Art strafrechtsdogmatischen *Argumentierens*[30] bzw. als hilfreiches *Denkschema* verstanden[31]. Geschätzt werden in diesem Kontext die *Effektivität* des Straftatsystems für die praktische Arbeit des Strafjuristen[32], aber auch sein Anspruch, zu einem im Einzelfall *gerechten* Ergebnis zu führen[33]. Wenn dem Straftatsystem mehr eignen soll als die Herstellung einer formal vollständigen Reihung von Einzelmerkmalen zur Durchführung der konkreten Fallprüfung, wenn es also mehr sein soll, als eine Subsumtionserleichterung, müßte sich der

27 Vgl. Erster Teil, III., 2.

28 Vgl. Hotho, Ilting III, Vorrede, S. 92.

29 Hegel, Grundlinien, § 115, A (S. 7.215); § 118, A (S. 7.218).

30 Schild, in: AK StGB vor § 13 Rndr. 157.

31 Dreher/Tröndle StGB Vor § 13 Rndr. 2.

32 Vgl. instruktiv: Hassemer, Grundlagen des Strafrechts, § 22.

33 Hohmann, System trestneho cinu, S 16.

definierte abstrakt-materielle Begriff der Zurechnung in seinen einzelnen Stufen spiegeln lassen.

Mehr noch: er hätte den Aufweis zu leisten, die heute etablierte Dreiteilung als solche aus sich heraus als materiellen Anspruch formulieren zu können und die Zurechnungstufen miteinander zu einer einheitlichen Zurechnungskategorie zu verbinden. Einer solchen Spiegelung des abstrakt-materiellen Handlungsbegriff im Straftatsystem stünde darüber hinaus auch nicht entgegen - sondern es wäre vielmehr als Indiz der Richtigkeit der gewonnenen Zurechnungskonzeption zu werten -, daß die im Straftatsystem verkörperte Abfolge von Vorwurf, Rechtfertigung und Entschuldigung mit Entlastungsstrategien des Alltags einhergeht[34].

Daß der personale Handlungsbegriff als solches alle Momente des Straftatsystems in sich beherbergt dürfte nach der gegebenen Skizze[35] unstrittig sein; zu fragen bleibt, nach welchem *Prinzip* die Einzelaspekte der Zurechnung in ein System mit praktischer Anwendbarkeit eingehen.

Wie bereits dargelegt, war der Begriffstransfer aus der *Hegelsch*en Stufe der *Moralität* in die praktische Strafrechtsdogmatik zum Scheitern verurteilt, weil der materielle Kontext, in den die Zurechnungslehre der *Grundlinien* einzustellen ist (Intersubjektivität, substantialisierender Status der Rechtsanwendung, Geschichtlichkeit des Rechts, Gesetz als reflexiver Modus der Verwirklichung des Rechts als Dasein des freien Willens) nicht ausreichend berücksichtigt wurde.

Der zu findende materielle Maßstab konkreter strafrechtsdogmatischer Zurechnungsregeln ergibt sich nun aus der im zweiten Teil der Arbeit geleisteten Deduktion des abstrakt-materiellen Zurechnungsbegriffs selbst. Die Kriterien strafrechtlicher Verantwortlichkeit setzen bereits begrifflich die Konstitution des Rechtspersonalität und den Aufweis des *kategorialen* Unterschieds von Recht und Unrecht voraus[36]. Hieran schließt sich auf der Ebene der subjektiv-zweckhaften Entgegensetzung von Recht des subjektiven Willens und Recht des objektiven Willens die Strukturierung des dem Handelnden Äußerlichen und Allgemeinen an. Die Handlung (als Handeln auf einen anderen intersubjektiv wirksam) bezieht sich hier einerseits auf die voraufliegende Unrechtsstufe als auch auf die Inzwecknahme naturgesetzlich vorgefundener Äußerlichkeit[37].

---

34 Naucke, Strafrecht, S. 240.

35 Zweiter Teil, X.

36 Zweiter Teil, X. 1.

37 Zweiter Teil, X. 2.

Dies geschieht genau besehen in einem Dreischritt:

Zunächst einmal konstituiert sich Zurechnung aus dem individuellen Vermögen, im Prozeß der Entgegensetzung und der anschließenden Instrumentalisierung der äußerlich vorgefundenen Zufälligkeit, das eigene Wohl zum Maßstab des Wirkens in bezug auf andere Subjekte und das abstrakte Sollen zu erheben. Das Zurechnungsurteil resultiert auf dieser ersten Ebene aus der Reduktion von Zufälligkeit qua personal-zweckhafter Setzung und umfaßt die im Handeln zutagegetretenen Wirksamkeit in der Äußerlichkeit eines qualifiziert intersubjektiven Kontexts (= Tatbestand).

Sodann spezifiziert sich das Verhältnis von Verfolgung eigener Interessen und objektivem Recht als *Kollision* zweier Entwürfe von Recht. Der Handelnde setzt *seine* Konzeption als Recht, wie er sein wohl-verstandenes Interesse nunmehr definiert, als Geltendes. Dabei erweist sich sein Konzept der kategorial fremdverletzenden Handlung entweder als bloßer *Schein* der Substantialität, als Produkt einer auf die Spitze getriebenen Verabsolutierung eigenen Wohls oder als das in dieser Kollision sich bewährende, weil der vernunftgemäßen Reflexion des Substantiellen entsprechend und somit *eigentliche* Recht (= Rechtfertigung).

Steht nämlich fest, daß der Handelnde die Zufälligkeit des ihm äußerlichen Allgemeinen in seinem Sinne reduziert hat und seine Tat insoweit *überhaupt* Gegenstand des Rechts geworden ist, sich also die konkrete Wirklichkeit als *das Resultat seines Bewirkens* darstellt, ist zu fragen, ob das individuell verfolgte Interesse seinerseits beanspruchen kann, selbst Recht zu sein: Durch die Teilhabe des Subjekts an der Vernunftallgemeinheit, besteht die erst noch zu widerlegende Vermutung, die Universalisierung des individuellen Wohls, verkörpert als produzierte Realität seiner selbst, sei ebenfalls ein Akt der Vernunft. Die Straftat als Un-Recht ist hingegen der Versuch einer Etablierung von Gegen-Recht; ein Unterfangen, das indes auf einer schwachen Basis steht, denn die Universalisierung dieses Gegen-Rechts nimmt dem so handelnden Subjekt vor sich selbst (somit zum Schein) den Bezug auf die Vernunftallgemeinheit.

Dort, wo der Handelnde sein Wohl für Recht ausgibt, beruft er sich darauf, die realen Bedingungen seiner Existenz (in denen zugleich seine Verfaßtheit als Vernunftwesen aufgehoben ist) nur erhalten zu können, wenn das (strenge, d.h. an sich geltende) Recht dahinter zurücktritt - das (strenge) Recht wird zum situativ außer Kraft gesetzten Recht. Solange das Recht nicht eigentliches Dasein der Freiheit ist, sondern sich erst in den Handlungen der Subjekte noch als Realität zu erweisen hat, bleibt es seinem Charakter nach formell und in der Einzelsituation brüchig.

Die Substantialität darf nicht als Pflicht an sich, sondern als aufgefaltete Hierarchie inhaltlich konkretisierter Ge- und Verbote begriffen werden, die sich mit Rechtspositionen des jeweils handelnden Individuums in eine Relation zu setzen haben. Erst über die Vermittlung der Substantialität im Sein der Handlung geht die Realisierung von Freiheit fort. Das Wohl wird dort zum (besonderen) Recht, wo es allein die Voraussetzungen dieser Vermittlung, die in Not geratenen rechtssubjekthaften Existenzbedingungen des Einzelnen, bewahrt. Das Recht der Besonderheit verdrängt das (abstrakte) Recht der Allgemeinheit.

Und dennoch erlangt das Wohl lediglich beschränkte Gültigkeit, es ist ein Situations-Recht (Einzelfall-Recht), das von der Universalisierung zum an sich geltenden Recht ausgeschlossen bleibt, da es sich nicht als Pflicht denken läßt - es ist *einseitig* gesetzt und nur in dieser Einseitigkeit mit dem Status der Rechtsordnung in Einklang zu bringen.

Schließlich thematisiert der dritte Schritt des entwickelten abstrakt-materiellen Zurechnungskonzepts die Frage, ob überhaupt, und wenn ja inwieweit, das handelnde Subjekt *vor sich selbst* sein Wohl als Recht ausgeben konnte.

Auch unter der Vorgabe grundsätzlich unverbrüchlicher Anerkennung seiner Teilhabe an der Personalität, sind Situationen (ganz oder teilweise) eliminierter zweckhaft-personaler Wirksamkeit denkbar, da das Individuum als real-agierendes Wesen auch selbst der zuweilen überbordenden Macht des naturhaft Zufälligen erliegen kann; sei es, weil es sich dieser Seite seiner Existenz durch (immer vereinzelt bleibende, da an sich unvernünftige) *eigene Entscheidung* verschrieben hat, sei es, daß die äußerlichen Umstände der sinnlichen Verfaßtheit des Zurechnungssubjekts den Stempel der *Notwendigkeit* aufdrücken.

Die Zurechnung der Setzung des eigenen Wohls als eines Absoluten in der Form der Negation des konkreten und allgemeinen Anerkennungsverhältnisses (strafrechtswidrige Handlung) rekurriert auf das Vorliegen einer der Form halber vernünftigen Entscheidung, die als konkret-individueller Akt nicht nur hinsichtlich ihrer Realisierungsbedingungen in der Mannigfaltigkeit der äußeren Wirklichkeit dem Zufall und damit der naturnotwendigen Verbiegung des der Handlung personal-intentional Beigelegten ausgesetzt ist.

Während generell die Vernünftigkeit und damit Zurechnungsfähigkeit eines Handelnden vermutet werden muß, vermag sehr wohl das aktuell-temporäre

Enthobensein seiner selbst zur Un-Zurechnungsfähigkeit des Handelnden und damit zum Fehlen der (= Schuld) führen.

Schon der Übergang aus der *Innerlichkeit* der Zielantizipation in die Realität der Zweckverwirklichung kann an der defizitären Abbildung der äußerlichen (auch rechtlichen) Allgemeinheit im individuellen Zweck zum Scheitern verurteilt sein. Hieraus resultiert indes immer noch die Zurechnung der in die (rechtsbezogene) Äußerlichkeit umgesetzten Einprägungen des personal-zweckhaften Handelns.

Wo allerdings das Zurechnungssubjekt sich nicht der Zufälligkeit des Naturhaften entgegensetzt, bestimmt es sich selbst nicht zur Ursache, sondern vor sich selbst zum unmaßgeblichen Teil des Weltzusammenhangs. Der Einzelne stellt sich außerhalb seiner als personales Wesen auch äußerlichen Unterschiedenheit von den Notwendigkeiten der Natur. Dabei bestätigt er durch seine Entscheidung, sich der Notwendigkeit seiner aufs Naturhafte reduzierten äußerlichen Seite preiszugeben, geradezu die von ihm geleugnete Freiheit - das Subjekt ist selbst in dieser Entscheidung zur Unfreiheit noch bei sich selbst. Macht es sich dabei zum Mittel einer voraufliegenden Bezweckung, sind ihm die Folgen der Bezweckung Eintrag seiner Handlung, andernfalls bleibt er bar jeglicher Zurechnung des Geschehenen.

Nicht nur die Auswirkungen des Zwecks in der Faktizität äußerlichen Seins machen die personale Seite der Zurechnung aus, auch die Reflexion auf das Substrat eigener Rechtspersonalität, der denkende Vollzug des Unterschiedes von Recht und Unrecht (eine Stufe der Reflexion, die als formelle Aussage des abstrakten Rechts dem Recht der *Sittlichkeit* vorausliegt), verweist das Subjekt auf den Grund seines Handelns.

Dabei gilt nicht der Maßstab der sittlichen Existenz: In der strafbaren Handlung wird zwar auch das konkrete Gesetz verletzt, das dem Handelnden dem Inhalt nach bekannt gemacht werden muß (und in der *Sittlichkeit* auch für allgemein bekannt gehalten werden kann). Die Unterscheidung zwischen Recht und Unrecht ist im Gesetz nur abgebildet, der Sache nach (als Negation schon der Personalität des anderen, nicht erst seiner Subjekthaftigkeit) aber im Prozeß der Konstitution rechtlicher Freiheit, der auch der Prozeß der individuellen Erkenntnis der Substantialität ist, schon geleistet worden. Verfehlt der Handelnde diese kategoriale Entgegensetzung, mangelt es ihm an der Erfassung der Essentialität seines Handelns im Kontrast von Recht und Unrecht *überhaupt*.

Die vorgestellten Zurechnungsstufen sind somit nicht als eine bloße Aneinanderreihung verschiedener Einzelaspekte der Straftat in einer an Effizienz orientierten Ordnnung zu verstehen. Das Straftatsystem kombiniert vielmehr praktische Klugheit der Einzelfallentscheidung mit der vernunftprinzipierten Legitimation von (rechtlicher) Zurechnung. So wird deutlich, daß die Begriffsentwicklung des Rechts - verstanden als Einprägung der Vernunft in die freie Wirklichkeit der Handelnden - mit der strafrechtlichen Zurechnung, konkret dem Straftatsystem, verbunden ist. Die dialektische Genese der Unterscheidung von Recht und Unrecht trägt sich fort in der Konstitution der Zurechnungsmaximen. Strafrechtsdogmatik nimmt damit am Legitimationszusammenhang von Recht notwendig teil, kann sich demselben nicht entziehen.

Der Forderung nach einem Straftatbegriff "unzerlegbarer" Einheitlichkeit, der gleichzeitig aus sich heraus prinzipiell geeignet ist, präzisierbare Zurechnungsmodi zu generieren, wird damit genüge getan.

Der hierdurch ebenfalls geleistete Nachweis des straftatsystematisierenden Verbindungselements des personalen Handlungsbegriffs beinhaltet in seiner Aussage demnach eine Zusammenführung von *praktischer Klugheit* der Rechtswissenschaft und *Vernunftvergegenwärtigung*, die durch die Rechtsphilosophie geleistet werden kann.

Bibliographie

[Zitierweise in Klammern]

Abegg, Julius F. H.: Lehrbuch der Strafrechtswissenschaft, Neustadt a.d.O. 1836. [Abegg, Lehrbuch, S.]

Abele, Andrea / *Mitzlaff,* Stefan / *Nowack,* Wolf : Abweichendes Verhalten, Erklärungen, Scheinerklärungen und praktische Probleme, Stuttgart / Bad Cannstatt 1975. [Abele/Mitzlaff/Nowack, Abweichendes Verhalten, S.]

Adorno, Theodor W.: Negative Dialektik, Frankfurt/Main 1973. [Adorno, Negative Dialektik, S.]

ders.: Zur Metakritik der Erkenntnistheorie, Frankfurt/Main 1971. [Adorno, Metakritik, S.]

Alwart, Heiner: Recht und Handlung, Tübingen 1987. [Alwart, Recht und Handlung, S.]

Amengual, Gabriel: Moralität als Recht des subjektiven Willens, in: HJB 22 (1987), S. 207ff. [Amengual, HJB 22 (1987), S.]

Apel, Karl-Otto: Kant, Hegel und das aktuelle Problem der normativen Grundlage von Moral und Recht, in: Kant oder Hegel ? (Hrsg.: D. Henrich), Stuttgart 1983. [Apel, in: Kant oder Hegel?, S.]

Arendt, Hannah: Das Handeln, in: Handlungstheorien - interdisziplinär, Band II, 1. Halbband (Hrsg.: H. Lenk), München 1978, S. 13 ff. [Arendt, in: Handlungstheorien - interdisziplinär, S.]

Aristoteles: Nikomachische Ethik (Nachdruck), Darmstadt 1956. [Aristoteles, Nikomachische Ethik, Kap.]

Arzt, Günther / *Weber,* Ulrich : Strafrecht Besonderer Teil, Lehrbuch in 5 Heften, Bielefeld 1983. [Arzt/Weber, LH 2, Rn.]

Baermann, Rolf-Arthur: Sittlichkeit und Verbrechen bei Hegel, Frankfurt/Main 1980. [Baermann, Sittlichkeit und Verbrechen, S.]

Bärsch, Claus E.: Der Weltgeist und der Geist der Völker, HJB 17 (1981/1982), S. 181 ff. [Bärsch, HJB 17 (1981/82), S.]

Bal, Karol: er Begriff Gewissen als zentrale Kategorie der Hegelschen Ethik, in: HJB 22 (1987), S. 226 ff. [Bal, HJB 22 (1987), S.]

ders.: Das Utopische als wesentliches Element der Natur des Geistes bei Hegel, in: HJB 25 (1990), S. 113 ff. [Bal, HJB 25 (1990), S.]]

Bar, Karl Ludwig v.: Die Lehre vom Kausalzusammenhang, besonders im Strafrecht, Leipzig 1871. [Bar, Kausalzusammenhang, S.]

Baratta, Alessandro: Gedanken zu einer dialektischen Lehre von der Natur der Sache, in: Gedächtnisschrift für Gustav Radbruch, Göttingen 1968, S. 172 ff. [Baratta, in: Radbruch-GedS, S.]

Bartuschat, Wolfgang: Die Glückseligkeit und das Gute in Hegels Rechtsphilosophie, in: Die Rechtsphilosophie des deutschen Idealismus (Hrsg. V. Hösle und das Istituto Italiano per gli Studi Filosofici), Hamburg 1989, S. 77 ff. [Bartuschat, in: Rechtsphilosophie des deutschen Idealismus, S.]

Baum, Manfred: Hegels Kritik an Kants Moralprinzip, HJB 22 (1987), S. 235 ff. [Baum, HJB 22 (1987), S.]

ders.: Anmerkungen zum Verhältnis von Systematik und Dialektik bei Hegel, in: Hegels Wissenschaft der Logik (Hrsg.: D. Henrich), Stuttgart 1986, S. 65 ff. [Baum, in: Wissenschaft der Logik, S.]

Baumann, Jürgen / *Weber*, Ulrich: Strafrecht Allgemeiner Teil, 9. Aufl. Bielefeld 1985. [Baumann/Weber, Strafrecht, S.]

Becchi, Paolo: La revoluzione liberale e il rinnegato Hegel, Materiali per una storia della cultura giuridica (1990), S. 497 ff. [Becchi, Materiali (1990),S.]

ders.: Recht, Natur und die Frage nach den Rechten der Natur bei Hegel, in: ARSP 1990, S. 500 ff. [Becchi, ARSP 1990, S.]

ders.: Hegel und was Kotzebue ermordet, HJB 22 (1987), S.49 ff. [Becchi, HJB 22 (1987), S.]

Becker, Howard: Außenseiter. Zur Soziologie abweichenden Verhaltens. Frankfurt/Main 1973. [Becker, Außenseiter, S.]

Beling, Ernst: Lehre vom Verbrechen, Berlin 1904. [Beling, Lehre vom Verbrechen, S.]

Benjamin, Walter: Das Passagen-Werk, Frankfurt/Main 1982 [Benjamin, Passagen-Werk, S.]

Bergson, Henri: Essai sur les données immédiates de la conscience, 24. Aufl. Paris 1926. [Berson, Essai, S.]

Berner, Albert F.: Lehrbuch des Deutschen Strafrechts, 1. Aufl. Leipzig 1857. [Berner, Strafrecht (1), S.], 5. Aufl. Leipzig 1871. [Berner, Strafrecht (5), S.], Neudruck der 18. Aufl. Leipzig 1898, Aalen 1986. [Berner, Strafrecht (18), S.]

ders.: Grundlinien der criminalistischen Imputationslehre, Berlin 1843. [Berner, Imputationslehre, S.]

Bitzilekis, Nikolaos: Die neue Tendenz zur Einschränkung des Notwehrrechts, Berlin 1984. [Bitzilekis, Einschränkung des Notwehrrechts, S.]

Blasche, Siegfried: Natürliche Sittlichkeit und bürgerliche Gesellschaft, in Materialien zu Hegels Rechtsphilosophie (Hrsg. M. Riedel), Frankfurt/Main 1974, S. 312 ff. [Blasche, Materialien II, S.]

Blei, Herrmann: Strafrecht Band I, 18. Aufl. München. [Blei, Strafrecht(18),S.]

Bloy, René: Finaler und sozialer Handlungsbegriff, in: ZStW 90 (1978), S. 609ff. [Bloy, ZStW 90 (1978), S.]

Bockelmann, Paul: Hegels Notstandslehre, Berlin/Leipzig 1935. [Bockelmann, Hegels Notstandslehre, S.]

ders.: Strafrecht Allgemeiner Teil, 4. Aufl. München 1987. [Bockelmann, Strafrecht, S.]

ders.: Verkehrsstrafrechtliche Aufsätze und Vorträge, Hamburg 1967. [Bockelmann, Aufsätze, S.]

ders.: Notwehr gegen verschuldete Angriffe, in: Festschrift für R. M. Honig, Göttingen 1970, S. 19 ff. [Bockelmann, in Honig-FS, S.]

ders.: Zur Problematik der Sonderbehandlung von Überzeugungsverbrechern, in: Festschrift f. H. Welzel, Berlin u.a. 1974, S. 543 ff. [Bockelmann, in Welzel-FS, S.]

Böning, Peter: Die Lehre vom Unrechtsbewußtsein in der Rechtsphilosophie Hegels, Frankfurt/Main 1978. [Böning, Lehre vom Unrechtsbewußtsein,S.]

Bogdandy, Armin v.: Hegels Theorie des Gesetzes, München 1989. [Bogdandy, Hegels Theorie des Gesetzes, S.]

Bonsiepen, Wolfgang: Phänomenologie des Geistes, in: Hegel (Hrsg.: O. Pöggeler), Freiburg/München 1977, S. 59 ff. [Bonsiepen, in: Hegel, S.]

Brammsen, Jörg: Erfolgszurechnung bei unterlassener Gefahrverminderung durch einen Garanten, in: MDR 1989, S. 123 ff. [Brammsen, MDR 1989,S.]

Brentano, Franz: Psychologie vom empirischen Standpunkt, Band I, Leipzig 1924. [Brentano, Psychologie I, S.]

Brockard, Hans: Subjekt, München 1970. [Brockard, Subjekt, S.]

Bubner, Rüdiger: Die "Sache selbst" in Hegels System, in: Dialektik in der Philosophie Hegels (Hrsg.: E.-P. Horstmann), Frankfurt/Main 1978, S. 101 ff. [Bubner, in: Dialektik in der Philosophie Hegels, S.]

ders.: Zur Sache der Dialektik, Stuttgart 1980. [Bubner, Dialektik, S.]

ders.: Geschichtsprozesse und Handlungsnormen, Frankfurt/Main 1984. [Bubner, Geschichtsprozesse und Handlungsnormen, S.]

ders.: Rationalität, Lebensform und Geschichte, in: Rationalität (Hrsg.: H. Schnädelbach), Frankfurt/Main 1984, S. 198 ff. [Bubner, in: Rationalität,S.]

Bubnoff, Eckart von: Die Entwicklung des strafrechtlichen Handlungsbegriffes von Feuerbach bis Liszt unter besonderer Berücksichtigung der Hegelschule, Heidelberg 1966. [Bubnoff, Handlungsbegriff, S.]

Burgstaller, Manfred: Das Fahrlässigkeitsdelikt unter besonderer Berücksichtigung der Praxis in Verkehrssachen, Wien 1974. [Burgstaller, Fahrlässigkeitsdelikt, S.]

Buri, Maximilian von: Über Causalität und deren Verantwortung, Leipzig 1873. [Buri, Causalität, S.]

Cazzaniga, Gian M.: L' Analyse des classes sociales dans la societe civile hegelienne, in: HJB 21 (1986), S. 87 ff. [Cazzaniga, HJB 21 (1986), S.]

Davidson, Donald: Essays on Actions and Events, Oxford 1980. [Davidson, Essays on Actions and Events, S.]

Derbolav, Josef: Hegels Theorie der Handlung, in: Materialien zu Hegels Rechtsphilosophie (Hrsg.: M. Riedel), Frankfurt/Main 1974, S. 201 ff. [Derbolav, Materialien II, S.]

Dohna, Alexander:Der Aufbau der Verbrechenslehre, 4.Aufl. Bonn 1950. [Dohna, Verbrechenslehre, S.]

Dreher, Eduard: Die Willensfreiheit, München 1987. [Dreher, Willensfreiheit, S.]

Dreher, Eduard / *Tröndle*, Herbert: Strafgesetzbuchkommentar 45. Aufl. München 1991. [Dreher/Tröndle, StGB §, Rn.]

Düsing, Klaus: Endliche und absolute Subjektivität, in: Hegels Theorie des subjektiven Geistes (Hrsg: L. Eley), Stuttgart 1990, S. 33 ff. [Düsing, in: Hegels Theorie des subjektiven Geistes, S.]

Ebert, Udo: Talion und Vergeltung im Strafrecht - ethische, psychologische und historische Aspekte, in: Recht und Moral (Hrsg.: H. Jung/H. Müller-Dietz/U. Neumann, Baden-Baden 1991, S. 249 ff. [Ebert, in: Recht und Moral, S.]

Ebert, Udo / *Kühl*, Kristian: Kausalität und objektive Zurechnung, in: JURA 1979, S. 561 ff. [Ebert/Kühl, JURA 1979, S.]

Eley, Lothar: Was ist der systematische Ort des Kampfes des Anerkennens und der Unterwerfung unter einen Herrn in Hegels Theorie des Geistes der "Enzyklopädie" (1830)?, in: Hegels Theorie des subjektiven Geistes (ders.), Stuttgart 1990, S. 339 ff. [Eley, in: Hegels Theorie des subjektiven Geistes, S.]

Engisch, Karl: Die Kausalität als Merkmal der strafrechtlichen Tatbestände, Tübingen 1931. [Engisch, Kausalität, S.]

ders.: Der finale Handlungsbegriff, in: Festschrift für Eduard Kohlrausch, Berlin 1944, S. 141 ff. [Engisch, in: Kohlrausch-FS, S.]

Feuerbach, Paul J. A.: Kritik des natürlichen Rechts als Propädeutik zu einer Wissenschaft der natürlichen Rechte, Altona 1796. [Feuerbach, Kritik des natürlichen Rechts, S.]

ders.: Revision der Grundsätze und Grundbegriffe des positiven peinlichen Rechts, Band I, Erfurt 1799; Band II Chemnitz 1800. [Feuerbach, Revision der Grundsätze, S.]

Fichte, Johann G.: Grundlage des Naturrechts nach Prinzipien der Wissenschaftslehre, Darmstadt 1962. [Fichte, Naturrecht, S.]

ders.: Zur Rechts- und Sittenlehre, Bd. I, Berlin 1971. [Fichte, Zur Rechts- und Sittenlehre I, S.]

Findlay, J.N.: Hegel. A Re-Examination, London-New York 1958. [Findlay, Re-Examination, S.]

Finger, August: Lehrbuch des Deutschen Strafrechts, Berlin 1904. [Finger, Strafrecht, S.]

Flechtheim, Ossip K.: Hegels Strafrechtstheorie, 2. Aufl. Berlin 1975. [Flechtheim, Strafrechtstheorie, S.

Flückiger, Felix: Geschichte des Naturrechtes Band I, Zollikon-Zürich 1954. [Flückinger, Geschichte des Naturrechts I, S.]

Frank, Reinhard: Strafrechtliche Fälle 9. Aufl. o.O. 1933. [Frank, Strafrechtliche Fälle, S.]

ders.: Die Wolff'sche Strafrechtsphilosophie und ihr Verhältnis zur criminalpolitischen Aufklärung im 18. Jahrhundert, Göttingen 1887. [Frank, Wolffsche Strafrechtsphilosophie, S.]

Frank, Philipp: Das Kausalgesetz und seine Grenzen, Frankfurt/Main 1988. [Frank, Das Kausalgesetz und seine Grenzen, S.]

Frisch, Peter: Das Fahrlässigkeitsdelikt und das Verhalten des Verletzten Berlin 1973. [P. Frisch, Fahrlässigkeitsdelikt, S.]

Frisch, Wolfgang: Tatbestandsmäßiges Verhalten und Zurechnung des Erfolgs, Heidelberg 1988. [W. Frisch, Tatbestandsmäßiges Verhalten, S.]

Frister, Helmut: Die Notwehr im System der Notrechte, GA 1988, S. 291 ff. [Frister, GA 1988, S.]

Frommel, Monika: Präventionsmodelle in der deutschen Strafzweck-Diskussion, Berlin 1987. [Frommel, Präventionsmodelle, S.]

Fulda, Hans-Friedrich: Hegels Dialektik als Begriffsbewegung und Darstellungsweise, in: Dialektik in der Philosophie Hegels (Hrsg.: R.-P. Horstmann), Frankfurt/Main 1978, S. 124 ff. [Fulda, in: Dialektik in der Philosophie Hegels, S.]

Gadamer, Hans-Georg: Hegels Dialektik, 2. Auflage, Tübingen 1980. [Gadamer, Hegels Dialektik, S.]

Gallas, Wilhelm: Zum gegenwärtigen Stand der Lehre vom Verbrechen, in: ZStW 67 (1955), S. 1 ff. [Gallas, ZStW 67 (1955), S.]

Geraets, Theodore F.: "Weltgeist" zwischen "Volksgeist" und "absolutem Geist", HJB 17 (1981/1982), S. 187 ff. [Geraets, HJB 17 (1981/82), S.]

Gerald, Thomas J.: Hegels Familienbegriff in der "Phänomenologie des Geistes", in: HJB 19/20 (1984/1985), S. 229 ff. [Gerald, HJB 19/20 (1984/1985), S.]

Gethmann-Siefert, Annemarie: Vergessene Dimensionen des Utopiebegriffs. Der "Klassizismus" der idealistischen Ästhetik und die gesellschaftskritische Funktion des "schönen Scheins", in: HS 18 (1983), S. 119 ff. [Gethmann-Siefert, HS 18 (1983), S.]

Gies, Manfred: Naturwissenschaft und Naturphilosophie bei Hegel, in: Hegel und die Naturwissenschaften (Hrsg.: M.J. Petry), Stuttgart-Bad Cannstatt 1987, S. 65 ff. [Gies, in: Hegel und die Naturwissenschaften, S.]

Giusti, Miguel: Bemerkungen zu Hegels Begriff der Handlung, in: HS 22 (1987), S. 51 ff. [Giusti, HS 22 (1987), S.]

ders.: Lassen sich Moralität und Sittlichkeit miteinander vermitteln?, PhR 38 (1991), S. 14 ff. [Giusti, PhilR 38 (1991),S.]

Givsan, Hassan: Moralität als Kritik der Sittlichkeit, in: HJB 22 (1987), S. 82ff. [Givsan, HJB 22 (1987), S.]

ders.: Geschichte als absolute Voraussetzung der Hegelschen Logik, in: HJB 18 (1983), S. 63 ff. [Givsan, HJB 18 (1983), S.]

Gössel, Karl Heinz: Zur Lehre vom Unterlassungsdelikt, in: ZStW 96 (1984), S. 321 ff. [Gössel, ZStW 96 (1984), S.]

ders.: Wertungsprobleme des Begriffs der finalen Handlung, Berlin 1966. [Gössel, Wertungsprobleme, S.]

Gough, J.W.: The Social Contract, Cambridge 1957. [Gough, Social Contract,S.]

Grabmann, Martin: Mittelalterliches Geistesleben Band II, München 1956. [Grabmann, Mittelalterliches Geistesleben II, S.]

Grotius, Hugo: De iure belli ac pacis (Hrsg.: J. Kirchmann), Berlin 1869. [Grotius, De iure belli ac pacis, S.]

Grünhut, Max: Anselm von Feuerbach und das Problem der strafrechtlichen Zurechnung, Aalen 1978. [Grünhut, Zurechnung, S.]

Grünwald, Gerald: Der Vorsatz des Unterlassungsdelikts, in: Festschrift für Hellmuth Mayer, Berlin 1966, S. 281 ff. [Grünwald, in: H. Mayer-FS, S.]

Haas, Robert: Notwehr und Nothilfe, Frankfurt/M. 1978. [Haas, Notwehr, S.]

Habermas, Jürgen: Theorie des kommunikativen Handelns, Frankfurt/Main 1981. [Habermas, Theorie des kommunikativen Handelns, S.]

ders.: Moralität und Sittlichkeit. Treffen Hegels Einwände gegen Kant auch auf die Diskursethik zu?, in: Moralität und Sittlichkeit (Hrsg.: W. Kuhlmann), S. 16 ff.[Habermas, in: Moralität und Sittlichkeit, S.]

ders.: Über Moralität und Sittlichkeit - Was macht eine Lebensform rational?, in: Rationalität (Hrasg.: H. Schnädelbach), Frankfurt/Main , S. 218 ff. [Habermas, in: Rationalität, S.]

ders.: Nachmetaphysisches Denken (Philosophische Aufsätze), Frankfurt/M. 1992 [Habermas, Nachmetaphysisches Denken, S.]

ders.: Der philosophische Diskurs der Moderne, Frankfurt/Main 1985. [Habermas, Der philosophische Diskurs der Moderne, S.]

Haft, Fritjof: Strafrecht Allgemeiner Teil, 3. Aufl., München 1987. [Haft, Strafrecht, S.]

Hall, Karl A.: Über Kausalität und Rechtswidrigkeit der Unterlassung, in: Erinnerungsgabe für Max Grünhut, Marburg o.J., S. 213 ff. [Hall, in: Grünhut-EG, S.]

Hardwig, Werner: Die Zurechnung, Hamburg 1957. [Hardwig, Zurechnung,S.]

Harlander, Klaus: Absolute Subjektivität und kategoriale Anschauung, Meisenheim am Glan 1969. [Harlander, Kategoriale Anschauung, S.]

Hartmann, Nicolai: Zur Grundlegung der Ontologie, 3. Aufl. Meisenheim/Glan 1948. [Hartmann, Grundlegung der Ontologie, S.]

ders.: Teleologisches Denken, Berlin 1951. [Hartmann, Teleologisches Denken,S.]

ders.: Die Philosophie des deutschen Idealismus, Band II, Berlin 1929. [Hartmann, Philosophie des deutschen Idealismus II,S.]

Hassemer, Winfried: Einführung in die Grundlagen des Strafrechts, 2. Aufl., München 1990. [Hassemer, Grundlagen des Strafrechts, S.]

ders.: Die provozierte Provokation oder über die Zukunft des Notwehrrechts, in: Festschrift für P. Bockelmann, München 1979, S. 225 ff. [Hassemer, in: Bockelmann-FS, S.]

Hegel, Georg W. F.: Werke in 20 Bänden 2. Auflage, Frankfurt/Main 1989:
Bd. 1: Frühe Schriften
Bd. 2: Jenaer Schriften 1801-1807
Bd. 3: Phänomenologie des Geistes

Bd. 4: Nürnberger und Heidelberger Schriften
Bd. 5: Wissenschaft der Logik I
Bd. 6: Wissenschaft der Logik II
Bd. 7: Grundlinien der Philosophie des Rechts
Bd. 8: Enzyklopädie der philosophischen Wissenschaften I
Bd. 9: Enzyklopädie der philosophischen Wissenschaften II
Bd. 10: Enzyklopädie der philosophischen Wissenschaften III
Bd. 12: Vorlesungen über die Philosophie der Geschichte
Bd. 18: Vorlesungen über die Geschichte der Philosophie I
Bd. 19: Vorlesungen über die Geschichte der Philosophie II
Bd. 20: Vorlesungen über die Geschichte der Philosophie III
[Hegel, Titel des Bandes der Gesamtausgabe, §, (Band, S.)]

Heisenberg, Werner: Physik und Philosophie, Stuttgart 1959.[Heisenberg, Physik und Philosophie, S.]

Henkel, Heinrich: Einführung in die Rechtsphilosophie, 2. Aufl. München 1977. [Henkel, Rechtsphilosophie, S.]

Henrich, Dieter: Einleitung, zu: Hegel, Georg W. F., Philosophie des Rechts, Vorlesung 1819/1820, Frankfurt/Main 1983, S. 9 ff. [Henrich, Einleitung,S.]

ders.: Hegels Grundoperation, in: Festschrift f. W. Marx, Hamburg 1976, S. 208 ff. [Henrich, in: FS f. Marx, S.]

Herzog, Felix: Prävention des Unrechts oder Manifestation des Rechts, Frankfurt/Main 1987. [Herzog, Prävention des Unrechts, S.]

Herzberg, Rolf D.: Die Unterlassung im Strafrecht und das Garantenprinzip, Berlin 1972. [Herzberg, Unterlassung, S.]

ders.: Das Wollen beim Vorsatzdelikt und dessen Unterscheidung vom bewußt fahrlässigen Verhalten, in: JZ 1988, S. 573 ff. [Herzberg, JZ 1988, S.]

Hirsch, Hans J.: Die Entwicklung der Strafrechtsdogmatik nach Welzel, in: Festschrift der Rechtswissenschaftlichen Fakultät zur 600-Jahr-Feier der Universität zu Köln, Köln 1988, S. 399 ff. [Hirsch, in: UniKöln-FS, S.]

ders.: Der Streit um Handlungs- und Unrechtslehre, insbesondere im Spiegel der Zeitschrift für die gesamte Strafrechtswissenschaft, in: ZStW 93 (1981) S. 831 ff. [Hirsch, ZStW 93 (1981), S.]

Hobbes, Thomas: Leviathan, Zürich 1936. [Hobbes, Leviathan, S.]

Hochkeppel, Willy: Dialektik als Mystik, in: Hegel und die Folgen (Hrsg. G.-K. Kaltenbrunner), Freiburg 1970, S. 69 ff. [Hochkeppel, in: Hegel und die Folgen, S.]

Höffe, Otfried: Sittliches Handeln: ein ethischer Problemaufriß, in: Handlungstheorien - interdisziplinär, Band II, 2. Halbband, München 1979, S. 617 ff. [Höffe, in: Handlungstheorien - interdisziplinär, S.]

ders.: Ethik und Politik, Frankfurt/Main 1979. [Höffe, Ethik und Politik, S.]

Hönigswald, Richard: Die Grundlagen der Denkpsychologie, 2. Aufl. Berlin 1925. [Hönigswald, Denkpsychologie, S.]

Hoerster, Norbert: Rechtsethik der Sterbehilfe, in: H. H. Atrott/ H. Pohlmeier (Hrsg.), Sterbehilfe in der Gegenwart, Regensburg 1990, S. 55 ff. [Hoerster, Sterbehilfe, S.]

Hösle, Vittorio: Das abstrakte Recht, in: Anspruch und Leistung von Hegels Rechtsphilosophie (Hrsg. Chr. Jermann), Stuttgart-Bad Cannstatt 1987, S. 55 ff. [Hösle, in: Anspruch und Leistung, S.]

ders.: Hegels System, Band I und II, Hamburg 1987. [Hösle, Hegels System, Bd., S.]

ders.: Was darf und was soll der Staat bestrafen? Überlegungen im Anschluß an Fichtes und Hegels Straftheorien, in: Die Rechtsphilosophie des deutschen Idealismus (Hrsg. V. Hösle und das Istituto Italiano per gli Studi Filosofici), Hamburg 1989, S. 1 ff. [Hösle, Rechtsphilosophie des deutschen Idealismus,S.]

ders.: Die Krise der Gegenwart und die Verantwortung der Philosophie, München 1990. [Hösle, Die Krise der Gegenwart, S.]

Hohmann, Ralf: Prävention als Instrument der Aufklärung, in: JURA 1991, S. 121 ff. [Hohmann, JURA 1991, S.]

ders.: Eigenverantwortlichkeit und Betäubungsmittelstrafrecht?, in: MDR 1991, S. 1117 f. [Hohmann, MDR 1991, S.]

ders.: System trestneho cinu - neco vice nez "pouha" metoda (Das Straftatsystem - mehr als "nur" eine Methode), Brünn, Tschechische Republik, 1993. [Hohmann, System trestneho cinu, S.]

ders.: Historie a struktura moderního trestního rizení (Gerschichte und Struktur des modernen Strafverfahrens), Brünn, Tschechische Republik, 1993. [Hohmann, Historie a struktura, S.]

ders.: Anmerkung zu BGH, Urt. v. 15.10.1991, 1 StR 442/91, in: NStZ 1993, S. 183 ff. [Hohmann, NStZ 1993, S.]

Hohmann, Ralf / *Matt*, Holger: Anmerkung zu BGH, Beschl. v. 29.12.1987, 1 StR 642/87, in: JR 1989, S. 161 f. [Hohmann/Matt, JR 1989, S.]

Hohmann, Ralf / *Matt*, Holger: Verantwortlichkeit für und nach Verkehrsunfall mit Todesfolgen, in: JURA 1990, S. 544 ff. [Hohmann/Matt, JURA 1990,S.]

Hohmann, Ralf / *Matt*, Holger: Der verschaukelte "Provokateur", in: JuS 1993, S. 131 ff. [Hohmann/Matt, JuS 1993, S.]

Hohmann, Ralf / *Matt*, Holger: Ist die Strafbarkeit der Selbstschädigung verfassungswidrig? - BGH, NJW 1992, 2975, in: JuS 1993, S. 370 ff. [Hohmann/Matt, JuS 1993, S.]

Hohmann, Ralf/ *König*, Pia: (K)ein Ende der Tyrannis?, in: JURA 1990, S. 200ff. [Hohmann/König, JURA 1990, S.]

Homeyer, C. G.: Vorlesungsnachrift 1818/1819, in: G.W.F. Hegel, Die Philosophie des Rechts (Hrsg.: K. H. Ilting), Stuttgart 1983, S. 203 ff. [Homeyer, in: Mitschriften, S. (§)]

Honig, Richard M.: Kausalität und objektive Zurechnung, in: Festgabe für Reinhard von Frank, Band I, Tübingen 1930, S. 174 ff. [Honig, in: Frank-FG I, S.]

Horstmann, Rolf-Peter: Schwierigkeiten und Voraussetzungen der dialektischen Philosophie Hegels, in: Dialektik in der Philosophie Hegels (Hrsg. R.-P. Horstmann), Frankfurt/Main 1978, S. 9 ff. [Horstmann, in: Dialektik, S.]

ders.: Der Kampf um den Buchstaben in der Hegel-Forschung der Gegenwart, in: PhilR 37 (1990), S. 60 ff. [Horstmann, PhilR 37 (1990), S.]

Hotho, H.G.: Vorlesungsnachschrift, (Edition und Kommentar v. K. H. Ilting Band III) Suttgart- Bad Cannstatt 1973/1974. [Hotho, in: Ilting III, S.]

Hruschka, Joachim: Ordentliche und außerordentliche Zurechnung bei Pufendorf, in: ZStW 96 (1984), S. 661 ff. [Hruschka, ZStW 96 (1984), S.]

ders.: Vorpositives Recht als Gegenstand und Aufgabe der Rechtswissenschaft, in: JZ 1992, S. 429 ff. [Hruschka, JZ 1992, S.]

Ilting, Karl-Heinz: Die Struktur der Hegelschen Rechtsphilosophie,in: Materialien zu Hegels Rechtsphilosophie Band II (Hrsg.: M. Riedel), Frankfurt/Main 1975, S. 52 ff. [Ilting, in: Materialien II, S.]

ders.: Rechtsphilosphie als Phänomenologie des Bewußtseins der Freiheit, in: Hegels Philosophie des Rechts (Hrsg.: D. Henrich und R.-P. Horstmann), Suttgart 1982, S. 225 ff. [Ilting, in: Philosophie des Rechts, S.]

Jaeschke, Walter: Die Verrnünftigkeit des Gesetzes, in: Hegels Rechtsphilosophie (Hrsg.: H.C. Lucas/ O. Pöggeler) Stuttgart 1986, S. 221 ff. [Jaeschke, in: Hegels Rechtsphilosophie, S.]

Jakobs, Günther: Strafrecht Allgemeiner Teil, 2. Aufl. Berlin 1992. [Jakobs, Strafrecht, Kap.]

ders.: Unvermeidbares Verhalten und Strafrechtssystem, in: Festschrift für Hans Welzel, Berlin 1974, S. 307 ff. [Jakobs, in: Welzel-FS, S.]

Jermann, Cristoph: Die Moralität, in: Anspruch und Leistung von Hegels Rechtsphilosophie (Hrsg. Chr. Jermann), Stuttgart - Bad Cannstatt 1987, S. 101 ff. [Jermann, in: Anspruch und Leistung, S.]

ders.: Die Familie, Die bürgerliche Gesellschaft, in: Anspruch und Leistung von Hegels Rechtsphilosophie (Hrsg. Chr. Jermann), Stuttgart-Bad Cannstatt 1987, S. 145 ff. [Jermann, Anspruch und Leistung, S.]

Jescheck, Hans-H.: Der strafrechtliche Handlungsbegriff in dogmengeschichtlicher Entwicklung, in: Festschrift für Eberhard Schmidt, Göttingen 1961, S. 139 ff. [Jescheck, in: Eb. Schmidt-FS, S.]

ders.: Grundfragen der Dogmatik und Kriminalpolitik im Spiegel der Zeitschrift für die gesamte Strafrechtswissenschaft, in: ZStW 93 (1981), S. 3 ff. [Jescheck, ZStW 93 (1981), S.]

ders.: Lehrbuch des Strafrechts Allgemeiner Teil, 4 Aufl. Berlin 1988. [Jescheck, Strafrecht, S.]

ders. (u.a.): Leipziger Kommentar zum Strafgesetzbuch, 10. Aufl. Berlin u.a.O. 1985 [LK-Bearbeiter, StGB, §, Rndnr.]

Joerden, Jan: Strukturen des strafrechtlichen Verantwortungsbegriffs, Berlin 1988. [Joerden, Strukturen, S.]

Kahlo, Michael: Das Bewirken durch Unterlassen bei drittvermitteltem Rettungsgeschehen, in: GA 1987, S.60 ff. [Kahlo, GA 1987, S.]

Kant, Immanuel: Werke in 12 Bänden, Frankfurt/Main 1974. [Kant, Titel des Bandes, S., Kap.]

Kaufmann, Armin: Zum Stande der Lehre vom personalen Unrecht, in: Festschrift für Hans Welzel, Berlin 1975, S. 391 ff. [Armin Kaufmann, in: Welzel-FS, S.]

ders.: Die Dogmatik der Unterlassungsdelikte, Göttingen 1959. [Armin Kaufmann, Unterlassungsdelikte, S.]

ders.: "Objektive Zurechnung" beim Vorsatzdelikt?, in: Festschrift für Hans-Heinrich Jescheck, Berlin 1985, S. 251 ff. [Armin Kaufmann, in: Jescheck-FS, S.]

ders.: Unterlassung und Vorsatz, in: Festschrift für Hellmuth von Weber, Bonn 1973, S. 207 ff. [Armin Kaufmann, in: Weber-FS, S.]

Kaufmann, Arthur: Analogie und Natur der Sache, Karlruhe 1965. [Arthur Kaufmann, Analogie und Natur der Sache, S.]

ders.: Die finale Handlungslehre und die Fahrlässigkeit, in: JuS 1967, S. 145ff. [Arthur Kaufmann, JuS 1967, S.]

ders.: Die ontologische Struktur der Handlung, in: Festschrift für Hellmuth Mayer, Berlin 1966, S. 79 ff. [Arthur Kaufmann, FS f. H. Mayer, S.]

ders.: Das Schuldprinzip, 2. Aufl. Heidelberg 1976. [Arthur Kaufmann, Schuldprinzip, S.]

ders.: Unzeitgemäße Betrachtungen zum Schuldgrundsatz im Strafrecht, JURA 1986, S. 225 ff. [Arthur Kaufmann, JURA 1986, S.]

Kaufmann, Ekkehard: Die Natur der Sache, in: JuS 1987, S. 848 ff. [Ekkehard Kaufmann, JuS 1987, S.]

Kaulbach, Friedrich: Das Prinzip der Handlung in der Philosophie Kants, Berlin 1978. [Kaulbach, Prinzip der Handlung, S.]

ders.: Immanuel Kants "Grundlegung zur Metaphysik der Sitten", Darmstadt 1988. [Kaulbach, Grundlegung, S.]

Kimmerle, Heinz: Die Geschichte als das Andere der Gegenwart, HJB 18 (1983), S. 69 ff. [Kimmerle, HJB 18 (1983), S.]

ders.: Sein und Selbst, Bonn 1978. [Kimmerle, Sein und Selbst, S.]

Kindhäuser, Urs K.: Intentionale Handlung, Berlin 1980. [Kindhäuser, Intentionale Handlung, S.]

Kioupis, Dimitrios: Notwehr und Einwilligung, Baden-Baden 1992. [Kioupis, Notwehr, S.]

Klever, W.N.A.: Staat 1 ohne Staat 2, in: HJB 21 (1986), S. 405 ff. [Klever, HJB 21 (1986), S.]

Klug, Ulrich: Logische und psychologische Probleme bei der Argumentation aus der Natur der Sache, in: Festschrift für C. Tsatsos, Athen 1980, S. 595 ff. [Klug, in: Tsatsos-FS, S.]

ders.: Der Handlungsbegriff des Finalismus als methodologisches Problem, in: Festschrift zum 70. Geburtstag von Carl August Emge, Wiesbaden 1960, S. 33 ff. [Klug, in Emge-FS, S.]

Köhler, Michael: Freiheitliches Rechtsprinzip und Betäubungsmittelstrafrecht, in: ZStW 104 (1992), S. 3 ff. [Köhler, ZStW 104 (1992), S.]

Köstlin, Reinhold C.: Neue Revision der Grundbegriffe des Kriminalrechts, Tübingen 1845. [Köstlin, Revision, S.]

Koller, Peter: Neue Theorien des Sozialkontrakts, Berlin 1987. [Koller, Sozialkontrakt, S.]

Kratzsch, Dietrich: Verhaltenssteuerung und Organisation im Strafrecht, Berlin 1985. [Kratzsch, Verhaltensteuerung, S.]

ders.: Das Rechtsgebot zu sozialer Rücksichtnahme als Grenze des strafrechtlichen Notwehrrechts - BGH NJW 1975, 62; JuS 1975, 435 ff. [Kratzsch, JuS 1975, S.]

Kries, J. von: Über die Begriffe der Wahrscheinlichkeit und Möglichkeit und ihre Bedeutung im Strafrechte, in: ZStW 9 (1889), S. 528 ff. [Kries, ZStW 9 (1889), S.]

Kroner, Richard: Von Kant bis Hegel, 2.Aufl. Tübingen 1961. [Kroner, Von Kant bis Hegel, S.]

Kuebart, Gerhard: Zur Begründung von Moralität in Hegels Rechtsphilosophie (1821) und Schellings neuer Deduktion des Naturrechts (1791), in: HJB 22 (1987), S. 312 ff. [Kuebart, HJB 22 (1987), S.]

Kühl, Kristian: Sozialethische Einschränkungen der Notwehr, JURA 1990, S. 244 ff. [Kühl, JURA 1990, S.]

ders.: Die "Notwehrprovokation", JURA 1991, S. 57 ff. / S. 175 ff. [Kühl, JURA 1991, S.]

Küper, Wilfried: Grundsatzfragen der Differenzierung zwischen Rechtfertigung und Entschuldigung, in: JuS 1987, S. 81 ff. [Küper, JuS 1987, S.]

Küpper, Georg: Grenzen der normativierenden Strafrechtsdogmatik, Berlin 1990. [Küpper, Strafrechtsdogmatik, S.]

Lackner, Karl: Kommentar zum Strafgesetzbuch, 19. Aufl. München 1989. [Lackner StGB § Anm.]

Lambrecht, Rainer: Das System der Bedürfnisse und das Bedürfnis der Philosophie, in: HJB 19/20 (1984/1985), S. 165 ff. [Lambrecht, HJB 19/20 (1984/1985), S.]

Lamnek, Siegfried: Theorien abweichenden Verhaltens, München 1979. [Lamnek, Abweichendes Verhalten, S.]

Lampe, E.J.: Die Kausalität und ihre strafrechtliche Funktion, in: Armin Kaufmann-Gedenkschrift, Köln 1989, S. 189 ff. [Lampe, in: Armin Kaufmann-GedS, S.]

Landau, Peter: Hegels Begründung des Vertragsrechts, in: Materialien zu Hegels Rechtsphilosophie Bd. II (Hrsg.: M. Riedel), Frankfurt/Main 1975, S. 176 ff. [Landau, in: Materialien II, S.]

Landsberg, Ernst: Geschichte der deutschen Rechtswissenschaft Band III, München 1910. [Landsberg, Geschichte der deutschen Rechtswissenschaft III, S.]

Larenz, Karl: Hegels Zurechnungslehre und der Begriff der objektiven Zurechnung, Leipzig 1927. [Larenz, Zurechnung, S.]

ders.: Deutsche Rechtserneuerung und Rechtsphilosophie, Tübingen 1934. [Larenz, Rechtserneuerung, S.]

Lasson, Adolf: System der Rechtsphilosophie, Berlin 1882. [Lasson, Rechtsphilosophie, S.]

Lazzer, Dieter de: Rechtsdogmatik als Kompromißformular, in: Festgabe für J. Esser (Hrsg.: R. Dubischar u.a.), Kronberg 1975. [Lazzer, in: Esser-FG,S.]

Liebrucks, Bruno: Wege zum Bewußtsein, Band III: Sprache und Bewußtsein, Frankfurt/Main 1966. [Liebrucks, Sprache und Bewußtsein, S.]

ders.: Recht, Moralität und Sittlichkeit bei Hegel, in: Materialien zu Hegels Rechtsphilosophie Bd. II, Hrsg.: M. Riedel, Frankfurt/Main 1975, S. 13 ff. [Liebrucks, in: Materialien II, S.]

Liepmann, Moritz: Einleitung in das Strafrecht, Berlin 1900. [Liepmann, Einleitung, S.]

Linke, Paul: Grundfragen der Wahrnehmungslehre, München 1929. [Linke, Wahrnehmungslehre, S.]

Liszt, Franz von: Lehrbuch des Strafrechts, 21/22. Aufl. Berlin 1919. [Liszt,Strafrecht (21/22), S.]

ders.: Strafrechtliche Aufsätze und Vorträge I, Berlin 1905. [Liszt, Strafrechtliche Vorträge, S.]

Loening, Richard: Über geschichtliche und ungeschichtliche Behandlung des deutschen Strafrechts, in: ZStW 3 (1883), S. 219 ff. [Loening, ZStW 3 (1883), S.]

ders.: Die Zurechnungslehre des Aristoteles, Jena 1903. [Loening, Zurechnungslehre, S.]

Loos, Fritz: Hans Welzel (1904-1977), in: Rechtswissenschaft in Göttingen, Universitätsschriften Band 5, Göttingen 1987, S. 486 ff. [Loos, in: Rechtswissenschaft in Göttingen, S.]

Losurdo, Domenico: Not, Recht und moralische Absicht in der Rechtsphilosophie, in: HJB 21 (1986), S. 411 ff. [Losurdo, HJB 21 (1986), S.]

Lucas, Hans-Christian: Die Weltgeschichte als das Weltgericht, in: HJB 17 (1981/1982), S. 82 ff. [Lucas, HJB 17 (1981/82), S.]

Luden, Heinrich: Abhandlungen aus dem gemeinen teutschen Strafrechte Band II, Göttingen 1836-1840. [Luden, Abhandlungen II, S.]

Ludwig, Dominik: Gegenwärtiger Angriff, drohende und gegenwärtige Gefahr im Notwehr und Notstandsrecht, Frankfurt/M. 1991. [Ludwig, Gegenwärtiger Angriff, S.]

Maier, Ferdinand: Kontingenz und Identität. Handlungstheoretische Erwägungen zur Dialektik der Moralität, in: HJB 22 (1987), S. 128 ff. [Maier, HJB 22 (1987), S.]

Maihofer, Werner: Zur Systematik der Fahrlässigkeit, o.O. 1958. [Maihofer, Systematik der Fahrlässigkeit, S.]

ders.: Der Handlungsbegriff im Verbrechenssystem, Tübingen 1953. [Maihofer, Handlungsbegriff, S.]

ders.: Der soziale Handlungsbegriff, in: Festschrift für Eberhard Schmidt, Göttingen 1961, S. 156 ff. [Maihofer, in: Eb. Schmidt-FS, S.]

ders.: Hegels Prinzip des modernen Staates, in: Materialien zu Hegels Rechtsphilosophie Bd. II, Hrsg.: M. Riedel, Frankfurt/Main 1975, S. 361 ff. [Maihofer, in: Materialien II, S.]

ders.: Zur Systematik der Fahrlässigkeit, in: ZStW 70 (1958), S. 169 ff. [Maihofer, ZStW 70 (1958), S.]

Maiwald, Manfred: Abschied vom strafrechtlichen Handlungsbegriff?, in: ZStW 86 (1974), S. 626 ff. [Maiwald, ZStW 86 (1974), S.]

Marcic, René: Hegel und das Recht, in: Hegel und die Folgen (Hrsg. G.-K. Kaltenbrunner), Freiburg 1970, S. 181 ff. [Marcic, in: Hegel und die Folgen, S.]

Marxen, Klaus: Die "sozialethischen" Grenzen der Notwehr, Frankfurt/M. 1979. [Marxen, Grenzen der Notwehr, S.]

Matt, Holger: Kausalität aus Freiheit, Baden-Baden 1993. [Matt, Kausalität aus Freiheit, Kap.]

ders.: Eigenverantwortlichkeit und Subjektives Recht im Notwehrrecht, in: NStZ 1993, S. 271 ff. [Matt, NStZ 1993, S.]

(siehe auch bei: *Hohmann*, Ralf)

Maurach, Reinhart: Deutsches Strafrecht. Allgemeiner Teil, 4. Auflage Karlruhe 1971. [Maurach, Strafrecht, S.]

Maurach, Reinhart / *Zipf*, Heinz: Strafrecht: Ein Lehrbuch, 7. Aufl. Heidelberg 1987. [Maurach/Zipf, Strafrecht, S.]

Mayer, Hellmuth: Vorbemerkungen zur Lehre vom Handlungsbegriff, in: Festschrift für Hellmuth von Weber, Bonn 1973, S. 137 ff. [H. Mayer, in: Weber-FS, S.]

Mayer, Max Ernst: Der Causalzusammenhang zwischen Handlung und Erfolg im Strafrecht, Freiburg 1899. [M.E. Mayer, Causalzusammenhang, S.]

Mead, George H.: Geist, Identität und Gesellschaft, Frankfurt/Main 1973. [Mead, Identität und Gesellschaft, S.]

Meißner, Andreas: Die Interessenabwägungsformel in der Vorschrift über den rechtfertigenden Notstand (§ 34 StGB), Berlin 1990. [Meißner, Interessenabwägungsformel, S.]

Meist, Kurt R.: Differenzen in Hegels Deutung der "Neuesten Zeit" innerhalb seiner Konzeption der Weltgeschichte, in: Hegels Rechtsphilosophie (Hrsg.: H.-Ch. Lucas, O. Pöggeler), Stuttgart 1986, S. 465 ff. [Meist, in: Hegels Rechtsphilosophie, S.]

Mertens, Thomas: Recht und Unrecht des Gewissens in Hegels Rechtsphilosophie, in: ARSP 74 (1988), S. 477 ff. [Mertens, ARSP 74 (1988), S.]

Mezger, Edmund: Strafrecht. Ein Lehrbuch, 1. Aufl. München 1931. [Mezger, Strafrecht (1), S.]

Mezger, Edmund / *Blei*, Herrmann: Strafrecht Allgemeiner Teil, 15. Aufl. München 1973. [Mezger/Blei, Strafrecht (15), S.]

Michelet, Carl Ludwig: Naturrecht oder Rechts-Philosophie, Berlin 1866. [Michelet, Naturrecht oder Rechts-Philosophie, S.]

ders.: Das System der philosophischen Moral mit Rücksicht auf die juridische Imputation, Berlin 1828. [Michelet, System der Moral, S.]

Mitsch, Wolfgang: Nothilfe gegen provozierte Angriffe, GA 1986, S. 533 ff. [Mitsch, GA 1986, S.]

Mittenzwei, Ingo: Teleologisches Rechtsverständnis, Berlin 1988. [Mittenzwei, Teleogisches Rechtsverständnis, S.]

Naucke, Wolfgang: Über Generalklausaln und Rechtsanwendung im Strafrecht, 1973. [Naucke, Generalklauseln, S.]

ders.: Strafrecht - Eine Einführung, 5. Aufl., Frankfurt/Main 1987 [Naucke, Strafrecht, S.]

Neumann, Ulfrid: Neue Entwicklungen im Bereich der Argumentationsmuster zur Begründung oder zum Ausschluß strafrechtlicher Verantwortlichkeit, in: ZStW 99 (1987), S. 567 ff. [Neumann, ZStW 99 (1987), S.]

ders.: Zurechnung und "Vorverschulden", Berlin 1985. [Neumann, Zurechnung und "Vorverschulden", S.]

ders.: Moralphilosophie und Strafrechtsdogmatik, in: ARSP-Beiheft 44 (1991), S. 248 ff. [Neumann, ARSP-BH 44 (1191, S.]

ders.: Materiale und prozedurale Gerechtigkeit im Strafverfahren, in: ZStW 101 (1989), S. 52 ff. [Neumann, ZStW 101 (1989), S.]

ders.: Der strafrechtliche Nötingungsnotstand. Rechtfertigungs- oder Entschuldigungsgrund, in: JA 1988, S. 329 ff. [Neumann, JA 1988, S.]

Neumann, Ulfrid / *Schroth*, Ulrich: Neuere Theorien zu Kriminalität und Strafe, Darmstadt 1980. [Neumann/Schroth, Kriminalität und Strafe, S.]

Niese, Werner: Finalität, Vorsatz und Fahrlässigkeit, Tübingen 1951. [Niese, Finalität, S.]

Nietzsche, Friedrich: Genealogie der Moral 10. Aufl., Stuttgart 1976. [Nietzsche, Genealogie der Moral, S.]

ders.: Jenseits von Gut und Böse, 10. Aufl., Stuttgart 1976. [Nietzsche, Jenseits von Gut und Böse, S.]

Nusser, Karl-Heinz: Die Moralität in Hegels Rechtsphilosophie, in: Die Rechtsphilosophie des deutschen Idealismus (Hrsg. V. Hösle und dem Istituto Italiano per gli Studi Filosofici), Hamburg 1989, S. 56 ff. [Nusser, in: Die Rechtsphilosophie des deutschen Idealismus, S.]

Otter, Klaus: Funktionen des Handlungsbegriffs im Verbrechensaufbau?, Bonn 1973. [Otter, Funktionen des Handlungsbegriffs, S.]

Ottmann, Henning: Bürgerliche Gesellschaft und Staat bei Hegel. Überlegungen zur Logik ihrer Vermittlung, in: HJB 21 (1986), S. 339 ff. [Ottmann, HJB 21 (1986), S.]

Palandt, Otto: Kommentar zum Bürgerlichen Gesetzbuch, 49. Aufl. München 1990. [Palandt-Bearbeiter, BGB § Anm.]

Panasiuk, Ryszard: Naturtriebe und Sozialbedürfnisse in Hegels Anthropologie, in: HJB 21 (1986), S. 229 ff. [Panasiuk, HJB 21 (1986) S.]

Pazanin, Ante: Sittlichkeit als >Zweite Natur< des Menschen, in: HJB 25 (1990), S. 235 ff. [Pazanin, HJB 25 (1990), S.]

Peperzak, Adriaan: Hegels Pflichten- und Tugendlehre. Eine Analyse und Interpretation der Grundlinien der hilosophie des Rechts §§ 142-156, in: HS 17 (1982), S. 97 ff. [Peperzak, HS 17 (1982), S.]

ders.: Moralische Askekte der Hegelschen Rechtsphilosophie, in: (Hrsg.: O. Pöggeler) Hegels Rechtsphilosophie, Stuttgart 1986, S. 447 ff. [Peperzak, in : Hegels Rechtsphilosophie, S.]

ders.: Spekulation und Erfahrung. Selbsterkenntnis des Absoluten, Stuttgart - Bad Cannstatt 1987. [Peperzak, in: Spekulation und Erfahrung, S.]

Platon: Sämtliche Werke, 6 Bände (Hrsg.: W.F. Otto u.a.), Hamburg 1957-1959. [Platon, Werk, S.]

Pleines, Jürgen-E.: Dialektik als Letztbegründung bei Hegel, in: HJB 26 (1991), S. 243 ff. [Pleines, HJB 26 (1991), S.]

Primoratz, Igor: Banquos Geist, Bonn 1986 (HS Beiheft 29). [Primoratz, Banquos Geist, S.]

Proebsting: Kausalität und Tatbestandsmäßigkeit der Willensbetätigung im Strafrecht, in: ZStW 42 (1921), S. 740 ff. [Proebsting, ZStW 42 (1921),S.]

Pufendorf, Samuel: De iure naturae et gentium, libri octo, Francofurti et Lipsiae 1759. [Pufendorf, De iure naturae et gentium, Kap.]

Puppe, Ingeborg: Der Erfolg und seine kausale Erklärung im Strafrecht, in: ZStW 91 (1980), S. 863 ff. [Puppe, ZStW 91 (1980), S.]

Radbruch, Gustav: Der Handlungsbegriff in seiner Bedeutung für das Strafrechtssystem, Darmstadt 1967. [Radbruch, Handlungsbegriff, S.]

ders.: Die Natur der Sache als juristische Denkform, in: Festschrift zu Ehren von Rudolf Laun, Hamburg 1948, S. 157 ff. [Radbruch, Laun-FS, S.]

ders.: Rechtsphilosophie, 8. Aufl. 1973. [Radbruch, Rechtsphilosophie, S.]

ders.: Zur Systematik der Verbrechenslehre, in: Festgabe für R.v. Frank, Bd. I, Tübingen 1930, S. 158 ff. [Radbruch, in: Frank-FG, S.]

Rademaker, Hans: Hegels "Wissenschaft der Logik", Wiesbaden 1979. [Rademaker, Hegels "Wissenschaft der Logik", S.]

Redlich, Annelise: Die Hegelsche Logik als Selbsterfassung der Persönlichkeit, Meisenheim am Glan 1971. [Redlich, Selbsterfassung, S.]

Riedel, Manfred: Natur und Freiheit in Hegels Rechtsphilosophie, in: (Hrsg. M. Riedel), Materialien zu Hegels Rechtsphilosophie Band II, Frankfurt/Main 1975, S. 109 ff. [Riedel, in: Materialien II, S.]

ders.: Urteilskraft und Vernunft , Frankfurt/Main 1989. [Riedel, Urteilskraft und Vernunft, S.]

Ritter, Joachim: Person und Eigentum. Zu Hegels "Grundlinien der Philosophie des Rechts", in: Materialien zu Hegels Rechtsphilosophie, Band II (Hrsg.: M. Riedel), Frankfurt/Main 1974, S. 152 ff. [Ritter, in: Materialien II, S.]

Roeder, Herrmann: Die Einhaltung des sozialadäquaten Risikos und ihr systematischer Standort im Verbrechensaufbau, Berlin 1969. [Roeder, Sozialadäquates Risiko, S.]

Rohbeck, Johannes: Die normative Kraft der Arbeit, in: HJB 23 (1988), S. 290ff. [Rohbeck, HJB 23 (1988), S.]

Roxin, Claus: Gedanken zur Problematik der Zurechnung im Strafrecht, in: Festschrift für Richard M. Honig, Göttingen 1970, S. 133 ff. [Roxin, in: Honig-FS, S.]

ders.: Zur Kritik der finalen Handlungslehre, ZStW 74 (1962), S. 515 ff. [Roxin, ZStW 74 (1962), S.]

ders.: Strafrecht Allgemeiner Teil I, München 1992. [Roxin, Strafrecht AT I,S.]

Rudolphi, Hans-Joachim / *Horn*, Eckhard / *Samson*, Erich: Systematischer Kommentar zum Strafgesetzbuch, Allgemeiner Teil 5. Auflage, Stand 15. Lieferung, April 1991, Neuwied. [SK-Bearbeiter, §, Rndnr.]

Sack, Fritz: Definition von Kriminalität als politisches Handeln: der labeling approach, in: KrimJ 1972, S. 3 ff. [Sack, KrimJ 1972, S.]

Sander, Josef: Die Begründung der Notwehr in der Philosophie von Kant und Hegel, Bleicherode a. Harz, 1939. [Sander, Notwehr, S.]

Sandkühler, H.: Europäische Enzyklopädie zu Philosophie und (Hrsg.) Wissenschaft, Bd. 3, Hamburg 1990. [Europ. Enzyklopädie, Stichwort]

Sangenstedt, Christof: Garantenstellung und Garantenpflicht von Amtsträgern, Frankfurt/Main 1989. [Sangenstedt, Garantenstellung, S.]

Sauer, Wilhelm: Grundlagen des Strafrechts, Berlin u.a. 1921. [Sauer, Strafrecht, S.]

Schaeffler, Richard: Einführung in die Geschichtsphilosophie, 3. Aufl., Darmstadt 1990. [Schaeffler, Geschichtsphilosophie, S.]

Schaffstein, Friedrich: Handlungsunwert, Erfolgsunwert und Rechtfertigung bei den Fahrlässigkeitsdelikten, in: Festschrift für Hans Welzel, Berlin 1974, S. 557 ff. [Schaffstein, in: Welzel-FS, S.]

Schild, Wolfgang: Hegels Lehre vom Notrecht, in: Die Rechtsphilosophie des deutschen Idealismus (Hrsg. V. Hösle und das Istituto Italiano per gli Studi Filosofici), Hamburg 1989, S. 146 ff. [Schild, in: Die Rechtsphilosophie des deutschen Idealismus, S.]

ders.: Der strafrechtsdogmatische Begriff der Zurechnung in der Rechtsphilosphie Hegels, in: ZphF 1981, 445 ff. [Schild, ZphF 1981, S.]

ders.: Juristisches Denken und Hegels Rechtsphilosophie, in: Österreichische Zeitschrift für Öffentliches Recht und Völkerrecht 29 (1978), S. 5 ff. [Schild, Österr. Z. f. öff. R., 29 (1978), S.]

ders.: Der Strafrichter in der Hauptverhandlung, Heidelberg 1983. [Schild, Strafrichter, S.]

ders.: Die strafrechtsdogmatischen Konsequenzen des rechtsfreien Raums, JA 1978, S. 449 ff. [Schild, JA 1978, S.]

ders.: Nachwort zu A. F. Berner, Lehrbuch des deutschen Strafrechts, 18. Aufl., Nachdruck Aaalen 1986, S. 753 ff. [Schild, Nachwort, S.]

ders.: in: ARSP Beiheft 44 (1991), S. 328 ff. [Schild, ARSP Bh. 44 (1991), S.]

Schmidhäuser, Eberhard: Was ist aus der finalen Handlungslehre geworden?, in: JZ 1986, S. 109 ff. [Schmidhäuser, JZ 1986, S.]

ders.: Willkürlichkeit und Finalität als Unrechtsmerkmal im Strafrechtssystem, in: ZStW 66 (1954), S. 27 ff. [Schmidhäuser, ZStW 66 (1954), S.]

ders.: Zur System der Verbrechenslehre, in: Gedächtnisschrift für Gustav Radbruch, Göttingen 1968, S. 268 ff. [Schmidhäuser, in: Radbruch-GedS,S.]

ders.: Strafrecht, Allgemeiner Teil, 2. Aufl., Tübingen 1984. [Schmidhäuser, Strafrecht AT, S.]

ders.: Objektiver und Subjektiver Tatbestand: Eine verfehlte Unterscheidung, in: Festgabe für H. Schultz, Bern 1977, S. 61 ff. [Schmidhäuser, in: Schultz-FG, S.]

Schmidt, Eberhard: Der Arzt im Strafrecht, Leipzig 1939. [Eb. Schmidt, Arzt im Strafrecht, S.]

ders.: Die militärische Straftat und ihr Täter, o.O. 1936. [Eb. Schmidt, Die militärische Straftat, S.]

ders.: Einführung in die Geschichte der deutschen Strafrechtspflege, 3. Auflage Göttingen 1945. [Eb. Schmidt, Geschichte, S.]

ders.: Soziale Handlungslehre, in: Festschrift für Karl Engisch, Frankfurt/Main 1969, S. 339 ff. [Eb. Schmidt, in: Engisch-FS, S.]

ders.: Anmerkung zu OLG Düsseldorf, Urteil vom 08.12.1949 (Ss 529/49), in: SJZ 1950, S. 286 ff. [Eb. Schmidt, SJZ 1950, S.]

ders.: Verhandlungen des 44. Dt. Juristentages 1962, I, Teil 4. [Eb. Schmidt, 44. DJT I, S.]

Schmidt, Gerhart: Kausalität oder Substantialität ? Zu Hegels Ontologie der Geschichte, in: Logik und Geschichte in Hegels System (Hrsg.: H.-Ch. Lucas / G. Planty-Bonjour), Stuttgart 1989, S. 147 ff. [G. Schmidt, in: Logik und Geschichte, S.]

Schmitt, Carl: Staat, Bewegung, Volk, Hamburg 1933. [Schmitt, Staat, Bewegung, Volk, S.]

Schmoller,Kurt: Die Kategorie der Kausalität und der naturwissenschaftliche Kausalverlauf im Lichte strafrechtlicher Tatbestände, in: ÖJZ 1982, S. 449 ff. [Schmoller, ÖJZ 1982, S.]

Schönke, Adolf / *Schröder*, Horst: Strafgesetzbuch 21. Aufl. München 1982 Strafgesetzbuch 24. Aufl. München 1991 [Schönke/Schröder-Bearbeiter, StGB (Aufl.), §, Rndnr.]

Schopenhauer, Arthur: Die Welt als Wille und Vorstellung Bd. I, Wiesbaden 1949. [Schopenhauer, Welt als Wille und Vorstellung I, S.]

Schütz, Alfred / *Parsons*, Talcott: Zur Theorie sozialen Handelns - ein Briefwechsel (Hrsg.: W.M. Sprondel), Frankfurt/Main 1977, S. 21 ff. [Schütz, Theorie sozialen Handelns, S.]

Seelmann, Kurt: Hegels Straftheorie in seinen "Grundlinien der Philosophie des Rechts", in: JuS 1979, 687 ff. [Seelmann, JuS 1979, S.]

ders.: Zurechnung als Deutung und Zuschreibung - Hegels "Recht der Objektivität", in: Die Rechtsphilosophie des deutschen Idealismus (Hrsg. V. Hösle und das Istituto Italiano per gli Studi Filosofici), Hamburg 1989, S. 101 ff. [Seelmann, in: Rechtsphilosophie des deutschen Idealismus, S.]

Siep, Ludwig: Anerkennung als Prinzip der praktischen Philosophie, Freiburg 1979. [Siep, Anerkennung , S.]

ders.: Der Kampf um Anerkennung, in: HS 9 (1974), S. 155 ff. [Siep, HS 9 (1974), S.]

ders.: Intersubjektivität, Recht und Staat in Hegels "Grundlinien der Philosophie des Rechts", in: Hegels Philosophie des Rechts (Hrsg.: D. Henrich und R.P. Horstmann), Stuttgart 1982, S. 255 ff. [Siep, in: Hegels Philosophie des Rechts, S.]

ders.: Was heißt "Aufhebung der Moralität in Sittlichkeit" in Hegels Rechtsphilosophie?, in: HS 17 (1982), S. 75 ff. [Siep, HS 17 (1982), S.]

Smid, Stefan: Moral bei Schelling und Hegel, in: Die Rechtsphilosophie des deutschen Idealismus (Hrsg. V. Hösle und das Istituto Italiano per gli Studi Filosofici), Hamburg 1989, S. 117 ff. [Smid, in: Rechtsphilosophie des deutschen Idealismus,S.]

ders.: Einführung in die Philosophie des Rechts, München 1991. [Smid, Einführung in die Philosophie des Rechts, S.]

Soll, Ivan: Der notwendige Gang des Geistes: Quellen eines philosophischen Leitmotivs, HJB 17 (1981/1982), S. 164 ff. [Soll, HJB 17 (1981/82), S.]

Spendel, Günter: Zur Dogmatik der unechten Unterlassungsdelikte, in: JZ 1973, 137 ff. [Spendel, JZ 1973, S.]

Stratenwerth, Günter: Strafrecht Allgemeiner Teil, 3. Aufl. Köln 1981. [Stratenwerth, Strafrecht, S.]

ders.: Die Bedeutung der finalen Handlungslehre für das schweizerische Strafrecht, in: SchwZStR 81 (1965), S. 179 ff. [Stratenwerth, SchwZStR 81 (1965), S.]

Taylor, Charles: Hegel, Frankfurt/Main 1978. [Taylor, Hegel, S.]

Tenbruck, Friedrich H.: Zur Anthropologie des Handelns, in: Handlungstheorien - interdisziplinär, Band II, 1. Halbband (Hrsg.: H. Lenk), München 1978, S. 89 ff. [Tenbruck, in: Handlungstheorien - interdisziplinär, S.]

Tesar, Ottokar: Die Überwindung des Naturrechts in der Dogmatik des Strafrechts, Halle (Saale) 1928. [Tesar, Überwindung des Naturrechts,S.]

Texier, Jacques: L'individu est-il ou non un accident de la substance éthique?, in: HJB 22 (1987), S. 339 ff. [Texier, HJB 22 (1987), S.]

Theunissen, Michael: Die verdrängte Intersubjektivität in Hegels Philosophie des Rechts, in: Hegels Philosophie des Rechts (Hrsg.: D. Henrich und R.-P. Horstmann), Stuttgart 1982, S. 317 ff. [Theunissen, in: Philosophie des Rechts, S.]

Thomas von Aquin: Die deutsche Thomas-Ausgabe, Walberberg bei Köln 1977. [Thomas von Aquin, Summa theologica, Kap.]

Traeger, Ludwig: Der Kausalbegriff im Strafrecht und Zivilrecht, Marburg 1904. [Träger, Kausalbegriff, S.]

Tröndle, Herbert: Warum ist Sterbehilfe ein rechtliches Problem?, in: ZStW 99 (1987), S. 25 ff. [Tröndle, ZStW 99 (1987), S.]

Tugendhat, Ernst: Selbstbewußtsein und Selbstbestimmung, Frankfurt/Main 1979. [Tugendhat, Selbstbewußtsein und Selbstbestimmung, S.]

Vaate, H. Bij de / *Griffoen*, S.: Die Natur in Hegels Philosophie des abstrakten Rechts, in: HJB 25 (1990), S. 243 ff. [Vaate/Griffoen, HJB 25 (1990), S.]

Verdross, Alfred: Abendländische Rechtsphilosophie, Wien 1958. [Verdross, Abendländische Rechtsphilosophie, S.]

Vos, Lu de: Die Aufhebung der Natur in der Familie und der bürgerlichen Gesellschaft, in: HJB 19/20 (1984/1985), S. 235 ff. [Vos, HJB 19/20 (1984/1985), S.]

ders.: Die Logik der Hegelschen Rechtsphilosophie: Eine Vermutung, in: HS 16 (1981), S. 99 ff. [Vos, HS 16 (1981), S.]

Vries, Hent de: Moralität und Sittlichkeit: zu Adornos Hegelkritik, in: HJB 23 (1988), S. 300 ff. [Vries, HJB 23 (1988), S.]

Wagner, Heinz: Individualistische oder überindividualistische Notwehrbegründung, Berlin 1984. [Wagner, Notwehrbegründung, S.]

Wandschneider, Dieter: Die Stellung der Natur im Gesamtentwurf der hegelschen Philosophie, in: Hegel und die Naturwissenschaften (Hrsg.: M. J. Petry), Stuttgart 1987, S. 33 ff. [Wandschneider, in: Hegel und die Naturwissenschaften, S.]

ders.: Die Kategorien "Materie" und "Licht" in der Naturphilosophie Hegels, in: Hegel und die Naturwissenschaften (Hrsg.: M. J. Petry), Stuttgart 1987, S. 293 ff. [Wandschneider, in: Hegel und die Naturwissenschaften,S.]

Wannenmann, P.: Vorlesungsnachrift 1817/1818, in: G.W.F. Hegel, Die Philosophie des Rechts (Hrsg.: K. H. Ilting), Stuttgart 1983, S. 37 ff. [Wannenmann, Mitschriften, S. (§)]

Wassermann, Rudolf: Kommentar zum Strafgesetzbuch, Reihe (Hrsg.) Alternativkommentare, Band 1 (§§ 1-21), Neuwied 1990. [AK-Bearbeiter StGB §, Rn.]

Weidemann, Jürgen: Die finale Handlungslehre und das fahrlässige Delikt, in: GA 1984, S. 408 ff. [Weidemann, GA 1984, S.]

Welp, Dorothée: Willensfreiheit bei Thomas von Aquin, Freiburg 1979. [D. Welp, Willensfreiheit, S.]

Welp, Jürgen: Vorangegangenes Tun als Grundlage einer Handlungsäquivalenz der Unterlassung, Berlin 1968. [J. Welp, Vorangegangenes Tun, S.]

Welzel, Hans: Naturalismus und Wertphilosophie im Strafrecht, Mannheim u.a. 1935. [Welzel, Naturalismus und Wertphilosophie, S.]

ders.: Die Naturrechtslehre Samuel Pufendorfs, Berlin 1958. [Welzel, Naturrechtslehre, S.]

ders.: Das deutsche Strafrecht, 11. Aufl. Berlin 1969. [Welzel, Strafrecht,S.]

ders.: Naturrecht und materiale Gerechtigkeit, Göttingen 1960. [Welzel, Naturrecht und materiale Gerechtigkeit, S.]

ders.: Naturrecht und Rechtspositivismus, in: Festschrift für Hans Niedermeyer, Göttingen 1953, S. 279 ff. [Welzel, in: Niedermeyer-FS, S.]

ders.: Die deutsche strafrechtliche Dogmatik der letzten 100 Jahre und die finale Handlungslehre, in: JuS 1966, S. 421 ff. [Welzel, JuS 1966, S.]

ders.: Ein unausrottbares Mißverständnis? Zur Interpretation der finalen Handlungslehre, in: NJW 1968, S. 425 ff. [Welzel, NJW 1968, S.]

ders.: Um die finale Handlungslehre, Tübingen 1949. [Welzel, Um die finale Handlungslehre, S.]

ders.: Vom Bleibenden und vom Vergänglichen in der Strafrechtswissenschaft, Marburg 1964. [Welzel, Vom Bleibenden, S.]

ders.: Kausalität und Handlung, in: ZStW 51 (1931), S. 703 ff. [Welzel, ZStW 51 (131), S.]

ders.: Studien zum System des Strafrechts, in: ZStW 58 (1939), S. 491 ff. [Welzel, ZStW 58 (1939), S.]

ders.: Das neue Bild des Strafrechtssystems, 4. Aufl., Göttingen 1961. [Welzel, Das neue Bild, S.]

Wessels, Johannes: Strafrecht Allgemeiner Teil, 19. Aufl., Heidelberg 1989. [Wessels, Strafrecht AT, S.]

Wiehl, Reiner: Über den Handlungsbegriff als Kategorie der Hegelschen Ästhetik, in: HS 6 (1971), S. 135 ff. [Wiehl, HS 6 (1971), S.]

Wildt, Andreas: Autonomie und Anerkennung, Stuttgart 1982. [Wildt, Autonomie und Anerkennung, S.]

Winkler, Michael: Moral des Subjekts - Rationalität des Systems, in: HJB 23 (1988), S. 60 ff. [Winkler, HJB 23 (1988), S.]

ders.: Weltgeist versus weltbürgerliche Absicht: Über das Verhältnis von Geschichte, Zivilisation und Handeln, in: HJB 17 (1981/1982), S. 295 ff. [Winkler, HJB 17 (1981/82), S.]

Wolff, Ernst Amadeus: Kausalität von Tun und Unterlassen: eine strafrechtliche Untersuchung, Heidelberg 1965. [E. A. Wolff, Kausalität, S.]

ders.: Das Problem der Handlung im Strafrecht, in: Gedächtnisschrift für Gustav Radbruch, Göttingen 1968, S. 291 ff. [E. A. Wolff, in: Radbruch-GedS, S.]

ders.: Der Handlungsbegriff in der Lehre vom Verbrechen, Heidelberg 1964. [E. A. Wolff, Handlungsbegriff, S.]

Wolter, Jürgen: Adäquanz- und Relevanztheorie. Zugleich ein Beitrag zur objektiven Erkennbarkeit beim Fahrlässigkeitsdelikt, in: GA 1977, 257 ff. [Wolter, GA 1977, S.]

Zaczyk, Rainer: Das Unrecht der versuchten Tat, Berlin 1989. [Zaczyk, Unrecht der versuchten Tat, S.]

ders.: Das Strafrecht in der Rechtslehre J.G. Fichtes, Berlin 1981. [Zaczyk, Strafrecht in der Rechtslehre J.G. Fichtes, S.]

Zielinski, Diethart: Handlungs- und Erfolgsunwert im Unrechtsbegriff, Berlin 1973. [Zielinski, Unrechtsbegriff, S.]

Zimmerli, Walter Ch.: Rechtliche und moralische Verantwortung. Hegels Überwindung der Kantischen Ethik und das Ende der Moderne, in: HJB 22 (1987), S. 195 ff. [Zimmerli, HJB 22 (1987), S.]

Giuseppe Orsi / Kurt Seelmann / Stefan Smid /
Ulrich Steinvorth (Hrsg.)

Recht und Moral

Frankfurt/M., Berlin, Bern, New York, Paris, Wien, 1992. 159 S.
Rechtsphilosophische Hefte. Beiträge zur Rechtswissenschaft, Philosophie und Politik. Herausgegeben von Giuseppe Orsi, Kurt Seelmann, Stefan Smid und Ulrich Steinvorth. Bd. 1
ISBN 3-631-44534-2 br. DM 49.--

Als Spannungsverhältnis von Zwang und Freiheitsverbürgung ist das Recht für Philosophen spannend, als philosophisches Problem ist dieses Spannungsverhältnis für Juristen Anlaß zum Gespräch mit den Philosophen. Die "Rechtsphilosophischen Hefte" sollen ein Argumentationsforum sein für Juristen, die sich der Bedeutung der philosophischen Diskussion für ihre Tätigkeit bewußt sind, und für Philosophen, die sich den Erfahrungsschatz juristischer Konstruktion für die praktische Philosophie erschließen wollen.

Aus dem Inhalt: Recht und Moral – Gerechtigkeitstheorien – Recht als Freiheitsordnung – Freiheit und Gleichheit – Recht und Solidarität

Verlag Peter Lang Frankfurt a.M. · Berlin · Bern · New York · Paris · Wien
Auslieferung: Verlag Peter Lang AG, Jupiterstr. 15, CH-3000 Bern 15
Telefon (004131) 9411122, Telefax (004131) 9411131
- Preisänderungen vorbehalten -

Printed by
CPI books GmbH, Leck

Kolibri 360 GmbH
Ferdinand-Jühlke-Straße 7
99095 Erfurt, Deutschland
produktsicherheit@kolibri360.de